ULLSTEIN

W0470448

Das Buch

Die Schrift, das externe Gedächtnis des Menschen, macht den tiefsten Umbruch seit der Erfindung des Buchdrucks durch. Sie wechselt vom Papier in den Computer, aus dem analogen in den digitalen Zustand. Eine solche Umwälzung – und die Schnelligkeit, mit der sie sich vollzieht – führt zu Verunsicherungen und Fragen, die Dieter E. Zimmer umfassend beantwortet. Denn nur wer dem Computer mit Verstand und Verständnis entgegenkommt, dem gibt er völlig neue und ungeahnte Werkzeuge an die Hand.

Der Autor

Dieter E. Zimmer, Jahrgang 1934, war Redakteur bei der *Zeit* und arbeitet heute als freier Schriftsteller. Er studierte Literatur- und Sprachwissenschaft in Berlin, den USA und der französischen Schweiz und schrieb neben seiner journalistischen Arbeit 16 Bücher, die meisten aus den Bereichen Psychologie, Biologie und Linguistik. Außerdem ist er literarischer Übersetzer und seit 1989 Herausgeber der deutschen Gesamtausgabe von Vladimir Nabokov.

Inhalt

Vorweg 7
Die Bibliothek der Zukunft
Mehr als Bücherverwahranstalt: Schnittstelle 10
Vom Ruß auf Holz zum Pixel im Kristall
Das Zögern beim Start des E-Books 17
Alles, immer, überall
Der Traum von der Großen Virtuellen Weltbibliothek 42
Information als Landplage
Der Überfluss schafft Überdruss 51
Literatur aus der Steckdose
Wege, die zu E-Text führen 67
Literatur für Grashüpfer
Hypertext oder Absage an die Linearität 78
eNzyklopädien
Vom Bildungssymbol zum Wissensmakler 87
Der lange Weg von P nach E
Fachzeitschriften im Internet 103
Der OPAC und seine Tücken
Katalogrecherche auf die neue Art 120
L10N wie Lokalisierung
Kosmopolitische Software für Nichtkosmopoliten 129
Am Anfang war ASCII
Festschreibung und Überwindung eines Engpasses 137
Unicode, der Code für alle
Eine Nummer für jedes Schriftzeichen der Welt 152
@, der Klammeraffe
Die Karriere des unnützesten aller Zeichen 166

Urheberre©ht im Internet
Der Mythos der großen Freiheit 177
Nicht einmal die kleine Ewigkeit
Die Sterblichkeit der Information 204

Spezieller Teil
WWW – Fakten und Zahlen 233
Der URL 236
Homepage? Website? Webseite? 241
Digital? Elektronisch? Binär? Virtuell? Cyber? 244
Layout im Web 249
Maschinen auf der Suche 254
Wie wird Text digitalisiert? 262
Die Pixelung der sichtbaren Welt 270
Der vielsprachige Computer 279
Schriften und Fonts 288
Der Versand mehrsprachiger Texte 291
Gebrauchsanweisung für OPACs 302
Register und Index 316
UND. ODER. NICHT. 319
Die Erfindung der CD 322
Die Digitale Bibliothek
Ein annotierter Linkkatalog 326
  Empfehlungen 327
  Die computerisierte Bibliothek 329
  Elektronische Fachzeitschriften (E-Journals) 341
  Literatur im Web (E-Text) 345
  Autorenseiten im Web 361
  Netzliteratur (Hypertext) 367

Bibliographie 372

Register 384

Vorweg

Unter den Anfeuerungs- und Katastrophenrufen der Propheten vollzieht sich in den Schriftlandschaften der Kultur gegenwärtig der einschneidendste Umbruch seit Gutenbergs Zeiten. Alles Geschriebene, bisher mit Kohle, Tinten und anderen Farbstoffen auf Tierhäute oder Lumpenbrei oder Holzauszüge gekratzt, geschmiert oder gepresst, ist dabei, sich zu entmaterialisieren. Es nimmt einen neuen Zustand an, den computergerecht digitalen. Was dem Papier anvertraut wurde, überantwortet sich der Elektrizität. Das Massige verflüchtigt sich zu schwerelosen Signalen. Das Langsame huscht mit Lichtgeschwindigkeit um den Erdkreis. Das Einmalige kann überall sein. Das externe Gedächtnis, das Archiv der Menschenkultur, ändert sozusagen seinen Aggregatzustand.

Wenn ein Schriftsteller oder Geisteswissenschaftler oder Journalist vor zehn Jahren bekannte, ein Computer werde ihm nie ins Haus kommen, so klang das noch standhaft und wacker, als verteidige da jemand unvergängliche Kulturwerte gegen die Versuchungen einer leichtlebigen Zeit. Heute outet man sich mit einem solchen Bekenntnis nur noch als einer, der keine Ahnung hat. Wer den Computer boykottiert, ist nur noch einer jener liebenswerten Sonderlinge, die nicht merken, wie sie sich selber schaden. Niemand, der viel liest und schreibt, wird um ihn herumkommen. Dieses Buch enthält sich der Euphorie wie des Alarmismus. Die ausholende kulturkritische Geste überlässt es anderen. Es beobachtet den Umbruch mit skeptischer, aber nicht von vornherein ablehnender Neugier und sieht im Übrigen erst einmal näher hin.

Eine derartige Umwälzung bringt unvermeidlich Probleme

und vielerlei Verunsicherungen mit sich. Der Computer ist eigentlich eine Rechen- und keine Schreib- und Lesemaschine; der Umgang mit Text und den Schriften der Welt gehört nicht zu seiner natürlichen Mitgift und muss ihm erst mühsam beigebracht werden. Dass er nie da gewesene Möglichkeiten der Textarbeit eröffnet, will erst einmal begriffen sein. Ob und wann das beschriebene und bedruckte Papier obsolet wird, lässt sich nur ahnen, wenn man sich nüchtern über die Vor- und Nachteile der entkörperlichten Schrift klar wird.

Wer den Computer als universales Schreib- und Lesegerät benutzt, hat mehr davon, wenn er versteht, was er kann und was nicht und warum. Bis zur Unentzifferbarkeit entstellte E-Mails muss man sich zwar gefallen lassen, aber man müsste seine Briefpartner nicht selber damit traktieren. Wer bei der Suche in elektronischen Bibliothekskatalogen gewisse Eigenheiten nicht beherzigt, richtet keinen Schaden an, aber findet wahrscheinlich nicht, was er sucht. Wer ein Zitat braucht, kann zwar weiter ganze Bücher nach ihm durchforsten und alle Verwandten und Bekannten in die Suche einspannen, aber er käme schneller und sicherer ans Ziel, wenn er wüsste, welche elektronischen Textarchive es inzwischen gibt und wie man zu ihnen findet und mit ihnen umgeht. Natürlich kann man die Kunde von der Großen Virtuellen Weltbibliothek hören und sie für eine Naturgewalt halten oder eine Verschwörung des militärisch-industriellen Komplexes oder das Hirngespinst von verrannten Computerfreaks; aber man kann sich auch dafür interessieren, was da wirklich entsteht, und dann vielleicht sogar Nutzen daraus ziehen.

An den Fundamenten unserer Kultur findet eine radikale Veränderung statt, und was sich verändert, verändert sich mit atemberaubender Schnelligkeit. Es kann nicht allein Sache der Fachleute sein, die es ersonnen haben und die inzwischen schon bei der übernächsten Neuerung sind. Alle müssen wir uns in der Welt des Geschriebenen neu orientieren lernen.

Dass das Buch einige Wiederholungen enthält, liegt nicht an der Zerstreutheit des Autors, sondern ist Absicht. Der Autor meint, dass Bücher wie dieses heutzutage meist nicht mehr »linear« von der ersten bis zur letzten Seite durchgelesen werden, sondern selektiv. Da aber unvermeidlich mehrere Kapitel auf bestimmte grundlegende Sachverhalte Bezug nehmen, etwa auf ASCII oder HTML, werden diese jedes Mal kurz so weit erklärt, dass auch Springleser folgen können.

Warum ich dieses Buch denn nicht im Internet oder als E-Book veröffentliche, bin ich einige Male gefragt worden. Es ist das genau eine der Fragen, auf die die Antwort das Buch selbst gibt.

Weil es noch nicht so weit ist. Weil niemand einen so langen Text am Bildschirm liest und sich auch nicht gerne Hunderte von Seiten ausdrucken würde. Weil der Leser es am Bildschirm schwerer hätte, den Inhalt in seiner Gesamtheit zu überblicken und bestimmte Stellen aufzufinden. Weil manche der exotischen Zeichen, die es beispielshalber vorführt, um die Schwierigkeit beim Transport gewisser Texte von Computer zu Computer zu illustrieren, tatsächlich nicht oder nur unter umständlichen Vorkehrungen beim Leser ankämen. Weil die Seitenbeschreibungssprache des World Wide Web, HTML, sich nicht für die millimetergenaue Einpassung einzelner graphischer Schriftzeichen oder -zeilen eignet. Weil ein Autor es sich nicht leisten kann, einen urheberrechtlich geschützten Text zur beliebigen Plünderung ins Internet zu stellen. Weil ein Buch den Sachverstand eines Lektorats und eines Korrektorats braucht und ohne den Einsatz eines professionellen Distributionsapparats niemand seine Existenz auch nur bemerken würde. Weil es im weiten, weiten Internet so leicht niemand fände, selbst wenn man gerüchtweise von ihm gehört hätte. Weil ... Genug. Weil eben die elektronische Publikation aus vielen Gründen bisher keine wirkliche Alternative zum Buch aus Papier ist. Diese Gründe werden hier näher bezeichnet und beleuchtet.

Die Bibliothek der Zukunft

Mehr als Bücherverwahranstalt: Schnittstelle

Jemand geht in die Bibliothek. Er findet das Haus, das er kennt wie kein zweites, atmet noch einmal tief durch, steigt die Treppe hoch, versucht, sich an einen Verfassernamen zu erinnern, macht die Tür auf, zieht die Straßenschuhe aus, setzt sich an den Arbeitstisch, füttert schnell noch die Katze, wirft die Kaffeemaschine an, bootet den Computer – und schon tut sich vor ihm die Bibliothek auf, die größte der Welt, die universale Bibliothek. Denn diese ist überall, auch bei ihm zu Hause, gleich neben der Espressomaschine. Wo früher Bibliotheken waren, sind heute Grünanlagen. Bibliotheken aus Stein und Beton und Glas sind überflüssig und wurden geschleift oder in Multimediaerlebnisparks verwandelt. Die neue, die allgegenwärtige Bibliothek ist aus elektrischem Strom …

Wird es so kommen? Stirbt im Zeitalter der Digitalität die Bibliothek als das steinerne Depositorium von Büchern aus?

Nein, so wird es nicht kommen. Die Bibliothek, wie wir sie kennen, wird sich nicht in verstreute Einzelarbeitsplätze am Computer auflösen, in die reine Virtualität. Sie wird fortbestehen als ein Gebäude aus Stein und Beton und Glas, mit Magazinen und Lesepulten, in dem die Benutzer verweilen und wo auch weiterhin Bücher und Zeitschriften aufbewahrt und Wort für Wort gelesen werden. Hoffentlich stehen die Druckmedien in der Bibliothek der Zukunft in offenen, jedem jederzeit zugänglichen Regalen; da das sich ständig vermehrende Papierquantum ständig größere Lagerungsprobleme aufwirft, wird wenig benutzte Literatur gleichwohl in schwerer zugänglichen Kompaktmagazinen untergebracht werden müssen. Denn bei den Büchern und Zeitschriften wird es sich keinesfalls nur um Altbestände handeln. Auch der papierene Teil der künftigen Exbibliothek wird weiter wachsen.

Doch selbst die üppigst bemessene Bibliothek wäre der Masse des Geschriebenen nicht mehr lange gewachsen, wenn alles auf gebundenem oder geleimtem Papier stehen müsste. Irgendwann ließe es sich nicht mehr bezahlen und aufstellen und dieses Irgendwann käme schneller, als man meint, denn bei dem Informationszuwachs handelt es sich um ein exponentielles Wachstum. Zudem ließe sich in diesem sich hoch türmenden Informationsmassiv aus Papier nichts mehr auffinden. Die Wissenschaft würde an ihrer eigenen Produktivität ersticken, wenn nicht ein immer größerer Teil des Geschriebenen in die digital-elektronische Form überführt würde.

Es trifft sich also günstig, dass im Bereich der Schriftlichkeit zurzeit die dramatischste Umwälzung bestimmt seit Gutenberg, vielleicht sogar seit der Erfindung der Schrift vor über fünftausend Jahren in Mesopotamien im Gange ist: dass Text sich auf elektronischen Geräten in einem anderen, immateriellen Aggregatzustand aufbewahren, weitergeben und erschließen lässt: dem digitalen. Die Bibliothek der Zukunft wird deshalb zu einem großen und sich rasch ausweitenden Teil eine digitale sein. Darum muss sie eng mit einem Rechenzentrum verkoppelt werden – dessen Hauptaufgabe heute, in einer Zeit verteilter Computerleistung, im Übrigen nicht mehr darin besteht, schiere Rechenkapazitäten zur Verfügung zu stellen, sondern Netze zu managen. Da die technischen Konkretisierungen der digitalen Information einem rapiden Wandel unterworfen sind und niemand absehen kann, welche Erfordernisse sie in zwanzig, zehn, auch nur fünf Jahren mit sich bringen werden, muss die Bibliothek der Zukunft offen und flexibel sein, bis in die Raumaufteilung.

Ein großes, weltweites Problem für die Bibliothek der Zukunft besteht darin, dass der rechtliche Rahmen für die Verbreitung und

Nutzung der digitalen Medien noch bestimmt werden muss. Einerseits drängt alles auf leichten, freien, allgemeinen Zugang – was ihn bremste, erschiene als geradezu wissenschaftsfeindlich. Andererseits verursachen auch digitale Medien Kosten, insgesamt wahrscheinlich sogar höhere als Druckmedien, und irgendjemand muss sie tragen, sonst werden die betreffenden Urheber- und Vermittlungsleistungen einfach nicht erbracht. Auch von den Bibliotheken kann niemand verlangen, digitale Angebote ohne zusätzliches Personal, zusätzliche Räumlichkeiten und zusätzliche Sachmittel herbeizuzaubern. Sie sollen nicht das gleiche wie bisher auf teilweise andere Art machen, sondern mehr.

Ein weiteres Problem hängt mit der ungewissen, aber nach den Maßstäben konventioneller Bibliotheken jedenfalls kurzen Lebensdauer der digitalen Medien zusammen. Eine Bibliothek ist nicht nur ein Institut, das dem Benutzer Information zugänglich macht, sondern auch eines, das sie archiviert, und zwar tendenziell auf ewig. Sie ist das Archiv der Wissenschaften und Künste und muss sammeln, sogar das, was im Moment keinen Benutzer interessiert. Manchem Bibliothekar wäre es lieb, wenn die Benutzer wegblieben und er sich ganz der Aufgabe der Langzeitkonservierung widmen könnte, die schwierig genug ist. Der Kampf gegen das jedem Medium eingebaute Verfallsdatum wird in der Ära der Digitalität immer mehr Zeit und Mittel und Kraft in Anspruch nehmen.

Schließlich ist die Unkörperlichkeit und sozusagen die Flüssigkeit der digitalen Information für die Bibliothek nicht nur ein Vorteil. Einerseits macht gerade sie ihre Attraktivität aus: Sie nimmt keinen Raum in Anspruch außer Speicherplatz auf den Festplatten und Übertragungskapazität in den Leitungen und alles Geschriebene lässt sich wunderbar schnell und leicht verändern und über Datennetze überallhin verteilen. Diese sind in ständiger Bewegung, ein einziges Gebrodel. Man kann nicht sicher sein, am Nachmittag unter derselben Adresse vorzufinden – überhaupt je wiederzufinden –, was man am Morgen nach langer Suche aufgespürt hatte. Die durchschnittliche Lebensdauer eines Dokuments im World Wide Web beträgt heute 44 bis 70 Tage. Oft weiß man nicht genau, wo etwas herkommt, nie, welche gut- oder böswilligen Veränderungen es auf dem Weg durchgemacht hat. Die Bibliothek der Zukunft wird einiges in diesem immer währenden Gewoge einfrieren (»spiegeln«) und dauerhaft archivieren müssen. Aber was? Wie oft? In welcher Art von Speicher? Und wie erschlossen, damit man jemals etwas wiederfindet?

Die digitale Revolution der Schriftlichkeit bringt es mit sich, dass auch Ton und Bild, das stehende wie das bewegte, auf die gleiche Weise konserviert und transportiert werden können wie reiner Text. So wird die Bibliothek der Zukunft eine multimediale sein – und auch darum keine Bibliothek im Wortsinn, kein bloßes »Bücherbehältnis«. De facto ist sie dies bereits seit längerer Zeit nicht mehr; die großen Bibliotheken zählen ihren Besitz schon seit Jahrzehnten nicht mehr in »Büchern und Zeitschriften«, sondern in »Bestands-« oder »Medieneinheiten«, und wenn die digitalen Bestände zunehmen, werden sie ihn unter »Informationseinheiten« oder »Datenobjekte« führen.

Zunächst war völlig offen, ob und in welchem Maß der Bildschirm als Lesegerät akzeptiert würde; man konnte für möglich halten, dass sich eines nicht fernen Tages alles Lesen und Schreiben am Monitor abspielen werde. In den zwei Jahrzehnten der Textverarbeitung am Computer hat sich jedoch eine klare Faustregel herausgebildet: Am Bildschirm wird nachgeschlagen, gelesen wird auf Papier. Sie leitet sich nicht aus irgendwelchen sinnesphysiologischen Gesetzen ab, sondern resümiert einfach, was den meisten erfahrungsgemäß am liebsten ist: Längere Texte, die genau studiert, eventuell sogar annotiert und markiert werden sollen und in denen bei der Lektüre hin und zurück geblättert werden muss, kommen den Lesern in der Papierform mehr entgegen als in der elektronischen. Je länger etwas ist, desto weniger mag man es am Bildschirm lesen; lange Texte liest man dort höchstens unter Zwang – wenn der Drucker gerade defekt und man nicht sicher ist, ob man den betreffenden Text im Netz je wieder findet. Das Limit liegt bei etwa zweitausend Wörtern, sechs Druckseiten, die bei stark aufgelockerter Typographie etwa zwanzig Bildschirmfüllungen ergeben, bei kompakter die Hälfte. Das Optimum sind ein bis drei Bildschirmfüllungen. Die Hauptvorteile digitaler Veröffentlichungen dagegen sind: die Geschwindigkeit (nicht so sehr die Verbindungsgeschwindigkeiten online, sondern eher die Publikationsbeschleunigung durch die Umgehung der langen Prozedur von Texterfassung, Druckvorstufe, Drucken, Binden und Versand) und die Möglichkeit, ungeheure Textmengen – ganze Bibliotheken – schnell und zuverlässig nach bestimmten Textstücken zu durchsuchen. Darum werden Nachschlagewerke aller Art zunehmend auch oder nur noch elektronisch angeboten werden, Monographien hingegen und wohl sogar die gründlicheren Zeitschriften (im Unterschied zu schnelllebigen Informationsblättern) nach wie vor als Druckwerke oder parallel in digitaler und analoger Form.

Die künftige Exbibliothek wird darum eine Schnittstelle zwischen den verschiedenen »Aggregatzuständen« der Information sein müssen. Sie braucht also mehr als einerseits Magazine und Lesepulte, andererseits Bildschirmarbeitsplätze und Lesegeräte für E-Texte und E-Journals und E-Books. Sie braucht Drucker und Scanner, um elektronische Dokumente in papierene Hardcopies zu verwandeln und umgekehrt. Und ihre Druckmöglichkeiten müssen hohen Qualitätsansprüchen genügen. Gerade weil die Leser für das gründliche Studium von längeren Texten samt ihren multimedialen Zutaten auf absehbare Zeit das Papier dem Bildschirm vorziehen werden, wird es ihnen verstärkt auf die sensuellen, die haptischen Qualitäten des gedruckten Textes ankommen; die endlosen Papierschlangen hämmernder Matrixdrucker wären keine Alternative zum Bildschirm.

Einerseits wohnt der heutigen Entwicklung ein starker Sog zur Auflösung aller Zentren inne, auch der Bibliotheken. Über die Telefondose und den Rechner auf dem Arbeitstisch (der unter Umständen zu Hause oder in jedem Hotelzimmer stehen kann) oder sogar über sein Handy kann sich – potentiell – jeder mit jedem, jeder Wissenschaftler mit jedem anderen Wissenschaftler der Welt und jeder Datenbasis in Verbindung setzen. Ebenso könnte jeder seine eigenen Mitteilungen an die Allgemeinheit auf seinen eigenen Server stellen, und schon wären sie weltweit online verfügbar. Eigentlich bestünde für niemanden mehr eine Notwendigkeit, sich das gesuchte Informationsklümpchen aus einem bestimmten Gebäude namens UB oder IKZ (Informations- und Kommunikationszentrum, wie die Bibliothek der Zukunft vielleicht heißen wird) abzuholen. Die ganze Welt wird zu einer riesigen virtuellen Bibliothek und der Eingang ist überall.

Andererseits jedoch wird eben die Virtualität der Großen Virtuellen Bibliothek diesen Zukunftstraum nachhaltig stören: Computer und ihre Peripheriegeräte werden von Krankheiten befallen, Server müssen gewartet werden oder geben ihren Geist ganz auf, die technischen Innovationszyklen machen funktionierende Maschinenparks schrottreif, einzelne Dokumente werden auf andere Server verlegt und sind nicht mehr auffindbar, Netzadressen werden geändert, in den Leitungsnetzen kommt es zum Stau – wenn die großen Hochschulserver heute eine Information ein Jahr zur Verfügung halten, gilt das schon als lange. Zu einem Teil ist das Virtuelle also immer auch das Unauffindbare und das nicht mehr Erreichbare und wird es bleiben. Darum werden Orte gebraucht, wo wenigstens ein Grundbestand an häufig benutzter Literatur in Buchform vorhanden ist. Es wäre viel zu umständlich und nebenbei auch viel zu teuer, sie jedesmal aus den Netzen von sonstwo herbeizuschaffen und eigens in die Papierform zu überführen.

Der Beruf des Bibliothekars wird sich mit den Bibliotheken

verändern, hin zum Bibliothekar-Informatiker-Dokumentaristen. Das Navigieren im immer unüberschaubareren Informationsozean verlangt ein Expertenwissen, das unmöglich jeder Einzelne für sich erwerben kann und das irgendwo gebündelt werden muss – auch in den Bibliotheken. Ihre Benutzer werden sich ebenfalls ändern müssen und manch einer auch unter den Wissenschaftlern wird es mit Sorge sehen und der traditionellen Bibliothek nachtrauern.

Und nichts wird ihn zwingen, die Bibliothek der Zukunft in Anspruch zu nehmen – nur die Tatsache, dass er sich selber aus dem Prozess der Wissenschaft ausschlösse, wenn er sich nicht auf sie einstellt.

Vom Ruß auf Holz zum Pixel im Kristall

Das Zögern beim Start des E-Books

Anfang 2000, als alle Welt sich anschickte, Gutenbergs sechshundertsten Geburtstag zu feiern, lehrte der amerikanische Gruselautor Stephen King die Buchbranche das Gruseln.

Im März stellte er eine unveröffentlichte kürzere Erzählung mit dem Titel *Riding the Bullet* als bildschirmlesbares Buch ins Internet; auf Papier wurde sie vorläufig nicht gedruckt. Sie hatte zwar noch einen normalen Verleger (Scribner's), aber niemand konnte sie zunächst in einer Buchhandlung kaufen. Man konnte sie sich nur von verschiedenen Servern auf den eigenen Computer herunterladen, und zwar gegen eine Schutzgebühr von 2 Dollar 50.

Es war ein Experiment, ein höchst lehrreiches. Die aus der bisherigen Erfahrung gewonnene Faustregel besagt ja, dass am Computerbildschirm nur nachgeschlagen, aber nicht gelesen werde. Die Frage war also, ob die Leute einen solchen etwas längeren Text überhaupt am Bildschirm lesen wollen. Auf den ersten Blick ging dieser Test ganz unerwartet positiv aus. Innerhalb von achtundvierzig Stunden wurde Kings kurzes E-Book fünfhunderttausend Mal heruntergeladen, ganz ohne die vermittelnde Nachhilfe des Buchhandels.

Im Juli ließ King auf den ersten Test den zweiten folgen. Er begann mit der Veröffentlichung eines langen Romans im Netz, betitelt *The Plant.* Diesmal war kein Verlag mehr im Spiel. Das Werk sollte im Laufe von zwanzig Monaten in mindestens acht Raten von zwanzig oder mehr Seiten Länge im Netz erscheinen und für jede heruntergeladene Rate sollten die Leser dem Autor einen kleinen Betrag überweisen, je nach Umfang einen Dollar bis 2 Dollar 50 – gerne durften es auch mehr sein, um die möglicherweise schlechte Zahlungsmoral mancher Mitleser auszugleichen. Denn weitere Fortsetzungen wollte der Autor immer nur liefern, wenn ihm mindestens 75 Prozent seiner Leser oder vielmehr Lader den geforderten Betrag überwiesen hätten. Das Inkasso übernahm die Internetbuchhandlung Amazon.com.

Offenbar sollte das Experiment in Erfahrung bringen, ob die Leser nur herunterladen, was praktisch gratis ist, oder ob ein Autor im Internet auch zu seinem Honorar käme. Käme er das und ließe sich der Fall verallgemeinern, so hätte das enorme Konsequenzen. Es wäre möglicherweise das gesamte bisherige Distributionssystem für Bücher hinfällig, ein System mit Agenten, Scouts, Verlagen samt Lektoraten, Herstellungs-, Vertriebs- und Werbeabteilungen, mit Korrektoren, Graphikern, Pressereferenten, Vertretern, Justitiaren, mit Satzanstalten, Druckereien und Bindereien, mit Spediteuren, Grossisten und Sortimentern und Ramschbuchhändlern. Jeder könnte die Literatur, die er wünscht, direkt vom Erzeuger beziehen, und zwar ohne auch nur von seinem Lesesitzmöbel aufzustehen und auf der Stelle. Da der ganze umständliche und aufwendige Vermittlungsapparat entfiele, könnten die direkt vermarkteten E-Books sehr viel billiger sein als herkömmliche Bücher. Auch die Literatur wäre dann im digitalen Zeitalter angekommen und nähme an dem großen, allgemeinen, schnellen und fabelhaft billigen Informationsaustausch teil. Kein Wunder, dass viele in der Netzgemeinde Kings Initiative als epochemachende Pioniertat begrüßten.

Auch diesem zweiten Experiment schien zunächst Erfolg beschieden. Im Netz tauchten die angekündigten Fortsetzungen des Romans auf; also mussten sich Kings Leser wohl auf seine Bedingungen eingelassen haben. Wenige allerdings wussten, dass *The Plant* alte Ware war, ein Anfang der achtziger Jahre begonnenes, als Weihnachtsgruß privat gedrucktes und verschicktes Romanmanuskript, das jetzt im Netz wieder aufgewärmt wurde.

Ein doppelt positives Ergebnis? Der Anschein täuschte, und das aus mehreren Gründen.

Erstens: Man stelle sich vor, Thomas Mann hätte die *Buddenbrooks* als Fortsetzungsroman kapitelweise direkt an die Leser verkaufen müssen und das jeweils nächste Kapitel nur geschrieben, wenn die Kasse bis dahin gestimmt hätte und alle Schulden eingetrieben gewesen wären. Seriöse Literatur ließe sich unter diesem selbst auferlegten Direktvermarktungszwang überhaupt nicht hervorbringen, selbst Konfektionsliteratur geriete unter solchen Produktionsbedingungen zum Krampf.

Zweitens: Mit 160 Millionen Exemplaren ist Stephen King zurzeit der meistverkaufte Schriftsteller der Welt. Sein Experiment kam überhaupt nur für einen Großautor wie ihn in Frage, einen Autor mit einer riesigen, zu jeder Ergebenheitsgeste bereiten Fangemeinde. Die Drohung, bei Nichtbezahlung nicht weiterzuschreiben, ließe das Publikum bei einem weniger bekannten und beliebten Autor völlig kalt. Selbst wenn nur die wenigen internationalen Großautoren von Kings Kaliber sich alle auf die Selbstpublikation im Internet verlegten, wäre der Effekt mit Sicherheit nicht mehr der gleiche. Denn King profitierte davon, der Erste und bisher Einzige zu sein, der diesen Schritt riskiert hatte, und im Internet ohne Konkurrenz. Er gab seinen Lesern das Gefühl, sie marschierten in vorderster Front in die Zukunft und machten nebenbei auch noch ein Schnäppchen. Etliche unbekannte Autoren stellen ihre Werke seit Jahren gratis und für jedermann zugänglich auf eine eigene Homepage, in der Hoffnung, eines Tages würde der Scout eines normalen Verlags zufällig vorbeikommen, sie entdecken und auf die altmodische Art zwischen zwei Buchdeckeln veröffentlichen. Ich weiß nicht, ob diese Art der Eigenwerbung auch nur ein einziges Mal Erfolg hatte – der Regelfall war sie jedenfalls nie und kann sie niemals werden.

Das Internet nämlich ist ein denkbar schlechter Ort, die Aufmerksamkeit auf etwas noch nicht Bekanntes zu lenken. Es verstärkt nur eine bereits vorhandene Bekanntheit. Zurzeit soll es im Internet zweieinhalb Milliarden Webseiten geben, Tendenz steil steigend. Unbekanntes geht in dieser Menge rettungslos unter. Wenn alle Autoren der Welt sich mit allen ihren Manuskripten im Internet ausstellten, könnten sie sich genau so gut an die nächste Straßenecke stellen und den Passanten damit zuwedeln. Leser fänden sie so nie und nimmer, bestenfalls einen barmherzigen Samariter, der verspräche, bald einmal einen Blick in das Werk zu werfen. Wenn keiner den Namen des Autors und den Titel seiner Werke kennt, kann auch keine Suchmaschine irgendjemanden zu der betreffenden Seite führen. Kommt dort doch gelegentlich jemand vorbei, dann war es wahrscheinlich ein Missverständnis. Um der Echolosigkeit des Internets vorzubeugen, könnte der Autor solche Missverständnisse absichtlich provozieren und etwa seinem Werk wie einst Richardson den Titel *Pamela* geben oder noch besser *Pamela Andersson* – diesen Trick hätten ihm schon einige vorgemacht. So könnte er allerdings »Web-Traffic« erzeugen und Besucher auf seine Homepage locken, aber die würden sich nach einem kurzen Blick enttäuscht aus dem Staub machen.

Kings Experiment konnte also nur darum den Anschein eines positiven Ausgangs haben, weil er nicht erst im Internet berühmt werden musste, sondern es schon vorher war. Vorher aber war er es auf völlig konventionelle Weise geworden: unter Mithilfe von Verlegern und Buchhändlern. Nebenbei nämlich erfüllt der ganze traditionelle Publikationsapparat eine Filterfunktion, die umso wichtiger und unerlässlicher wird, je mehr »Information« von allen Seiten und auf allen Kanälen auf die Menschen einstürmt und ihre Aufmerksamkeit beansprucht. Aufmerksamkeit ist unsere kostbarste Ressource, die nicht beliebig vermehrbar ist. Wir lassen nur an uns heran, was wir von uns aus begehren oder was wenigstens eine Empfehlung mit sich bringt. Wir sind auf alle Arten von Gütesiegeln angewiesen. Allein die Tatsache, dass ein Buch gedruckt wurde, beweist, dass jemand es für druckbar und also wohl auch für lesenswert gehalten hat. Wenn ein bestimmter Autoren- oder Verlagsname darauf steht, der sich in der Vergangenheit unser Vertrauen verdient hat, werden wir dem neuen Buch einen zusätzlichen Aufmerksamkeitsvorschuss einräumen. Die äußere Gestalt des Buches zeigt an, welchen Einsatz es seinen Verlag wert war. Dieser hat systematisch versucht, es über das Geflecht der Multiplikatoren bekannt zu machen. Auf dem langen Weg vom Schreibtisch des Verfassers bis ins Regal der Buchhandlung hat es verschiedene Qualitätskontrollen durchlaufen, ist allerlei Publikationssachverstand in das Werk eingeflossen. Wir wissen zwar, dass oft auch alles das nichts nützt, aber die möglicherweise völlig ungeprüften Inhalte des Internets bekommen unser Misstrauen in ungedämpfter Wucht zu spüren. Der ganze konventionelle Publikationsprozess trägt dazu bei, dass ein Buch die Abwehrmauer durchbricht und am Ende einige der Leser findet, denen es zugedacht war. Wenn eine Gruppe von jungen, dynamischen Autoren sich vornähme, alle ihre Produkte künftig nur noch im Internet zu verbreiten, bliebe ihnen gar nichts anderes übrig, als dafür etwas zu gründen, was vielleicht anders hieße (»MediaClick Studio« oder so ähnlich), aber nichts anderes wäre als ein Verlag fürs Internet – eine Bündelung von professionellem Publikationssachverstand.

Noch aus einem schlichten dritten Grund bewies Stephen Kings Experiment nicht, was es zu beweisen schien. Eine halbe Million Mal in zwei Tagen zwar war sein *Riding the Bullet* heruntergeladen worden. Aber wurde die Geschichte auch eine halbe Million Mal am Bildschirm gelesen? Man muss sich gar nicht auf die beliebte Verdächtigung einlassen, dass all die Bücher, die in ständig wachsender Zahl gekauft, verliehen, verschenkt, kopiert, geladen werden, in Wirklichkeit gar nicht gelesen würden, um daran zu zweifeln. Nehmen wir an, es seien alles Fans gewesen, die jedes Wort des Meisters einsaugen, und keiner hätte sich auch nur ein Wort entgehen lassen. Aber hätten sie es am Bildschirm gelesen? Oder hätten sie es vor dem Lesen ausgedruckt? Das weiß man natürlich nicht. Fünfundsechzig locker und luftig gefüllte Bildschirmseiten: Da ist es gerade noch denkbar, dass manche sich das Ausdrucken erspart haben. Man darf aber annehmen, dass viele, vielleicht die meisten, den Text vor dem Lesen durch ihren Printer geschickt haben. Dann hätten sie unterm Strich mehr bezahlt als die 2 Dollar 50 Schutzgebühr, etwa das Doppelte. Die Kostenersparnis wäre also eine Illusion gewesen. Ein Dreihundertseitenbuch würde gewiss niemand am Bildschirm lesen. Zu den Schutzgebühren oder Autorenhonoraren kommen die Verbindungskosten für das Herunterladen und die Kosten für Papier und Druckpatrone, bei einem Dreihundertseitenbuch 20 bis 30 Mark, und was man am Ende in der Hand hätte, wäre nur ein Stapel fliegender Blätter. Ein paar Mal würden die Leser vielleicht der Illusion erliegen, bald aber würden sie nachzurechnen beginnen, und dann wäre der Effekt dahin. Allerdings: Ein größerer Teil des Geldes fände sich auf dem Konto des Autors ein, der Rest bei der Papier-, Tinten- und Telekommunikationsindustrie. Der Buchhandel ginge leer aus.

Aber Stephen Kings Experiment endete gar nicht positiv. Im Dezember 2000 stellte er das »faszinierende kleine Abenteuer« wegen »anderweitiger Verpflichtungen« vorläufig ein. Die *New York Times* verriet, die erste Rate sei zwar noch von 120 000 Lesern heruntergeladen worden, dann aber seien es von Folge zu Folge weniger gewesen; bei der fünften waren nur noch 40 000 übrig und von denen entrichtete nicht einmal mehr die Hälfte ihren Obolus. King zog ein wenig freundliches Fazit: »*The Plant* wird mir mindestens 600 000 Dollar eingebracht haben und vielleicht über eine Million. Für den heutigen Buchmarkt sind das keine hohen Zahlen, aber … *The Plant* ist auch gar kein Buch. Bisher existiert es nur als elektronische Bits und Bytes, die fröhlich im Cyberspace tanzen. Dennoch haben es etwa hunderttausend Menschen heruntergeladen, einige von ihnen haben es sich ausgedruckt (und vielleicht sogar wie mittelalterliche Manuskripte selbst gebunden), aber in erster Linie ist es nur eine elektronische Fata morgana, die dort draußen frei schwebt wie Coleridges prächtiger Lustpalast, ohne Druckkosten, Verlagsanteil und Agentenkommission, die es beschwerten. Abgesehen von der Werbung ... entstehen keine Kosten und das Profitpotential ist unbegrenzt. Ich sehe jedoch drei große Probleme. Eins besteht darin, dass die meisten Internetnutzer die Aufmerksamkeitsspanne von Grashüpfern besitzen. Ein anderes ist, dass sie sich die Vorstellung angeeignet haben, im Internet sei alles kostenlos oder sollte es doch sein. Das dritte – und größte – ist, dass Buchleser elektronische Bücher nicht für richtige Bücher halten ... Sie gehen entweder gar nicht ins Web oder nur, um E-Mail zu erledigen, und es kommt ihnen nicht in den Sinn, dass man auch online lesen könnte ...«

Dennoch ist damit kaum das letzte Wort zum Thema digitale Literatur und elektronische Publikation gesprochen. Der Buchhandel wäre sehr schlecht beraten, wenn er erleichtert aufatmete und glaubte, es würde alles beim Alten bleiben.

Früher nannte man nur fromme Halluzinationen »Vision«. Heute heißen auch technische Phantasien so. So resümierte 1995 der amerikanische Romancier Lance Olsen, einer der Protagonisten der Avant-Pop-Bewegung, die noch moderner sein will als die Postmoderne, die Vision vom Ende des Buchs aus Papier: »... wenn wir überhaupt noch von Büchern im konventionellen Sinn reden können. Bald wird es in Leder gebundene Computer geben, die so groß sind und sich so anfühlen wie elegante gebundene Romane und die nicht viel mehr kosten als ein Paar coole Sneakers. Du klappst sie auf und findest nebeneinander zwei flimmerfreie hinterleuchtete Bildschirme, die so aussehen wie zwei Seiten in einem Buch. Du liest die beiden Seiten, du tippst an einen der Bildschirme, und zwei weitere Seiten erscheinen. Du liest das eine ›Buch‹ aus und nimmst dir ein anderes, etwas in der Größe einer Kreditkarte, steckst es rein und fängst von vorne an. Du lädst dir [irgendeinen Roman], nach dem dir gerade der Sinn steht, aus dem Web runter, vergrößerst oder verkleinerst die Schrift nach Belieben, machst dir das Layout, in dem du es lesen willst, und rettest jedes Jahr Millionen von Bäumen – alles das für einen Bruchteil der Kosten eines traditionellen gedruckten Romans, da beim elektronischen Publizieren Zwischenhändler und Druckkosten eingespart werden. Und die Bibliothek? Wer braucht denn noch die traditionelle Bibliothek, wenn es doch die zentrale globale elektronische Bibliothek gibt, wo alles vorhanden ist, was je geschrieben wurde, und wo man fürs Ausleihen nicht mehr tun muss, als sich einzuloggen, eine Suche durchlaufen zu lassen und das Gewünschte ins eigene System zu downloaden?«

Elektronische Bücher wie das beschriebene gab es schon ein paar Jahre später. Irgendwann mag ihnen die Zukunft gehören. Wie bald sie ihnen gehört, ist indessen nach wie vor offen. Bisher hat sich das beschriebene und bedruckte Papier gut behauptet. Als in den achtziger Jahren die Textverarbeitung am Bildschirm aufkam, lautete die Vision: das papierlose Büro. Tatsächlich stieg der Papierverbrauch in den Büros trotz Textverarbeitung munter weiter. Gewiss, ohne sie hätte er vielleicht noch stärker zugelegt. Aber die Leichtigkeit, mit der sich jedes digitale Schriftstück vervielfältigen lässt, und das perfekte Aussehen, das der Computer selbst noch dem flüchtigsten Schmierzettel verleiht, war mit Sicherheit von Anfang an ein neuer, zusätzlicher Anreiz zum Papierverbrauch. Heute ist das papierlose Büro kaum noch einen Witz wert. Aber dass das bedruckte Papier sich bisher über alle Erwartung widerständig gezeigt hat, ist keinerlei Garantie dafür, dass es auch morgen noch das selbstverständliche Schriftmedium sein wird.

Amerikanische Journalisten haben Gutenberg zum »Mann des

Millenniums« gewählt – mit Recht, denn seine Erfindung hat die Schrift, die vorher die Sache einer dünnen Schicht von Gelehrten und Schreibern war, zu einer Sache von jedermann gemacht. Die Schrift ist das externe, personenunabhängige Gedächtnis einer Kultur. Sie verlagert das Denken in ein Material, das dauerhafter ist als das vergessliche menschliche Gehirn. Der Druck vervielfältigt diese Inhalte so, dass im Prinzip jeder immer und überall Zugang zu ihnen haben könnte. Durch Gutenbergs Erfindung konnte der zur Schrift geronnene Fundus der Kultur zum Allgemeinbesitz werden. Und das soll demnächst aus und vorbei sein?

Manche sind erstaunt, wenn sie erstmals etwas Offensichtliches vernehmen: dass Gutenbergs Erfindung zwischen 1980 und 1985 endgültig stillgelegt wurde. Die Erfindung bestand nicht darin, eingefärbte Lettern kräftig auf weißes Papier zu drücken. Der Druck selbst wurde schon im achten Jahrhundert in China erfunden. Sie bestand im Abdruck kantenscharf gegossener Metalltypen für die relativ wenigen einzelnen Schriftzeichen des lateinischen Alphabets. (Ein Setzerkasten für die deutschen Frakturschriften mit ihren vielen Ligaturen hatte zwei- bis dreihundert Fächer; ein chinesischer Setzerkasten hätte zehn- bis zwölftausend haben müssen – weshalb in China niemand darauf kommen konnte, siebenhundert Jahre früher auch schon die Gutenberg'sche Satztechnik zu erfinden.)

Der Computersatz hat den Druck von beweglichen Metalllettern innerhalb weniger Jahre vollständig abgelöst. Ein ganzes Handwerk, nicht irgendeines, sondern das vornehmste, das der Akzidenzsetzer und Metteure, wurde in kurzer Zeit umgeschult oder in die Frührente geschickt. Das Blei wurde ein für alle Mal ausrangiert. Wer heute eine Gutenberg'sche Setzerei besichtigen möchte, muss ins Museum gehen.

Die Produkte der Gutenberg'schen Druckpresse jedoch, das Buch, die Zeitung, die Zeitschrift, sind unverändert geblieben und darum haben viele den Abschied von Gutenberg gar nicht bemerkt. So wie Gutenbergs Erfindung seinerzeit, um 1450, darum auf Anhieb durchschlagend erfolgreich war, weil sie erlaubt hatte, den bewährten handgeschriebenen Codex täuschend ähnlich nachzuahmen, so war der Computersatz auf Anhieb durchschlagend erfolgreich, weil mit seiner Hilfe das mit Gutenberg'scher Satztechnik hergestellte Printmedium täuschend ähnlich nachgeahmt werden konnte. Nicht ein radikaler Bruch mit allem Dagewesenen ermöglichte die beiden Erfolge, sondern gerade die Kontinuität. Eine Kontinuität bei großen Produktivitätsfortschritten – zum Setzen der 1280 Seiten seiner ersten Bibel brauchte Gutenberg gut zwei Jahre, fast so lange, wie ein Schreiber zu ihrem Abschreiben gebraucht hätte – aber nach dem Drucken hatte er 140 Exemplare und nicht nur eines.

Aus der bisherigen Widerstandskraft der Printmedien könnte man leicht den Schluss ziehen, dass die Zukunft des gedruckten Buches gesichert ist. Der Schluss wäre voreilig. Die Plötzlichkeit, mit der um 1950 die Schellackplatte, um 1980 die Vinyllangspielplatte, um 1985 die Schreibmaschine und die Gutenberg'sche Satztechnik verschwanden, sollte eine Warnung sein.

Die Zeichen der Zeit sind widersprüchlich. Seit etwa fünfzehn Jahren geht so gut wie alles, was auf Papier gedruckt wird, durch eine digitale Vorstufe, ob Bücher, Zeitschriften, Zeitungen oder Kataloge. Seit wenigstens sechs Jahren ist die Technik da, mit der es auch am Bildschirm gelesen und durchs Netz versandt werden könnte. Die Leser aber machen davon bisher nur wenig Gebrauch. Aber man wird unterscheiden müssen. Romanleser zwar lesen nicht online, Online-Fachzeitschriften aber und gewisse Offline-Nachschlagewerke werden inzwischen stark genutzt. Bisher macht der Buchhandel nur zwei bis zweieinhalb Prozent seines Umsatzes mit CD-ROMs. Bei dem größten deutschen Lexikonverlag (der Verlagsgruppe Bibliographisches Institut/Langenscheidt), der beides parallel aus seinen Datenbanken entwickelt,

Bücher und CD-ROMs, teilweise mit gleichen Inhalten, werden bisher nur zwölf Prozent des Umsatzes mit digitalen Werken gemacht, fast ausschließlich mit Offline-Medien. Wenn man sich solche Zahlen zu Gemüte führt, scheint das Buch vorläufig sicher zu sein und man könnte mit Robert Gernhardt erleichtert seufzen: »Ums Buch ist mir nicht bange./Das Buch hält sich noch lange.« Auf der anderen Seite hat die *Encyclopaedia Britannica* angekündigt, dass sie 2001 ihre Papierausgabe ganz einstellen und dann nur noch online abfragbar sein wird.

Ein dringendes allgemeines Leserbedürfnis nach dem digitalen Text, ob online oder offline, besteht ganz offensichtlich nicht. Die Leser warten nicht ungeduldig auf das E-Book. Andererseits entgehen ihnen die Vorteile der Digitalität keineswegs und hier und da haben sie begonnen, sie sich zunutze zu machen.

Wann würden die Leser das Buch im Stich lassen? Wenn ein Displaymedium da wäre, das die Hauptvorteile des Papiers besäße, diese aber mit den Vorteilen elektronischer Displays verbände: das einerseits so weich, so faltbar, so transportabel, so strapazierfähig wäre wie Papier, das sich in die Tasche stecken oder mit Eselsohren versehen oder im Bett lesen oder mit an den Strand oder in die Badewanne nehmen ließe – und das andererseits überall mit wechselnden digitalen Inhalten geladen werden könnte. Vor zehn Jahren klang eine solche Anforderungsliste noch völlig unrealisierbar. Heute ist das nicht mehr der Fall. Die Frage ist inzwischen: Wann werden in den Augen der Leser die Vorteile der Digitalität gewisse nicht so leicht zu beseitigende Nachteile gegenüber dem Papier überwiegen?

Ob die Leser weiter das gedruckte Buch favorisieren, hängt nicht von der Tiefe ihrer Anhänglichkeit oder der Unerschütterlichkeit ihres Traditionsbewusstseins ab. Das Buch verdankt seine bisherige Vormachtstellung nicht der Tatsache, dass es schon so lange da ist, dass wir alle fast unser ganzes Wissen aus Büchern bezogen und viele es dabei lieb gewonnen haben. Auf diese Zuneigung sollte besser niemand bauen. Die Sache des Buches entscheidet sich an anderen, unsentimentalen, sehr viel praktischeren Kriterien. Das Buch ist darum das Leitmedium, weil es ein ganz hervorragendes, ausgereiftes und bisher unübertroffenes Displaymedium für Schrift und Graphik ist, also aus sozusagen ergonomischen Gründen. Es wird erst dann stürzen, wenn andere Displaymedien seine entscheidenden Vorteile überzeugend »emulieren« und seine weniger entscheidenden Vorteile mit größeren eigenen Vorteilen kompensieren. Die Leser werden bewusst oder unbewusst ständig vergleichen, wie leicht und angenehm etwas in dieser oder jener Form zu lesen und zu benutzen ist, auf Papier gedruckt oder elektronisch angezeigt. Heute vergleichen sie das Buch mit der Bildschirmanzeige und da geht der Vergleich noch zugunsten des Buches aus. Immer so bleiben muss es nicht.

Das gedruckte Buch ist etwas so Selbstverständliches, dass man sich vor Augen führen muss, welches genau seine Vorteile im Vergleich zum heutigen Computerbildschirm sind.

Im Buch steht die Schrift gestochen scharf und mit maximalem Kontrast auf flimmerfreiem Hintergrund. Das sichtbare Flimmern wurde dem Bildschirm seit den achtziger Jahren zwar ausgetrieben, aber die Auflösung (also Schärfe) der Bildschirmschriften und der Kontrast lassen immer noch zu wünschen übrig. Die Schriftzeichen sind nicht wirklich schwarz, sondern nur dunkelgrau, sie stehen nicht auf weißem, sondern auf schmutzig grauem Hintergrund und ihre Kanten sind nicht so scharf wie die von Druckbuchstaben. Die von Microsoft entwickelte und propagierte ClearType-Technik verbessert aufgrund von allerlei Interpolationen zwar die Lesbarkeit geeigneter Schriften deutlich, für eine gute Druckschrift ist aber auch eine ClearType-Schrift noch keine Konkurrenz.

Andere ergonomische Nachteile des Bildschirms sind, dass er einen festen Standort hat und sich weniger leicht als ein Buch oder ein anderes Schriftstück in den jeweils günstigsten Leseabstand zum Auge bringen lässt, dass das Fokussieren also anstrengender ist. Das lange Starren auf eine unbewegliche Fläche führt zu Verkrampfungen der Augenmuskulatur, zu Kopfschmerzen und zu Blendeffekten. Diese rühren auch daher, dass der Bildschirm das Licht nicht nur wie Papier reflektiert, sondern selber direkt in die Augen hinein leuchtet.

Das Buch hat fünfhundert Jahre typographischer Erfahrungen und Erprobungen hinter sich. Die Druckschriften wurden optimiert, hin zu größerer Lesbarkeit, Gefälligkeit, ja Schönheit. Man weiß, wie groß eine Schrift sein muss, welchen Abstand die Zeilen haben sollten, welche Breite eine Spalte haben darf, wie sich Text und Bild günstig auf der Seite anordnen lassen. Bildschirmschriften versuchen bestenfalls, Druckschriften nachzuahmen. Eigens für den Bildschirm entworfene Schriften gibt es noch kaum. Keine hatte Gelegenheit, sich über Jahrhunderte zu bewähren. Die Seitenbeschreibungssprache für das World Wide Web, HTML, lässt viele Variablen offen: Schriftgröße, Zeilenbreite und genaue Platzierung bestimmt der Benutzer mit. Bei verschiedenen Benutzern, in verschiedenen Browsern und auf verschiedenen Plattformen nimmt eine Seite verschiedene Gestalt an. Manche Webseiten sehen aus, als hätte ein Layouter sie mit dem Besenstiel gezeichnet.

Das Buch ist nicht nur ein robustes Medium und nicht so reparaturanfällig wie ein elektrisches Gerät, es ist auch relativ langlebig. Im günstigen Fall hat es fünfhundert Jahre gehalten und wird wahrscheinlich auch die nächsten fünfhundert überstehen. Aber selbst wenn es auf saurem Papier gedruckt ist und nur zwanzig bis hundert Jahre hält, ist das immer noch länger als die Lebensdauer digitaler Datenträger, Datenformate und Lesegeräte.

Noch ein vierter, fast nie erwähnter Vorteil ist dem Buch eigen. Das Computerdisplay zeigt immer nur eine einzige Textseite oder weniger, der Rest des Dokuments ist nicht sichtbar vorhanden.

Ein Buch ist nicht ein, sondern ein ganzer Stapel von Displays: Alle seine Seiten sind immer da. Spielt das eine Rolle, wo man doch immer nur eine lesen kann? Allerdings. In einem Buch kann man beliebig hin und her blättern und beim Blättern erfasst man unwillkürlich, wo sich eine Stelle relativ zur anderen befindet. Das Computerdokument hat den Vorteil und auch den Nachteil der Unkörperlichkeit. Wenn man zufällig ein charakteristisches Wort weiß, das an der betreffenden Stelle vorkam, kann man sie zwar mit der Suchfunktion des Computers schnell und sicher wiederfinden. Aber wenn sich die Suchfunktion nicht einsetzen lässt, muss man den Text scrollen, und das ist mühsam, fast so mühsam wie das Wiederfinden einer bestimmten Stelle auf einem Ton- oder Videoband, das man vor- und zurückspulen muss. Der Bildschirm bedeutet den Rückschritt vom Codex zur Schriftrolle. Er lässt im Kopf auch kaum noch ein räumliches Bild des ganzen Dokuments entstehen. Das sichtbare Äußere einer CD oder eines anderen Datenträgers erlaubt keinerlei Rückschlüsse auf seinen Inhalt und dessen Beschaffenheit und Struktur, noch nicht einmal darauf, wie umfangreich der Inhalt ist – man kauft jedes Mal die Katze im Sack. Das alles führt dazu, dass man sich in einem Text am Bildschirm sehr viel schwerer orientieren kann als in einem Buch oder in der Zeitung.

Die E-Book genannten speziellen Lesegeräte, die bisher auf dem Markt sind, machen diesen Rückschritt noch größer. Um der besseren Lesbarkeit willen hat die Seite bei ihnen nur noch zwanzig kurze Zeilen, auf ihre Seiten passt also nur etwa ein Drittel einer normalen Buchseite und aus einem Dreihundertseitenbuch wie diesem wird ein Achthundertseitenbuch. Die Folge ist, dass der Leser noch weniger als am normalen Computerbildschirm weiß, wo in einem Text er sich gerade befindet und wie er an eine entfernte Stelle kommt.

In anderer Hinsicht aber schlägt E-Text das Buch. Blitzschnell lassen sich selbst größte Textmengen nach bestimmten Zeichenfolgen durchsuchen. E-Texte lassen sich leichter und schneller manipulieren und kopieren und verteilen und beim Kopieren unterläuft nie ein Fehler, eine digitale Kopie ist der Klon der anderen, der Begriff des Originals verliert seinen Sinn.

Es sind verschiedene E-Books am Markt oder der Marktreife sehr nahe – alles LCD-Displays in Buchgröße und im Hochformat, die formatierten Text anzeigen, welcher aus kleinen speziellen Speichermodulen oder aus dem Internet hinein gelangt; eins davon lässt sich sogar aufklappen wie ein Buch und hat zwei gegenüberliegende Farb-Displays. Ein solches buchähnliches Objekt könnte sozusagen alle Bücher der Welt enthalten (sofern sie in digitaler Form vorliegen). Dass sich die Leser bisher ganz und gar nicht um sie reißen, liegt nicht nur an den üblichen Einführungsschwierigkeiten – dass sie wegen der niedrigen Stückzahlen noch zu teuer sind, dass sich mehrere inkompatible Systeme gegenseitig im Wege stehen, dass es nicht genügend Software, also Texte für sie gibt –, es fehlt auch noch an einigen Voraussetzungen. Wenn jedes der kommenden Lesegeräte nur die speziell darauf zugeschnittenen Dokumente anzeigen kann und nicht auch die der Konkurrenz, hat wahrscheinlich keines von ihnen eine Chance. Und wenn sich die als E-Book angebotenen digitalen Inhalte raubkopieren lassen, wird kein Verlag, der bei Verstand ist, seine Bücher in die digitale Welt entlassen.

Der Normenwirrwarr hat die Einführung des Videorecorders und der DVD jahrelang behindert. Beim E-Book scheint sich der Fall zu wiederholen. Es konkurrieren heute drei Normen miteinander.

Die eine ist der Open-eBook-Standard (OeB), auf den sich 1999 über fünfzig Verlage, Softwarefirmenhäuser und Hardwarehersteller verständigt haben. Er soll sicherstellen, dass jedes konforme E-Book auf jedem konformen Lesegerät gleich welchen Herstellers »läuft«. Im Wesentlichen besagt der OeB-Standard: Jedes E-Book wird in der Seitenbeschreibungssprache des World

Wide Web abgefasst. Und zwar entspricht die »Semantik« des Seitenaufbaus (die Zuordnung von Anweisung und Computeraktion) der von HTML, während die »Syntax« (die einzig richtige Form, ein Befehlswort zu schreiben und zu platzieren) der kommenden Web-Sprache XML folgt, die es, nach Jahren der Prüfung und Diskussion, Anfang 2001 zum Status einer »beabsichtigten Empfehlung« brachte. Zwar kann ein Verlag Darstellungsmethoden hinzufügen, die über die Möglichkeiten von HTML und XML hinausgehen, kann zum Beispiel Videosequenzen oder PDF-Dateien einbetten, aber für alles muss es die Rückfalloption XML geben, damit das betreffende E-Book auch auf Lesegeräten »gerendert« wird, die die zusätzlichen Formate nicht verstehen.

Ein zweiter Standard ist der des Microsoft Reader. Er kann, kurz gesagt, alles wiedergeben, was sich mit der Textverarbeitung Word erzeugen lässt, für die es ein Add-in zur automatischen Konvertierung gibt – aber Tabellen nur in Grenzen und Gleichungen, Fußnoten und viele nichtenglische Schriftzeichen gar nicht. Der Vorteil gegenüber OeB ist, dass der MS Reader zwar für ein spezielles Lesegerät gedacht, aber nicht daran gebunden ist. Er lässt sich auch auf jedem Notebook-Computer einsetzen. Zusammen mit der optimierten Schriftdarstellung ClearType ist er eine reine Software-Lösung.

Der dritte Standard ist das den meisten Usern bekannte Format PDF der Firma Adobe. In ihm werden heute typographisch anspruchsvollere Dokumente im Internet versandt. Es ist auch Komplizierterem gewachsen: Tabellen, Formelsatz, Fuß-, End- und Kopfnoten, beliebigen Schriften und im Prinzip allen Schriftzeichen der Welt.

Der Hauptvorteil von PDF ist auch sein Hauptnachteil. Es gibt eine Bildschirmseite typographisch nahezu so exakt und nuancenreich wieder, wie sie in irgendeinem Printmedium wiedergegeben werden könnte. Aber damit es das kann, sind die Seiten starr und unveränderlich – so, wie sie einmal angelegt wurden, bleiben sie an allen Bildschirmen, auf denen sie der Acrobat Reader sichtbar macht. Die beiden anderen Formate dagegen sind dynamisch und passen sich wechselnden Bildschirmverhältnissen an, unter Verlusten an Genauigkeit und Differenziertheit. OeB und MS Reader werden sich wahrscheinlich ohne große Schwierigkeiten ineinander konvertieren lassen. PDF hingegen beruht gegenüber diesen beiden Formaten auf einem grundverschiedenen Prinzip. Zwischen ihnen wird es keine Brücke geben und jedes wird ungewollt immer auf die eigene Schwäche und die Stärke des Gegenspielers aufmerksam machen und den Benutzer so daran erinnern, dass er es mit keinem idealen Leseinstrument zu tun hat.

Ein gemeinsames Schutzverfahren gegen E-Book-Piraterie ist derzeit nicht abzusehen; bisher gibt es nur einige Vorschläge und Entwürfe. Die Hauptschwierigkeit besteht darin, dass sich E-Book-Inhalte nicht so schützen lassen wie andere Software. Natürlich ist dieser Schutz eher rechtlicher denn praktischer Art; die Verwendung von Raubkopien lässt sich rechtlich rigoros verbieten, aber praktisch nur mehr oder weniger erschweren und nicht verhindern. Aber bei den Inhalten von E-Books kommt nicht einmal der relative Schutz der Ächtung des Raubkopierens in Frage. Ein richtiges Buch darf man sich zum eigenen Gebrauch kopieren, man darf es exzerpieren, man darf es verleihen, man kann es sich aus Bibliotheken leihen. Wenn das E-Book nur vom Käufer selbst und allein auf seinem eigenen Lesegerät und erst nach dem Kauf gelesen und unter keinen Umständen wenigstens teilweise kopiert werden könnte und wenn Bibliotheken es nicht ausleihen dürften, wären seine Chancen gering, dem Buch jemals den Rang abzulaufen. Hier bleibt eine technische und juristische Aufgabe, die viel Fingerspitzengefühl beim Ausbalancieren von Misstrauen und Vertrauen verlangen wird.

Dem Siegeszug des E-Books steht einstweilen aber noch etwas

ganz anderes entgegen. Es ist die schlichte Tatsache, dass die bisher vorgestellten Lesegeräte alle dem Buch noch zu unähnlich sind. Zwar sind sie genauso groß und schwer (unter fünfhundert Gramm) und möglicherweise irgendwann fast so gut lesbar, aber sie bleiben elektronische Geräte, empfindlich, auf Energie angewiesen und nicht immer und überall vorhanden und verwendbar – von der Badewannenprobe nicht zu reden, die auch einem Papierbuch nicht wirklich bekommt, aber einem E-Book schon gar nicht. Auch hat ein Buch aus Papier einen weiteren großen Vorteil, den alle diese Lesegeräte nicht haben: Es besteht nicht nur aus einem oder zwei Displays, sondern in Wahrheit aus Hunderten.

Inzwischen jedoch sind andere, papierähnlichere Displaytechniken in Sicht. Eine ist Nicholas Sheridons Gyricon oder E-Paper (entwickelt bei Xerox PARC), eine Gummifolie, in die Kügelchen mit einer schwarzen und einer weißen Hemisphäre eingebettet sind, die sich durch elektrische Felder drehen lassen – ein leichtes, flexibles, billiges und beliebig oft beschreibbares Medium, ein Zeitungsblatt sozusagen, das sich mit immer wieder neuen Inhalten beschreiben lässt.

Eine andere neuartige Displaytechnik, die das Papier nicht ablösen, aber sozusagen transzendieren soll, ist die am MIT entwickelte E-Ink, eine »elektronische Tinte«. Sie selbst ist eine Flüssigkeit, die auf nahezu jede Oberfläche aufgebracht werden kann, auf Metall, auf Plastik oder auch auf Papier. In dieser Tinte schwimmen Millionen winziger Mikrokapseln, jede sozusagen ein Bildpunkt, und in den Kapseln steckt ein blauschwarzer Farbstoff mit weißen Farbpartikeln, die sich darin elektrophoretisch auf und ab bewegen lassen. Wird ein elektrisches Feld angelegt, so zieht es die weißen Partikel zum einen Ende der Kapsel: Die Kapsel – der Bildpunkt, der die Kapsel ist – wird weiß. Ein entgegengesetztes elektrisches Feld zieht die weißen Partikel nach unten: Die Kapsel wird schwarz. Das beliebige Schwarzweißmuster, das sich so erzeugen lässt, ist so kontrastreich wie Druckerschwärze auf Papier, lässt sich aus jedem Blickwinkel gleich gut betrachten, benötigt keine Hinterleuchtung wie ein LCD-Bildschirm und braucht somit keine Energie zu seiner Aufrechterhaltung; Energie wird nur beim Wechsel der elektrischen Felder benötigt.

Wie aber werden die einzelnen Kügelchen oder Kapseln adressiert, dass sie sich bewegen? Bei E-Paper denkt man offenbar daran, die Farbkugeln von außen elektromagnetisch zu beeinflussen; so könnte man eine E-Paper-Folie an einer Art Ladestab vorbeiführen, der die Bildpunkte zeilenweise schwarz oder weiß ausrichtet. Das Ziel für E-Ink ist ehrgeiziger. Zwischen dem Trägermaterial und der Tinte soll eine aktive Matrix aufgebracht werden wie in einem TFT-Flachbildschirm: ein Gitter von Leitungen, für jeden Bildpunkt ein Kreuzungspunkt und ein Transistor an jeder Kreuzung, der die ihm zugeordnete Mikrokapsel direkt anspricht. So ließen sich die Mikrokapseln genau so steuern wie die Flüssigkristalle eines Bildschirms. Aktive Matrizes sind teuer, vor allem darum, weil der Ausschuss bei der Produktion hoch ist. Der Erfolg von E-Ink wird darum davon abhängen, dass es gelingt, die TFT-Gitter in einer Auflösung, die der eines Flachbildschirms nicht nachstehen dürfte, einfach und billig mit Gummistempeln auf das Trägermaterial aufzudrucken. Dann wäre daran zu denken, die Seiten eines leeren Buchs mit TFT-Matrizes zu bedrucken und diese mit der elektronischen Tinte zu beschichten. Ein so präpariertes Universalbuch könnte jedes digitale Buch der Welt in sich aufnehmen und ihm auf Knopfdruck zur Körperlichkeit verhelfen.

Den Artikel, in dem sie ihre elektronische Tinte vorstellten, begannen die Autoren (Jacobson, 1998) mit einer Würdigung des Buches. Sie wussten, welcher Herausforderung sich ihre Erfindung stellen muss, und das spricht für diese. »Ein Buch ist etwas grundsätzlich anderes als ein Computerbildschirm, denn es ist die

Verkörperung einer großen Zahl simultaner hoch auflösender Displays. Wenn wir eine Seite umblättern, geht die vorherige nicht verloren. In der Evolution hat das Gehirn eine hoch entwickelte räumliche Landkarte erworben. Wer ein Hand- oder Lehrbuch kennt, kann eine gesuchte Information sehr zielbewusst auffinden, wie etwa die Fähigkeit beweist, sich daran zu erinnern, ob man etwas früher einmal, wenn auch noch so kurz, auf einer linken oder rechten Seite gesehen hat. Die haptische Beziehung zu der Raumkarte des Gehirns stellt darüber hinaus eine so natürliche wie effektive Schnittstelle dar … Die Verkörperung der Information auf vielen simultanen Seiten ermöglicht ferner Textvergleiche und lässt dem glücklichen Zufall Raum. Wir können einen dicken Band mit Text und Graphik durchblättern und einen Finger als Lesezeichen an die interessanteste Stelle stecken. Wir können eine große Zahl ähnlicher Elemente miteinander vergleichen, etwa um festzustellen, welche von mehreren graphischen Darstellungen am meisten befriedigt. Natürlich haben traditionelle Bücher auch einen Nachteil: Ihr Inhalt ist unveränderbar.«

Vielleicht wird das Material, auf dem das Buch und die Zeitung von morgen steht, auch ganz anders heißen; vielleicht gehört die Zukunft den OLEDs, den selbstleuchtenden farbigen Dioden aus organischem Material. Undenkbar ist das elektronisch immer wieder neu beschreibbare Papier jedenfalls nicht mehr, und wenn es eines Tages da ist, könnte der Abschied vom Buchdruck sehr schnell gehen.

Man rechnet damit, dass E-Paper und E-Ink frühestens 2005, spätestens 2010 marktreif werden. Microsoft sagt voraus, schon um 2005 würden elektronische Bücher eine Selbstverständlichkeit sein und 2020 seien nur noch 10 Prozent aller Bücher aus Papier.

Wie also stehen die Chancen des Buchs? Wirklich so, dass niemand um es bangen müsste? Drucksachen aus Papier werden zweifellos noch etliche Jahre lang dominieren, denn noch ist nichts Besseres da, und ganz aussterben werden sie nie. Wir richten uns am besten auf eine längere Zeit der Koexistenz von analogen und digitalen Dokumenten ein; es wird eine friedliche Koexistenz sein. Ständig werden die Leser unwillkürlich Vor- und Nachteile einzelner Schriftdisplays gegeneinander abwägen und bei den verschiedenen Medien und Nutzungsarten wird diese Abwägung zu verschiedenen Konsequenzen führen. Darum wird sich die Ablösung des Buchdrucks allmählich und in den einzelnen Medienbereichen in verschiedenem Tempo vollziehen.

Bei Katalogen und stark platz- und aktualierungsbedürftigen Nachschlagewerken, vor allem wenn sie sich sinnvoll multimedial erweitern lassen, ist die Ablösung schon heute in vollem Gange.

Bei Fachzeitschriften wird sie stattfinden, wenn das Archivierungs- und das Authentizitätsproblem gelöst sind. Das ist nicht nur eine Sache der Technik, sondern auch eine des Vertrauens. Vertrauen lässt sich aber nicht erfinden und nicht dekretieren und nicht einmal kaufen, sondern nur langsam gewinnen. Schnell also wird dieses Problem nicht gelöst werden.

Schulbücher sind dem Markt weitgehend entzogen. Eine Schulbehörde könnte anordnen, dass ab sofort E-Books benutzt werden, zum Beispiel weil sie die Aktualisierungsmöglichkeiten bestechend findet oder weil sie keine Gelegenheit auslassen will, bei den Kindern für den Computer zu werben. Solange das E-Book ein empfindliches elektronisches Gerät ist, werden sich die Schulbehörden aber wahrscheinlich hüten, es allgemein verbindlich zu machen – selbst wenn es irgendwann welche gäbe, denen man zutraute, länger als ein halbes Jahr der *state of the art* zu sein. In der Schule wird etwas Robusteres verlangt.

Bei Zeitungen fällt die Prognose am schwersten. Dass sie einen ständigen, unersättlichen Aktualisierungsbedarf haben und dass sie Wegwerfprodukte sind, scheint für die elektronische Zeitung zu sprechen. Andererseits gibt es die E-Zeitung längst, in Form von Rundfunk, Fernsehen und Pressederivaten im Web, und sie konnte der Papierzeitung bisher nur wenig anhaben. Aber Zeitungen spüren den Anbruch der neuen Ära dennoch: Die Kleinanzeigen, aus denen sich viele zu einem Großteil finanzieren, wandern unwiederbringlich ins Internet ab. Die Zeitungen ziehen ihnen hinterher und eröffnen Internet-Dependancen. Etwa ab 2005, so eine Prognose, werden mehr Mittel in die digitalen Periodika fließen als in die gedruckten, ab 2010 werden immer mehr Printausgaben ganz eingestellt und 2020 wird es gedruckte Zeitungen und Zeitschriften nur noch in einigen Nischenbereichen geben. Ich halte es dagegen für möglich, dass gerade ihr Wegwerfcharakter die Papierzeitung unbefristet am Leben erhält. Sie lässt sich umstandslos und ohne irgendein Zusatzgerät in absolut jeder Situation lesen und man muss nicht im Mindesten schonend mit ihr umgehen. Selbst wenn das elektronische Zeitungslesegerät so handlich und billig und strapazierfähig wäre wie ein Regenschirm: Immer wieder hätte man es im entscheidenden Augenblick gerade nicht dabei und griffe doch wieder zur Zeitung aus Papier. Vielleicht aber müssen künftig für die Presse wenigstens keine Wälder mehr sterben. In der Pipeline ist das Papier aus gentechnisch optimierten Kartoffeln.

Und das Buch? Hier hängt alles von den Fortschritten der Displaytechnik und der Durchsetzung des Urheberschutzes ab. Wenn der Fortschritt sehr groß ausfallen sollte, könnte die Ablösung sehr schnell gehen. Dann hätten die künftigen E-Books aber auch eine größere Ähnlichkeit mit den alten Büchern als ihre heutigen Vorläufer. Sollte das Argument, das für die Papierzeitung spricht, auch für Bücher gelten, werden die billigen Taschenbücher zum Wegwerfen sich besser behaupten als teure Hardcovers, die genauso rücksichtsvoll behandelt werden wollen wie ein elektronischer Apparat.

Ganz wird Gutenbergs Technik also wahrscheinlich nie überholt sein, so wenig wie ihr Produkt, das Druckwerk auf Papier. Aber auch, wo sie zurückgedrängt wird, wäre Gutenbergs Erfindung nur von ihrer körperlichen Schwerfälligkeit befreit – und ganz zu sich selbst gekommen.

Bücherliebhaber müssen also nicht in Panik geraten. Aufgezwungen wird ihnen kein neues Medium; sie bekommen nur, was sie selber wollen. Und gelesen werden wird weiter. Die Hauptbeschäftigung an jedem Computer ist Lesen und Schreiben. Die Voraussetzung für die viel beschworene *computer literacy*, den Computeralphabetismus, ist und bleibt *literacy*.

Eine andere Frage ist, ob die durch Fernsehen und Websurfen konditionierten Zappergenerationen das Gleiche lesen werden wie die Älteren und ob sie es auf die gleiche Weise lesen werden; vermutlich werden sie es nicht. Das Buch ist ein »langsames« Medium, das Medium für die lange Aufmerksamkeitsspanne, und muss sich in einer Zeit zunehmender Ungeduld behaupten. Die durchschnittliche Verweildauer bei einer Webseite beträgt 53 Sekunden. Eine knappe Minute, das ist die erste halbe Seite von Prousts *Recherche*. Die erste Seite reicht niemals aus, dass man beschlösse, Stunden und Tage mit einem Buch zu verbringen. Bücher wie die *Recherche* brauchen andere Leser als den durchschnittlichen Grashüpfer des Internet.

Nach wie vor wird jedes Jahr ein neuer Bücherrekord aufgestellt. In den neunziger Jahren, die auch die Jahre der Popularisierung des Internets waren, ist die Zahl der Bucherstauflagen in deutscher Sprache um 36 Prozent gestiegen; 2000 waren es über 60 000. Die Umsätze im Buchhandel sind gewachsen – aber seit 1998 nicht mehr stärker als die Preissteigerungen und das bedeutet letztlich, dass die Auflagen kleiner werden. Besonders empfindlich hat es geisteswissenschaftliche Bücher getroffen. Eine an der Universität Mainz durchgeführte Umfrage ergab, dass hier die Durchschnittsauflagen zwischen 1989 und 2000 von 1 200 auf 480 gesunken sind, ein Rückgang um 60 Prozent, während die Preise sich in der gleichen Zeit nur verdoppelt haben. Und unter den optimistischen allgemeinen Wachstumszahlen vollziehen sich erhebliche Schwerpunktverschiebungen. Der Anteil der Belletristik an der Gesamtproduktion ist seit ihrem Rekordhoch von 1964 auf weniger als die Hälfte gefallen, von 24,8 auf jetzt nur noch 11,6 Prozent.

Eine periodische Studie der Stiftung Lesen hat untersucht, ob und wie sich in Deutschland seit 1992 das Leseverhalten geändert hat. Üblicherweise zeigen sich in solchen Umfragestudien Verschiebungen um wenige Prozentpunkte, bald in diese, bald in die entgegengesetzte Richtung, so dass sich daraus nur mit Mühe ein Trend ableiten lässt. Hier nicht. Den allgegenwärtigen Verdacht, es habe sich in den Jahren, als das Internet zu einem Massenkommunikationsmittel wurde, etwas entscheidend geändert, hat die Studie auf eine geradezu dramatische Weise bestätigt. Die freie Zeit, die fürs Lesen zur Verfügung stünde, hat in diesen acht Jahren zugenommen, um 10 Prozent, aber sie wird nicht zum Bücherlesen genutzt. Auch die Zahl der gelesenen Bücher hat zugenommen, aber nur, weil Vielleser heute noch mehr lesen als früher. Insgesamt jedoch wird weniger gelesen. 1992 bekannten sich noch 16 Prozent der Deutschen zur täglichen Buchlektüre, 2000 waren es nur noch 6 Prozent. Der Rückgang zog sich durch alle Altersstufen, aber bei den Jüngeren war er am stärksten. Seit den siebziger Jahren war die Zahl derjenigen, die nie ein Buch lesen, auf 34 Prozent gesunken; seit 1992 liegt sie wieder über 40 Prozent.

Die Menschen lesen nicht nur weniger, sie lesen auch anders. Die Zahl der 14- bis 19-Jährigen, die angeben, sie überflögen Bücher nur auf der Suche nach möglicherweise interessanten Stellen, hat sich verdreifacht und ist von 11 auf 33 Prozent gestiegen. »Das zappende Lesen, das Häppchenlesen hat stark zugenommen. Es besteht ein Hang zu kurzen Takes, zu raschen Schnitten. Anlesen wird wichtiger als Durchlesen. Die jungen Internetnutzer haben keine Geduld mehr«, resümierte Klaus Ring, der Geschäftsführer der Stiftung Lesen. Dem Computer ist die Schuld daran nicht zuzuschieben. Er akzentuiert nur die Spaltung der Gesellschaft in intellektuelle Partizipanten und Nichtpartizipanten, die sich schon seit Jahrzehnten abzeichnet. Wer das eine Medium intensiv nutzt, nutzt auch andere. Computernutzer unter Dreißig lesen dreimal so viel Fachliteratur und doppelt so viel Belletristik wie Nichtcomputernutzer.

Die Zukunft »des Buches« entscheidet sich nicht daran, ob es auf Papier oder irgendeinem anderen Displaymedium steht. Ob in den Internetgenerationen genug Menschen übrig bleiben, die der Versuchung der Ungeduld widerstehen – das ist die eigentliche Frage für die Zukunft des Buchs.

Alles, immer, überall

Der Traum von der Großen Virtuellen Weltbibliothek

Wenn der mit Revolutionen aller Art überfütterte Zeitgenosse in den Zeitungen auf Überschriften stößt wie »Bonn baut globale digitale Bibliothek« und sich dabei überhaupt etwas denkt, dann wohl dies: Jetzt seien sie also tatsächlich dabei, »dem Computer« die Bücher der Bibliotheken einzuverleiben und demnächst könne man sich den Gang zur Bibliothek sparen und sich das gewünschte Buch, den gewünschten Aufsatz direkt in den Computer auf seinem Arbeitstisch holen. Wie praktisch! Oder: Wie schrecklich! (Wenn man nämlich immer noch an Papier und Druckerschwärze hängt.) Seit zwei Jahrzehnten spukt die Idee einer universellen virtuellen Bibliothek durch einige zum Prophetischen neigende Köpfe: allem Veröffentlichten seine Erdenschwere zu nehmen und es mit Lichtgeschwindigkeit von jedem Ort an jeden anderen zu befördern. Man setzt sich irgendwo an einen Bildschirm, murmelt ein paar Befehle, und schon zaubern die vernetzten Computer von überall herbei, was man gerade zu lesen, zu betrachten, zu hören wünscht. Aber das wird vorläufig Science-Fiction bleiben. Ihre Autoren leiden nicht an einem Überschuss an Phantasie, sie haben vielmehr zu wenig davon: Sie können sich nicht vorstellen, wie viel je geschrieben und gedruckt wurde und noch geschrieben werden wird. Keine Einzige der bestehenden Bibliotheken wird sich je in den Zustand völliger Virtualität auflösen.

Warum der Blüten- oder Alptraum von der Großen Virtuellen Weltbibliothek niemals wahr werden wird, lässt sich leicht demonstrieren. Es liegt am Geld, immer am Geld. Und der Einwand, der Computer mache das doch alles automatisch? Erstens kostet auch der Rechner Geld. Dass die Computertechnik sich bisher in rasendem Tempo verbilligt hat und vorläufig weiter verbilligen wird – alle achtzehn Monate die doppelte Leistung für dasselbe Geld –, ist zwar richtig; dafür ist jede Ausrüstung schon fünf Minuten nach der Anschaffung veraltet und muss nach spätestens drei bis fünf Jahren ersetzt werden. Allein die technische Ausstattung jedes der vierzig Multimedia-Leseplätze im neuen Haus der Deutschen Bibliothek in Frankfurt am Main hat 10 000 Mark gekostet, von den laufenden Lizenzgebühren für die digitalen Inhalte ganz zu schweigen, die man dort studieren kann – wenige Bibliotheken werden sich dergleichen leisten können. Zweitens ist auch der Datentransport und die Verwaltung der Netze nicht umsonst. Und drittens: Seit einigen Jahren geht zwar so gut wie allem Gedruckten ein digitales Vorstadium voraus, veröffentlicht aber wird das meiste nur gedruckt. Alles dies, und alles Ältere sowieso, müsste nachträglich digitalisiert werden, retrodigitalisiert. Die Kosten?

Eine kleinere deutsche Universitätsbibliothek hat etwa eine Million Bücher und für Neuanschaffungen einen jährlichen Etat von drei Millionen Mark, von dem sie fünfzig- bis siebzigtausend Druckwerke kaufen kann. Die nachträgliche Digitalisierung von Werken aus dem älteren Bestand, die Retrodigitalisierung, kann auf zweierlei Art vorgenommen werden. Entweder wird der Text gescannt und anschließend mittels automatischer Schriftzeichenerkennung durch den Computer in digitalen Text verwandelt. Oder eine Seite wird gescannt und als Image-Datei gespeichert – dann behandelt der Computer sie wie eine Graphik. Text-als-Image macht in jedem Fall die Erschließung nötig: Es muss, »von Hand« und nach feststehenden Regeln, beschrieben werden, was da gescannt wird. Die Seitenkosten können bei dieser Methode rund zehn Mark betragen; für hochwertige Scans kostbarer Bücher, die einen interpretierenden wissenschaftlichen Kommentar des Bibliothekars oder Restaurators benötigen, sind sie natürlich sehr viel höher. Billiger ist die automatische Konversion. Eine aufwendige seitenweise Erschließung ist dabei nicht nötig, denn der Computer kann das entstehende digitale Objekt automatisch auf jede Zeichenfolge durchsuchen – seinen »Volltext«, wie das Wort lautet, und nicht etwa nur die beschreibenden Metadaten –, so dass es sich in gewisser Weise selbst erklärt oder vielmehr seine eigene Erklärung ist. Bei diesem Verfahren entstehen Seitenkosten von drei Pfennig bis eine Mark; dazu kommen die Kosten für den Speicherplatz und die Vorhaltung. Bei unproblematischen Büchern kommt man also mit weniger als einer Mark pro Seite aus, bei problematischen, die viel manuelle Nacharbeit erfordern, braucht man wesentlich mehr. Sagen wir der Einfachheit halber: im Durchschnitt eine Mark pro Seite. Eine Million Bücher hat etwa 260 Millionen Seiten. Digitalisierungskosten: 260 Millionen, so viel wie siebenundachtzig jährliche Erwerbungsetats. Die Bibliothek würde nichts mehr kaufen und in siebenundachtzig Jahren als Universitätsdigitalbibliothek neu eröffnen, leider ohne die Bücher – und die elektronischen Publikationen – der letzten siebenundachtzig Jahre.

Falsch, werfen die Visionäre ein, und zwar zu Recht. Es muss ja nicht jedes *Buch* digitalisiert werden. Es genügt, wenn jeder *Titel* irgendwo digitalisiert wird. Tatsächlich, wenn große amerikanische Bibliotheken heute ihre alten Zettelkataloge in maschinenlesbare Form überführen, »retrokonvertieren«, finden sie bis zu 80 Prozent ihrer Bestände bereits im großen computerisierten Verbundkatalog des OCLC*[1] mit seinen 46 Millionen Titelsätzen vor, und je größer diese Datenbank wird, desto seltener muss ein älterer Titel neu katalogisiert werden. Der größte Teil jedes Bibliotheksbestandes ist auch anderweitig vorhanden, Unikate sind selten. Sagen wir also, jene ehrgeizige wissenschaftliche Bibliothek fände viele andere, die den gleichen Weg gehen, und müsste nur

---

1 Mit einem * gekennzeichnete Begriffe oder Namen sind im Linkkatalog (ab Seite 326) näher erläutert.

jedes fünfte Buch des eigenen Bestands selber digitalisieren. Das aber wären noch immer über siebzehn Jahre ohne jede Neuanschaffung – oder hundertfünfundsiebzig, wenn sie die 10 Prozent ihres Erwerbungsetats, die sie heute bestenfalls für die Erhaltung ihres Bestandes ausgibt, hinfort ganz in die Retrodigitalisierung stecken würde. Am Ende der Aktion wäre sie eine museale Bibliothek ohne aktuelle Literatur, aber mit einer Menge zweifelhafter Digitalisate.

Immer noch zu pessimistisch, würde ein hartgesottener Utopist erklären. Wie viele Bücher gibt es denn auf der Welt? Wenn in dem großen amerikanischen Verbundkatalog 46 Millionen Titel stehen und er zwar weiter wächst, aber vorwiegend durch die laufenden Neuzugänge und immer weniger durch die Erfassung von Altbeständen weiterer Bibliotheken, dann wird man damit rechnen können, dass aus vordigitalen Zeiten in den amerikanischen Bibliotheken weniger als 46 Millionen Titel vorhanden sind. Und wenn man berücksichtigt, dass die meisten Titel, die je irgendwo auf der Welt gedruckt wurden, ihren Weg in eine dieser amerikanischen Bibliotheken gefunden haben, darf man annehmen, dass es insgesamt nicht sehr viel mehr als diese 46 Millionen geben wird, jedenfalls kaum mehr als doppelt so viele – so dass mit einer Gesamtzahl von etwa 65 Millionen zu rechnen wäre. 65 Millionen – und wenn sich nun die ganze Menschheit vornähme, diesen Bestand zu digitalisieren und damit sowohl zu bewahren als auch universell zur Verfügung zu stellen, ein Jahrhundertprojekt vielleicht … Technisch wäre es womöglich machbar, aber die Menschheit wird es mit Sicherheit nicht beschließen, so wenig, wie sie beschließen wird, auf den Mond auszuwandern. Darum wird die Große Virtuelle Weltbibliothek erst am St. Nimmerleinstag feierlich eröffnet werden.

Und warum auch sollte es sie geben? »Der Zweck jeder großen Bibliothek besteht darin, obskure Bücher aufzubewahren … solche, die wir nicht so stark begehren, dass wir sie selber besitzen möchten«, schrieb der amerikanische Romancier Nicholson Baker in einem passionierten Essay, der beklagte, wie leichtfertig viele amerikanische Bibliotheken heute ihre alten Zettelkataloge nicht nur ausrangieren, sondern physisch vernichten – ein Massaker, vergleichbar mit der Vernichtung der Bibliothek von Alexandria, wie er meint. Schätzungsweise wird nur jedes zwanzigste Buch, das eine Bibliothek in ihren Magazinen hat, jemals ganz gelesen. Die meisten stehen geduldig an ihrem Platz im Regal, gilben vor sich hin und warten auf den Leser, der eines Tages genau dieses eine von ihnen braucht. Das muss auch so sein. Der Wert einer Bibliothek bemisst sich nicht allein an der aktuellen Benutzernachfrage. Bibliotheken sind die Archive, in denen die Menschheit ihre Geschichte gegenwärtig hält. Wenn ein Wörterbuch nur die Stichwörter aufwiese, die sein Käufer jemals nachschlagen wird, wäre es zwar dünner, aber völlig nutzlos. Ein Wörterbuch, eine Bibliothek, eine Datenbank soll möglichst viel von dem enthalten, was eines unvorhersehbaren Tages einer ihrer uneinschätzbaren Benutzer in ihr suchen *könnte*. Der alte Druck aus dem Jahre 1623 oder 1953 muss gar nicht an jedem Ort der Erde sofort auf dem Bildschirm erscheinen. Es reicht, wenn man überhaupt und ohne allzu große Mühe in Erfahrung bringen kann, wo jenes Dornröschen schlummert.

Dennoch werden Texte, »Volltexte« (nämlich nicht nur ihre bibliographischen Beschreibungen) digitalisiert und indiziert (und damit automatisch durchsuchbar gemacht) und ihre Zahl wird zunehmen, wenn auch nicht explosionsartig, jedenfalls nicht, sofern rückwirkend digitalisiert werden müsste, was nur gedruckt vorliegt. Zwischen 1995 und 2000 hat sich die Situation bereits sehr stark verändert. Gab es zu Anfang der neunziger Jahre nur vereinzelte, zufällig aufgeschüttete Inseln digitalisierter Literatur – alle das Werk einiger weniger Enthusiasten, »Freizeitprojekte« –, so findet man zu Beginn des einundzwanzigsten Jahrhunderts zumindest im englischen, französischen und deutschen Sprachraum einen Großteil der klassischen und frühmodernen Literatur als E-Text im Internet oder auf CD-ROM vor. Ebenso explosionsartig vermehrt hat sich die Menge der Information, die von vornherein entweder auch oder nur elektronisch zu haben ist, und das hat das gesamte wissenschaftliche Publikationswesen von Grund auf verändert. Explosionsartig vermehrt haben sich auch die Möglichkeiten der Online-Recherche in Bibliothekskatalogen.

So bleibt die einheitliche Große Virtuelle Weltbibliothek einerseits eine Utopie, ein Luftschloss, ein Hirngespinst. Andererseits schießen um uns her bereits Teile ihrer elektrischen Mauern in die Höhe.

Während der letzten hundert Jahre hat sich die Zahl der wissenschaftlichen Veröffentlichungen etwa alle sechzehn Jahre verdoppelt, in einigen Naturwissenschaften sogar alle zehn, und nichts deutet darauf hin, dass sich dieser Trend verlangsamte. Solange er sich nicht mindestens halbiert, besagt er unter anderem, dass zu jedem beliebigen Zeitpunkt die Zahl der aktiven und also publizierenden Wissenschaftler größer ist als die Zahl sämtlicher Wissenschaftler der bisherigen Menschheitsgeschichte. »Um einen Sinn für diesen Trend zu bekommen: Die *Chemical Abstracts* brauchten zweiunddreißig Jahre, von 1907 bis 1938, um die Zahl von einer Million Publikationen zu erreichen. Die zweite Million brauchte achtzehn Jahre, die dritte acht, die vierte vier Jahre und acht Monate und die fünfte drei Jahre und vier Monate. Wenn wir annehmen, dass vor 1907 in der Chemie weniger als eine Million Aufsätze geschrieben worden war, bedeutet das, dass allein in den letzten zwei bis drei Jahren mehr Chemie-Papers veröffentlicht worden sind als in der gesamten Menschheitsgeschichte vor dem zwanzigsten Jahrhundert«. (der Ökonomieprofessor Eli M. Noam)

Nicht, dass die Menschheit alle sechzehn Jahre doppelt so klug und weise würde. Das meiste dieses Faktenwissens in den Naturwissenschaften, die den Löwenanteil beisteuern, ist durchaus vorläufiger Art und nach drei bis fünf Jahren nicht widerlegt, aber überholt, ersetzt von genauerem Wissen. Für den Fachwissenschaftler beginnt die Geschichte seines Faches, für die er sich interessieren muss, vor höchstens fünf Jahren. Legte er drei Jahre lang eine Pause ein, um fern der Hektik seines Labors in der Stille Kakteen zu züchten, so hätte er den Anschluss verloren und müsste von vorn anfangen.

Es fällt uns schwer, exponentielles Wachstum auch nur zu denken, geschweige denn mit ihm fertig zu werden, wie schon der Kaiser der Sage erfahren musste, der dem Erfinder des Schachspiels ein Reiskorn auf dem ersten Feld, zwei auf dem zweiten, vier auf dem dritten und so fort zusagte. Nach der einen Überlieferung wurde er wahnsinnig, nach der anderen ließ er lieber den Erfinder köpfen. Alle zehn bis sechzehn Jahre müssten also eigentlich doppelt so viele Publikationen gedruckt, erworben, erschlossen und archiviert werden und auch das Überholte muss aufbewahrt werden und zugänglich bleiben, nicht nur aus Verpflichtung zur Historie, sondern weil vielleicht ja doch noch jemand darauf zurückkommen könnte. Selbst die phantastischsten Steigerungen der Anschaffungsetats der Archive und Bibliotheken, selbst die geräumigsten Anbauten an die Magazine kämen eines Tages nicht mehr mit.

Über Platzfragen denkt man meist, es seien »ja nur Platzfragen«. Aber Bücher und Zeitschriften sind absolut unkomprimierbar und wenn einer Bibliothek oder einem Archiv der Platz ausgeht und der Unterhaltsträger keine Mittel für ein neues Magazin bereitstellt, muss sie ihre Erwerbungen einstellen – oder Platz schaffen, indem sie ihre Bestände lichtet. Die meisten Bibliotheken rangieren laufend Bücher aus und lassen sie sang- und klanglos verschwinden. Aber es ist nicht nur eine Platzfrage. Mit der Menge der Informationen wächst auch die Schwierigkeit, eine bestimmte einzelne darin aufzufinden. Eine nicht auffindbare Information aber ist für alle irdischen Zwecke so gut wie nichtexistent, so wie ein verstelltes Buch in einer Bibliothek verschwunden ist und bleibt, es sei denn, der Zufall brächte es eines Tages wieder ans Licht. »KV«, »Kein Vertreter« – der Vermerk meint eine Signatur, deren Platz im Regal leer ist, ohne die Pappe, die eigentlich Auskunft geben müsste, wo sich der betreffende Titel zurzeit befindet. Wenn aber der einzelne Forscher auf seinem Spezialgebiet nicht mehr zuverlässig in Erfahrung bringen kann, was schon erforscht wurde, kommt seine Forschung zum Stillstand. Dies ist der Punkt, da die Wissenschaft in ihren selbsterzeugten Fluten ertrinken müsste. Die Digitalisierung gewährt ihr einen beträchtlichen Aufschub.

Darum kann man höchstens noch in einigen Geisteswissenschaften, deren Wissen nicht ausschließlich kollektiv, sondern vorwiegend individuell erworben wird, der Meinung sein, die Digitalisierung bringe der Wissenschaft keinen Nutzen, ja, sie bringe die Wissenschaft um ihre Wissenschaftlichkeit, wie der Konstanzer Bibliothekar Uwe Jochum in einem provozierenden Artikel schrieb. Die Flüssigkeit, ja Flüchtigkeit des Digitalen ist in der Tat ein Problem des Übergangs, eines der größten Probleme. Aber die Antwort kann nicht lauten, dass man dann eben bei der guten alten Zeitschrift, der guten alten Monographie bleiben sollte. Die traditionelle Publikationsweise ist dem zunehmenden Informationsdruck nicht gewachsen und die Empfehlung, die Forscher sollten doch bitte etwas gemächlicher denken, wird nicht nur nicht befolgt werden – selbst wenn sie befolgt würde, schöbe das nur den Zeitpunkt ein wenig hinaus.

Wer bei der Suche in einem elektronischen Schlagwortkatalog je 17 873 Treffer gelandet hat, und sei es, um sich ein Kochrezept zu beschaffen, der weiß, was mit Unauffindbarkeit in der Menge gemeint ist, und ahnt, was bevorsteht.

»Ihre Suche würde über 2 700 Titel ergeben und das System verlangsamen. Sie kann darum zurzeit nicht ausgeführt werden. Versuchen Sie es spätabends oder frühmorgens noch einmal«, melden einem die OPACs großer amerikanischer Bibliotheken. Aber selbst um drei Uhr nachts, wenn alle anderen das System in Ruhe lassen, würde man ihm die gleiche Frage nicht noch einmal stellen. Einen Titel wollte man. Was soll man mit 2700?

Das Problem der Informationsgesellschaft besteht nicht nur darin, immer mehr Menschen immer mehr Informationen zur Verfügung zu stellen; es müssen gleichzeitig Mittel und Wege gefunden werden, die immer reichlicher fließenden Informationen zu verwalten, zu erschließen und menschengerecht zu filtern. »Suche einengen!«, lautet der unentwegte Ratschlag der Suchmaschinen. Aber wie? Wonach man auch sucht, selbst nach den obskursten Dingen, dauernd erhält man heute im Internet 3000, 30000 oder 300000 Treffer, die allermeisten ohne jeden Bezug zum Gesuchten oder aus anderen Gründen völlig nutzlos; dann engt man die Suche mit allen Tricks und Kniffen ein und es sind immer noch 999 und zu viele, um sie alle durchzuprüfen. Und wenn in ein paar Jahren zehnmal so viele Server im Netz ihren Dienst versehen, wie viele werden es dann sein? Wenn die ganze Erde zu einem einzigen Heuhaufen geworden ist? Wird man dann nach der Nadel auch nur noch zu suchen wagen?

Information als Landplage

Der Überfluss schafft Überdruss

Der Neonbegriff Kommunikations- und Informationszeitalter suggeriert eine Welt, die von immer informierteren Menschen bevölkert ist. Irgendjemand hat einmal ausgerechnet, dass eine einzige Sonntagsausgabe der *New York Times* mehr Information enthält, als ein Mensch des siebzehnten Jahrhunderts in seinem ganzen Leben aufzunehmen Gelegenheit hatte. Wenn dem so wäre, müsste jemand, der heute sein Leben in einer Eremitage verbrächte und nichts anderes zur Kenntnis nähme als die Sonntagsausgaben der *Times*, im höheren Alter mindestens zweitausend Mal so informiert sein wie sein bedauernswerter Urahn. Was die Menge der »Daten« angeht, denen die Menschen ausgesetzt sind, mag das rechnerisch sogar stimmen. Jener Mensch im siebzehnten Jahrhundert wusste aber auch ohne die Sonntagsausgabe der *New York Times* wahrscheinlich alles, was er für sein Leben wissen musste. Wir wissen auch mit zehn Zeitungsabonnements wahrscheinlich nicht, was wir für unser Leben eigentlich wissen müssten. Informiertheit ist relativ. Das größere Informationsangebot führt nicht notwendig zu größerer Informiertheit. Information – das sind zunächst nur beliebige Daten-Bits auf der Suche nach Menschen, die sich von ihnen informiert fühlen. Informiertheit – das ist integriertes und erinnertes Wissen: Daten-Bits, die im Gehirn haften geblieben sind, sich dort in einen Sinnzusammenhang eingeordnet haben und über die man hinfort souverän verfügen kann.

Zwar wird offensichtlich mehr Information produziert und immer schneller und breiter verteilt als je zuvor. »Eine Flutwelle von Information überschwemmt die Gesellschaft. Es werden mehr Bücher denn je geschrieben und wahrscheinlich weniger denn je gelesen. Das Kabelfernsehen bringt Hunderte neuer Fernsehkanäle. Und bald wird die Spracherkennungstechnologie endlich den Punkt erreichen, da jeder zufällige Gedanke, noch während man ihn ausspricht, aufgeschrieben und fast auf der Stelle über elektronische Mail, Fax oder einfache Junk-Mail an Hunderte unschuldiger Mitbürger verteilt werden kann«. (Eli M. Noam) Aber der allgemeine Informationsstand will nicht im gleichen Maß mitsteigen. Der Grund ist nicht die Renitenz der Menschen, die sich weigern, von der herrlichen Informationstechnologie Gebrauch zu machen. Der Grund liegt vielmehr in der mentalen Verarbeitungskapazität des Menschen, die stagniert, auch wenn ihn noch so viel Information umgibt und bestürmt. Sie ist der Flaschenhals, durch den all die Information müsste. Das begrenzt den Informationsprozess und führt dazu, dass Information sich zum Teil selbst zunichte macht.

Je mehr Fahrzeuge unterwegs sind, desto schwerer kommt jedes Einzelne voran, bis zum Verkehrskollaps. Je mehr Informationsvehikel auf immer mehr Kanälen auf Wanderschaft geschickt werden, desto geringer wird die Wahrscheinlichkeit, dass sie die Adressaten erreichen. Höhere Bandbreiten helfen dem nicht ab. Angesichts des Informationsregens, der auf sie niederprasselt, fühlen sich die Menschen zunehmend verwirrt, überfordert und sogar desinformiert. Informationsüberlastung heißt das Stichwort. Es ist erwiesen, dass die Überlast sogar krank machen kann. Das stärkste einigende Band der Menschen dürfte bald die Grundhaltung sein: »Das muss ich doch nicht auch noch wissen!«

Ein amerikanischer Betriebssoziologe rechnete schon 1962 aus, dass der typische Manager nur ein Hundertstel bis ein Tausendstel der für seine Entscheidungen relevanten Information aufnehmen kann. Man wagt sich gar nicht mehr vorzustellen, wie viele Nullen heute notwendig wären, um das Missverhältnis auszudrücken. Der Information gegenüber befinden wir uns längst in der

Defensive. Auf dem Weg zu einer bestimmten Information muss man durch immer größere Halden von Datenmüll und Infoschrott hindurch, in denen Fußangeln ausgelegt sind, und hat man sie schließlich gefunden, so macht sie einem als Erstes klar, dass ihr Wert nur relativ ist und wir noch weitere brauchen. Die besondere, die gerade gesuchte Information erscheint uns höchst wertvoll, aber Informationen an sich entwerten sich gegenseitig immer mehr und werden in ihrer Menge zur Landplage.

Die Begrenztheit des individuellen Fassungsvermögens macht, dass die Kommunikationstechnologie die Kommunikation gleichzeitig erleichtert und erschwert hat. Die Chance, irgendeine Antwort von irgendeinem Menschen zu erhalten, sinkt mit der Menge der Fragen, die an ihn gerichtet werden. Was einmal ein simpler praktischer Anrufbeantworter war, hat sich bei größeren Firmen und Institutionen zu einem verwinkelten Ansagebauwerk ausgewachsen, aus dem keine Tür mehr zu einer echten menschlichen Stimme führt, mit dem Ergebnis, dass ein unplanmäßiger Auskunftswunsch keinerlei Antwort mehr erhält und der Fragende sich mehr im Stich gelassen fühlt als in der Zeit ohne jede Kommunikationstechnologie. Die Hotline ist in den wenigen Jahren ihrer Existenz zu einem Synonym für die Unerreichbarkeit von Information geworden: statt Antworten bezahlte Zwangsbeschallung in endlosen Warteschleifen. Telefondialog mit der Auskunftsstelle einer Firma: »Was ist ein jpeg?« – »Da bin ich jetzt überfragt. Warten Sie mal kurz bitte.« – (*»Please hold the line.«*) – »Hier ist noch mal die Zentrale. Ich krieg jetzt niemand in der PR-Abteilung, die haben alle ihre Sprachboxen an.« Es stimmt ja – wer pausenlos auf allen Kanälen, per Briefpost, Telefon, Mobilfunk, Pager, Fax, E-Mail, Voice-Mail, Bulletin Board, Video Conferencing Anfragen und Aufforderungen erhält, muss immer stärker auswählen, welche er beantworten will, und am Ende wäre er vielleicht lieber völlig unerreichbar, müsste er nicht befürchten, dass es seinen eigenen Botschaften genauso ergeht. Wer irgendeine Arbeit mit öffentlichen Folgen verrichtet, käme zu nichts mehr, wollte er auf jede Ansprache reagieren. Ein Großteil der Arbeitskraft in einem Büro gilt heute nicht der Kommunikation, sondern der raffinierten Kommunikationsabwehr.

Der britische Stressforscher David Lewis veranstaltete im Auftrag von Reuters Business Information 1996 eine Erhebung unter 1300 Managern und diagnostizierte angesichts der Ergebnisse ein »Information Fatigue Syndrome«, ein Infoüberlastsyndrom: »Die schiere Menge an Daten aus der E-Mail, der Voice-Mail, dem Internet, dem Web, aus Fax, Nachrichtenkanälen und kommerziellen Online-Diensten und so weiter scheint schneller zu wachsen, als das Gehirn die gelieferte Information assimilieren kann.« Ein Drittel der Befragten, bei den Älteren sogar noch mehr, glaubte, der Informationsandrang führe bei ihnen zu gesundheitlichen Störungen. Zwei Drittel gaben an, für ihre Arbeit einen hohen Informationsinput zu benötigen, fast die Hälfte aber sah sich außerstande, die eingehende Informationsflut zu bewältigen. 43 Prozent meinten, die Infoüberlast verzögere oder verhindere Entscheidungen.

»Manchmal kann einem nichts Schlimmeres passieren«, schrieb der amerikanische Kommunikationsökonom Eli Noam, »als eben das zu bekommen, was man unbedingt haben wollte. Und vielleicht erleben wir genau dies bei der Informations- und Kommunikationsrevolution. Im Ganzen kommt sie nicht schlecht voran, aber eben dadurch schafft sie ihr eigenes Problem. Wir leben im Zeitalter der Information, arbeiten in der Informationswirtschaft, sind umgeben von Informationstechnologie, und die ist kleiner, schneller, cleverer, billiger denn je. Und trotzdem – warum fühlen wir uns als Einzelne wie als Organisationen eher belagert von Information denn als ihre Herren …? Der Grund könnte sein, was man das Paradox der Informationstechnologie nennen kann: Je mehr wir davon haben, desto weiter bleiben wir bei der Bewältigung der Information zurück.«

Wie viel »Information« gibt es tatsächlich und wie viel wird laufend neu produziert? Wie viele Bücher wurden je geschrieben und wie viele werden jedes Jahr neu gedruckt? Wie viele E-Mails schwirren durch die Netze? Wie viel steht auf den Festplatten der Computer? Wenn überhaupt, gab es dazu bis vor kurzem nur wilde und entsprechend widersprüchliche Schätzungen. Seit Ende 2000 liegt die sorgfältige und systematische Untersuchung von Peter Lyman und Hal R. Varian auf dem Tisch, zwei Professoren für Informationsmanagement an der Universität Kalifornien in Berkeley. Auch sie schätzen, was sich nicht zählen lässt, und jede Schätzung muss von allerlei Annahmen ausgehen und allerlei Extrapolationen vornehmen. Allzu wörtlich nimmt man also auch ihre Zahlen besser nicht, aber die Relationen dürften sie hinreichend klar machen.

Lyman und Varian fragen nicht eigentlich, wie viel Information die Menschheit hervorbringt. Das wäre unmessbar und auch unschätzbar, denn was soll als Information zählen, in welchen Einheiten sollte es gemessen werden, und zählt es weitere Male, wenn es in irgendeiner Form vervielfältigt wird und andere Menschen erreicht? Sie legen sich die Frage anders zurecht und fragen: Wenn alles, was die Menschen an Information hervorbringen, ein einziges Mal in einem digitalen Archiv aufbewahrt werden sollte, welchen Speicherplatz würde es dort belegen? Sie fragen also nach dem einmaligen Inhalt der Information, nicht nach ihrer Verbreitung und sie rechnen in Bytes. Wie groß müsste der Datenspeicher sein, der alles enthielte, was die Menschheit an Information hervorbringt?

Daten werden in Bytes gemessen. Ein Byte sind acht Bits, acht Ja/Nein-Schritte; so viel beansprucht ein Buchstabe einer Alphabetschrift. Ein durchschnittliches Wort braucht zehn Bytes, ein Satz hundert. 1 024 Bytes machen ein Kilobyte (KB); so viel Speicherplatz ist für eine Seite Text nötig. 1 024 KB (also 1,05 Millionen Bytes) machen ein Megabyte (MB). Die gesammelten

Werke Shakespeares nehmen auf der Festplatte nicht mehr als fünf Megabyte ein; eine CD fasst 630 Megabyte, etwa eine Stunde Ton in Hi-Fi-Qualität. 1024 MB sind ein Gigabyte (GB): ein Spielfilm in Fernsehqualität. 1024 GB sind ein Terabyte – eine Billion Bytes, eine Eins mit zwölf Nullen, 10^{12}; zehn Terabyte Speicherplatz fassten sämtliche Druckwerke in der amerikanischen Kongressbibliothek.

Die gesamte Jahresproduktion an Information schätzen Lyman/Varian auf 0,7 bis 2,1 Millionen Terabyte, etwa 250 Megabyte pro Kopf der Weltbevölkerung. Im Folgenden halte ich mich nur an die jeweiligen Höchstschätzungen. Die Diskrepanz geht nämlich vor allem darauf zurück, dass die Autoren die Höchstzahlen heruntergerechnet haben, um der Tatsache Rechnung zu tragen, dass digitale Inhalte oft komprimiert gespeichert werden und manche Information doppelt und dreifach erzeugt wird, etwa für Rundfunk und Zeitung und Internetseiten, aber nur einmal gespeichert werden müsste, wenn man eben nur den Inhalt archivieren will.

Von diesen 2,1 Millionen Terabyte für den gesamten Informationsspeicher entfallen auf alles, was auf Papier gedruckt, geschrieben oder kopiert wird, lediglich 240, knapp ein Neuntausendstel. Und von diesem winzigen Bruchteil wiederum entfällt das Gros, nämlich 195 Terabyte, auf Bürodokumente. Auf Bücher entfallen nur 8, auf Zeitungen 25, auf Zeitschriften 12 Terabyte. Alle übrigen Terabyte stehen nicht auf Papier, sondern auf anderen Trägern. 427, also 20 Prozent der Gesamtmenge, entfallen auf Fotofilm und sind damit noch analog und nicht digital: 410 000 auf Fotografien, 16 auf Kinofilme, 17 200 auf Röntgenaufnahmen. Der ganze Rest ist digital. Von dieser digitalen Masse wiederum entfällt nur ein winziger Bruchteil (83) auf optische Speicher (CD und DVD). Alles andere (1,7 Millionen Terabyte) wird magnetisch gespeichert: auf Camcorder-Band (300 000), auf den Festplatten von PCs (766 000), auf den Servern der Verwaltungen (460 000) und der Industrie (167 000).

Es gab, so schätzen Lyman/Varian, im Spätsommer 2000 etwa 2,5 Milliarden statische Webseiten, die sich auf 25 bis 50 Terabyte addierten. (Nichtstatisch sind jene Seiten, die sich ad hoc aufbauen und sofort wieder zerfallen, also zum Beispiel die Seiten, die bei einer Suchanfrage entstehen.) Täglich kamen 7,3 Millionen neue Seiten hinzu. Zu 40 Prozent bestehen Webseiten aus Text. Man kann also sagen: Der sprachliche Informationsgehalt des Web belief sich zu jenem Zeitpunkt auf etwa 10 bis 20 Terabyte.

Die Zuwachsrate der Informationserzeugung setzen Lyman/Varian insgesamt mit 50 Prozent an: Jedes Jahr werden anderthalbmal so viel Daten produziert wie im Jahr davor. Alle analogen Medien jedoch haben nur Zuwachsraten von zwei bis drei Prozent, stagnieren also; Zeitungen sind der einzige Sektor, der sogar schrumpft (um 2 Prozent pro Jahr). Die hohen Zuwächse verzeichnen allein die digitalen Medien: DVDs, Festplatten und Server jeweils um 100 Prozent.

Die Zeit, die die Menschen mit den verschiedenen Medien verbringen, ist insgesamt seit 1992 etwa gleich geblieben, etwa 3300 Stunden pro Jahr. Aber der Zeitanteil einiger älterer Medien ist gesunken: Bücher (um 4 Prozent), Zeitschriften (6), Rundfunk (8), Zeitungen (10). Das Fernsehen hat leicht zugelegt (4 Prozent). Der große Gewinner aber war das Internet: Aus zwei Stunden, die 1992 pro Jahr durchschnittlich dafür aufgewendet wurden, waren 2000 43 Stunden geworden – eine Zunahme von über 2000 Prozent.

Die Gesamtzahl aller wissenschaftlichen Fachzeitschriften schätzen Lyman/Varian auf 40000, die Gesamtzahl aller jemals gedruckten Bücher der Welt auf 65 Millionen. Jährlich kommt nach einer Unesco-Statistik knapp eine Million Titel von durchschnittlich jeweils 300 Seiten Umfang hinzu. Scannte man sie, so ergäbe sich pro Titel eine Datenmenge von 40 Megabyte, 39 Terabyte für sie alle. Datenkompression macht aus diesen 40 Megabyte acht. Ein Jahrgang sämtlicher Fachzeitschriften hätte unkomprimiert einen Speicherbedarf von neun Terabyte, komprimiert von zwei. Alle knapp 23 000 Zeitungen der Welt bräuchten unkomprimiert 124 Terabyte, komprimiert 25.

Wenn wir an Information denken, so denken wir vor allem an Bücher, Zeitschriften und Zeitungen, die Printmedien. Tatsächlich macht die gedruckte Information auf Papier aber nur noch einen fast verschwindend kleinen Teil aller privaten, internen und öffentlichen Information aus, deren Hauptmasse sich (in dieser Reihenfolge) auf Servern, Festplatten, Fotos, Camcorder-Bändern und in Bürodokumenten findet. So gesehen scheinen die Printmedien längst verloren zu haben, scheint die Welt der digitalen Information zu gehören. Das Hauptergebnis der Studie von Lyman/Varian ist denn auch die »Geringfügigkeit des Buchdrucks« und die »Dominanz des Digitalen«: Nur 0,003 Prozent aller Information werden auf Papier gespeichert.

Nicht nur spaßeshalber hat man Bytes in Bäume umgerechnet. Eine fünfzehn Meter hohe, zwanzig Zentimeter starke und zwanzig Jahre alte Loblollykiefer (*Pinus taeda*), in Nordamerika ein *pulp tree*, ein »Papierbreibaum« par excellence, ergibt 10 000 Seiten Papier, und auf denen lassen sich 500 Megabyte Information speichern, knapp der Inhalt einer CD. Um die 240 Terabyte jährlich erzeugter Printinformation ein einziges Mal auf Papier festzuhalten, müssen knapp eine halbe Million Bäume gefällt werden. Tatsächlich sieht die Rechnung natürlich anders aus. Angenommen, Bücher, Zeitschriften und Zeitungen mit ihren zusammen 45 Terabyte werden im Durchschnitt hundertmal archiviert, so müssen die Bibliotheken jährlich zusätzlichen Lagerplatz für das Holz von 2 250 Bäumen schaffen. Und wenn man knapp rechnet und bei Büchern und Zeitschriften eine Durchschnittsauflage von tausend Exemplaren annimmt und bei Zeitungen von zehntausend, sind derzeit alljährlich 270 000 Terabyte auf Papier unterzubringen. Dazu müssen wohl oder übel 165 Millionen Bäume fallen. Wären aber auch noch die 99,997 Prozent an digitaler Information nur ein einziges Mal auf Papier zu speichern, in Form gedruckter Nullen und Einsen, so müssten dazu jährlich fast 17 Milliarden Loblollykiefern nachwachsen.

Aber aus den gleichen Zahlen lässt sich auch etwas ganz anderes herauslesen. Das gesamte Web, so war den Kalkulationen zu entnehmen, hat bisher einen sprachlichen Informationsgehalt von 15 Terabyte. Alle Printmedien zusammen ergeben aber 172 Terabyte, mehr als das Elffache. Selbst in den aktuellen Büchern allein steht noch reichlich doppelt so viel wie im Web. Und die allerwenigsten der Milliarden von Webseiten werden tausend- oder zehntausendfach gelesen wie Bücher, Zeitschriften und Zeitungen. Zur Quantité négligeable degradiert sind die Printmedien bisher also keineswegs.

Und da die ganze Rechnung sich am Speicherbedarf orientiert, kann man dazu auch noch etwas anderes bemerken. Die hohen Zahlen für die Nichtprintmedien – für Fotofilm und etwa zur Hälfte für die Server-Inhalte – ergeben sich daraus, dass Bilder verglichen mit Text einen enorm hohen Speicherbedarf haben. Ein Buch, mit 600 dpi gescannt, nimmt 40 Megabyte ein. Nicht gescannt, als reiner Text, mit einem Byte pro Buchstabe, kommt es aber samt allen Formatierungsbefehlen mit einem einzigen Megabyte aus.

Bilder bestimmten unser Leben, heißt es, den Menschen bedeuteten Bilder heute alles, »ein Bild sagt mehr als tausend Worte«. Gleich, was Bilder bedeuten mögen – ihre Speichereffizienz kann man nun nachrechnen. Jenes Musterbuch von 300 Seiten, das als Image-Scan 40 Megabyte lang ist, hat als reine Textdatei nur ein Megabyte, jedes seiner hunderttausend Wörter begnügt sich mit zehn, zwölf Bytes. In der Graphikdatei beansprucht es das Vierzigfache, vierhundert Bytes. Die geschriebene Sprache selbst ist offenbar ein unübertroffen kompaktes Informationsmedium. Der Satz »Morgen regnet's« besteht aus 15 Schriftzeichen. Die nehmen gerade 15 Bytes Speicherplatz in Anspruch. Ein primitives kleines Wetter-Icon, das etwa eine stilisierte Wolke und ein paar Regentropfen zeigt, hat einen geringeren Informationsgehalt, denn über das Datum des angekündigten Phänomens teilt es noch nichts mit. Bei einer Kantenlänge von einem Zentimeter, einer minimalen Auflösung, die gerade noch seine Erkennung erlaubt, sowie einer (seichten) Farbtiefe von 16 Bit braucht es aber 13 000 Bits, 1 600 Bytes – das Tausendfache. Zwei Worte sagen mehr als 784 Farbpixel.

Das Informationszeitalter also ist jenes, das nach Informationsabwehr verlangt. Welche Möglichkeiten gäbe es?

Die eine: schneller lesen. Das Lesen wird zum Browsen und wer einem Autor etwas Freundliches sagen will, sagt heute: Ich werde Ihnen am Wochenende eine Stunde »Qualitätslesezeit« widmen. Das heißt, höchstens am Wochenende kommt dieser Mensch manchmal noch zum richtigen altmodischen Lesen, Satz für Satz, Seite für Seite. Sonst starrt er nur noch Unmengen von Texten an, um rasch das Thema zu erfassen, die Quintessenz. Oder so: »Farbdruck reduziert die Qualitätslesezeit von Managern von 90 auf 30 Minuten pro Woche und erhöht ihre Merkfähigkeit um 83 Prozent.« Wenn es bunt ist, geht mehr in die Köpfe.

Die zweite Möglichkeit heißt Multitasking. Zum Beispiel gleichzeitig einen Report studieren, den PC booten, ein Telefongespräch führen, das Radio laufen lassen und zum Faxgerät hinüberschielen. Leider funktioniert es nicht. Unser Zentralnervensystem ist so ausgelegt, dass es seine volle Aufmerksamkeit jeweils nur auf einen Gegenstand richten kann. Was nur am Rande unserer Aufmerksamkeit aufscheint, können wir nicht verstehen, und was wir nicht verstehen, können wir uns nicht merken. Mentales Multitasking ist nur ein modern tuendes Wort für steinalte Flüchtigkeit und Unaufmerksamkeit.

Die dritte Möglichkeit: die Information komprimieren. Wir

leben längst in einer Zeit der Resümees, der Abstracts. Ein Journalist muss glauben, dass sich alles beliebig kurz sagen lässt. Aber er weiß auch, dass manche Themen durch Kürze umgebracht werden. Wer nur noch Überschriften und Kurzfassungen zur Kenntnis nimmt und bei allem auf die griffige Formel aus ist, die den Fall erledigt, weiß bald gar nichts mehr. Es wurde schon argumentiert, dass die Schriftsprache mit ihren langen Wörtern viel zu viel Zeit koste und durch Piktogramme ersetzt werden sollte, die die Information direkter und umstandsloser an den Mann brächten. Aber es geht nicht um die Wahrnehmungsgeschwindigkeit, sondern um die Geschwindigkeit des Verstehens, also um die Fähigkeit, ein Gedankenobjekt mit dem Strahl konzentrierter Aufmerksamkeit zu verfolgen, und die wird sich auch durch die geraffteste Symbolsprache nicht steigern lassen.

Die vierte Verteidigungsstrategie heißt: filtern. Besonders informationsgestresste Entscheidungsträger lassen nur noch streng vorsortierte Infofragmente an sich heran. Sie treffen die großen Entscheidungen, entscheiden aber nicht mehr selbst, was sie für wichtig halten. Der Preis ist Wirklichkeitsverlust.

Wenn das alles nicht geht oder nichts nützt, bleibt nur zweierlei: abschalten oder noch länger arbeiten, noch mehr Zeit vor dem Bildschirm verbringen. Dieses Mehr aber stößt rasch an physische Grenzen.

Wie ein großer Feldversuch des Human-Computer Interaction Institute der Carnegie-Mellon-Universität gezeigt hat, führt es auch zu psychischen und sozialen Problemen. Jede Wochenstunde im Internet macht den User um genau 0,5 Prozent einsamer und um 1 Prozent depressiver, geht also auf Kosten unserer mitmenschlichen Kontaktfähigkeit.

Natürlich ist auch dies eine jener Informationen, die die Leute überfluten und denen gegenüber sie sich in den schützenden Zustand abwartenden Zweifels zurückziehen: Heute so, morgen so, aber bis die Nachricht von morgen kommt, ist die von heute längst vergessen. Dennoch ist sie keine bloße Meinung, kein bloßer Einfall eines Internetgegners, sondern das Ergebnis eines aufwendigen und genau überwachten Feldversuchs, an dem 1995 und 1996 93 Pittsburgher Familien teilnahmen, 253 Personen. Vor dem Versuch hatte keine der Familien einen Computer und gerne ließen sie sich von den Sozialforschern einen samt Internetanschluss ins Haus stellen. Die maßen einerseits, wie oft und wie lange und auf welche Weise sie von ihm Gebrauch machten, und gleichzeitig, wie sich ihre anderen Sozialkontakte weiterentwickelten und wie es um ihren Gemütszustand bestellt war – wie einsam, wie gestresst, wie deprimiert sie sich fühlten. Das Ergebnis verblüffte die Forscher, die an einer besonders computerstolzen Universität lehrten und anscheinend zu der weitverbreiteten Meinung tendiert hatten, der vernetzte Computer mit seinen neuen Kommunikationsmöglichkeiten werde die Menschen geselliger und weniger einsam machen und damit auch ihrer Lebensfreude Auftrieb geben. Nichts da. »Die Ergebnisse dieser Studie präsentieren ein überraschend widerspruchsfreies Bild von den Folgen der Internetnutzung. Wurde das Internet mehr benutzt, so ging mit diesem Mehr ein geringer, aber statistisch signifikanter Schwund sozialer Teilnahme einher, gemessen an den Kontakten innerhalb der Familie und der Größe des lokalen Bekanntenkreises. Gleichzeitig nahmen Einsamkeit … und Depression zu.« (Robert Kraut u. a., 1998) Woran lag es? Nicht daran, meinten die Forscher, dass der Computer viel von der Zeit aufgefressen hatte, die vorher für soziale Aktivitäten frei gewesen war, denn die Computer waren teilweise durchaus für soziale Kontakte benutzt worden, etwa für E-Mail. Sondern daran, dass sich im Internet, aus der Ferne, nur schwache persönliche Bindungen aufbauen lassen, die leicht wieder zerfallen. »Selbst starke Bindungen, die durch die elektronische Kommunikation aus der Ferne aufrechterhalten werden, sind eher anderer Art und schwächer als starke Bindungen, die auf physischer Nähe beruhen.« Was besagt, dass wirkliche Freunde im Internet niemand gefunden hatte. Die virtuelle Umtriebigkeit hatte das reale Bindungsbedürfnis nicht ersetzen können.

Der vernetzte Computer bringt einen großen Zugewinn, aber er kostet auch etwas, und es wird seinen Nutzern langfristig nicht erspart bleiben, Gewinn und Kosten gegeneinander auszubalancieren. Der Computer ist in das Leben und nicht das Leben in den Computer zu integrieren. Der Mensch braucht die physische Nähe seiner Artgenossen, nicht nur die technisch vermittelte; er braucht richtige Wolken, nicht nur einen Bildschirmschoner; er muss sich mit anderen Menschen auseinandersetzen und nicht nur mit Symbolen; er braucht das echte Leben, nicht dessen Ersatz durch eine noch so gekonnte Simulation. Oder wie es in einem späten Gedicht von Hans Magnus Enzensberger heißt: »Die Fähigkeit, eine Pfeife vom Bild einer Pfeife zu unterscheiden, ist weit verbreitet. Wer Cybersex mit Liebe verwechselt, ist reif für die Psychiatrie. Auf die Trägheit des Körpers ist Verlass. Das Zahnweh ist nicht virtuell. Wer hungert, wird von Simulationen nicht satt. Der eigene Tod ist kein Medienereignis. Doch, doch, es gibt ein Leben diesseits der digitalen Welt: das einzige, das wir haben.«

In der Informationsgesellschaft tobt ein Kampf um eine der wertvollsten nichterneuerbaren Ressourcen: unsere Aufmerksamkeit. Ein Großteil der Information, die täglich durch die Postsortieranlagen und Telefon- und Datenleitungen befördert wird, ist vagabundierende Information, die niemand bestellt hat und niemand haben will; der Aufkleber »Keine Werbung!« an den Hausbriefkästen hat Symbolwert. Diese Information kann nicht warten, bis einer sie sucht. Sie muss alles daran setzen, uns wider unseren Willen zu informieren. Aufmerksamkeitsheischer üben sich in den neuen Künsten des Pushing und Spamming. Alles muss sich größer und gröber und bunter und lebhafter und lauter geben, bis in dem allgemeinen Lärm gar nichts mehr zu verstehen ist.

Die Information aber, die ankommt, verteilt sich auf immer kleinere Interessentengruppen. Die Menschen wissen mehr denn je, aber über immer speziellere Gegenstände, der eine über Anabolika, der andere über Anabolie. Es schrumpft der gemeinsame Vorrat an Wissen. Es wird nie wieder so etwas wie einen Kanon des Wissens geben, das alle haben oder von dem sie wenigstens denken, dass sie es eigentlich haben sollten. Vor zwei, drei Jahrhunderten konnte sich ein Gelehrter noch einbilden, alles Wissenswerte zu wissen. Bis vor zwei, drei Jahrzehnten konnte er sich einbilden, wenigstens auf seinem Fachgebiet alles zu wissen und sich den großen Rest in Form einer soliden, kompakten Enzyklopädie ins Regal stellen zu können. Heute erleben wir das Ende der traditionellen Enzyklopädien, die sich ins Netz aufzulösen beginnen. Im Zeitalter der Massenkommunikation zerfällt die Gesellschaft in immer kleinere Nischen und Konventikel von Gleichgesinnten und Gleichinformierten. Der Informationsstand der Spezialisten, die wir alle wohl oder übel werden müssen, ist dank Informationstechnologie hoch und aktuell, aber das kann er nur sein, weil er immer enger wird. »Ein Großteil der Welt«, schreibt David Shenk in seinem Buch *Datenmüll und Infosmog*, »ist heute tatsächlich in eine dichte elektronische Infrastruktur eingebunden, aber innerhalb dieser Einheit wird der verdrahtete Planet zugleich immer fragmentierter.«

Das globale Dorf: Marshall McLuhan hatte schon 1967, als das World Wide Web nicht einmal vorstellbar war, konstatiert, wir lebten bereits alle darin: »Wir leben in einer brandneuen Welt der Gleichzeitigkeit. Die ›Zeit‹ hat aufgehört, der ›Raum‹ ist dahingeschwunden. Wir leben heute in einem *globalen Dorf* … in einem gleichzeitigen Happening.« Dieses sein globales Dorf wird anders wahr, als man sich das einmal vorgestellt hatte. Es wird nicht die Welt zu einem einzigen großen Dorf, sondern die ganze Informationsgesellschaft splittert sich auf in lauter kleine Dörfer, deren Bewohner über die ganze Welt verstreut sind: statt des einen globalen Dorfs viele global verteilte Dörfer.

Nichts anderes meint der *Bericht über die menschliche Entwicklung 1999* des Entwicklungsprogramms der Vereinten Nationen, wenn er feststellt: »Quer über alle traditionellen nationalen Gemeinschaften hinweg entstehen immer mehr Online-Gemeinschaften, die sich durch Politik, ethnische Zugehörigkeit, Interessen, Geschlecht, Arbeit oder soziale Anliegen verbunden fühlen ... Soziale Randgruppen und Minderheiten haben Cyber-Gemeinschaften gebildet, die durch Online-Austausch Einigkeit und Stärke gewinnen.« Cybergemeinschaften: global verteilte Dörfer.

Wie derselbe Bericht klarmacht, gibt aber auch dies die wahre Sachlage noch nicht wieder. Diese Cybergemeinschaften sind über den Globus höchst ungleichmäßig verteilt. Einige Regionen sind dicht mit ihnen bedeckt, in anderen fehlen sie fast vollständig. 2,4 Prozent der Weltbevölkerung nutzen heute das Internet; aber in den Vereinigten Staaten sind es 26,3 Prozent und in Südasien nur 0,04. Für die Mehrheit der Menschen ist und bleibt der Zugang zu Computern und zum Internet unerschwinglich; abgesehen davon, dass Analphabeten auch gar nichts damit anzufangen wüssten. »Der Kauf eines Computers würde den durchschnittlichen Bangladeschi mehr als acht Jahreseinkommen kosten, während ein durchschnittlicher Amerikaner nur einen Monatslohn dafür ausgeben muss.«

Die Mehrheit der Menschen bleibt von der Informationsgesellschaft mit ihren global verteilten Dörfern ausgeschlossen; sie wohnt sozusagen noch im Busch, vielmehr in echten Dörfern, und wenn sie diesen massenhaft entflieht, dann nicht in den Cyberspace, sondern in deren Fortsetzung als städtische Slums.

In manchen Ländern mit dürftigen Post- und miserablen Telefonverhältnissen haben sich in den Städten »Internet-Cafés« etabliert – hier keine Orte, wo Yuppies in schicker Umgebung zwischen ein paar Drinks ein wenig im Web surfen, sondern karge Etablissements, wo ein paar PCs an der Wand stehen und in der Ecke eine Kaffeekanne und wo jüngere Leute eilig Post schreiben oder in die Computer brüllen und Touristen Online-Zeitungen aus der Heimat lesen, die einzigen Stationen weit und breit, wo jemand überhaupt Kontakt mit dem Rest der Welt aufnehmen kann. Hier wurden mit Hilfe des Computers einige Stadien der Kommunikationsentwicklung übersprungen. Aber es ist immer nur eine junge dünne Oberschicht, die von diesem Sprung Gebrauch machen kann. »Weltweit ist der typische Internet-Nutzer männlich, jünger als fünfunddreißig Jahre, verfügt über eine Universitätsausbildung und ein hohes Einkommen, ist Stadtbewohner und spricht Englisch – ein Mitglied einer sehr elitären globalen Minderheit.« Draußen gehen die wetterzerfurchten Leute auf Reifensohlen vorbei und ahnen nichts von den Cybergemeinschaften da drinnen.

Die Informationsgesellschaft ist keine Gesellschaft der gleichmäßig Informierten. Einmal, weil das Fassungsvermögen des Gehirns der Informiertheit Grenzen setzt und das unterschiedliche Fassungsvermögen individueller Gehirne Klassengrenzen absteckt; die Informationsgesellschaft macht sie sogar sichtbarer und folgenreicher, als sie vor ihr waren. Zum andern, weil der Zugang zur Information die Welt noch einmal in Habende und Habenichtse teilt und so die Kluft verbreitert, die zwischen ihnen sowieso besteht. Zugespitzt gesagt: Die Habenichtse erreicht Information nur schwer, weil sie nicht darauf vorbereitet sind, sie sich nicht leisten können und mit ihr nicht viel anzufangen wüssten, und die Habenden, weil sie zu viel davon haben und sich ihrer erwehren müssen.

Literatur aus der Steckdose
Wege, die zu E-Text führen

So etwa klingen die hochgemuten Szenarien, die heute entworfen werden, dieses von einem Professor der Universität Chicago: Ein Mädchen in einer deutschen Dorfschule (oder einer Großstadtschule in Mumbai) kommt auf die Idee, etwas über große Komponisten wissen zu wollen; im Computer auf ihrem Arbeitstisch stößt sie auf ein Chorwerk von Brahms; während sie über ihre Kopfhörer prompt der Musik lauscht, verfolgt sie am Bildschirm das Original der Partitur, stoppt und wiederholt den Gesang nach Belieben, spielt sich einzelne Stimmen vor, klickt sich dann weiter zu Biographien von Brahms oder zu vielerlei Anmerkungen zum Gehörten. Und wenn sie fertig ist, hat sich ihre Vorstellung von Musik und dem, was die Schule kann und soll, radikal verändert (John W. Berry).

Technisch wird es machbar sein. Wenn man unter großer Selbstverleugnung die nötigen erheblichen Mittel darauf konzentrierte, könnte man genau diesem Mädchen genau dieses Bildungserlebnis schon heute verschaffen. Dann bliebe nur die Frage, ob sie es überhaupt wünscht. Aber einen allgemeinen Zustand werden solche Szenarien nie beschreiben. Niemals wird so gut wie alles von Menschen Geschaffene in digitaler Form vorliegen, an jedem Ort jedem zur freien Verfügung stehen und physische Bibliotheken wie Archive überflüssig machen. Dazu ist die Menschheit einfach immer viel zu produktiv gewesen.

Die Unmöglichkeit der allumfassenden digitalen Bibliothek sollte aber nicht zu dem Schluss verleiten, der heutige Leser und auch noch seine Enkel und Urenkel könnten das ganze Internet vergessen. Dass es nie alles geben kann, heißt nicht, dass es nichts gibt. Es gab vor einigen Jahren noch fast nichts an Literatur in digitaler Form, heute gibt es mehr, als man erwartet, und bald wird es sehr viel geben. Anders als noch vor fünf, sechs Jahren ist es nicht mehr ganz und gar unwahrscheinlich, dass man ein bestimmtes Buch, eine bestimmte Zeitschrift auch am eigenen Bildschirm vorfinden könnte. Die Chancen steigen ständig. Vor jedem Gang in die Buchhandlung oder in die Bibliothek ist es keine dumme Idee mehr, erst einmal »im Netz« nachzusehen.

Für den Benutzer, der sich heute ins World Wide Web aufmachte, um dort ein bestimmtes digitales Medienobjekt zu finden, einen elektronischen Text (kurz E-Text genannt), eine elektronische Zeitschrift (E-Journal), aber auch ein digitalisiertes Bild, ein Tondokument oder einen Film, ist die größte Hürde schon heute nicht mehr der Mangel, sondern die unsortierte Überfülle. Wer um die Jahrhundertwende auf die naive Idee gekommen wäre, eine der allgemeinen Suchmaschinen, etwa *Altavista*, im Web nach dem Stichwort ‹literature› fahnden zu lassen, hätte 3 634 297 Adressen gefunden, allen voran die eines kalifornischen Chip-Herstellers, der sich auf Lesegeräte spezialisiert hat. Machte er aus dem Suchwort ‹Literatur› und engte die Suche auf die deutsche Sprache ein, so landete er immer noch 670 535 Treffer, und an Platz eins stünde das *Literaturcafé im Internet*, eine elektronische Literaturzeitschrift. Beherzigte er daraufhin überwältigt den Rat, die Suche einzuengen, und suchte stattdessen gleich nach zum Beispiel ‹Shakespeare›, so wären es immer noch 361 706 Treffer und angeführt würde die Liste von einem Website, der beweisen will, dass Shakespeare seine Stücke gar nicht geschrieben hat (die Hypothese der de Vere-Sekte im Internet). Deutschsprachige Adressen zum Suchwort ‹Goethe› fänden sich 89 575 und die Nummer eins wäre die Startseite des Goethe-Instituts.

Auf diese Weise bliebe man offensichtlich noch vor dem Aufbruch stecken. »Das Internet ist ein einziges Durcheinander«, schreiben die Aufräumer von der *Internet Public Library**. »Da niemand es verwaltet, ist das auch kein Wunder. Es gibt dort viele interessante, lohnende und wertvolle Dinge – und eine Menge, die reine Zeitverschwendung sind.« Wer am Rand dieses Durcheinanders steht und keinen Wegweiser findet, kann gleich wieder umkehren. Aber wo geht es zu den Wegweisern?

Dafür gibt es Lotsen, Kataloge der Kataloge sozusagen, Metaverzeichnisse, an die sich der Einsteiger zunächst wenden sollte. Schlecht fährt nicht, wer einen der Freizeitlotsen in Anspruch nimmt, die erkannt haben, dass die Wirrnis des Web Abhilfe braucht, und dem surfenden Volk ihre Dienste in Form von Linkkatalogen zum Thema anbieten: der Hans Dampf Oliver Gassner (*OLLi**), der Leipziger *Bibliomaniac** Markus Kolbeck oder, unliterarischer und steifer, aber auch professioneller, der Diplomgeograph Markus Neteler in Hannover (*BBB**). Aber schon jetzt gibt es mehr Literatur im Internet, als ein Freizeitlotse entdecken und sichten könnte. Die Menge wächst und das Internet ist ständig im Fluss: Was man eben auf einem Server in Illinois entdeckt hat, ist vielleicht nächste Woche nach Nevada umquartiert oder ganz aufgegeben worden. Wenn ein solches Verzeichnis nicht ständig ergänzt und aktualisiert wird, wimmelt es schnell von überholten oder gänzlich toten Links, neben dem Zuviel der andere Alptraum der Netzenutzer. »Muss noch graben« oder »Leider komme ich gerade nicht dazu, das Ding aktuell zu halten«, steht in entwaffnender Offenheit in Gassners Kommentaren.

So tut man vielleicht doch besser daran, professionelle Wegweiser zu engagieren.

Der auf Anhieb vollständigste, übersichtlichste und bestorganisierte Linkkatalog zu allem, was mit Büchern und Literatur – vor allem deutschsprachiger – zu tun hat, sind die einfach *Links* genannten Seiten in der Domäne *libri.de** des Hamburger Buchgrossisten Lingenbrink, die seit Anfang 2001 offen stehen: 6800 locker, aber nicht salopp, kritisch, aber nicht hämisch oder besserwisserisch kommentierte Links.

Ein Linkkatalog, dem man sich zum Einstieg ebenfalls gut anvertrauen kann, ist das Web-Verzeichnis *Yahoo!*. Es führt, übersichtlich aufgeschlüsselt, zu vielen Tausenden von Web-Adressen, die etwas mit Autoren, Literatur, Büchern, Bibliotheken zu tun haben; in der spezialisierten deutschen Fassung sind es weniger, aber immer noch ein paar Tausend. Es sind bei weitem nicht alle; aber da sie nicht automatisch zusammengetragen wurden, sondern von lebenden Menschen gesichtet, ist die Wahrscheinlichkeit groß, hier etwas vorzufinden, das einem auf die Sprünge hilft.

Nebenbei kann man sich aus *Yahoo!* Auskunft darüber holen, über welche Autoren es bisher die meisten Webseiten gibt – eine Art Internetbestenliste, die verrät, welche Autoren aus der Zeit des Buchdrucks bisher den Sprung in das digitale Jahrtausend am erfolgreichsten geschafft haben, die Lieblingsautoren der erwachsen gewordenen Computerkids. Die allermeisten Autoren haben in der *Yahoo!*-Auswahl eine einzige Seite irgendwo; einige bringen es auf 2 bis 10; wenige auf 11 bis 20; noch weniger auf 30. Mehr als 30 haben nur ein paar: Shakespeare hat 461 Links, J. R. R. Tolkien 93, Robert Jordan 65, A. A. Milne 63, Jane Austen 52, Charles Dickens 49, H. P. Lovecraft 47, Mark Twain 45, James Joyce 39, Stephen King 32 und Edgar Allan Poe ebenfalls 32. Dass 19 Links zu Snorri Sturluson führen würden und 7 zu Hildegard von Bingen, war gewiss nicht zu erwarten. Die Schlussfolgerung ist nicht so frivol, wie sie zunächst scheinen mag; die meisten Webseiten gehen auf die aufopferungsvollen Initiativen einzelner Fans oder Fan-Gemeinden zurück, die ihren Kasus so überzeugend zu vertreten wussten, dass irgendeine vermögende Institution sie bei sich aufgenommen hat.

Aus dem Linkkatalog von *libri.de* lässt sich eine ähnliche Internetbestenliste der deutschsprachigen Autoren zusammenstellen. Auf den ersten zwölf Plätzen finden sich: Goethe 65, Franz Kafka 39, Friedrich Nietzsche 29, Martin Walser 29, Bertolt Brecht 25,

Thomas Mann 23, Annette von Droste-Hülshoff 22, Theodor Fontane 22, Rainer Maria Rilke 21, Friedrich Dürrenmatt 20, Günter Grass 20 und Ingeborg Bachmann 19. *Yahoo!*-Frankreich ermöglicht diese Namensliste: Baudelaire, Maupassant, Mallarmé, Rimbaud, Zola, Hugo, de Musset, Balzac, La Fontaine, Michaux – dort scheint man Lyriker mehr zu schätzen als anderswo.

Wer jedoch meinte, aus den Computernetzen stürze heute unaufhaltsam eine Gerölllawine digitaler Texte auf uns zu, der könnte falscher gar nicht liegen. Immer noch sind auch die meisten frei verfügbaren E-Texte im Web Produkte idealistischer Freizeitbetätigung. Nur wenige große Bibliotheken haben angefangen, winzige Kostproben ihrer Bestände online verfügbar zu machen, nur wenige Universitätsinstitute haben es bisher als ihre Aufgabe angesehen, Texte digital zu erschließen. Seit 1997 stellt die Deutsche Forschungsgemeinschaft vier Millionen Mark im Jahr für die Retrodigitalisierung zur Verfügung. Damit wurden über fünfzig Einzelprojekte in Angriff genommen – »der Grimm«, »der Adelung«, »der Lexer«, »der Zedler«, historische Kartenbestände, Bildsammlungen, Reichstagsdokumente, Beethoven-Erstdrucke – alles unter der Losung »Virtueller Lesesaal«, das heißt viel gefragte Werke, die keine Bibliothek gern ihren Benutzern ausliefert und die in vielen Bibliotheken fehlen. In der Regel als Image-Dateien digitalisiert, können sie überall am Bildschirm gelesen werden, ohne dass ihnen Schaden entsteht. Vor allem wurden zwei Digitalisierungszentren eingerichtet, die Know-how sammeln und ausstrahlen sollen, eines in Göttingen, das andere in München. Das Göttinger DigitalisierungsZentrum hat unter anderem eine zweiundvierzigzeilige Gutenberg-Bibel* gescannt, die online und auf CD-ROM zur Verfügung steht.

So wird nach und nach einiges zusammenkommen. Das meiste aber, was man an digitalisierter Literatur heute im Web vorfindet, ist die Sache aufopferungsvoller Amateure. Warum aber macht sich jemand überhaupt die Mühe? Warum sollte sie sich jemand machen? Wo die User doch am Bildschirm zwar unbegrenzt nachschlagen, aber ungern und nur im Notfall längere Texte lesen, Texte von mehr als fünf bis sechs Druckseiten Länge? Ein Buch von dreihundert Seiten druckt man sich auch nicht leichthin selber aus, nicht nur wegen des damit verbundenen Zeitaufwands, sondern auch wegen der Kosten. Viele merken es zwar gar nicht, aber für eine Seite Hardcopy kostet allein das Verbrauchsmaterial, Papier und Tinte oder Toner, mindestens 6 Pfennig. Für dasselbe Geld oder weniger könnte man sich meist eine Paperbackausgabe des betreffenden Buchs kaufen, und die wäre besser lesbar und kein unhandlicher Stapel durcheinander geratender loser Blätter.

Damit sind dem, was Bibliotheken digitalisieren sollten, von vornherein Grenzen gesetzt: Es müssen Bücher oder Dokumente sein, an die man sonst nicht leicht herankäme – Rara, wie Bibliothekare sie nennen – oder in denen Interessenten in genügender Zahl nur kurz, aber möglichst sofort etwas nachschlagen möchten. Einen weiteren großen Vorteil könnte der E-Text ausspielen, tut es aber bisher nur selten: Er lässt sich automatisch nach bestimmten Wörtern durchsuchen, so dass sich bestimmte Stellen unvergleichlich rascher auffinden lassen als in gedruckten Büchern. E-Text ist also keine bloße Modeerscheinung. Er nützt in vielen Lesesituationen wirklich und er erlaubt ganz neue Fragestellungen zur Wort- und Kulturgeschichte.

Was auch immer man an E-Texten im Web vorfindet, aktuelle Buchliteratur fehlt fast vollständig. Es gibt so gut wie keinen Text von einem Autor, der nicht seit mindestens siebzig Jahren tot ist. Die paar Fachbücher, die sich online auftreiben lassen, sind veraltete Ausgaben oder wurden von ihren Verlegern großzügig gespendet. Oder es sind Compuskripte auf der Suche nach einem traditionellen Verleger. Diese Lücke erklärt sich nicht aus dem begrenzten Nutzen von E-Texten, auch nicht aus mangelndem Bedarf, sondern aus dem Zeichen ©. Die Frage nämlich, wie sich urheberrechtlich geschützte Literatur im Internet anbieten ließe, ist nach wie vor ungelöst und wird auch nicht so bald gelöst werden. Es geht nämlich nicht nur darum, dass die Erlöse, welche Autoren und Verlage heute mittels Buchverkauf erwirtschaften, bei der Verlagerung der Texte ins Internet dann dort erzielt werden müssten. Möglichkeiten des Inkassos gäbe es schon, wenn dies auch die Attraktivität des Internets mindern würde. Das eigentliche Problem aber besteht darin, dass ein ins Internet gestellter Text riskiert, jeden Urheberschutz zu unterlaufen. Wer auch immer kann ihn dort nicht nur selber lesen, er könnte ihn auch fast beliebig kopieren, weiterverteilen, manipulieren, verändern, als seinen eigenen ausgeben oder sonstwem zuschreiben. Es bestünde die Gefahr, dass das ehemalige Werk auf der Stelle deauthentifiziert und kommerziell entwertet würde. Wer kühn auszieht, um die Literatur der Welt in den Computer heimzuholen, lernt darum sehr schnell, dass er mit größter Vorsicht operieren muss, wenn er sich nicht in Rechtsstreitigkeiten verwickeln will, denen er nicht gewachsen wäre.

Die älteste Privatinitiative zur Digitalisierung gemeinfreier (englischsprachiger) Literatur ist das *Project Gutenberg*★. Es begann 1971, als ein Student der Universität Illinois, Michael Hart, freien Zugang zum Großrechner seiner Hochschule erhielt. Sofort setzte er sich hin und tippte die amerikanische Unabhängigkeitserklärung ins System. Seitdem wirkt er mit missionarischem Eifer – denn »wir sind auf Gedeih und Verderb auf Ihre Spende angewiesen«. Den Appell untermauert er mit bizarren Rechnungen: »Mit jeder unserer Arbeitsstunden schöpfen wir einen Wert von einer Million Dollar.« Das Ziel war, bis zum Jahrhundertende zehntausend Titel zu E-Texten zu machen. Tatsächlich sind es nur zweitausendfünfhundert geworden, aber das ist auch eine Menge und das *Project Gutenberg* wurde berühmt zumindest in der Computerwelt; inzwischen haben professionellere Initiativen es überholt.

Sämtliche Texte des *Project Gutenberg* sind mit jenen vierundneunzig Schriftzeichen geschrieben, die bis Anfang der neunziger Jahre als Einzige im Internet befördert werden konnten: in US-ASCII. Für rein englische Texte reichen sie so eben. Die deutschen Umlaute aber oder die französischen Akzentzeichen sind im ASCII nicht enthalten. Auch aus diesem Grund haben anderssprachige private Digitalisierungsprojekte erst in den neunziger Jahren begonnen: das skandinavische *Project Runeberg*★, die französisch-schweizerische Initiative *Athena*★, das deutsche *Projekt Gutenberg-DE*★. Dieses, eine 1994 von Gunter Hille gegründete Hamburger Freiwilligen- und Freizeitinitiative, hat es inzwischen auf stattliche 250 000 Seiten Text gebracht, ist beim Online-Dienst AOL untergekommen und vor allem bei deutschen Märchen und klassischen Novellen gut sortiert.

Es ist kein Zufall, dass viele der literarischen Linkkataloge, der E-Text-Sammlungen und der Autorenseiten im Web mit einem Namen verbunden sind, der auch nicht unterschlagen werden sollte. In fast allen Fällen hat es sich um das Werk einzelner Enthusiasten gehandelt, und wenn sie nicht mehr konnten oder wollten, brach die ganze Initiative zusammen. Es waren Jahre, in denen ein einzelner Pioniergeist etwas bewegen konnte, und in der kommenden Zeit der Professionalisierung und Anonymisierung werden ihnen viele nachtrauern oder wünschen, sie hätten die Zeichen richtiger gelesen und wären dabei gewesen.

Bei solchen Privatinitiativen haben sich in der Regel Studenten abends hingesetzt und irgendwelche erlaubten Texte aus Büchern in ihre Computer abgetippt; oder sie haben nächtelang im Web Jagd gemacht auf lohnende Links. Jetzt, da sich die Frühnebel des digitalen Zeitalters lichten, wird klar, dass Freizeitprojekten, so nützlich sie sich auch gemacht haben, nicht die Zukunft gehört. Es waren nämlich auch schon Profis am Werk. Sie bieten mehr als abgetippte Texte: systematisch angelegte Sammlungen, sorgfältig ediert und Korrektur gelesen, reich formatiert, als Ganzes durchsuchbar gemacht oder sogar so angelegt, dass sich aus einzelnen Werken Konkordanzen erstellen lassen wie bei *Alex**.

An der Columbia-Universität in New York entstand ein *Project Bartleby**, das seinen Ehrgeiz nicht darein setzt, ruckzuck möglichst viele Texte recht und schlecht zu erfassen. Es ediert ausgewählte Bücher so sorgfältig, wie es ein guter Verleger tun würde. So wurden in sieben Jahren Bücher von 200 Autoren verlegt und acht Millionen Abfragen im Jahr beweisen, dass die Mühe ihr Publikum hat. Bei manchen Privatinitiativen lädt man sich die Bücher kapitelweise in den eigenen Computer, mit der Folge, dass sich die automatische Suche immer nur auf kurze Textstrecken beziehen kann. Die wohldurchdachte *Bartleby Library* lässt sich als Ganzes durchsuchen, stellt also das dar, was in der Sprachwissenschaft ein Textkorpus heißt.

An der Tufts-Universität in Massachusetts ist die *Perseus Digital Library** entstanden, die heute ein großes Korpus der klassischen griechischen und römischen Literatur vereint, alle in der Ursprache und in englischer Übersetzung, mit Links von jedem Wort zu ausführlichen Wörterbucheinträgen und vielem anderen antiken Material – nicht einfach eine Textsammlung, sondern ein gewaltiges Studienwerkzeug in Hypertextform.

Die British Library* hat die einzige erhaltene Handschrift des *Beowulf* und andere kostbare Manuskripte, darunter die *Magna Carta*, sorgfältig kommentiert ins Web gestellt; die Bodleian Library* in Oxford unter anderem eine Sammlung keltischer Handschriften und sechs englische Zeitschriften des achtzehnten und neunzehnten Jahrhunderts.

Allen voran geht wiederum die Library of Congress* in Washington. Sie hat 1994 mit der Digitalisierung von eigenen Sammlungsbeständen begonnen, alle als Image-Dateien, nicht als Text. Die verschiedenen heterogenen Sammlungen zur amerikanischen Geschichte – Urkunden, Bücher, Fotos, Karten, Filme, Tondokumente – sind unter dem Namen *American Memory** zusammengefasst und vor allem der Schülerschaft des Landes zugedacht. An der University of Michigan wird ein in Umfang und Art vergleichbares Projekt realisiert, *Making of America*⋆.

Von Frankreich ging das Gerücht aus, es seien hundertzwanzigtausend Bücher digitalisiert worden, aber im falschen Format, so dass nichts von ihnen je zu sehen sein würde. Dann, nach dem Umzug der Nationalbibliothek aus der Rue de Richelieu in das moderne Fort in der Rue de Tolbiac, waren sie doch da, in ihrer Domäne *Gallica*⋆, erst einmal achtzigtausend Dokumente, und mehr werden folgen.

Wie aber findet man zu einem bestimmten E-Text? Wenn man es weiß, ist es ganz einfach. Zu bis zu fünfundzwanzigtausend englischsprachigen E-Texten führen am besten zwei amerikanische Verzeichnisse, die *Internet Public Library*⋆ der Universität Michigan und die an der Carnegie-Mellon-Universität entstandene *On-Line Books Page*⋆. Zu den E-Texten in fünfzehn westeuropäischen Sprachen (außer Englisch) findet man am leichtesten über das *Electronic Text Center*⋆ der Universität Virginia.

Deutsche Bibliotheken und Universitäten haben bisher mit keiner elektronischen Sammlung der klassischen deutschen Literatur aufzuwarten. Wer diese sucht, ist indessen nicht mehr auf den Zufall oder das *Projekt Gutenberg-DE* angewiesen. Er findet sie inzwischen auf CD-ROM, systematisch und professionell verlegt und darum auch nicht frei wie die Laiendigitalisate im Web. Zum einen sind es die elektronischen Fassungen großer Werkausgaben (Goethe, Schiller, Brecht, Kafka) des Cambridger Verlags Chadwyck-Healey⋆, im Double-Key-Verfahren aufwendig digitalisiert und darum teurer als ihre Gegenstücke auf Papier. Einen Bruchteil kostet die *Digitale Bibliothek*⋆, die der Berliner Verlag directmedia 1997 begann, mit der CD *Deutsche Literatur von Lessing bis Kafka* – gemeinfrei gewordene Werkausgaben mittlerer Größe, das Äquivalent von gut zweihundert Büchern, alle zugleich im Volltext durchsuchbar auf einer einzigen CD für hundertfünfzig Mark. Schon diese eine CD war in gewisser Weise eine »Digitale Bibliothek«. Inzwischen ist daraus eine Reihe und damit eine wirkliche Bibliothek geworden, größere vollständige Werkausgaben, einige durchaus nicht gemeinfrei, sondern von den Originalverlagen lizenziert: Heine, Fontane, Tucholsky, Marx/Engels, eine Anthologie philosophischer Schriften von Platon bis Nietzsche und eine ganze Serie großer Nachschlagewerke, von der *Propyläen Weltgeschichte* zu *Kindlers Malereilexikon* – es scheint, die Buchverlage beginnen zu begreifen, dass der digitale Reprint eine Möglichkeit ist, große verlegerische Anstrengungen der Vergangenheit lebendig zu halten.

Alle Befürchtungen, das Buch würde verdrängt und ersetzt, sobald der Text irgendwo, irgendwie in digitaler Form zur Verfügung stände, wurden von diesen Editionen widerlegt. Die Leser haben nicht alle nur auf sie gewartet, um das gedruckte Buch endlich im Stich lassen zu können; ein wirklich durchschlagender Verkaufserfolg war bisher keiner von ihnen beschieden gewesen. Aber unter bestimmten Bedingungen – bei Platznot oder zum Nachschlagen oder zum mobilen Lesen oder zur Textforschung – sind sie von großem Nutzen und mit der Volltextsuche leisten sie etwas, was das Buch nicht kann. Auch darum deutet heute alles darauf hin, dass analoger und digitaler Text einstweilen friedlich koexistieren werden.

Literatur für Grashüpfer

Hypertext oder Absage an die Linearität

Die Verwechslungsgefahr ist groß. »Literatur im Internet« ist nicht dasselbe wie »Internetliteratur«. Literatur im Internet (hier ist keine Fachinformation gemeint, sondern Literaturliteratur, Belletristik also, Schöne Literatur, Dichtung), das ist E-Text online: viel gefragte ältere – also gemeinfreie – Gedichte, Erzählungen, Märchen, Romane, philosophische und historische Schriften kostenfrei zugänglich im Word Wide Web. Klassiker.

›Internetliteratur‹ dagegen – das ist die eigens fürs Internet, genauer: fürs World Wide Web, geschriebene Literatur, sofern man hier noch von »Literatur« und »schreiben« sprechen kann – etwas ganz Neuartiges, inhaltlich und formal eigenständig. Ob es sie schon gibt, ist nach wie vor die Frage. Sogar, ob es sie je geben kann.

Tatsächlich eröffnet das Web eine Reihe von gestalterischen Möglichkeiten, die das gedruckte Werk der Gutenberg-Ära nicht oder nur eingeschränkt zu bieten hat.

Zum einen ist es die Integration mehrerer Sinneskanäle, bekannt als »Multimedia«. Nicht aller: Der Riech-, der Tast- und der Temperatursinn bleiben auf absehbare Zeit ausgespart. Aber Text und Standbild und Ton und bewegte Bilder lassen sich prinzipiell zusammenführen, wenn auch im Falle von Video vorerst nur in frustrierender Ungelenkigkeit.

Zum anderen lassen sich im Netz mühelos und grenzüberschreitend kollektive Werke fertigen: Einer in Bonn schreibt einen Satz, eine in Lund stellt ein Foto dazu und einer in Kyoto spinnt den Faden weiter.

Drittens kann man ein Computerwerk nicht nur passiv lesen

wie ein Buch oder passiv anhören wie eine Schallplatte oder passiv ansehen wie einen Kino- oder Fernsehfilm, man kann selber eingreifen. Das heißt, es lässt sich »interaktiv« anlegen, wie ein Computerspiel.

Viertens schließlich kann Text im World Wide Web zu *hypertext* werden. Den Begriff (und später den der »Hypermedien«) prägte 1965 der Computerguru Ted Nelson*, die Idee aber ist älter. Sie geht zurück auf den Ingenieur Vannevar Bush*, der im Zweiten Weltkrieg Präsident Roosevelts oberster technischer Berater war. 1945 entwarf er in Gedanken eine Maschine, in die jemand alle seine Bücher einspeichern könnte (Bush dachte noch nicht an die damals für solche profanen, unnumerischen Zwecke viel zu teuren digitalen Computer, sondern an analoge Mikrofilme), nicht nur, um sie jederzeit sofort an einem Sichtgerät zur Verfügung zu haben, sondern auch, um zu einzelnen Forschungsthemen Suchpfade quer durch die Literatur aufzuzeichnen, die dauerhafter wären als die Suchpfade des Gedächtnisses. Bush nannte das Gerät Memex, *memory extender*, Gedächtniserweiterungsmaschine. Ihre Pointe war die Integration verschiedenster Text- und Bildquellen – und deren beliebige subjektive Verknüpfung.

Bushs Memex hätte einer Menge schnarrender und ruckelnder Mechanik bedurft. Zwanzig Jahre später konnte Ted Nelson die Idee sozusagen elektrifizieren, indem er sie auf den Computer übertrug: Von jeder Stelle eines Bildschirmobjekts aus könnte man im Nu an jede andere springen, sogar über das gerade geladene »Dokument« hinaus zu allen anderen Datenobjekten, auf die der Computer Zugriff hat, egal, wo sie sich physisch befinden. Was sich damit auftat, war eine Welt unendlicher Verweise, wo alles mit allem verknüpfbar wird. »Siehe auch unter ...« als Vorschlag, als Imperativ, als Stilprinzip.

Nelson: »Hypertext ist eine sehr biologische Art der Informationsvermittlung, da er nachahmt, wie unser Gehirn Information verarbeitet, organisiert und wiederfindet. Er schafft einen organischen Informationsraum, im Gegensatz zu dem künstlichen linearen Format, der vom Druckparadigma erzwungen wurde. Hypertext bildet *Links* genannte Verknüpfungen zwischen Informationsbrocken, die *nodes*, Knoten, genannt werden. Die sich daraus ergebende Struktur heißt *web*, Gewebe. Hypertext erlaubt die Herstellung außerordentlich reichhaltiger, flexibler Dokumente und Metadokumente [also aus Dokumenten bestehender Dokumente], besonders in Verbindung mit Multimedia, um damit die als Hypermedia bezeichnete Verschmelzung einzugehen.« Man beachte, dass nichts in dieser genauen Definition des Hypertext-Vordenkers einen völlig neuen Literaturbegriff postuliert und etwa den Autor überflüssig macht. Vielmehr gibt ihm Hypertext beim Schreiben zusätzliche Optionen an die Hand.

Die erste Web-spezifische Option – die Multimedialität – ist nur eine Erweiterung der technischen Darstellungsmöglichkeiten. Sie ist real und wird bereits millionenfach in Anspruch genommen, auch Ton und Video werden eines nicht zu fernen Tages keinen Widerstand mehr leisten. Bildbände sind nichts Neues, auch wenn sie elektronisch-digital daherkommen; und an die Stelle oder Seite von Abbildungen lassen sich ohne weiteres Tonbeispiele oder Filmausschnitte denken. Die Inhalte betrifft die Multimedialität nur mittelbar. Eine neuartige Form von Literatur ermöglicht oder erzwingt sie nicht.

Die zweite Option – der spontane kollektive Schöpfungsprozess – wird schwerlich über das Niveau des Chatrooms hinauskommen, ein formloser Plausch im hochkonformistischen Internetstil, bei dem Nichtteilnehmer beide Augen zudrücken. An seinem Ort ist nichts gegen ihn einzuwenden. Der Irrtum beginnt, wo darin ein möglicher Platzhalter für Literatur gesehen wird. Die wurde bisher immer aus anderen Motiven gemacht und kam anderen Bedürfnissen entgegen.

Auch die dritte Option – die Interaktivität – ist mehr Hype als

Chance. Denn die dem Leser erlaubte Aktivität ist eine sehr begrenzte. Sie erschöpft sich im gelegentlichen Drücken einer Maustaste, läuft also auf eine andere Form des Zappens hinaus.

Die vierte Möglichkeit ist mit Abstand die interessanteste: Hypertext. Bisher jedoch ist es nur ein Verdacht, dass dank Hypertext eine revolutionäre, ganz und gar neuartige Web-Literatur im Entstehen sei, die die gesamte frühere Literatur eines baldigen Tags obsolet machen wird. In der Regel wird er vorgetragen in der hochabstrakten und schwer verständlichen Sprache der postmodernen Kulturtheorie. Während Hypertext zunächst nichts anderes ist als eine unendlich flexible und besonders bequeme Art, von einer Dokumentstelle zu einer anderen zu gelangen, hat die Kulturtheorie die Hypertext-Idee radikalisiert und verabsolutiert: »Statt linearer evolutionärer Literaturrezeption (Autor – Werk – Tradition) ist Hypertext ein Werkzeug für strukturelle synchrone Text- und Datenmodellierungen (Text – Diskurs – Kultur) auf der Basis der grundlegenden strukturalistischen Tätigkeit: auseinandernehmen und wieder zusammensetzen ... Alles kann mit allem verbunden werden! connect it!« (Heiko Idensen*)

Diesem optimistischen Verdacht steht ein anderer entgegen: nämlich dass eine Netzliteratur als radikalisierter und verabsolutierter Hypertext ein Widerspruch in sich sein könnte. Das radikale Hypertext-Programm verkündet ja nicht etwa die Reize ineinandergestaffelter Fußnoten, sondern etwas viel Größeres: dass der Schreibstil der Zukunft den geschlossenen, »linearen« (von vorn bis hinten durchzulesenden) Text eines individuellen Autors obsolet machen werde. An seiner Statt gäbe es »interaktiv« herbeigeklickte anonyme Informationspartikel, von überall und nirgends heranströmend, die sich der Betrachter am Bildschirm zusammenstellte, um »Bezüge« zu bemerken, und die nach der Lese-Session dann prompt zerfielen oder mit der einen oder anderen eigenen Beigabe an andere weitergereicht würden, die das gleiche damit machten.

Es würden dann keine »Texte« mehr von »Autoren« »geschrieben« (alle diese altmodischen Begriffe gerieten in Anführungsstriche); stattdessen navigierte und interagierte und collagierte und modellierte der Netz-User in einem »aktiven semiotischen Prozess intertextueller Generierung von Texten aus Text« – so der gleiche »so genannte Autor« Heiko Idensen, falls er nicht auch diese Sätze seines immerhin noch »linearen« Web-Pamphlets aus anderer Leute weniger fortschrittlichen Texten »generiert« hat.

Die ganze Übung soll etwas Radikaldemokratisches haben: Endlich würde der Autor entmachtet. Was man im Zeitalter des radikalen Hypertexts noch liest – oder richtiger: modelliert –, ginge von keinem bestimmten Autor mehr aus, sondern entstammte einem riesigen kollektiven Raum, dem Cyberspace. Jeder schwämme in ihm, eignete sich dies und das an und ließe es gleich wieder fallen und die Welle, die er dort hinterließe (oder auch nicht), das wäre seine Lektüre und seine Literatur.

Die Frage ist nur: Will jemand anders solche selbst erzeugten Medienbricolagen ebenfalls »lesen«? Warum sollte er wollen?

Literatur war bisher etwas, das meditative und konzentrierte Ruhe verlangte. Der Leser (ohne Anführungszeichen) brachte sie auf, weil er das, was ein anderer erdacht und formuliert hatte, interessant fand und sich freiwillig und gern darein vertiefte. Und interessant konnte man es finden, weil ein anderer sich ebenfalls in eine Sache vertieft, sie gedanklich durchdrungen, eine subjektive Ordnung darin geschaffen und sich dann die Arbeit des Ausdrucks zugemutet hatte, auf eine Weise, die man selber nicht hätte leisten können oder wollen. Ein Groschenroman besteht zwar auch nur aus vorgefertigten Versatzstücken, aber selbst der billigste seiner Art verdankt sich noch einer gewissen persönlichen Ausdrucksanstrengung. Bei dem in den Computernetzen vagabundierenden Bricoleur entfiele sie ganz.

Zwei Umstände vor allem sind es, die diesen radikalen Hypertext-Entwurf schon im Ansatz in Frage stellen.

1. »Linear« ist und bleibt Lesen zwangsläufig immer – kreisförmig oder Verschiedenes simultan kann der Mensch nicht lesen, er muss dem Lauf der Zeilen folgen. Es ist nur die Frage, ob man einen Text lediglich in einer Linie durchqueren kann oder die Wahl zwischen mehreren hat und wie kurz die einzelnen Linien sein sollen. Die Linearität der Erzählung ist nun aber kein Fluch, den die lesende Menschheit nicht bald genug abschütteln kann. Sie entspricht aufs humanste unserer Erfahrungsweise: »Wir leben und denken und nehmen wahr und handeln in der Zeit und Zeit bedeutet Sequenz und Sequenz begründet die Erzählung... Geschichten sind linear, selbst wenn ihr Gegenstand es oft nicht ist, und sie bleiben auch dann linear, wenn sie unchronologisch erzählt werden...« (der amerikanische Romancier John Barth) Es hat seinen Reiz, die Linearität der Erzählung einmal durch das Story-Puzzle zu ersetzen, das sich der Leser selber zusammenbauen muss. Das epochale Wunder, das manche zu erwarten scheinen, sobald sich die Narration von der leidigen Linearität befreit, dürfte jedoch ausbleiben.

Die Internetliteratur löst die Linie der Erzählung auf, aber nicht nur irgendwie, sondern zwangsläufig in viele sehr kurze Stücke, »Lexien« genannt, jede höchstens einen – graphisch aufgelockerten – Bildschirm lang. Die durchschnittliche Dauer einer Internet-Session ist eine halbe Stunde, die durchschnittliche Verweildauer bei einer Webseite 53 Sekunden – da dürfen die Lexien um Himmels willen nicht zu lang sein. Ständig ist der Leser auf dem Absprung zu neuen, ebenso kurzen Lexien.

Diese Art der Netzliteratur könnte also genau die richtige Literatur für die verkürzte Aufmerksamkeitsspanne werden – ein zerfahrenes Zappen von Schnipsel zu Schnipsel, mit dem einzigen Ziel, für einen Moment »Bezüge« zu entdecken, deren Natur gnädig im Dunkel bleibt. Literatur nicht als Mittel zur Schärfung der Wahrnehmung und des Denkens, sondern zu deren Abstumpfung: Das wäre wirklich etwas Neues. Es wirkt wie eine Karikatur und ist natürlich gar nicht wahr, aber ernst gemeint: »Ich, ich lese Mark Leyner und Jean Baudrillard gleichzeitig, auf dem Schoß ein Exemplar von *Wired*, Hypertext von Carolyn Guyer auf dem Monitor, im Fernsehen MTV, die Fenster weit offen, während ein Jumbo vom Himmel fällt … [und] ich mir *Dirty* von Sonic Youth anhöre, echt, ECHT laut aufgedreht.« (der Avant-Pop-Autor Lance Olsen*)

Diese nichtlineare Literatur der kleinen Partikel, egal ob selbst verfertigt oder herbeizitiert, verfängt sich darum in einem Grundwiderspruch. Auf der einen Seite ist sie Stephen Kings »Grashüpfern« des Internets zugedacht, die ungeduldig und fahrig von Link zu Link springen. Auf der anderen Seite überlässt sie es dem Leser, sich selber einen Weg durch das Dickicht zu bahnen, sich selber eine Geschichte aus dem Rohmaterial zu arrangieren, verlangt ihm also eine größere, konzentriertere, aktivere Aufmerksamkeit ab als die fertige lineare Literatur, die nur gelesen werden will. Sie macht es ihrem Leser oder User leicht und schwer zugleich. Sie braucht das Paradox des Lesers, der zu ungeduldig ist, um ein paar Seiten hintereinander zu lesen, aber geduldig genug, sich ausführlich mit dem, was er nicht lesen will, zu beschäftigen.

2. Was der Hypertext-Zapper sich im Schweiße seines Angesichts erklickt, muss irgendwann von jemandem gedacht, geschrieben, gezeichnet, komponiert worden sein, braucht also natürlich einen Autor, sonst entbehrte es von vornherein jeden Interesses und er hielte es auch der entsagungsvollsten Collagierbemühung nicht für wert. Die radikale Art von Hypertext macht dem schlichten herkömmlichen Text also durchaus nicht den Garaus; sie setzt ihn vielmehr voraus und ist nichts anderes als ein besonders leichtfertiger Umgang mit ihm. Sie ist parasitär. Radikaler Hypertext: eine Art, progressive Literatur zu machen, ohne etwas schreiben zu müssen – und darum eine gewisse Verlockung

für solche, die nicht schreiben können, auch kaum ahnen, welche Tradition sie in die Schranken fordern, und sich umso lieber hinter einer radikalen Theorie verschanzen. Das Internet macht den Autor keineswegs überflüssig. Je mehr heiße Luft es enthält, desto größer wird der Hunger nach originalen Inhalten.

Ich vermute, wenn dem Hypertextfan auf seinen Mausklick hin überraschend der Anfang von Prousts *Recherche* oder Joyces *Ulysses* erschiene, würde er gar nicht mehr merken, dass hier etwas Ungewöhnliches beginnt. Er würde das unerwünschte und ihn durch keinen Gag anmachende Objekt schon vorm Ende des ersten Absatzes wieder löschen – und beim nächsten Klick höchstens den »Bezug« entdecken, dass der beliebige nächste Reiz wenigstens nicht so langatmig ist, wie es dieser Was-war's-denn-noch-gleich eben war.

Denn was am Bildschirm nicht auf Anhieb die Aufmerksamkeit arretiert, wird gnadenlos weggeklickt – es sei denn, man ist von vornherein auf der Suche nach etwas ganz Bestimmtem, will dies und nur dies auf altmodische Art lesen. Einen Roman oder auch ein Buch der Wissenschaft schlägt man in einer völlig anderen Erwartungshaltung auf. Und selbst wenn einen die erste Bildschirmseite gefangen nehmen sollte: Lange wird man nicht weiterlesen, am Computer vertragen die Menschen nur kurze Texte. Undenkbar, dass jemand einen ganzen Band der *Recherche* am Bildschirm durchläse, selbst wenn der mit vielen Anmerkungen und Querverweisen und Bildern und Tönen zu einer weniger radikalen Art von Hypertext aufbereitet wäre. Auf was der Hypertextfan bei seinen Streifzügen durchs Web anspringt, könnte also alles Mögliche sein, aber nicht, was bisher immer unter Literatur verstanden wurde und die Bereitschaft zu längerer lesender Aufmerksamkeit voraussetzt.

Proust im Web: Dem nicht so postmodernen Leser könnte sein linearer, referentieller, altmodischer, von einem autoritären Autor geschaffener Text auch in digitaler Gestalt auf vielfache Weise nützlich sein und auch als Hypertext, mit Sprungmöglichkeiten zu Anmerkungen oder Abbildungen oder den Vorbildern der Vinteuil-Sonate, wäre er willkommen. Aber die grundstürzend neuartige »Web-Literatur« dürfte sich als ein Paradoxon erweisen. Eine Literatur, die nicht mehr geschrieben und gelesen wird, ist sonstwas, aber keine Literatur. Soll sie sich ehrlicherweise »intermediale Online-Bezugsgenerierung« nennen und zusehen, ob es dafür Interessenten gibt.

Dennoch lässt sich die Netzliteratur nicht schon ad acta legen, ehe sie recht begonnen hat. Die Erwartungen sollten jedoch gedämpft werden. Das ganz und gar Neuartige könnte sich als Windei erweisen. Vorläufig sollten die User darum nicht auf das ganz Andere pochen, sondern zunächst einmal auf ein Stück substantielle Literatur, geschrieben von einem identifizierbaren Autor (oder mehreren), zu lesen von einem zur Konzentration willigen Leser. Und dann sollte man sehen, ob es sich mit den speziellen Mitteln des Webs sinnvoll anreichern und verändern lässt. Ein technisch aufgeblasenes Nichts bliebe ein Nichts; der Aufwand machte seine Nichtigkeit nur noch sichtbarer.

Vielleicht gelingt es diesem oder jenem HTML-kundigen Autor, unbekümmert um die großsprecherischen und gebieterischen Theorien etwas zu schaffen, was lesbar ist, was andere lesen möchten, was sich neben den Büchern auf dem Regal nicht zu verstecken braucht – und was außerhalb des Web auch nicht auszudrücken wäre. Dann gäbe es eine Netzliteratur.

eNzyklopädien

Vom Bildungssymbol zum Wissensmakler

Da thronen sie immer noch wuchtig und gewichtig in jeder öffentlichen oder privaten Bibliothek, ein Allerweltsorakel, das jedem eine Antwort auf jede Frage verspricht: die Enzyklopädien. Größer noch als jeder Gebrauchswert ist ihr symbolischer Wert. Das Wort bedeutet »Kreis des Wissens«, »Rundhorizont der Bildung«. Die Enzyklopädie versichert, alles menschliche Wissen habe eine gute runde Ordnung und lasse sich, wenn schon nicht mehr in einem Kopf, dann wenigstens zwischen ein paar Buchdeckeln übersichtlich und für jedermann verständlich versammeln.

Schon 1989 waren die ersten Enzyklopädie-CDs erschienen: *Compton's* (aus dem Lehrmittelverlag The Learning Company) und *Grolier* (aus dem heute zur französischen Hachette-Gruppe gehörenden amerikanischen Lexikonverlag gleichen Namens, der 1945 die älteste rein amerikanische Enzyklopädie gekauft hatte, die 1823 gegründete *Encyclopedia Americana*, die es in gedruckter Form heute nicht mehr gibt, nur noch als Online-Erweiterung der *Grolier*-CDs). Große Beachtung hatten beide nicht gefunden. Dann aber schlug ein Meteorit in die festgefügte Welt der Enzyklopädien. Das war 1993, als Microsoft mit seiner digitalen und multimedialen Hypertext-Enzyklopädie *Encarta* auf den Plan trat und mit ihr fast aus dem Stand reüssierte. Der Verkaufspreis trug wesentlich zum Erfolg bei. Während gedruckte Enzyklopädien Tausende kosteten – Dollars wie Deutsche Mark – und ihre ersten Übertragungen in die digitale Form bei anderen Verlagen (*Enyclopædia Britannica*, *Bertelsmann Lexikothek*) genauso viel, hatte Microsoft es sofort auf den Massenmarkt abgesehen. Wer schon immer eine der großen Enzyklopädien besitzen wollte, aber kein Geld oder keinen Regalplatz dafür hatte, konnte sich nun plötzlich den schon verdrängten alten Wunsch erfüllen. Bis einschließlich der 99er-Ausgabe wurden von der *Encarta* weltweit zwanzig Millionen Exemplare verkauft und Microsoft wurde damit ganz nebenbei zum wahrscheinlich größten Lexikonverlag der Welt.

Als Softwarekonzern kalkulierte Microsoft von vornherein anders als die angestammten Buchverlage. Die waren immer davon ausgegangen, dass man, wenn überhaupt, sich eine Enzyklopädie nur einmal im Leben kaufe, und die würde einem bis ins Grab und vielleicht sogar noch den Kindern und Enkeln ihre Dienste leisten; so hatten die Verkäufer der *Britannica* an den Haustüren argumentiert. Das trug zwar der beschränkten Lebensdauer der Information nicht Rechnung, war aber dennoch richtig, solange Enzyklopädien aus Papier waren. Eine digitale Enzyklopädie aber ist immaterielle Software, es müssen für ihre Verbreitung keine Bäume gefällt werden und Software wird alle paar Jahre durch Neufassungen ersetzt. Zudem kommen häufige Aktualisierungen dem Gegenstand entgegen, dem »Wissen der Welt«, das nicht daran denkt zu erstarren, nur weil eine Enzyklopädie es so vorbildlich gesammelt und geordnet und zusammengefasst hat. Gedruckte Enzyklopädien sind hier und da schon überholt, wenn sie an die Buchhandlungen ausgeliefert werden. Über das Veralten ihrer Inhalte müssen sie sich schwerfällig mit jährlichen Ergänzungsbänden hinweghelfen, die sie nach und nach unbenutzbar machen. Von digitalen Enzyklopädien dagegen kann es jährlich integrierte Neufassungen geben; durch Einbindung ins Internet können sie gar so aktuell sein wie eine Tageszeitung. Wer seine digitale Enzyklopädie alle paar Jahre durch eine aktuelle Neufassung ersetzt, hat am Ende aber mehr Geld dafür angelegt als früher für die eine Enzyklopädie seines Lebens. Von ihrem Verlag verlangt eine digitale Enzyklopädie die gleiche hohe Investition wie eine papierene und sie macht sich nicht durch einen hohen Einzelverkaufspreis bezahlt. Wenn sie sich etablieren kann, erzeugt sie durch die regelmäßigen Updates dennoch, was Ökonomen einen positiven Cash-Flow nennen. Um die *Encarta* zu etablieren, hat Microsoft sie anfangs zum Teil sogar praktisch verschenkt, in der Hoffnung auf das zukünftige Update-Geschäft.

Der Erfolg der *Encarta* hat jedenfalls den Verdacht widerlegt, Enzyklopädien als solche könnten obsolet sein. Aber plötzlich stellte sich die Frage, ob alle jene ehrwürdigen gebundenen Enzyklopädien nicht Saurier seien, Auslaufmodelle. »Kein Verbraucher, der bei Verstand ist, wird heute noch eine gedruckte Enzyklopädie kaufen«, schrieb 1994 ein amerikanischer Fachrezensent, Kenneth F. Kister.

Am schwersten traf die Krise die wahrscheinlich größte und angesehenste der westlichen Enzyklopädien, die *Encyclopædia Britannica*. Britisch war sie schon lange nicht mehr. 1768 von einer »Gesellschaft von Gentlemen« in Edinburgh gegründet, wurde sie 1901 nach Amerika verkauft und seit den dreißiger Jahren von einer der University of Chicago assoziierten Stiftung herausgegeben, soweit bekannt immer mit Gewinn. Ihren Zenit erreichte sie 1989, zurzeit ihrer fünfzehnten Auflage: 650 Millionen Dollar Umsatz, ein Verkäuferheer von 2 300 Mann. 1992, noch vor der ersten brauchbaren digitalen Enzyklopädie der Konkurrenz, waren dann aber plötzlich Verluste da: 4,6 Millionen Dollar. 1993 waren es schon 15 Millionen. Einsparmaßnahmen drückten sie 1994 zwar auf 2,8 Millionen, aber der Absatz, der 1990 noch 117 000 Einheiten betragen hatte, ging weiter zurück, bis 1994 um 56 und bis 1997 um 83 Prozent. Die Krise war also älter als die Konkurrenz der *Encarta*. Den Einstieg in die Digitalität hatte die *Britannica* verschlafen; dazu hatte sie auf einem zu hohen Ross gesessen. Als sie 1995 ihre erste CD herausbrachte, war diese viel zu primitiv gemacht und viel zu teuer, um der Konkurrenz Paroli bieten zu können. Tastenden Versuchen einer Online-Präsenz in wechselnden Partnerschaften war kein Erfolg beschieden. 1995 begann sie ihre große Verkaufsorganisation zu liquidieren, die schnieken Drückertrupps, die sie vor allem in Amerika und Großbritannien an den Haustüren und auf Flughäfen verkauft hatten. Trotzdem wäre sie am Ende gewesen, hätte sich nicht 1996 der Schweizer Financier Jacob Safra gefunden, der sie für 135 Millionen Dollar kaufte (ihre Manager hatten von 500 Millionen geträumt). 1997 hat sie noch einmal ihre letzte Auflage nachgedruckt, die fünfzehnte von 1989. Nach 2001 soll es die Druckfassung nicht mehr geben. Zwar können sich die digitalen Derivate inzwischen sehen lassen, aber reicht das? War es nur eine letzte Verzweiflungstat, als sich die *Britannica* im Herbst 1999 in Gänze gratis ins Netz stellte, in der Hoffnung, sich dort aus Anzeigen zu finanzieren? Oder ist dieser neue Website, *Britannica Online*[2] schon die Enzyklopädie der Zukunft, und dann gar auf Anhieb die beste?

Auf der Homepage tut sich neben den Tagesnachrichten aus der *Washington Post* ein einziges Eingabefeld für die Suchwörter auf. Man kann wählen, wo man suchen will: in der Enzyklopädie oder, für eine bloße Worterklärung, im Wörterbuch *Merriam-Webster* (dessen Verlag eine Tochterfirma von Encyclopædia Britannica, Inc. ist). Nach der Suche, die schnell geht, teilt sich der Bildschirm in mehrere Spalten. In der ersten stehen, nach mutmaßlicher Relevanz sortiert, die Anfänge der *Britannica*-Artikel zu dem Thema der Suche; jeden kann man anklicken und im Volltext lesen. Die zweite Spalte enthält geprüfte, kommentierte und mit Baedeker-Sternchen bewertete Weblinks zum Thema, aus einem Pool von 125 000. Die dritte enthält Links zu relevanten Zeitschriften- und Magazinartikeln im Volltext, die vierte Hinweise auf Bücher, die man auch gleich kaufen kann. Es ist so

2 www.britannica.com, nicht zu verwechseln mit der alten Adresse www.eb.com

fabelhaft wie unheimlich: Irgendjemand muss für die Erstellung, Ordnung, Erschließung und Versendung dieser Information bezahlen, und ihr Benutzer ist es nicht.

Dass sich die Druck-Enzyklopädien seit der ersten Hälfte der neunziger Jahre in der Krise befinden, lag nicht nur daran, dass plötzlich ein mit Daten vollgepackter Silberling vom Himmel gefallen war, der sie alt aussehen ließ. Die Krise hatte tiefere und ältere Gründe.

Zum einen war nicht mehr sicher, ob es überhaupt noch jenen Menschentyp gab, an den sich Enzyklopädien immer gewendet hatten. Sein Name jedenfalls wird seit den sechziger Jahren nur noch mit Verachtung genannt: »Bildungsbürger«. Vielleicht hat er die Verachtung nicht verdient und wird eines Tages rehabilitiert, vielleicht ist er nicht wirklich ausgestorben; aber er hätte sich seither nicht mehr so selbstbewusst durch ein so durch und durch bildungsstolzes Attribut wie den Besitz einer Enzyklopädie zu erkennen gegeben.

In Deutschland hieß die Enzyklopädie lange »Konversationslexikon«. Schon das Erste seiner Art, das einbändige *Reale Staats- und Zeitungs-Lexicon* des Merseburger Gymnasialrektors Johann Hübner aus dem Jahre 1704, nannte als seinen Zweck, es solle angesichts einer immer unverständlicheren Welt »Gelehrten und Ungelehrten« dabei behilflich sein, einen »Staats-Discours miteinander zu führen«. Ob sie jemals zur gezielten Vorbereitung auf die Conversationen in den Salons der »feinern und gebildetern Kreise« gebraucht worden sind, steht dahin, aber ihr waren sie jedenfalls zugedacht, so wie sie das *Conversations-Lexikon* des Verlegers F. A. Brockhaus 1852 beschrieb: »Jeder sagt seine Meinung, und unterstützt sie mit wenigen Worten. Keiner bestreitet die Ansicht eines Andern mit Hitze; Keiner vertheidigt die seinige mit Hartnäckigkeit. Man untersucht, um sich zu belehren, und hört auf, ehe man in Streith geräth. Jeder unterrichtet, Jeder unterhält sich, Alle gehen vergnügt auseinander ...« Diese Zielgruppe der bildungsbeflissenen höflichen Causeure ist jedenfalls stark geschrumpft. Heute wird nicht mehr Konversation gemacht, es werden Diskurse geführt; auf Duldsamkeit und Höflichkeit kommt es dabei nicht mehr an. Geschrumpft ist auch das allen gemeinsame Wissen; jeder ist heute ein Spezialist auf seinem immer engeren Feld und ein Idiot, ein stolzer *dummy* auf allen übrigen. Verächtlich gemacht wurde sogar das Bedürfnis nach einem Kanon – der doch nichts anderes wäre als ein Mindestbestand an gemeinsamem Wissen, das, worüber die Angehörigen einer Gesellschaft miteinander Gespräche führen können.

Die Enzyklopädie ist ein Spross der Aufklärung. Sie setzt voraus, dass die Menschen es für nützlich halten, alles relevante rationale Wissen zu sammeln und zu ordnen und weiterzuvermitteln. Wie es der Erste unter den Enzyklopädisten, Denis Diderot, formulierte: »Das Ziel einer Enzyklopädie ist es, alles Wissen zu versammeln, das jetzt über die Erdoberfläche verstreut ist, den Zeitgenossen seinen allgemeinen Aufbau bekannt zu machen und es den Nachkommen zu überliefern, auf dass die Mühen der Vergangenheit kommenden Zeiten zum Nutzen gereichen und unsere Enkel gebildeter, tugendhafter und glücklicher werden …«

In der Zeit der explosionsartigen Wissensvermehrung hat das keine Gültigkeit mehr. Etwa alle zwölf Jahre verdoppelt sich die Menge wissenschaftlicher Information. Der aktuelle Informationsbestand ist heute 16-mal so groß wie vor fünfzig Jahren und in noch einmal fünfzig Jahren wird er 256-mal so groß sein. Kann eine Enzyklopädie entsprechend mitwachsen? Dann müsste die *Britannica*, deren letzte Druckausgabe von 1989 32 Bände zählte, im Jahre 2039 512 Bände haben und zur nächsten Jahrhundertwende gut 16 000. Selbst wenn 90 Prozent davon dann überholt und veraltet sein sollten, wären es immer noch 1600 Bände. Und da sich auch die Umschlagrate beschleunigt, müsste sie zwischendurch immer öfter neu aufgelegt werden. Es ist klar, dass das behäbige traditionelle Konversationslexikon dieser Akzeleration nicht gewachsen ist. Wenn der Typ Enzyklopädie mithalten will, bleibt ihm nur der Weg in die Digitalität.

Aber wird er denn überhaupt noch gebraucht? Auf der einen Seite will jeder möglichst direkt an die Quelle einer gesuchten Information. Wenn man sie im Internet fände, könnte man sich den Umweg über die Lexikographie ersparen. Aber findet man sie dort auch? Und wenn: Bürgt jemand für ihre Richtigkeit? Die Überfülle der Information in den Netzen und das unsortierte Nebeneinander von Juwelen und Talmi machen es dem Auskunftheischenden dort immer schwerer. Für die Navigation in den Datenmeeren sind Lotsen nötig. Darum könnten Enzyklopädien durchaus eine Zukunft haben, wenn sie sich entsprechend umdefinieren und umstrukturieren. Die digitalen Enzyklopädien sind alle auf dem Weg dahin.

Am Ende wären sie nichts Statisches mehr, sondern so etwas wie Portale zu den Gebäudekomplexen des Wissens – zu geprüfter, geordneter Information. Über das, was sie selbst an Wissen enthalten, führten sie in die Weiten des Internet.

Das Hypertextprinzip – die Aufgabe der linearen Struktur zugunsten einer kreuz und quer verlinkten – macht das alte Dilemma aller Sachlexika hinfällig: Sollen sie ihren Inhalt auf viele »kleine« Stichwörter verteilen (das deutsche Prinzip) oder auf wenige »große« (das angelsächsische)? Wie findet der Benutzer von den kurzen Sacherklärungen zu den Zusammenhängen? Wie die knappen Sacherklärungen in den großen Zusammenhängen? Die gedruckte *Britannica* hatte das Dilemma besonders anschaulich vorgeführt, als sie sich in eine »Micropædia« der kurzen und eine »Macropædia« der langen Artikel zweiteilte, mit der Folge, dass der Benutzer immer erst an einem dritten Ort nachsehen musste, im Registerband. Das Hypertextlexikon dagegen kann sich zwanglos in mehreren Schichten organisieren: von der Kurzerklärung zu immer ausführlicheren und spezielleren Darstellungen, also in die Tiefe, und gleichzeitig in die Breite der größeren Zusammenhänge. Irgendwo auf dem Weg in die immer speziellere Information ist das Wissensrund, das in der Enzyklopädie versammelt ist, erschöpft. Dann muss sie den immer noch nicht zufriedenen Benutzer in die weite Infowelt entlassen – einmal in eine Datenbasis, deren Inhalte noch sie selbst mitbestimmt, und dann, mittels geprüfter und aktuell gehaltener Linkkataloge, in die Freiheit des World Wide Web. Eine solche Enzyklopädie hat dann nicht nur eine Breite, sondern auch eine räumliche Tiefe. Und sie kann so aktuell sein wie eine Tageszeitung. Eine bloße Zukunftsvision ist das nicht; in dieser Richtung bewegen sich die führenden digitalen Enzyklopädien heute alle, die *Britannica*, die *Encarta*, der *Brockhaus*.

Wird es also gar keine papierenen Enzyklopädien mehr geben? Doch, sagt Alexander Bob, Redaktionsvorstand des Bibliographischen Instituts, das immer noch 88 Prozent seines Umsatzes mit Büchern macht. (Der Anteil der digitalen Medien wächst jedoch stärker als der der Bücher.) 1999 hat es eine neue 24-bändige *Brockhaus*-Enzyklopädie (»Das Wissen der Welt«) fertig gestellt und Bob ist sicher, dass sie eine Nachfolgerin haben wird. Aber warum eigentlich? Warum nicht alles auf eine DVD? »Weil das Nachschlagen in einem gedruckten Werk schneller geht. Weil wir das Nachschlagen auf diese Weise gelernt haben. Weil Bücher eine Haptik besitzen, die digitalen Werken in ihrer Unkörperlichkeit abgeht. Weil sie überall benutzbar sind. Weil sie einen persistenten intellektuellen Besitz darstellen. Weil ...«

Jeder möchte natürlich als Erstes wissen, welche Enzyklopädie die beste ist. Ein Test muss her. Leider lassen sich Enzyklopädien nicht objektiv testen wie Toaster, genauso wenig wie etwa Romane. Sie wenden sich nicht an Verbraucher, sondern an Leser, und zwar an die Untergruppe der fragenden Leser. Zu unterschiedlich sind deren Anforderungen und Benutzungsgewohnheiten, zu stark wechseln sogar die Ansprüche des einzelnen Fragestellers von Situation zu Situation, als dass sich objektiv bestimmen ließe, welches die Beste im ganzen Land ist, die, welche die meisten und richtigsten Informationen zum günstigsten Preis zu bieten hat. Wer einigen von ihnen dieselben kleinen oder großen Fragen aus verschiedenen Wissensgebieten gestellt und sein momentanes Informationsbedürfnis mal hier, mal dort besser bedient gefunden hat, wird sich am Ende vor jeder platten Kaufempfehlung hüten und sich auf ein paar allgemeine Beobachtungen beschränken.

Die englischsprachigen Enzyklopädie-CDs außer der *Britannica* sind stark auf die Hausaufgabensorgen amerikanischer *high school students* zugeschnitten, die von *Compton* und *Grolier* in einem solchen Maße, dass sie für deutsche Benutzer von vornherein kaum in Frage kommen.

Einem Buch in seiner Körperlichkeit sieht man vieles an, ehe man auch nur mit dem Lesen beginnt: wie viel »Information« ungefähr es enthält, wie sein Inhalt angeordnet ist, an welche Altersstufe es sich wendet, wie viel Sorgfalt auf seine Herstellung verwendet wurde, und nebenbei ganz schlicht auch, wie viel seinen Herstellern die Verbreitung seiner Inhalte wert war. Alle diese mehr oder weniger unbewusst aufgenommenen Metainformationen bestimmen mit, ob man es kauft, wie gern und wann man es zur Hand nimmt und wie viel Vertrauen man ihm entgegenbringt. Sie erleichtern auch von vornherein die Orientierung in einem Buch. CDs dagegen müssen ohne eine solche Einstimmung auskommen. Sie sehen alle gleich aus, ihre körperliche Gestalt lässt keine Rückschlüsse auf ihre Inhalte zu, mit jeder CD kauft man die Katze im Sack. Man weiß vor allem nicht einmal näherungsweise, wie viel Text sie enthält. Durchmesser 13 Zentimeter, Gewicht zwölf Gramm: Die eine CD, die den Text aller 32 Bände der *Encyclopædia Britannica* enthält, ihrer 30 000 eng bedruckten, zweispaltigen Seiten, 1,2 Regalmeter weit, 1,2 Zentner schwer, unterscheidet sich nur durch die Aufschrift von der CD mit

Microsofts Computerlexikon, das aber nur etwa ein Hundertfünfundachtzigstel ihres Platzes belegt.

Wie lässt sich das Einheitspokergesicht der CD durchschauen? Durch Stichproben? Wenn sich beispielsweise zum Thema »Menschenrechte« in der *Britannica* über tausend Zeilen finden, in der deutschen *Encarta* 280 (unter »Grundrechte« und »Naturrecht«), im *Brockhaus* (unter »Menschenrechte« und »Grundrechte«) 160, mag das typisch sein, aber vielleicht auch nicht.

Die – meist auf der Verpackung der CDs vermerkte – Zahl der Artikel oder behandelten Stichwörter ist nichtssagend: Dass der *Brockhaus 2001* 98 000 Artikel umfasst, die deutsche *Encarta 2000* aber nur 42 000, besagt noch lange nicht, dass diese weniger Text enthält. Der Grund für die Diskrepanz könnte schlicht der sein (und ist es in diesem Fall wirklich), dass der *Brockhaus* seinen Inhalt in kleinere Portionen zerlegt.

Nur die Wörterzahl lässt einen objektiven Vergleich der Textmengen zu. (Und in der EDV braucht es keine tiefschürfenden Diskussionen, was als Wort gelten soll: Ein Wort ist jede Zeichenfolge, die zwischen zwei Leerzeichen steht.) Die *Britannica CD* zählt etwa 45 Millionen Wörter, die amerikanische *Encarta* 10, ihre Deluxe-Ausgabe 12, die deutsche *Encarta* 8,6, ihre Plus-Ausgabe 10. Der Verlag der *Brockhaus*-CDs hat 2001 erstmals die Wörterzahl verraten: In der Premium-Ausgabe sind es 10,5 Millionen, 2000 waren es nur halb so viele. Im schieren Textumfang liegen *Brockhaus* und *Encarta* also mittlerweile etwa gleich auf; die *Britannica* übertrifft beide um ein Vielfaches.

Über die Qualität der Information sagt die Quantität nichts. Grundsätzlich gilt, dass sich eine Enzyklopädie nicht aus dem Boden stampfen lässt, schon gar nicht von Produktmanagern der Softwareindustrie. Sie muss sich über die Generationen entwickeln, sie muss reifen können; etwaige Fehler lassen sich nur langsam aufspüren und beheben, etwaige Unausgewogenheiten nur langsam bereinigen. Der *Brockhaus* und die *Britannica*, hinter denen mehr als ein Jahrhundert lexikographischer Erfahrung steht, verdienen darum von vornherein das meiste Vertrauen. Aber der Pauschalverdacht der Unseriosität wäre auch bei dem Emporkömmling aus dem Hause Microsoft nicht angebracht, der *Encarta*, die aus einer über Generationen bewährten amerikanischen Druck-Enzyklopädie hervorgegangen ist, der 29-bändigen *Funk and Wagnalls New Encyclopedia*. Für viele Artikel der *World Book*-CD wiederum bürgen Fachwissenschaftler mit ihrem Namen.

Ohne kontinuierliche redaktionelle Pflege wäre auch die ehrwürdigste Enzyklopädie bald auf dem Hund. Ihre Qualität hängt stark von der Zahl und Qualifikation ihrer ständigen Redakteure ab. Auch hier muss man sich vor Vorurteilen hüten. Zwar stehen hinter der *Brockhaus*-CD 40 Redakteure und 1300 Autoren, hinter der deutschen *Encarta* aber nur 17 plus 55; doch die *Brockhaus*-Redakteure sind nicht nur für die CDs verantwortlich, sondern auch für die gesamte Datenbasis, aus der die verschiedenen Nachschlagewerke mit dem Markennamen *Brockhaus* abgeleitet werden und hinter der deutschen *Encarta* stehen die 55 Redakteure und 977 Autoren, die an ihrem amerikanischen Original arbeiten; außerdem fließen in ihre inzwischen acht nichtenglischen Sprachfassungen (Deutsch, Französisch, Italienisch, Japanisch, Niederländisch, brasilianisches Portugiesisch, Schwedisch, Spanisch) immer wieder Leistungen anderer Länderredaktionen ein.

Eine andere Frage ist die Aktualität. Die neuesten zeitgeschichtlichen Entwicklungen lassen sich in Form von monatlichen Online-Updates in alle Enzyklopädie-CDs hineinholen. Hochaktuelle spezielle Fachinformation dagegen hat keine von ihnen zu bieten. Wer sich etwa über den heutigen medizinischen Kenntnisstand in Sachen »Migräne« ins Bild setzen wollte, wäre bei allen verraten und verkauft. Hier ist nur die Frage, ob und wie sie den Zugriff auf Online-Datenbasen außerhalb ihrer eigenen Jurisdiktion eröffnen. Der *Brockhaus* und die deutsche *Encarta* tun es mit geprüften Linkkatalogen, die den Benutzer hinaus ins weltweite Web verweisen, sind aber gehandicapt dadurch, dass sie sich weitgehend auf deutschsprachige Weblinks beschränken. In dieser Hinsicht sind die *Britannica* und die Deluxe-Ausgabe der englischsprachigen *Encarta* unübertroffen. Die amerikanische *Encarta* eröffnet den – gebührenpflichtigen – Zugriff auf eine *Electric Library*, eine reich bestückte Datenbank der Firma Infonautics mit über 150 Zeitungen, fast 700 Zeitschriften und vielen Nachschlagewerken im Volltext. Der Verlag des *Brockhaus* hat zusammen mit der Verlagsgruppe Georg von Holtzbrinck etwas Ähnliches in Angriff genommen, eine Mediendatenbank namens *Xipolis*.

Entlegene Stichwörter sind in allen Enzyklopädien immer reine Glückssache. Über die koreanische Schrift, »Hangul«, findet man überall nur wenig bis nichts, eine Abbildung ihrer Schriftzeichen gibt es nirgends. In der *Encarta* kann man sich zum Trost wenigstens ein paar Wörter auf Koreanisch vorsprechen lassen.

Der Stolz der digitalen Enzyklopädien, besonders ihrer Premium- oder Deluxe- oder Plus-Ausgaben, sind ihre Multimediaelemente: Fotos, Karten, Animationen, Video- und Audioclips, Nachtigallenstimmen und Churchill-Reden, Dieselmotoranimationen und Tangotakte. Sie sind es, die all den Speicherplatz belegen, wenn eine digitale Enzyklopädie sich über mehr als eine einzige CD ausbreitet. Zuweilen sind sie sinnvoll. Oft sind sie mehr oder weniger hübsches Infotainment, das in den jugendlichen Benutzern leider die Illusion weckt, Wissen sei leicht zu haben. Die meiste Mühe mit ihnen scheint sich die *Encarta* gegeben zu haben, die geringste die *Britannica*.

Der Multimediacomputer, auf den heutige Enzyklopädie-CDs angewiesen sind, ist eine Maschine von imposanter Komplexität, die nur funktioniert, wenn alle ihre heterogenen Hard- und Software-Elemente miteinander kompatibel sind. Dass sie es überhaupt noch jemals sind, ist ein immer wieder neues Wunder. Ob eine CD-ROM gelungen ist, entscheidet sich darum nicht nur an ihrem Inhalt und seiner Strukturierung und Gestaltung, sondern sozusagen auch an ihrem softwaretechnischen Sozialverhalten. Die sozialen Schwächen vieler CD-ROMs der frühen neunziger Jahre mochte man für Kinderkrankheiten des neuen Mediums halten, die sich mit der Zeit auswachsen würden. Einiges hat sich tatsächlich gebessert. Auf andere Schwächen stößt man immer noch und dabei handelt es sich nicht mehr um Kinderkrankheiten: Zur Zeit der Jahrtausendwende haben sich CD-ROMs mit sehr viel mehr Artgenossen zu vertragen, ziehen sie viel undurchschaubarere Computersysteme in Mitleidenschaft. Der Versuch, sieben digitale Enzyklopädien gleichzeitig auf einem Computer – nein, nicht etwa zu laden, sondern nur lauffähig zu halten, endete bei meinem durchschnittlich leistungsfähigen System damit, dass eine immer eine andere ausschaltete und am Ende nur noch drei sicher liefen, zwei *Encartas* und die *Britannica CD Standard. Der Brockhaus 2001* verursachte nach der scheinbar gelungenen Installation von der DVD bei jedem Startversuch einen Systemabsturz.

Keine Enzyklopädie war softwaretechnisch völlig einwandfrei – obwohl man zugeben muss, dass Microsoft seinen Platzvorteil, nämlich auch Konstrukteur des Betriebssystems zu sein, zu nutzen weiß. Wenn dann jedoch in einer deutschen *Encarta* nur die Hilfetexte der englischsprachigen *Encarta Africana* erscheinen, erinnert das daran, dass auch Microsoft fehlbar ist. Wenn die *World Book*-CD alle Kursivschrift durch griechische Buchstaben ersetzt (Χοννεχτ το Ωορλδ Βοοκ ονλινε), führt sie einem spaßig vor Augen, welche Mühe Computer immer noch mit fremden Schriftsystemen haben. Softwareflegelei war es, wenn eine frühere *Britannica CD* (nicht die aktuelle) den Computer mit fast viertausend schreibgeschützten Dateien zuschüttete. Und kriminell wird es, wenn die *Grolier 2000* fremde Hilfsprogramme automatisch durch ältere Versionen derselben ersetzt und damit andere Anwendungen und auch sich selbst lahm legt.

Es wäre jedoch ungerecht, dieses oder jenes Problem herauszugreifen, das vielleicht nur in der zufälligen privaten Computerkonfiguration auftritt. Stattdessen seien hier zehn Gebote für CD-ROM-Produktmanager aufgestellt. Sie wirken vielleicht zunächst dunkel, aber wer sich wie der Autor selber einmal mit mehreren dieser Scheiben gleichzeitig herumgeschlagen hat, wird sofort wissen, was gemeint ist.

1. Mehr Aufmerksamkeit als auf die Lauffähigkeit deines eigenen Produkts sollst du darauf verwenden, dass es auf den Computern seiner Benutzer nicht andere Programme beeinträchtigt.
2. Du sollst immer bedenken, dass heute selbst ein Computertechniker einen in ein laufendes System eingeschleppten Fehler nur noch mit Glück isolieren und beheben kann, dass die Personen an den Hotlines, die nach teuren Wartezeiten mit nervender musikalischer Untermalung den Problemen ein halboffenes Ohr leihen, oft von Tuten und Blasen noch weniger Ahnung haben als der ratsuchende Anwender, dem sie seine Ignoranz zu verstehen geben, und dass jedes hartnäckige und ernste technische Problem, das du dem Anwender zumutest, diesen am Ende dazu zwingt, seinen Computer plattzumachen und von Null an neu aufzusetzen, was ihn ein paar Tage Arbeit kosten kann.
3. Dein Produkt soll die bei seinen Benutzern vorgefundenen Konfigurationen analysieren und die benötigten Komponenten verwenden, es soll sie aber um Himmels willen nicht verändern. Du sollst seinen Benutzern auch keine Aktualisierungen seines Systems aufnötigen oder auch nur anbieten, deren Auswirkungen du und sie nicht überschauen und beherrschen. Schon gar nicht sollst du ungefragt irgendwelche vorhandenen Systemdateien durch deine eigenen überschreiben lassen. Wenn dein Produkt auf fremde Software angewiesen ist, die du mitlieferst (den Web-Browser *Netscape*, das Multimediawerkzeug *QuickTime* oder Ähnliches), bist du auch für deren Manieren verantwortlich.

4. Du sollst Rücksicht darauf nehmen, dass manche Nutzer Ordnung in ihrem Computer wahren und den Überblick behalten müssen. Also solltest du die Dateien deines Produkts möglichst alle an einer einzigen eigenen Adresse versammeln; an welcher, sollte der Benutzer selber bestimmen dürfen.
5. Du sollst dein Produkt komplett – absolut restlos! – deinstallierbar machen, einschließlich sämtlicher Einträge in der Registry und den Initialisierungsdateien. Nach der Deinstallation muss der Computer genauso aussehen, wie dein Produkt ihn bei seiner Installation vorgefunden hatte.
6. Ein Nachschlagewerk ist kein Mystery-Game. Du sollst seine Benutzeroberfläche so einrichten, dass alle Bedienelemente leicht auffindbar (und lesbar) sind und dass sie tatsächlich bewirken, was draufsteht, so dass sich das Ganze möglichst intuitiv handhaben lässt. Du sollst den Benutzer auch nicht mit unstoppbaren Demos oder mit weisen täglichen Merksprüchen oder mit Vorspännen zu krankem Synthesizergedudel traktieren und überhaupt dein Produkt nicht mit unnötigem Schnickschnack überfrachten.
7. Du sollst deinem Produkt wenigstens eine minimale gedruckte Beschreibung beigeben. Sie sollte unter anderem ein paar Angaben enthalten, die objektive Vergleiche mit seinen Konkurrenten gestatten: nicht über die Zahl der Artikel oder Stichwörter also, die nichtssagend ist, sondern über die der Wörter.
8. Du sollst etwaige Authentifizierungscodes, deren Eingabe du bei jeder Benutzung deines Produkts forderst, nicht auf irgendwelchen losen Zettelchen beilegen. Sie gehören dorthin, wo sie sich auch von Nichtpedanten wiederfinden lassen, zum Beispiel auf die Hülle der betreffenden CDs.
9. Du sollst deine digitale Information nicht dadurch sichern, dass der Benutzer ständig die gedruckte Parallelfassung parat haben muss, um immer wieder neue Kennwörter herauszusuchen und einzutippen.
10. Du sollst dein Produkt nur in Hüllen von Standardgröße ver-

packen, die sich mit anderen seinesgleichen in den für das Medium üblichen Standardbehältnissen aufbewahren lassen. Du sollst es auch nicht so verpacken und verkleben, dass der Benutzer es aus seiner Hülle nur herausbekommt, wenn er sie zerstört.

Trost für den, der klagt, dass die digitalen Enzyklopädien ihre Form noch nicht ganz gefunden haben, überraschenderweise vor allem in technischer Hinsicht: Bei den gedruckten hat es Jahrhunderte gedauert.

Der lange Weg von P nach E

Fachzeitschriften im Internet

Das gesamte Publikationswesen der Wissenschaften wird sich ändern. Folgt man den Propheten des Wandels, hätte es sich längst ändern müssen, so obsolet ist es.

Zum Beispiel Martin Grötschel und Joachim Lügger vom Berliner Konrad-Zuse-Institut, wenn sie in die Öffentlichkeit aufbrechen, um Überzeugungsarbeit zu leisten: »Das traditionelle wissenschaftliche Publikationswesen, auf gedruckten Zeitschriften basierend, stößt … an seine Kapazitätsgrenzen … Es ist vor allem schwerfällig und teuer … Die wissenschaftlichen Bibliotheken stehen vor einem ernsten Problem. Die Kosten für die Abonnements wissenschaftlicher Journale steigen, oft weit über die Inflationsrate hinaus. Ihre Etats hingegen stagnieren oder gehen sogar zurück. Diese müssten aber mindestens mit demselben Tempo wachsen wie die Produktion von Literatur.«

Wenn dem so ist, stellt sich die Frage, warum der überfällige Übergang in die elektronische Welt nicht schon lange stattgefunden hat. Denn die Diagnose selbst ist unbestritten: Wissenschaftliche Fachzeitschriften sind langsam und teuer, die Anschaffungsetats der Bibliotheken halten auf der ganzen Welt nicht Schritt mit der Vermehrung der wissenschaftlichen Literatur oder gehen gar zurück. Es ist eine Schraube: Je teurer die Journals, desto weniger Bibliotheken können sie sich leisten, und je kleiner die Auflage, desto teurer wird das einzelne Heft. Tatsächlich sind jährliche Preissteigerungen von 5 bis 30 Prozent und jährliche Auflagenrückgänge von 2 bis 5 Prozent die Regel.

Alles spricht seit Jahren für die digitale Form. Zwischen Fertigstellung des gegengelesenen Manuskripts und Publikation vergingen nur Minuten und nicht wie bei der Printpublikation Monate oder Jahre. Jeder Interessierte könnte das nun nicht mehr papierene Paper sofort an seinem Arbeitsplatz lesen, egal wo auf der Welt. In Archivdatenbanken ließen sich die Zeitschriften bequemer verwalten als in Magazinen und der Benutzer fände die gesuchte Information wesentlich schneller und punktgenauer als auf dem Umweg über das Papier. Anders als digital lässt sich die wachsende Menge der wissenschaftlichen Information überhaupt nicht mehr verfügbar halten. Im Fall von Aufsätzen spräche auch die verbreitete und begründete Abneigung gegen das Lesen am Bildschirm nicht gegen die Online-Publikation; einen Roman würde man sich zu Hause zwar ungern ausdrucken, aber einen kürzeren Text wie einen Fachaufsatz schon, und erst recht auf Institutskosten. Es müssten auch keine Bäume gefällt und unter hohem Energieverbrauch mehrfach um die halbe Welt transportiert werden und die Bibliotheken schließlich müssten keinen temperierten und klimatisierten Magazinraum für die Archivierung all dieser verarbeiteten Bäume bereitstellen.

Der mühselige Weg, den die wissenschaftliche Information heute zurücklegt, nimmt sich geradezu anachronistisch aus. Da setzt sich, nach Monaten oder Jahren des Forschens, der *senior author* einer Forschergruppe hin und bringt widerwillig zu Papier, was den interessiertesten Kollegen aus der unablässig per E-Mail geführten Diskussion und von den letzten Fachtagungen her ohnehin bereits zum Großteil bekannt ist, schickt es mit der Schneckenpost an den Redakteur einer Zeitschrift. Welcher Zeitschrift? Der allerangesehensten von jenen, denen man zutraut, das Thema sexy genug zu finden. Der Redakteur liest es und lehnt es entweder sofort ab oder reicht es an ihren Gutachterstab weiter. Das Verfahren heißt *peer review*, »Rezension durch Gleichrangige«, die als *referees* – »Schiedsrichter« – bezeichnet werden, weshalb es im Deutschen oft einfach »referieren« genannt wird, und es stellt eine erhebliche, wenn auch nie hundertprozentige Qualitätskontrolle für die publizierte Forschungsarbeit dar. Nach etwa sechs Wochen erhalten die Autoren ihr *paper* mit den Einwänden und Bedenken der für sie anonym bleibenden Gutachter zurück. Ein großes Rätselraten hebt an, wer hinter welchem Einwand stecken mag, welches Ziel er damit verfolgt und welches Mütchen er kühlt, aber es bleibt gar nichts anderes übrig, die Forschungsgruppe arbeitet das *paper* um und schickt es aufs Neue ab. Der Verlag nimmt es an, richtet es nach seinen eigenen Standards ein und schickt es weiter zur Produktion in einem Land, wo die Druckkosten niedrig sind. Dann gehen die Hefte ins Lager des Verlags, um von dort ihre Reise zu den 100 bis 6 000 Bibliotheken auf der ganzen Welt anzutreten, die auf sie abonniert sind. In den freien Verkauf gelangt meist kein einziges Exemplar. Der ganze Prozess dauert zwischen drei Monaten und drei Jahren, kommt also erst zu Ende, wenn die publizierten Forschungsergebnisse bereits Staub angesetzt haben, und er ist kostspielig. Zwar erhalten die Autoren keinerlei Honorar, bei einigen Zeitschriften müssen sie sogar draufzahlen, »Seitengebühren«, auch die *referees* referieren unentgeltlich, Satzkosten fallen nicht an, da die *papers* auf Diskette oder per E-Mail-Anhang eingereicht werden und schon die Autoren sich strengstens an die *style sheets* der betreffenden Verlage halten müssen, und die Druck- und Papierkosten sind noch das Geringste. Mehr ins Gewicht fällt der Versand des vielen Papiers, am meisten aber das Marketing, das die Verlage betreiben müssen, um ihren Zeitschriften die Aufmerksamkeit der Fachwelt zu sichern – all die vielen Tagungen, auf denen sie mit einem eigenen Stand präsent sein müssen. Und natürlich, sie müssen die ganze umständliche Prozedur organisieren.

Die Vorteile der elektronischen Publikation sind demgegenüber so offensichtlich, dass nur blanker Unverstand sie ausschlagen könnte. Die Frage ist darum nicht die, ob sich zumindest die Naturwissenschaften nicht langsam zur ausschließlich digitalen Publikation bequemen sollten. Die Frage ist vielmehr, warum sie nicht gleich bei der Etablierung des World Wide Web zwischen 1993 und 1995 sofort und total dazu übergegangen sind. Die Publikation in den papierenen Fachzeitschriften (den P-Journals) muss etwas haben, das den elektronischen Fachjournalen (den E-Journals) bisher abgeht und deren offensichtliche Vorteile mehr als aufwiegt.

Was ist dieses gewisse Etwas? Es besteht aus zwei Ingredienzen. Erstens ist der Aufsatz in einer Fachzeitschrift nicht nur eine Information für die forschende Mitwelt. Wäre er nur das, so ließe er sich elektronisch wirklich sehr viel effizienter publizieren. Er ist aber mehr, nämlich ein Dokument im altmodischen Sinn, eine Urkunde, die dem Autor bescheinigt, dann und dann ein bestimmtes Ergebnis erzielt zu haben. Seine Karriere, sein Ruhm, eventuell auch finanzielle Ansprüche beruhen darauf. Mit seinem Ruf haftet er für die Richtigkeit des Inhalts; er kann nicht riskieren, eventuell für manipulierte Inhalte haftbar gemacht zu werden. Ein unkörperlicher digitaler Text dagegen ist fast beliebig manipulierbar. Der Leser kann Original, Kopie und Fälschung nicht unterscheiden. Oft identifizieren sich die Quellen im Internet unzulänglich oder gar nicht, und selbst wo sie sich identifizieren, kann der User die Angaben nicht leicht nachprüfen. Internetdokumente kommen scheinbar aus dem Nirgendwo und sind niemandem mehr mit Sicherheit zuzuordnen.

Zweitens gibt es in jedem Fach eine ungeschriebene, aber jedem nur allzu bewusste Hierarchie der Zeitschriften. Am liebsten publiziert der Molekularbiologe sein *paper* in *Nature* oder *Science* oder *Cell*. Wenn es für die nicht sexy genug ist, sind auch *Neuron* oder *EMBO* nicht übel. Aber darunter nur, wenn einem nichts anderes übrig bleibt. Das unterschiedliche Prestige der Zeitschriften stellt im Endeffekt einen der immer notwendigeren Informationsfilter dar. Achten muss jeder in seinem Fach vor allem auf das, was oben in der Hierarchie publiziert wird; dem anderen kann er weniger Aufmerksamkeit zuteil werden lassen. Prestige aber lässt sich nicht dekretieren, sondern nur langsam gewinnen, und dann muss es verteidigt werden – bei wissenschaftlichen Journals beruht es vor allem auf dem gegenwärtigen Herausgeberstab und einer anhaltend langen Qualitätsgeschichte. Niemand kann kommen und sagen: Ich gründe jetzt das angesehenste Journal meines Fachs, und es soll ein E-Journal sein.

Zeitschriftenpreise und Bibliotheksetats

Nichts führt das Dilemma des Fachjournals deutlicher vor Augen als zu vergleichen, wie sich einerseits die Zeitschriftenpreise und die Titelzahl, andererseits die Etats der deutschen Hochschulbibliotheken in den neunziger Jahren entwickelt haben. Eine Spirale dreht sich in die Höhe: Immer mehr Zeitschriften mussten und müssen abbestellt werden (bei der Staats- und Universitätsbibliothek Hamburg im Jahre 1999 allein ein Drittel der laufenden Abonnements), die Auflagen der Zeitschriften sinken, die Preise steigen darum weiter und die Auflagen gehen noch weiter zurück ... und irgendwann muss das ganze System zusammenbrechen.

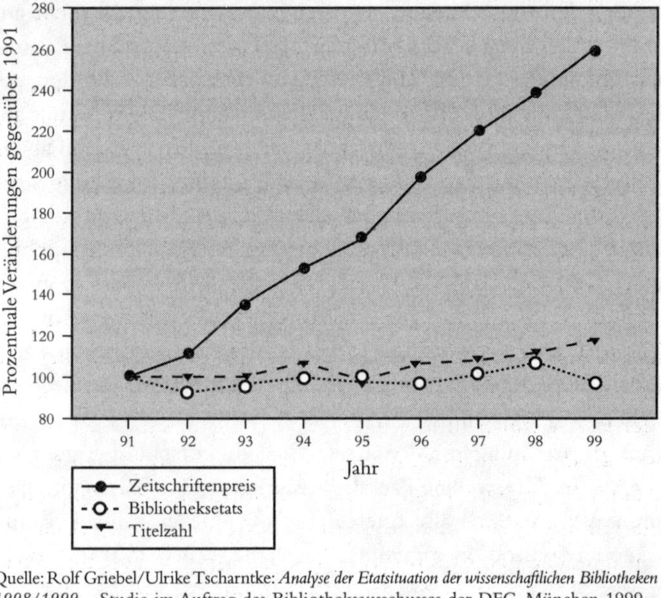

Quelle: Rolf Griebel/Ulrike Tscharntke: *Analyse der Etatsituation der wissenschaftlichen Bibliotheken 1998/1999* – Studie im Auftrag des Bibliotheksausschusses der DFG, München 1999.– *Library Journal* 1991–1999.– O.-E. Krawehl, SUB Hamburg.

Publish or perish lautet bekanntlich die Devise in den Wissenschaften, »Publikation oder Untergang«, und Außenstehende begreifen oft nicht, dass sie nicht notwendig persönlichem Ehrgeiz und persönlicher Eitelkeit entspringt, obwohl beide im Spiel sein können. Natürlich schmeicheln viele gute und gut platzierte Veröffentlichungen jedermanns Eitelkeit und die Karriere hängt sehr oft ebenfalls davon ab – wer nur wenige Veröffentlichungen an zweifelhaftem Ort vorweisen kann, der hat, wenn sein laufender, in der Regel befristeter Vertrag endet, bei der nächsten Bewerbung nur noch geringe Chancen. Natürlich verlockt eine solche hochkompetitive Situation zum Missbrauch, nämlich dazu, »*papers* zu schinden«, also die eigenen Publikationen künstlich zu vermehren durch Aufteilung und Streuung dessen, was eigentlich zusammengehörte.

Aber dass diese Situation entstehen konnte, beruht nicht auf einem kollektiven Charakterfehler der Forscher, sondern hat seinen objektiven Grund. Die Naturwissenschaften, zumindest sie, sind eine kollektive Anstrengung. Jede einzelne Arbeit beruht auf dem, was andere vorher erforscht haben – und ist erst dann abgeschlossen, wenn sie anderen zur Grundlage ihrer Forschung werden kann. Es muss irgendwo beurkundet sein, dass Doktor Soundso am Soundsovielten das betreffende Forschungsergebnis erzielt hat. Erst dann ist es offiziell in Verkehr gebracht, in die Fachdiskussion eingespeist, erst dann ist es »zitierfähig«. Auf den ersten Blick nehmen sich die vielen farbigen Bände des kolossalen *Citation Index* bloß absurd aus: alle diese Wälzer, nur um nachzuweisen, wer wen einmal zitiert hat. In Wahrheit ist er ein (wenn auch grober) Indikator, der anzeigt, welche Forschungsergebnisse Eingang in die jeweilige Fachdiskussion gefunden haben und nun ihren Weg gehen – also auch dafür, ob eine einzelne Leistung akzeptiert wurde oder nicht, ob sie hatte, was man ihren *impact* nennt.

Gerade ihrer Schwerfälligkeit verdanken die P-Journals somit dem Urkundencharakter. Ein E-Journal kann schneller und wendiger und flexibler und wohl auch weniger kostspielig sein. Aber in den Netzen ist alles flüssig und flüchtig. Sie sind in ständiger Bewegung. Das elektronische Werk steht auf einem einzigen Server (und vielleicht noch dessen Spiegel irgendwo) und niemand kann sicher sein, dass es dort auch morgen steht und noch dasselbe ist. Kaum eine Webseite besteht länger als ein Jahr und während dieses Jahres verändert sie sich. Dauernd stößt man im Web auf Links, die ins Nichts führen, auf ausgeschilderte und nicht ausgeschilderte Baustellen, auf nicht angekündigte Tode und mirakulöse Auferstehungen von Seiten. Auch wenn eine Seite ausnahmsweise in sich stabil sein sollte, ist nicht sicher, dass jemand den Weg zu ihr fände in diesem globalen Durcheinander, das täglich um über sieben Millionen Seiten wächst. Jeder Surfer erlebt das Web Tag für Tag als den Inbegriff der Unbeständigkeit. Niemand kann sicher sein, dass er ein bestimmtes Dokument bei einem Host je wiederfindet, oder voraussagen, wie lange es den ganzen Host noch gibt.

Ein Druckwerk in seiner schwerfälligen Körperlichkeit lässt sich nicht abwandeln oder verdrehen oder verfälschen. Auch seine Irrtümer und Druckfehler bleiben ein für allemal erhalten – zu seinem Leidwesen kann sie nicht einmal der Autor selbst nachträglich wegretuschieren. Ein unkörperlicher digitaler Text dagegen ist fast beliebig manipulierbar. Der Leser im Netz kann nicht einmal sicher sein, wer der wirkliche Urheber einer Information ist. Das Internet ist die Zone der Pseudonyme, des Alias, der schnell gewechselten Identität. Oft identifizieren sich die Quellen im Internet unzulänglich oder gar nicht, und selbst wo sie sich identifizieren, kann der User die Angaben nicht leicht nachprüfen. Internetdokumente kommen scheinbar aus dem Nirgendwo und sind niemandem mehr mit Sicherheit zuzuordnen.

Der elektronische Zustand ist der der immer währenden Diskussion. Irgendwann aber müssen sich diese wallenden Debatten zu zitierbaren Ergebnissen verfestigen. Diese Urkunden gehören in ein verlässliches Archiv, wo man sie auch in Jahrzehnten noch wiederfindet. Und wenn dann die eine Bibliothek abgebrannt oder eingespart sein sollte, steht sie in einer anderen – das wissenschaftliche Bibliothekswesen als Ganzes ein einziges, verteiltes redundantes Archiv. Das leistet bisher nur das P-Journal.

Dietrich Götze, der Direktor des Springer-Verlags, des größten deutschen Wissenschaftsverlags und mit seinen über vierhundert Zeitschriften drittgrößter Wissenschaftsverlag der Welt, berichtet, dass die kleine, etwa tausendköpfige und relativ geschlossene Gemeinde der Forscher, die Proteinstrukturen berechnen, eines Tages dringend ein eigenes Journal wünschte, und zwar bittesehr ein E-Journal. Es wurde das *Journal of Molecular Modeling* gegründet. Dann aber darbte dies dahin, denn die molekularen Modellierer schickten ihre besseren Forschungsberichte lieber an traditionelle P-Journals. Sie wollten sichergehen, dass die unter ihrem Namen veröffentlichten Ergebnisse auch nach fünf oder zehn Jahren noch unverändert auffindbar sein würden. Das wurde schlagartig anders, als der Verlag ihnen versprach, am Ende jedes Jahres die gesammelten Beiträge auch als gedruckten Band herauszugeben. Schon der zweite Jahresband wurde daraufhin dreimal so dick wie der erste.

Im Frühjahr 1999 – kurz nach der Einführung elektronischer und papierener Parallelpublikationen – erkundigte sich die Max-Planck-Gesellschaft bei ihren Wissenschaftlern, ob sie Forschungsliteratur lieber auf Papier oder elektronisch beziehen würden. Nur etwa 15 Prozent von ihnen waren bereit, auf E-Journals zu verzichten; auf P-Journals verzichten wollten aber auch nicht viele mehr, etwa 20 Prozent. Das heißt, die große Mehrheit wollte unbedingt beides. Insgesamt überwogen in den Augen der Forscher die Vorteile der E-Publikation: vor allem der direkte Zugriff vom Arbeitsplatz aus, die jederzeitige Verfügbarkeit und die Möglichkeit des Downloads. Als Nachteile sahen sie: die Netzabhängigkeit, die Unvollständigkeit vieler digitalisierter Fachzeitschriften

– vor allem aber die Unsicherheit des Langzeitzugriffs, das Fehlen einer Archivierungsgarantie. Auch hier zeigte sich also, dass die Unbeständigkeit der elektronischen Dokumente deren größtes Problem darstellt. Hätte die MPG gefragt, ob die Wissenschaftler bereit wären, bei ihren eigenen Aufsätzen auf die Papierpublikation zu verzichten, hätte sie höchstwahrscheinlich von der großen Mehrheit ein entrüstetes Nein zu hören bekommen.

Steven Harnad, langjähriger, viel bewunderter Herausgeber eines mit Recht berühmten P-Journals, *Behavioral and Brain Sciences*, der seit Jahren für das elektronische Publizieren wirbt und selber eine elektronische Zeitschrift publiziert, *Psycoloquy**, ist der Meinung, die zögerliche Akzeptanz elektronischer Zeitschriften habe allein den Grund, dass die Menschen sich nicht gern von ihren alten Gewohnheiten trennen. »Dabei wäre doch nichts einfacher und natürlicher … als gemeinsam Vorsorge für das ständige systematische Heraufladen und die [technische] Aktualisierung [unserer intellektuellen Güter] zu tragen … Bits sind schließlich Bits und leichter auf einen anderen Träger zu kopieren als Tintenkleckse.« Die Langzeiterhaltung digitaler Information ist jedoch nicht nur ein technisches Problem. Ehe sich Vertrauen in ihre Langlebigkeit entwickelt, braucht es Instanzen, die für ihre Erhaltung verantwortlich sind und denen selber Beständigkeit zugetraut wird. Solange sie nicht da sind und ihre Verlässlichkeit bewiesen haben, wird der Abschied vom Buchdruck nicht stattfinden. Psychische Gründe sind es vielleicht wirklich, aber nicht so sehr die blinde Anhänglichkeit an liebgewonnenen Gewohnheiten als vielmehr die tägliche Erfahrung beim Surfen im Web. Der Alltagszustand digitaler Information im Internet ist nicht so beschaffen, dass jemand Vertrauen in ihre Dauerhaftigkeit fassen könnte.

Selbst Paul Ginsparg, der Erfinder des *Physics archive* (heute *arXiv**), der das gesamte Publikationswesen der Physik umgekrempelt hat und den endgültigen Triumph der elektronischen

Publikation für unvermeidlich hält und nur nicht weiß, wann es so weit sein wird, findet warnende Worte: »Wir sollten uns der Risiken bewusst sein, die Autoren auf sich nähmen, welche voreilig ermuntert würden, die ›in dünne Scheiben aus zerschliffenem Baumholz eingedrungenen Chemikalien‹ zugunsten eines rein elektronischen Archivformats aufzugeben. Es gehört eine gewisse irrationale Zuversicht dazu, das zu tun; schließlich hat immer noch manchmal jemand das Glück, einen Aufsatz zu schreiben, den andere auch in einem Jahrhundert noch lesenswert finden könnten. Das physische Format, für das ein weltweites System institutioneller Bibliotheken als ein vielfach redundantes verteiltes Archiv fungiert, hat sich über Jahrhunderte hinweg als so robust erwiesen, dass nur eine globale Katastrophe ihm etwas anhaben könnte (in welchem Fall wir wahrscheinlich dringendere Sorgen hätten). Keines der heutigen elektronischen Formate hat eine ähnliche Langlebigkeit unter Beweis gestellt – aus dem einfachen Grund, dass es sie alle erst seit etwas mehr als einem Jahrzehnt gibt. Wenige behaupten zu wissen, welches elektronische Format in hundert Jahren angesagt sein wird, aber ich will einen Besen fressen, wenn es TeX, PostScript, PDF, Microsoft Word oder eines der anderen heutigen Formate ist. Andererseits ist das kein prinzipielles Problem und vielleicht werden sich die Wissenschaftler am Ende auf die logistische Hilfe künftiger Bibliothekare in ihrer Rolle als Archivare verlassen, die sie dringend benötigen: Genau wie gefährdetes Material auf zerfallendem saurem Papier heute auf Mikrofilm übertragen wird, sollte in Übergangsperioden der automatisierte Transfer in neuere und allgemeinere elektronische Formate immer möglich sein, vorausgesetzt, es ist das eingestandene Bedürfnis da, unsere lebenden Forschungsarchive nicht zu Datenfriedhöfen werden zu lassen.«

Das erste E-Journal wurde schon 1987 gegründet, *New Horizons in Adult Education*. In schlichtester Form – auf Anforderung konnte man sich seine Aufsätze als E-Mails zuschicken lassen –

existierte es bis 1996. Aber dann kam es eine ganze Weile eben nicht zur erwarteten Explosion der Idee des E-Journals. Es gab einige, aber sie waren im Netz nicht leicht zu finden und schon wegen des proteischen und oft ephemeren Charakters vieler Web-Publikationen nicht leicht zu zählen. »Nichtreferierte« E-Journals, in denen jeder ungeprüft alles verbreiten kann, gehörten von vornherein nicht so recht dazu. Eine Erhebung spürte 1991 sieben referierte E-Journals auf, 15 im Jahr 1992, 32 im Jahr 1993, und 1994 waren es 75. Wie eine Erhebung 1995 ergab, wurden die rein elektronischen Zeitschriften bis dahin allesamt auch nur sehr wenig zitiert. Was nichts anderes heißt, als dass sie von den Fachkollegen auch nur wenig beachtet wurden. Das ging selbst dem E-Journal nicht anders, das diese Erhebung publizierte, *Psycoloquy*★, 1990 von Steven Harnad gegründet, der dafür plädierte und plädiert, dass die kleinen, geschlossenen, »exotischen« Fächer ganz zu (referierten) E-Journals übergehen mögen, notfalls auf eigene Kosten. Selbst *Postmodern Culture*★ aus Virginia, das Feinste vom Feinen für jeden Intellektuellen, der sich selbst als Intellektuellen bezeichnet, der Ort für die poststrukturalistisch-dekonstruktivistische Kulturtheorie der Saison mit seinen Nicht-mehr-bloß-Texten: kaum zitiert, kaum Impact.

Es gab zwei bemerkenswerte Ausnahmen. Die Mathematik hat sich, mit inzwischen über dreißig E-Journals (viele aber mit papierenen Parallelausgaben), früh auf die elektronische Publikation umgestellt. Die andere ist das bereits erwähnte, 1991 von Paul Ginsparg an den Los Alamos National Laboratories gegründete *Physics archive* (heute *arXiv*★). Ursprünglich wollte Ginsparg, bei der Langsamkeit der Zeitschriften, die für die mit Lichtgeschwindigkeit operierenden Physiker besonders deprimierend war, nur seinen neugierigen Kollegen auf elektronischem Weg frühzeitig Preprints zugänglich machen. Daraus hat sich mit den Jahren eine unverzichtbare zentrale Datenbank für die gesamte Forschungsliteratur der Physik entwickelt, mit zweihundert neuen

Beiträgen im Monat und weit über hunderttausend Zugriffen täglich.

Ab 1997 begann sich das Bild zu ändern, aber anders als erwartet. Die großen Wissenschaftsverlage begannen mit papierenen und elektronischen Parallelausgaben. So hatten die Befürworter des elektronischen Publizierens nicht gewettet. Sie meinten, das Papier verursache Zeitverluste und Kosten, die sich bei der immer angespannteren Etatlage der Forschungsbibliotheken nicht mehr verantworten ließen – und die Schraube (höhere Preise, kleinere Auflagen, noch höhere Preise, noch kleinere Auflagen) werde notwendig eines nicht fernen Tages überdreht sein und das ganze schwerfällige und teure System zum Einsturz bringen. Seit 1998 sind die elektronischen Zeitschriften da, aber die papierenen auch noch und alles wird noch teurer.

Die papierenen Parallelausgaben werden vorläufig weiterbestehen, mindestens noch zehn Jahre lang. Die wirkliche Ablösung des Papiers wird erst beginnen, wenn zwei Probleme gelöst sind: zum einen die Beurkundung und dauerhafte Archivierung, zum andern die Kosten.

Das ist natürlich längst bloße Sage: »Der möglichst freizügige Zugang zu jeglicher Information ist fester Bestandteil der Internet-Kultur.« (Grötschel) In Wahrheit ist das Internet schon lange keine öffentliche Parkanlage mehr, wo jeder sich überall tummeln kann. Überall stehen Zäune, die Unbefugte aussperren; überall stehen Kassen an den Eingängen. Schon 1992 schrieb der Softwarepionier Raymond Kurzweil: »... wir müssen uns sehr bald dem Gedanken anbequemen, dass auch unkörperliches Wissen einen Wert darstellt. Sonst wird nämlich kein Wissen von Wert geschaffen werden ... Wir brauchen den gesellschaftlichen Konsens, dass wir für die von uns benutzte Information bezahlen, weil es sonst nämlich keine brauchbare Information mehr geben wird, die sich kaufen oder stehlen ließe.«

Alle frohgemut kostenlos gestarteten E-Journals sind irgendwann in Finanzprobleme geraten und mussten sich nach Subsidien umsehen. Sie mussten das Offensichtliche entdecken: Gute, verlässliche, nachhaltige Arbeit hat in jedem Medium ihren Preis, weil die meisten Menschen nur begrenzt imstande sind, sie ehrenamtlich zu leisten. Mit Sicherheit wird das kommende elektronische Informationszeitalter also nicht billig. Einen Vorgeschmack bekommt man, wenn man sich vor Augen hält, dass etwa das *Journal of the American Chemical Society* von Nichtabonnenten für den Zugriff auf jeden einzelnen Aufsatz 25 Dollar verlangt.

Bibliotheken abonnieren die elektronischen Journals, wie sie die P-Journals abonniert haben. Wie rechnen sie mit den Verlagen ab, was sie ihren Lesern in ihren elektronischen Bibliotheken bieten?

Wenn sich das Material auf einem körperlichen Träger befindet, etwa einer CD-ROM, so hat die Bibliothek in der Regel die Wahl zwischen mehreren Lizenzbedingungen. Am billigsten ist die Einzelplatzlizenz. Dann darf die CD nur auf einem einzigen Computerarbeitsplatz laufen. Teurer ist die Einzelplatznetzlizenz. Mit ihr darf die Bibliothek die CD zwar auf allen ihren Arbeitsplätzen anbieten, aber zu jeder Zeit nur jeweils einmal. Am teuersten ist die Mehrplatznetzlizenz. Eine Dreiplatzlizenz kostet etwa doppelt so viel wie eine Einzelplatzlizenz.

Die Online-Nutzung von Journals und anderen Datenbanken (ein E-Journal *ist* eine Datenbank) wird auf ähnliche Weise lizenziert. Die Bibliothek abonniert zum Beispiel eine elektronische Zeitschrift und erwirbt damit das Recht, aus ihrer eigenen Domäne heraus (also von allen Computern mit dem gleichen Domänennamen) bei dem Verlag oder in einem elektronischen Zeitschriftenarchiv auf diese Zeitschrift beliebig zugreifen zu können. Dann wird die Zeitschrift für die betreffende Domäne »freigeschaltet«. Von zu Hause aus kommt der Student an die von seiner Hochschulbibliothek abonnierten elektronischen Zeitschriften nicht heran. Das Online-Abo funktioniert wie ein Zeitschriften-Abo und hat sich in den wenigen Jahren der Erprobung eingespielt.

Eine Neuerung gegenüber dem gewohnten Zeitschriftenabonnement stellt die Konsortiallizenz dar, die in kurzer Zeit Schule gemacht hat: Eine Gruppe von Bibliotheken oder Instituten tut sich zusammen und abonniert für alle, was die Mitglieder bisher jedes für sich abonniert hatten. Die Mitgliedsbibliotheken eines solchen Konsortiums gewinnen dabei bestimmt, denn jetzt hat jede von ihnen Zugriff auch auf die eine oder andere Zeitschrift, die sie früher nicht selber abonniert hatte. Ob es ein Nullsummenspiel auf Kosten der Verlage ist, bei dem diese entsprechend verlieren, hängt vom Blickwinkel ab. Die Bibliotheken werden sagen, dass bei ihnen eben nicht mehr zu holen ist, weil die zur Verfügung stehenden Mittel gleich bleiben, egal welche Art von Lizenzverträgen sie schließen; die Verlage werden argwöhnen, dass die Bibliotheken einzeln vielleicht doch mehr Mittel locker gemacht hätten.

Von den meisten wissenschaftlichen Fachzeitschriften gibt es inzwischen parallele Papier- und Online-Fassungen. Ihr Preis ist der gleiche; wer beide will, zahlt einen Aufschlag von 10 bis 30 Prozent auf das Grundabonnement. Dass die Bibliotheken, wenn sie es sich mit ihren Benutzern nicht verscherzen wollen, zusätzlich zu der Papierfassung jetzt auch die Online-Fassung abonnieren müssen, treibt die fatale Spirale von Kostensteigerungen und Abonnementskündigungen weiter an. Begnügten sie sich aber damit, allein die elektronische Fassung zu abonnieren, so würde das Abonnieren für sie zwar nicht teurer, aber sie stünden vor einem zusätzlichen Problem. Sie haben ja auch einen Sammelauftrag: zu verwahren, was sie erworben haben. Im Falle der elektronischen Zeitschriften erwerben sie eine Zugangslizenz und sonst nichts. Wenn sie ein Papierabonnement kündigen, bleiben ihnen immerhin die angeschafften Hefte und Bände. Wenn sie ein elektronisches Abonnement kündigen, bleibt ihnen nichts. Solange die Frage der Langzeitkonservierung digitaler Information nicht gelöst ist, dürfte darum ein Zeitschriftenverlag nicht nur Zugangsrechte zu seinen Servern vergeben; er müsste auch dafür sorgen, dass weniger flüchtige, körperliche Exemplare in ausreichender Zahl – ob auf Papier oder CD-ROM – an mehreren Orten archiviert werden. Darum werden über kurz oder lang wohl nicht zwei Fassungen parallel abonniert werden müssen. Es wird eine Fassung abonniert werden, die elektronische, die zur laufenden Benutzung bestimmt ist, und die abonnierenden Bibliotheken müssen davon eine Archivkopie wahlweise auf Papier oder CD-ROM erhalten.

Das Lizenzierungssystem, wie es heute praktiziert wird, wird auch in anderer Hinsicht nicht das letzte Wort sein. Es ist viel zu eng an der gedruckten Zeitschrift orientiert. Die periodische Bündelung einzelner Beiträge zu Heften und deren Bindung zu Jahrgängen, in denen dann das Register steht wie am Ende eines Buches, verdankt sich ganz und gar den Gegebenheiten der Buchdruckära. Es wäre sehr unpraktisch gewesen, jeden Aufsatz einzeln zu drucken und zu vertreiben – oder mit dem Druck zu warten, bis sich ein ganzes Buch angesammelt hätte. Gelesen werden die Zeitschriften aber nicht gemäß dieser doppelten Bündelung. Unter den Lesern einer Zeitschrift braucht niemand jemals den ganzen Jahrgang, die meisten nicht einmal ein ganzes Heft. Sie wollen jedesmal nur einen ganz bestimmten Aufsatz und nehmen den ganzen Rest wohl oder übel in Kauf. Beim elektronischen Publizieren dagegen entfiele eigentlich jeder Bündelungszwang. Die Aufsätze könnten so einzeln publiziert werden, wie sie tatsächlich genutzt werden. Die Academic Press hat begonnen, sich auf diese neue Gegebenheit einzustellen, und veröffentlicht einige ihrer vielen E-Journals nicht mehr heft-, sondern artikelweise.

Über kurz oder lang werden angesichts solcher Veränderungen auch neue Geschäftsmodelle gefunden werden müssen. Das starre

Abonnementssystem wird von einem flexiblen Pay-per-View-System abgelöst oder zumindest um starke Pay-per-View-Komponenten ergänzt werden. Pay-per-View heißt: Es werden nicht Zugangsrechte zu ganzen Zeitschriftenjahrgängen erworben, sondern einzelne Zugriffe bezahlt. Nicht fünftausend Euro für eine einjährige Mehrplatznetzlizenz, sondern fünf Euro pro Zugriff, wenn die betreffende Zeitschrift im Jahr durchschnittlich tausend Zugriffe verzeichnet. Letztlich müssten dann überhaupt keine bestimmten Zeitschriften mehr abonniert werden; stattdessen würde die Bibliothek einem Verlag eine bestimmte Zahl von Zugriffen zu der Datenbank aller seiner Artikel abkaufen; der Zeitschriftenname bei jedem Artikel bedeutete nur noch ein Markenetikett, welches bescheinigte, dass der betreffende Aufsatz von einem bestimmten Herausgeberstab nach bestimmten Qualitätskriterien zur Publikation freigegeben wurde. Die einzeln publizierten Aufsätze der Academic Press kann man auch einzeln online beziehen: Eine vierundzwanzig Stunden geltende Zugriffslizenz kostet 35 Dollar pro Aufsatz. Ein aussichtsreicheres Geschäftsmodell, das bereits mit Erfolg praktiziert wird, besteht darin, dass eine Bibliothek zusätzlich zu den unbeschränkten Zugangsrechten zu einzelnen Zeitschriften eine bestimmte Zahl von Zugriffen zu den nichtabonnierten Zeitschriften eines Verlags erwirbt.

Eine durchgehende Pay-per-View-Kalkulation fiel beiden Seiten schwer, solange das Nutzerverhalten unbekannt war und sich beim besten Willen nicht beziffern ließ, was der einzelne Zugriff zu kosten hätte. Bibliotheken hatten immer nur sehr nebelhafte Vorstellungen davon, wie intensiv die abonnierten Zeitschriften in ihren Regalen gelesen wurden. Sie hätten kaum feststellen können, ob die kleineren, abseitigeren Zeitschriften überhaupt je gelesen wurden. Bei Online-Zugriffen wird jetzt automatisch mitgezählt und das Nutzerverhalten könnte offener zutage liegen denn je, würden all die anfallenden Log-Daten ausgewertet. Damit ist Pay-per-View im Prinzip kalkulierbar geworden.

Es ist die Voraussetzung, um eine andere Möglichkeit zu nutzen, die in der elektronischen Publikation schlummert: die Verlinkung der wissenschaftlichen Information. Im Abonnementsystem ist es sinnlos, in einem Aufsatz Links auf andere Zeitschriften zu setzen. Wer ihnen nachginge, müsste immer mit dem Schild »Zugriff für Unbefugte verboten« rechnen, das erschiene, wenn die Domäne, von der aus er liest, auf die gelinkte Datenbank nicht abonniert ist. Diese Schranken könnten erstmals entfallen. »*Der* Jahrgang ist gerade zum Binden«, »*Die* Zeitschrift hat die Bibliothek nicht abonniert«, »Für *den* Artikel haben wir nur eine Einzelplatzlizenz«, »Ihr Passwort stimmt nicht« – solche Auskünfte müsste es dann nicht mehr geben.

Die ganze wissenschaftliche Information würde dann zu einem einzigen großen Pool, aus dem sich jeder zwar nicht kostenlos, aber frei nach Bedarf bedienen kann. Es entspräche dem prozesshaften und kollektiven Wesen der Wissenschaften mehr als die gegenwärtige Parzellierung.

Der OPAC und seine Tücken

Katalogrecherche auf die neue Art

Jede Bibliotheksbenutzung beginnt mit der Katalogrecherche, gleich ob es eine herkömmliche Bibliothek ist oder eine elektronische und ob ihre Sammlungen geknüpft oder geritzt oder gedruckt oder digitalisiert sind. Und eben auf dem Gebiet der Katalogrecherche haben sich in den vergangenen zehn Jahren Änderungen vollzogen, die das Attribut revolutionär verdienen. Es schien immer so langsam voranzugehen – doch die vielen mühsamen kleinen Schritte addierten sich und dann war alles ganz anders. Selbst informierte Zeitgenossen haben es oft gar nicht recht mitbekommen.

Wer eine größere wissenschaftliche Bibliothek betritt, ohne zu wissen, was ein OPAC ist (ein *Online Public Access Catalog*) und wie man ihn handhabt, hat dort schon seit Jahren eigentlich nichts mehr zu suchen, im Wortsinn – er findet dort nichts mehr. Wer aber damit umzugehen versteht, kann sich den Gang in die Bibliothek in vielen Fällen sparen und schon an seinem Arbeitsplatz oder zu Hause online ermitteln, wo das gesuchte Werk steht – in der lokalen UB oder doch nur in Houston, Texas. Am Anfang größerer Forschungsvorhaben, vor allem geistes- und sozialwissenschaftlichen und historischen, stand jahrhundertelang die obligate Bibliotheksreise. Sie ist heute in vielen Fällen überflüssig. Die Sache lässt sich am eigenen Schreibtisch erledigen.

Jede Bibliothek ist nur so gut wie ihre Kataloge. Sie könnte noch so einmalige Bücherschätze besitzen – ohne Kataloge, die sie erschließen und genau zu der Stelle in den Regalen führen, wo sie stehen, wären sie so gut wie nichtexistent. Seit Mitte der siebziger Jahre erfassen immer mehr Bibliotheken ihre Neuzugänge in maschinenlesbarer Form. Fast alle Kataloge haben diesen einen großen Bruch: Irgendwann endet der alte Zettelkatalog, so wie ein Dreivierteljahrhundert früher die alten Bandkataloge endeten, und es beginnt ein neuer, mit maschinenlesbaren Daten, bis Mitte der achtziger Jahre dem Benutzer meist in Form von Mikrofiches, dann immer öfter als OPAC auf dem Bildschirm dargeboten. Wer eine Bibliothek erstmals betritt, kann nie mehr im Voraus wissen, ab wann welche ihrer Bestände in welchem Katalog verzeichnet sind.

Die OPACs sind in zunehmendem Maße auch online zugänglich, von jedem Computer mit Web-Anschluss aus. Damit verflüchtigt sich die Geographie. Was irgendwo »im Netz« ist, kann von jedem anderen Ort aus gesichtet werden.

Manche Bibliotheken haben sich auch die Mühe zugemutet, ihre alten Kataloge rückwirkend teilweise oder sogar komplett in maschinenlesbare Form zu überführen, zu »retrokonvertieren«. Eine aufwendige Mühe, denn die Umwandlung einer guten Katalogkarte – also einer, die alle erforderlichen Angaben enthält – in einen computergerechten Normdatensatz kostet immer noch um die sieben Mark. Wird eine »Autopsie«, eine persönliche prüfende »Inaugenscheinnahme« des betreffenden Werkes nötig, erhöhen sich die Kosten leicht auf über zwanzig Mark, während sie unter zwei Mark sinken, wenn das Werk schon in irgendeinem Maschinenkatalog richtig verzeichnet ist und die Bibliothek auf dessen Titelsätze zurückgreifen kann.

Die Deutsche Bibliothek* in Frankfurt, die seit ihrer Gründung 1946 auftragsgemäß alle deutschsprachigen Veröffentlichungen sammelt und seit 1990 institutionell mit der Deutschen Bücherei in Leipzig vereint ist, die das gleiche schon seit 1913 tut, hat ihren gesamten Katalog in computergerechte Datensätze verwandelt, die Deutsche Bücherei* Leipzig knapp ein Drittel. Beide OPACs stehen seit 1995 im Web, für jedermann frei zugänglich. Das heißt, jeder kann heute jede deutsche Publikation seit 1990, jede westdeutsche seit 1946 und immerhin einen Teil der älteren Literatur des zwanzigsten Jahrhunderts online genauestens bibliographieren. Da die Titel der Deutschen Bibliothek auch sachlich erschlossen sind, »verschlagwortet«, ist ihr OPAC gleichzeitig ein riesiger Sachkatalog. Bei jedem erdenklichen Thema lässt sich heute somit online ermitteln, welche deutschsprachigen Bücher es dazu gibt, für die letzten Jahre mit fast hundertprozentiger Sicherheit. (Zur Illustration: Ein Schlagwort wie »Rechtsradikalismus« bringt 96 Treffer, »Rauchen« 410, »Rechtschreibung« 2 837.)

Hat man dort gefunden, was man sucht, so weiß man: Das gibt es tatsächlich, es heißt so und so und es steht leibhaftig in den Frankfurter Kellern oder im Leipziger Turm, unausleihbar natürlich. Aber muss man nun auf Bibliotheksreise gehen, eine Etappe zumindest nahezu jeder größeren geistes- oder sozialwissenschaftlichen Forschungsarbeit? Wo sonst steht es noch?

Die wichtigsten wissenschaftlichen Bibliotheken haben sich schon vor einiger Zeit zu regionalen Verbundkatalogen zusammengetan, und diese wachsen. Seit einiger Zeit stehen sie im Netz und seit 1995 lassen sie sich über einen einzigen Website abfragen, den *Karlsruher Virtuellen Katalog**, sozusagen eine Metasuchmaschine der Verbundkataloge, die einen zu allen durchschaltet. So lässt sich die Katalogrecherche per Web-OPAC heute fast flächendeckend vornehmen.

Besonders dringend stellt sich die Frage »Wo?« bei den Fachzeitschriften, von denen in ganz Deutschland oft nur wenige Exemplare vorhanden sind und bei denen außerdem immer noch bekannt sein muss, welche Bibliothek welche Jahrgänge besitzt. Für diesen Zweck gibt es die *Zeitschriftendatenbank**. Sie und sie allein weist einen heute zu über eine Million Zeitschriftentiteln in viertausend deutschen Bibliotheken und sie ist auch online abfragbar. *subito** ist der 1997 ins Leben gerufene Dokumentlieferdienst von vorerst siebzehn großen deutschen wissenschaftlichen Bibliotheken. Über *subito* kann man online von jedem Computer aus einen

Aufsatz aus einer Fachzeitschrift bestellen; er wird innerhalb von drei Tagen per E-Mail, Fax oder Post zugeschickt, für fünf bis zehn Mark pro zwanzig Seiten.

Mit 8,7 Millionen Büchern ist die Staatsbibliothek* zu Berlin die größte deutsche Universalbibliothek und die einzige, die in der Liga der großen Nationalbibliotheken der Welt mitspielt, angeführt von der Library of Congress* in Washington, der British Library* in London, der Bibliothèque nationale* in Paris, deren Kataloge zu einem großen Teil online zugänglich sind (der der British Library allerdings nicht frei für jedermann), sowie der Russischen Staatsbibliothek in Moskau und der Russischen Nationalbibliothek in St. Petersburg. Die Moskauer Bibliothek ist nach der reinen Bücherzahl die zweitgrößte Bibliothek der Welt, aber im Netz vorläufig nicht zu erwarten. Einen eigenen Web-OPAC hat die Staatsbibliothek Berlin erst seit 2001 und eine eigene Homepage erst seit 1998; was sich im Netz bis dahin als solche darbot, war in Wirklichkeit eine hübsche informationswissenschaftliche Seminararbeit der Freien Universität. Die Bibliothek ist entschuldigt – sie hatte und hat mit der Vereinigung ihrer beiden Häuser Ost und West viel zu tun und muss beim Zusammentragen ihrer alten Kataloge immer erst klären, ob eins ihrer alten Bücher den Krieg und die Auslagerung überstanden hat (fast eine Million sind verschollen) und an welchem Standort es gelandet ist. Bedauerlich war die mangelnde Online-Präsenz dennoch. Wie viele auswärtige Anfragen ins Leere gestoßen sein müssen, kann man ermessen, wenn man sich vor Augen hält, dass die Library of Congress zu Beginn ihrer elektronischen Ära Anfang 1995 täglich 12 000 Netzbesuche hatte und 2000 schon über 700 000.

Die Ausdehnung der OPACs in die Vergangenheit und in die Weite, bis sie ganze Länder, ganze Kontinente und dann die ganze Welt umspannen, ist aber nur das Eine. Sie müssen auch in die Tiefe ausgedehnt werden, und da sieht es viel trüber aus.

Man kann nämlich nach wie vor nie wissen, ob ein Werk, das man in den fabelhaften, riesigen, raumumspannenden OPACs nicht findet, tatsächlich nirgends vorhanden ist. Vielleicht steht es durchaus irgendwo, vielleicht sogar in der Bibliothek um die Ecke, und ist nur bisher nicht maschinenlesbar katalogisiert.

Beispiel Hamburg: Seine Staats- und Universitätsbibliothek* verbrannte 1943 bei einem Bombenangriff vollständig, mitsamt den Katalogen; nur kleine Reste blieben übrig. Sehr früh, schon 1974, begann sie ihre Neuzugänge maschinenlesbar zu katalogisieren und sehr früh wartete sie mit einem brauchbaren OPAC auf. Er enthält mittlerweile 2,7 Millionen Titelsätze; etwa 900 000 Werke aus der Zeit vor dem Trennjahr 1974 aber verzeichnet er noch nicht. In 115 Fach- und Unterbibliotheken der Universität Hamburg stehen, über die ganze Stadt verstreut, noch einmal 3,4 Millionen Bücher und Zeitschriften. Ein großer Teil von ihnen ist nur in den alten Zettelkatalogen der betreffenden Institute und Seminare verzeichnet. Über den OPAC lassen sich also nur 2,8 von den 6,2 Millionen Büchern finden, die auf dem Campus Universität Hamburg tatsächlich vorhanden sind. Langsam arbeitet sich der elektronische Katalog in die Altbestände vor, teilweise nach dem Prinzip R-o-D, Retrodigitization-on-Demand: Wann immer ein Benutzer ein Buch im alten Zettelkatalog gefunden hat und bestellt, wandert sein Bestellschein zunächst durch eine Erfassungsstelle, die seine Titeldaten in den elektronischen Katalog aufnimmt. Zwischen 1998 und 2000 wurden so zweihunderttausend Titel retrokonvertiert. Wenn die Mittel dafür nicht gestrichen werden – in Zeiten der Sparauflagen kürzt eine Bibliothek verständlicherweise lieber bei der Bestandserschließung als bei den Neuerwerbungen –, sind um 2005 der gesamte alte alphabetische Katalog und die noch handgeschriebenen Realkataloge im OPAC.

Allerdings nicht die der kleineren Fachbibliotheken, die keinerlei Mittel für die Retrokonversion haben. Manche Kataloge dort sind in einem so unbeschreiblichen Zustand, dass eine Retrokonversion gar nicht möglich wäre und der Bestand komplett neu katalogisiert werden müsste. Eher wird es die Große Virtuelle Weltbibliothek geben, als dass jemand in der Seminarbibliothek Soundso auf die Leiter steigt, um die alten Bände ganz oben aus den Regalen zu entstauben und neu zu katalogisieren.

Die auf unvorhersehbare Weise unvollständige digitale Retrokatalogisierung ist für den Benutzer das größte Problem der OPACs. Viele alte Titel findet er nirgends und er kann nicht beurteilen, ob er sie darum nicht findet, weil sie noch nicht den Weg in einen elektronischen Katalog gefunden haben, oder weil sie tatsächlich nirgends vorhanden sind. Er schätzt besonders jene Verbundkataloge, die schon tief in die Vergangenheit vorgedrungen sind, den baden-württembergischen, den nordrhein-westfälischen, den bayerischen (trotz dessen großer Zeitlücke). Mit manchen Suchanfragen wird er sich sogar bei älteren deutschen Büchern lieber gleich an eine große amerikanische Bibliothek wenden, deren Bestände vollständig im OPAC stehen, vor allem an die Library of Congress* oder das kalifornische Bibliothekssystem Melvyl*.

So große Fortschritte die Computerisierung bei der Katalogrecherche in den letzten Jahren auch gebracht hat, das Hauptversprechen bleibt darum nach wie vor uneingelöst. Lange wurde diskutiert, was besser sei: wenige große Zentralbibliotheken oder viele kleine Spezialbibliotheken. Alle neu gegründeten Hochschulen mussten sich diese Frage stellen und haben sie so oder so beantwortet. Wo über die Jahrzehnte oder Jahrhunderte gewachsene Fachbibliotheken bestehen, ist die Frage meist von vornherein theoretisch. Existierende große Bibliotheken lassen sich nur mit maßlosem Aufwand zusammenlegen. Das enorme Anwachsen der wissenschaftlichen Literatur bei gleichzeitig schrumpfenden Bibliotheksetats führt jedoch sowieso dazu, dass sich die Druckwerke immer weiter über die Bibliotheken verteilen. Manche biomedizinische Zeitschrift gibt es in Deutschland eben nur noch einmal, und wenn es bei Schering in Berlin ist, hat man Pech gehabt, denn diese Firmenbibliothek ist nicht frei zugänglich. Keine Bibliothek der Welt kann je wieder mit dem Anspruch antreten, alles zu sammeln; die Ausschnitte, die jede sammelt, werden, am großen Ganzen der Literatur gemessen, zwangsläufig immer schmaler. In der Realität also hat sich die gedruckte Literatur in zunehmendem Maße verstreut und wird sich in Zukunft noch weiter zerstreuen. Entsprechend wird es immer schwieriger, ein bestimmtes Werk aufzuspüren und dann auch physisch zu Gesicht zu bekommen.

Einzig die großen elektronischen Verbundkataloge könnten dieses Dilemma lösen. Solange sie den Benutzer aber nur zu einem Teil der in ihrem Einzugsbereich tatsächlich gesammelten Bücher weisen können, bleibt das Problem bestehen.

Menschen habe ihre Not mit großen Zahlen. Alles jenseits einiger Tausend bedeutet ihnen einerlei: sehr viel. Ob sich zehntausend oder eine Million Raver versammelt haben, könnte kraft eigenen Augenscheins niemand sagen. Was bedeutet das: eine Million Bücher, eine Million Katalogdaten? Eine Million Bücher bedeuten eine Reihe von dreißig Kilometer Länge. Die Chance, darin irgendein bestimmtes Buch zu finden, ohne dass einen ein Wegweiser, sprich Katalog, punktgenau zu seinem Standort führt, wäre praktisch gleich null. Der letzte gedruckte Katalog der British Library* entstand 1973. Seine 18 Millionen Titel füllten 366 große Bände à fünfhundert Seiten. Der größte Verbundkatalog der Welt, der online *WorldCat* genannte *Union Catalog* des OCLC* (zugänglich nur für deren 40 000 Mitgliedsbibliotheken in 76 Ländern), würde gedruckt also 935 solche Bände füllen und mit zwei Millionen Neuzugängen jedes Jahr vierzig mehr.

Keine Bibliothek der Welt könnte solche Kataloge mehr erwerben und aufstellen. Darum ist die Elektrifizierung der Kataloge kein neumodischer technischer Schnickschnack, der einigen

Leuten, die es viel zu eilig haben, ihr Leben etwas bequemer macht. Sie muss sein.

Ein Katalog ist kein Kinderspiel und ein Online-Katalog ist es noch weniger. Das Katalogisieren ist ein solides und etwas trockenes Handwerk, die Anwendung verwinkelter starrer Regeln auf einen proteischen Gegenstand. Ein und dasselbe Werk kann auf seiner maßgeblichen Impressumseite verschieden beschrieben sein: Titel, Untertitel, Serientitel, Verlag, Verlagsort können mit den Auflagen und Ausgaben wechseln, Autoren-, Herausgeber- und Übersetzernamen können hinzugefügt oder getilgt werden und vieles kann einfach anders geschrieben sein. Diese lebendige Vielfalt wird beim Katalogisieren trotz aller strengen Regeln nicht immer absolut gleich erfasst; auch haben nicht überall und immer die gleichen Regeln geherrscht.

Bei der Retrokonversion alter Kataloge in neue Normdatensätze kann es also gar nicht ausbleiben, dass manchmal für ein und dasselbe Werk mehrere Datensätze entstehen. Überhaupt ist dem Unsinn, der bei jeder automatischen Transformation herauskommen kann, keine Grenze gesetzt. Für den Computer, der auf Ausdrücklichkeit und Eindeutigkeit angewiesen ist und nicht die Flexibilität des menschlichen Gehirns besitzt, meint ein Datensatz, der nicht bis zum letzten Komma mit einem anderen übereinstimmt, ein anderes Werk. Ist das Buch X ein anderes als Y, weil sein Autor in dem einen Altkatalog »Tschechow« heißt und unter T steht, in dem andern »Čechov«, unter Č? Weil der eine einen Reihentitel erwähnt, von dem der andere nichts weiß? Weil der eine seine Höhe mit 21 Zentimetern angibt, der andere mit 22? Weil ein zerstreuter Bibliothekar bei der Titelaufnahme den Verlagsnamen »Rowohlt« aus Versehen »Rohwolt« geschrieben hatte? Das menschliche Gehirn kann mit solchen Diskrepanzen flexibel umgehen, da es imstande ist, wichtige Abweichungen von unwichtigen zu unterscheiden und die unwichtigen zu ignorieren.

Es erkennt sofort: Gemessen an den Übereinstimmungen sind die Abweichungen so geringfügig, dass nur dasselbe Buch gemeint sein kann. Der Computer erkennt es nicht und muss zwei Datensätze anlegen. Sind das nun zwei verschiedene Werke? Wirklich entscheiden könnte es nur ein Bibliothekar, der beide vor sich hat und untersucht, ein Fall, der bei der Retrokonversion alter Kataloge so gut wie nie vorkommt. »Jedem ›richtigen‹ Bibliothekar zerreißt es natürlich eigentlich das Herz«, schrieb Monika Brazda, die an der von der Deutschen Forschungsgemeinschaft geförderten Retrokonversion des nordrhein-westfälischen Zentralkatalogs – 6,5 Millionen Katalogkarten – beteiligt war, »denn das bibliothekarische Gewissen verlangt nach Genauigkeit, Korrektheit und Vollständigkeit der bibliographischen Beschreibung und manche Fragen kann man ohne das Buch in der Hand schlechterdings nicht beantworten. Die durch den Autopsieverzicht verursachten Defizite der bibliographischen Qualität werden ... aber bewusst in Kauf genommen ... Ohne Verzicht auf Autopsie [hätte] der finanzielle und der Arbeitsaufwand ... jeden Rahmen gesprengt. Schon 1988 wurde ... ein durchschnittlicher Preis von 131 DM pro Titelaufnahme errechnet, dagegen für ein reines Konversionsprojekt 5 DM.«

Je automatischer die analogen alten Kataloge in den digitalen Zustand überführt werden, desto mehr wimmelt es in den OPACs von Dubletten und anderem Unsinn. Als das amerikanische Online Computer Library Center OCLC* Anfang der neunziger Jahre seinen riesigen National Union Catalog mit Hilfe spezieller und teurer neuer Software auf Dubletten zu überprüfen begann, wuchs dieser nicht nur nicht mehr wie in der Zeit davor, sondern schrumpfte, und zwar stark, von 38,5 auf 33 Millionen Einträge. Die entfallenen Millionen waren Luft gewesen.

Der Benutzer, der nur schnell seinen Nachweis haben will, ahnt meist gar nicht, über welchen Bodensee er bei seiner Katalogrecherche reitet.

L10N wie Lokalisierung

Kosmopolitische Software für Nichtkosmopoliten

Ein echter Maharadscha, denke ich, als sich der imposante Herr in den Nebensitz herablässt: stattliche Figur, wallender Vollbart, Purpur-und-Safran, Turban. Es ist die Maschine nach Seattle, wo ich mich in den Sprachabteilungen der Firma Microsoft umhören möchte, und bald denke ich: Das trifft sich ja gut! Mein Sitznachbar ist nämlich kein Maharadscha, wie sich flugs herausstellt, sondern ein Unternehmer aus Bombay, Erzbergbau und Schiffe. Er muss jetzt noch nach New York, dann geht es zurück zu den Minen in Indien. Wo er in Deutschland war? In Walldorf. In Walldorf? Ja, Walldorf, weil seine Firmensoftware Zicken machte. Immer, wenn kritische Situationen auftraten und das System mehr und anderes als die üblichen Routinemeldungen von sich gab, verfiel sie in Deutsch und niemand in der Firma verstand dann mehr, was sie von ihm wollte. Dumme Sache. Lebensgefährlich sogar. Muss unbedingt schleunigst geändert werden. Welche aus dem Dutzend indischer Amtssprachen die Software denn sprechen sollte? Ach was, keine. Einfach normales Englisch.

Der Herr hatte ein Problem, und das macht der ganzen Softwareindustrie schwer zu schaffen. Seine Applikationen waren nicht gründlich genug auf ihre in anderen Kulturen und Sprachen beheimateten Anwender eingestellt, waren – mit dem Wort, das die Branche dafür hat – unzureichend »lokalisiert«.

Oft rentiert sich Software erst, wenn sie aus dem Lokalen ins Internationale vordringt. Im Prinzip steht dem nichts entgegen; Computer sehen sich überall gleich und funktionieren allerorten auf dieselbe Weise. Dass auf der ganzen Welt die gleiche Software benutzt wird und alle sich mit ihrer Hilfe im Raum eines gemeinsamen Computernetzes bewegen, ist heute wohl sogar das stärkste kulturelle Band, das die Menschheit eint. Diesem guten Werk der Völkerverständigung steht nur ein leidiger kleiner Umstand entgegen: dass auch die Computerwelt von Sprachgrenzen zerteilt wird.

Anfangs wurden diese Barrieren in der Eile des Gefechts übersehen und ignoriert. Wer schon länger am PC arbeitet, erinnert sich ungern an Programme meist amerikanischer Herkunft, die auf den ersten Blick fabelhaft schienen, sich aber dann doch als unbrauchbar erwiesen und auf dem Softwaremüll landeten, etwa weil ihnen kein ß abzutrotzen war oder nur ein griechisches Beta an seiner Statt. Ach, dachte man, β, macht nichts, sieht so ähnlich aus, hätte schlimmer kommen können; aber spätestens bei den freundlichen Grüβen des ersten Briefes dachte man: Nein, es geht doch nicht.

Erst sprach die Software sowieso nur Englisch, dann begann sie sich auch in anderen Sprachen zu äußern, aber wie! »Bearbeiten Sie Ihren Text oder unterbrechen Sie zum Hauptbefehlsmenü!« befahl Microsofts altes *Word* – aber was und wo war das Hauptbefehlsmenü? Und »unterbrechen zu«? Wer wird seine Daten einem Programm anvertrauen, das ihm als Erstes entgegenstammelt: »Kann keine arbeite in Windows DOS Session«? Unverkennbar war die Verdeutschung ein Nachgedanke gewesen und jemand, der der deutschen Sprache ferner stand, hatte nur eilends ein paar scheindeutsche Brocken auf den Bildschirm praktiziert, vielmehr gequetscht, denn oft passten sie einfach nicht hinein, und dann erschienen die kranken Wörter und Sätze auch noch verstümmelt.

Um 1990 begann der lange Abschied von dieser naiven Pionierphase und seither ist die Informationstechnologie einen weiten Weg gegangen. Das, was getan werden muss, um Software an andere Sprachen, Länder und Kulturen anzupassen, bekam einen Namen, eben »Lokalisierung«, in der Branche kurz L10N genannt, wegen der zehn Buchstaben zwischen dem L und dem N in *localization*. Schnell zeigte sich, dass es mühsam und teuer ist, den Code eines Programms nachträglich und ad hoc bald für diese, bald für jene Sprache umzuschreiben. Effizienter schien es, den Code von vornherein so zu gestalten, dass ihm später nur noch die verschiedenen einzelnen Sprach-»Ressourcen« übergestülpt zu werden brauchten, ohne ihn selber anzutasten. Das ist es, was man in der Softwarebranche unter »Internationalisierung« versteht, kurz I18N: die Trennung von Programmkörper und Sprachmantel. Heute kommt Software für den globalen Markt nur noch auf diese Weise internationalisiert zur Welt.

Was vor wenigen Jahren noch eine dilettantische Improvisation war, wurde durch systematische I18N und L10N zu einem professionellen Geschäft. Es bekam eigene Abteilungen in den Softwarefirmen, es wurde zum Gegenstand von Kongressen und zu einem eigenen Studienfach, es wuchs sich aus zu einer eigenen Industrie. Seitdem ist leider auch die frühere Heiterkeit von den Monitoren verschwunden.

Eine Industrie? Es wird geschätzt, dass Softwarefirmen mit grenzüberschreitenden Ambitionen heute für Internationalisierung und Lokalisierung bis zu zwanzigmal so viel aufwenden müssen wie für die eigentliche Programmentwicklung. 1996 wurden 600 Millionen Dollar für die Lokalisierung ausgegeben, im Jahr 2000 sollen es 2,4 Milliarden gewesen sein.

Beispiel *Word*. Es ist kein zufälliges Beispiel, und zwar darum, weil es zum einen als Textverarbeitungsprogramm äußerst sprachempfindlich ist und zum anderen in besonders vielen verschiedenen Sprachfassungen existiert, fünfunddreißig zurzeit. Immer mehr Konkurrenten sind ihm in den sechzehn Jahren seiner Geschichte, in der Computerzeitrechnung eine Ewigkeit, abhanden gekommen, so dass es de facto zum Standard geworden ist. Buchstäblich alle Welt schreibt mit *Word*.

Word entsteht in der Microsoft-Zentrale in Redmond und ist das Werk von vierunddreißig Programmierern und fünfzehn Programmmanagern. Mit seiner Lokalisierung sind in Redmond fünfzehn und weltweit vierhundert Mitarbeiter befasst: über achtmal so viele. Die Hauptarbeit der Lokalisierung aber, die Übersetzung der Dokumentationen und Hilfetexte, ist in dieser Rechnung noch gar nicht enthalten, denn sie wird nicht von Microsoft selbst gemacht, sondern als Fremdleistung dazugekauft von Übersetzungsagenturen in den verschiedenen Ländern.

Der Benutzer, der meist nur ein paar vereinzelte Wörter auf seinem Bildschirm sieht, ahnt gar nicht, wie viel Text in einem funktionsreichen Programm tatsächlich steckt. Bei *Word* enthält allein die Benutzeroberfläche, die ihre heimlichen Tiefen hat, etwa 70 000 Wörter – fast 250 Seiten. Alle seine Hilfetexte addieren sich zu 700 000 Wörtern – fast 2 500 Seiten. Da ein technischer Übersetzer am Tag rund 2 000 Wörter schafft, stecken in den 33 »outgesourceten« Sprachfassungen dieser Hilfetexte fast 12 000 Übersetzertagwerke.

Jede Sprachfassung erfordert den gleichen Aufwand, trägt zum kommerziellen Erfolg des ganzen Produkts aber sehr verschieden viel bei. 40 Prozent des Umsatzes bringt der *Office*-Suite, zu der *Word* gehört und die Microsofts Hauptprodukt ist, die amerikanische Fassung – nicht weil der amerikanische Markt so überproportional groß wäre, sondern weil sie als Einzige, neben den jeweiligen Länderfassungen, auf der gesamten Welt verkauft wird. An zweiter Stelle folgt die britische Fassung mit 20 Prozent. Die übrigen 40 Prozent entfallen auf nichtenglische Fassungen. Davon teilen sich Japanisch, Deutsch und Französisch (in dieser Reihenfolge) gut 20 Prozent, Spanisch, Italienisch, Holländisch, Portugiesisch (Brasilien), Schwedisch und Chinesisch (Festland und Taiwan) 17 Prozent. Die übrigen dreiundzwanzig Sprachfassungen müssen mit den letzten 3 Prozent vorlieb nehmen.

Deutsch ist also für Microsoft unter den nichtenglischen Sprachen keine nebensächliche. Bis es von Japanisch überrundet wurde, war es sogar die wichtigste. Japanisch und Deutsch spielen eine so große Rolle, dass Microsoft sie zu »Pilotsprachen« ernannt hat. Während alle anderen Sprachfassungen in den Zielregionen entstehen (die europäischen in Irland), werden die Pilotfassungen auf dem regenreichen Campus in Redmond selbst montiert.

Diese Ehre verdankt die deutsche Fassung nicht nur ihrer Marktstellung, sondern auch einem weniger schmeichelhaften Umstand: Deutsch hat nicht nur den *Ruf* einer besonders vertrackten Sprache, es ist aus der Sicht eines Softwareingenieurs tatsächlich eine. Deutsch ist nämlich eine einmalig »lange« Sprache. Auf dem Weg von Englisch in Deutsch wird aller Text 15 bis 30 Prozent länger. Die Programmierer neigen dazu, die Fenster und Masken und Boxen und Menüs, die sich in einem Programm wie *Word* öffnen, für Englisch zu bemessen, also knapp, und immer wieder kommt es vor, dass die deutsche Übersetzung dann partout nicht passt. Die Nähe der deutschen Lokalisierer soll den Programmierern sozusagen eine Warnung sein, die graphischen Elemente von vornherein geräumig genug anzulegen. Sofort kann ausprobiert werden, ob es geht. »Wenn etwas in Deutsch funktioniert«, heißt es in Redmond, »dann funktioniert es in allen anderen Sprachen auch.«

Äußerlich wirkt der ruhige Campus in Redmond mit seinen Plauderlounges, Kantinen und Spielearkaden wie ein Hort der Gelassenheit, aber in den Kubikeln der Microsofties rennt die Uhr. Bei den Lokalisierern heißt der Sporn »Delta«. Das Delta ist in der Mathematik das Symbol für den Größenzuwachs und bei Microsoft die Zeitspanne zwischen den »Straßenterminen« des US-englischen Originals und seinen lokalisierten Derivaten. »Kurze Deltas!« verlangt das Geschäft, denn die Hauptkunden für Bürosoftware sind multinationale Konzerne, die neue Programme gern in allen ihren über die Welt verstreuten Filialen gleichzeitig einführen. Das Delta der deutschen Fassung beträgt nur noch achtundzwanzig Tage. Programmentwicklung und -lokalisierung müssen praktisch gleichzeitig stattfinden. Die Lokalisierung eines Produkts, das sich an den ganzen Erdkreis wendet, ist damit vor allem eine Organisationsfrage. Möglich ist das Ganze überhaupt nur, weil Microsoft Softwarewerkzeuge entwickelt hat, die die fortlaufende Einarbeitung und Erprobung der verschiedenen Sprachressourcen erlauben, die Termine überwachen, Lücken beanstanden, Widersprüche sofort anzeigen.

Während die Sprache literarischer Übersetzungen gar nicht persönlich genug sein kann, kann die technischer Übersetzungen gar nicht anonym genug sein. Freiraum bleibt den Übersetzern in den Agenturen keiner. Ein Stilleitfaden legt Einzelheiten fest, etwa was wie abgekürzt werden darf, und den allgemeinen Ton desgleichen: »Der amerikanische Text ist oft sehr salopp. Deutsche Leser bevorzugen dagegen einen neutralen Ton und einen zupackenden, geschmeidigen Stil. Vermeiden Sie lange verschachtelte Satzkonstruktionen …«

Das A und O jeder technischen Übersetzung aber ist die terminologische Konsistenz. Dieselbe Sache, derselbe Vorgang muss jedesmal zuverlässig dieselbe Bezeichnung tragen, sonst ist der Benutzer verloren und die Verwirrung heillos. Schon wenn ein Fenster oben zum »Fertig stellen« auffordert, unten aber nur einen Schaltknopf bietet, der »Beenden« heißt, kann der Benutzer nicht wissen, was er mit dem nächsten Klick anrichtet – ob er fertig stellt, was er begonnen hat, oder im Gegenteil die Fertigstellung abbricht. Microsoft führt zwei terminologische Datenbanken: ein Standardglossar mit zweitausend und ein Produkteglossar mit vierzigtausend Termini. Beide sind für die Übersetzer absolut bindend. Schöpferische Phantasie ist strikt verboten. Neue Termini werden in Redmond festgelegt, oft allerdings nach Beratung mit den lokalen Übersetzungsbüros. Jede Änderung eines wichtigen Terminus führt zu einem Erdbeben im ganzen System, wie damals, als das »Verzeichnis« in »Ordner« umbenannt wurde. Mit einzelnen von Microsofts sprachlichen Entscheidungen mag man nicht einverstanden sein, aber dass es die Sache nicht ernst nähme und sich keine Mühe gäbe, wird man dem Unternehmen nicht nachsagen können.

Der Löwenanteil der Lokalisierungsarbeit entfällt auf die Übersetzerei, aber sie ist nicht alles. Darüber hinaus bedarf es einer kulturellen Feinanpassung, ohne die Software außerhalb des eigenen Kulturkreises unbrauchbar wäre. Es gibt mehr anzupassen, als man sich träumen lassen würde, und manches davon erfordert Eingriffe ins Heilige, in den Programmcode selbst.

Da ist zum Beispiel die Sortierfunktion. Auch wer sie nie in Anspruch nimmt, lässt seinen Computer ständig alphabetisch sortieren, zum Beispiel die Dateinamen. Alles, was keine eigene Ordnung mitbringt, müssen Computer irgendwie sortieren. Das Alphabet bringt wenigstens eine feste Reihenfolge mit sich, obwohl auch mit ihm Schwierigkeiten auftreten, wie jeder weiß, der im Telefonbuch oder in einem Register ein Wort mit *ä* gesucht hat (unter *a*? nach *a*? ganz am Ende?). Wieso steht denn *churro* nicht in meinem spanischen Wörterbuch? Weil *ch* im spanischen Alphabet ein eigener Buchstabe ist, nach *c*. Wie aber soll der Computer die Begriffszeichen eines Schriftsystems wie des chinesischen sortieren, die keine bestimmte Reihenfolge haben?

Da sind dann aber zum Beispiel auch Zeitangaben und Datumsformate: Aus (unter anderem) *4:15 p.m.* muss in Deutschland (unter anderem) *16.15* werden, aus 4/1/00 in Deutschland 1.4.2000 und in Japan 2000.4.1 (die computergemäßeste Schreibweise); in Israel muss *Word* den hebräischen, in den islamischen Staaten den islamischen Kalender beherrschen. Da sind Maßeinheiten und Währungssymbole. Da sind bei Zahlen die verschiedenen Dezimal- und Gruppenseparatoren: Das amerikanische *10,000* ist in der Schweiz *10'000*, in Deutschland *10.000* oder *10 000* (den kleinen Abstand nannten deutsche Typographen immer »Viertelgeviert«, heute heißt er wie in Amerika ¼ em-dash: ein Viertel der Länge des breitesten Buchstabens, des *m*). Welche

Vielfalt allein bei den paar Anführungszeichen: "US-Englisch, Spanisch, Portugiesisch und Italienisch", „britisches Englisch, Dänisch, Polnisch und Ungarisch", „Deutsch", »auch Deutsch«, «Französisch und Kroatisch», "Schwedisch und Norwegisch"! Und auf jeden kleinen Strich kommt es an. Wenn ein Konvertierfehler bewirkt, dass bei der Umwandlung eines mit *Word 97* geschriebenen Buchs in das beliebte Austauschformat *Word 6.0/95*, welches auch vom Macintosh verstanden wird, sämtliche Anführungszeichen die schwedische Form erhalten, ist das ganze Dokument ruiniert.

Und da sind schließlich die Kulturunterschiede, die mit Sprache gar nichts zu tun haben. Im russischen *Office* darf keine rote Fahne auftauchen, im islamischen kein Kreuz. Das Symbol *Kopf mit Hut* ist in allen Ländern unverständlich, in denen es die Redensart *wearing one hat* (»die gleiche Art von Arbeit verrichtend«) nicht gibt; in den Büros Südamerikas wäre ein Bauernhut sogar eine Beleidigung. Und wenn die Software vernehmlich, etwa mit einem diskreten Summton, auf Tippfehler aufmerksam machte, wäre das in japanischen Großraumbüros kompromittierend. In Deutschland wiederum darf keinesfalls die Bearbeitungsdauer eines Dokuments ausgewiesen werden, aus Datenschutzgründen.

Allen Leuten recht getan, ist eine Kunst, die keiner kann. Internationale Software muss das Kunststück fertig bringen, so zu tun, als wäre sie überall zu Hause.

Am Anfang war ASCII

Festschreibung und Überwindung eines Engpasses

Der Computer verbindet die Kulturen, wie nichts zuvor sie verbunden hat. Vernetzt, als Station in der weltweiten Datenkommunikation, hebt er Grenzen und Entfernungen vollends auf: Sein Benutzer bekommt gar nicht mehr richtig mit, ob die Maschine, mit der die eigene gerade einen Dialog führt, gleich um die Ecke oder in Yokohama steht. Und gleichzeitig hält der Computer die Kulturen auseinander, denn er lässt jeder die Freiheit, ihn auf ihre Art zu benutzen; sie muss nur seiner unbestechlichen und geradlinigen Logik folgen. Beharrte eine Kultur stolz darauf, dass bei ihr die Dinge keine eindeutige Bezeichnung tragen und nicht auf eine bestimmte Weise geschrieben werden können und nicht auf eine berechenbare Weise auseinander und aufeinander folgen, so wäre sie in der Tat nicht computertauglich. Aber von diesem hypothetischen Fall abgesehen, ist der Computer die Multikulturmaschine par excellence. Oder er wäre es, gäbe es da nicht ein kleines Problem. Damit jeder ihn auf seine Art benutzen kann, müsste er auf ihm zunächst auf die eigene Art schreiben können. Von Haus aus ist der Computer aber nur auf Englisch eingerichtet, auf die in Amerika und England benutzten Buchstaben des lateinischen Alphabets, kurz: auf ASCII.

Dass irgendetwas nicht über eine Sprachbarriere hinweggekommen ist, merkt der Benutzer etwa, wenn sich der Bildschirm plötzlich mit Text füllt wie *30'ã‰œ-l,g,ÈƒXƒPƒpƒ"'Ç‰Á*. (Vorsicht, es könnte sich um Pornographie handeln!) Die Menschheit, so signalisieren die Lettern, haust eben doch in keinem globalen Dorf, und zwar einfach deshalb, weil sie so viele Sprachen spricht – und so viele Schriften schreibt.

Sprachgrenzen sind letztlich nur zu überwinden, wenn die Leute fremde Sprachen lernen. Die bisher nur kläglichen Leistungen der automatischen Übersetzung stellen kein Versprechen dar, dass uns der Computer diese Mühe je abnehmen könnte. Wer sich einmal eine lustige Viertelstunde machen will, kann sich eine Webseite über Viagra, eine von etwa einer Viertelmillion, von dem in die Suchmaschine *Altavista* integrierten Übersetzungsprogramm *Systran*, einem der ausgereiftesten am Markt, online ruckzuck aus dem Englischen ins Deutsche übersetzen lassen: »Wenn Sie eine der Millionen der Männer sind, die unter der erectile Funktionsstörung oder ED (auch genannt Machtlosigkeit) leiden, ist jetzt die Zeit, einen neuen Anfang mit oralen des Durchbruches zu finden. Viagra arbeitet, indem es die Antwort eines Mannes zur sexuellen Anregung verbessert. So mit Viagra, können eine Note oder ein flüchtiger Blick von Ihrem Partner zu etwas mehr wieder führen. Doktoren in vereinigt Zustände haben Viagra mehr als 16 Millionmal vorgeschrieben. Viagra arbeitet in bis zu 82% der Patienten, die Viagra-Erfahrung eine Verbesserung in ihren Aufrichtungen nehmen. Viagra ist eine Verordnungmedikation, also müssen Sie mit Ihrem Gesundheitspflegeversorger mit sprechen herausfinden, wenn es für Sie Recht hat. Seien Sie sicher, Ihren Gesundheitspflegeversorger zu fragen, ob Ihr Inneres genug gesund ist, die Extrabelastung der sexuellen Aktivität anzufassen. Wenn Sie die Kastenschmerz, -übelkeit oder -übelkeit haben während des Geschlechtes erklären Anschlag und sofort Ihren Gesundheitspflegeversorger. Mit Viagra sind die allgemeinsten Nebenwirkungen Kopfschmerzen, Gesichtsleeren und umgekippter Magen. Viagra kann bläulichen oder unscharfen Anblick oder Empfindlichkeit zum Licht auch kurz verursachen.« So viel zum bläulichen Anblick bei der Aufrichtung und zur maschinellen Übersetzung, an der nun schon fast so lange herumgetüftelt wird, wie es Computer gibt. Die Schriftgrenzen dagegen – die könnte der Computer im Prinzip überwinden, aber es ist ein langer Prozess, der noch längst nicht am Ziel ist.

Was immer einer mit dem Computer tut, auf jeden Fall wird er damit lesen und schreiben. Ein universales Lese- und Schreibwerkzeug aber kann der Computer nur sein, wenn er allen seinen Benutzern *nicht* die gleiche Sprache und Schrift abverlangt. Bis die ganze Menschheit Englisch spricht und schreibt, könnte er lange warten. Im babylonischen Internet lernt man es schnell zu schätzen, dass die Welt mit dem Englischen eine Lingua franca hat. Dass es eine dem Deutschen so nah verwandte Sprache ist, trifft sich für uns glücklich; die meistgesprochene Sprache der Welt ist Mandarin, das fast jeder Sechste der sechs Milliarden Menschen spricht, und mit dem hätten wir mehr Mühe. Aber nur für etwa 380 Millionen ist Englisch die Muttersprache, für 94 Prozent der Menschheit ist es eine Fremdsprache. Um sich häuslich mit dem vernetzten Computer einzurichten, kann man mit ihm nicht nur in einer Fremdsprache verkehren. Das multikulturelle Potential der Informationstechnologie kommt nur zum Zuge, wenn sie sich der Vielfalt der Schriftsysteme gewachsen zeigt.

Dass der Computer sich mehrsprachig (»multilingual« mit dem neuen internationalen Wort) bewähren müsste, wurde ihm nicht an der Wiege gesungen. Tief in seinem innersten Kern »kann« er nur ein Schriftsystem, das englische. So ist es, weil die Urahnen, von denen er abstammt, alle Englisch sprachen. Zwar manövrieren Computer immer nur mit Zahlen, genau genommen nur mit zwei Ziffern, 0 und 1, und vor den Zahlen sind alle Sprachen und Schriften gleich. Aber da Menschen keinen Kopf für endlose Folgen von Nullen und Einsen haben, war von Anfang an die Übersetzung der Daten in eine menschengerechtere Form nötig, bei Input wie Output. Und weil die Konstrukteure dieser Computer Amerikaner waren, war es für sie die bare Selbstverständlichkeit, die Eingabegeräte ihren Schreibmaschinen nachzubilden und genau jene Ziffern und Buchstaben zu verwenden, die sich auf deren Tastaturen befanden.

Das normale Eingabegerät für die Großrechner jener Zeit – groß eher in Raumverdrängung und Preis denn in ihrer Leistung – war der Lochkartenleser. Die Lochkarte ist die Erfindung des Deutschamerikaners Hermann Hollerith, der lange vor der Zeit der Computer nach einer Möglichkeit suchte, große Zahlenmengen automatisch zu erfassen. Eingesetzt wurde seine Lochkarte erstmals bei der amerikanischen Volkszählung von 1890 und 1910 begannen auch deutsche Konzerne, sie zu verwenden. Aus Holleriths 1896 gegründeter Tabulating Machine Company ging später IBM hervor. Auf der Hollerith-Karte, wie sie in Deutschland hieß, wurde jede Ziffer durch ein Loch in einer bestimmten Spalte und Reihe dargestellt und ein elektrischer (nicht elektronischer) Kartenleser schloss bei bestimmten Lochungen bestimmte Kontakte. Auch das Alphabet ließ sich durch ein zusätzliches »Überloch« – eine Art Umschaltzeichen – auf der Lochkarte verschlüsseln. Gestanzt wurden die Löcher mit einem Kartenlocher und dieser hatte ein Tastaturfeld, das dem einer Schreibmaschine ähnelte und dessen Tastenbelegung sich an die amerikanische QWERTY-Schreibmaschine anlehnte.

Je mehr Computer von immer mehr Herstellern es gab, desto dringender wurde es nötig, dass sie die Löcher auf den Karten – und auf den mit dem Telexalphabet gestanzten Lochstreifen – gleich interpretierten. Ein einziges unterschiedlich gedeutetes Zeichen konnte und kann eine ganze Datenbank in den Orkus reißen. Was gebraucht wurde, war eine einheitliche, für alle verbindliche Codetabelle, die jedem Zeichen seinen unverrückbaren Platz anwies. Ende der fünfziger Jahre schoben die Hersteller das kleine, aber folgenreiche Problem dem amerikanischen Normenverband (damals ASA, heute ANSI) zu.

Der präsentierte am 17. Juni 1963 die Lösung: ASCII, den *American Standard Code for Information Interchange*. Es war eine Tabelle, die wie gewünscht jedem der für die Computereingabe bis dahin benötigten alphanumerischen Zeichen und einigen Interpunktionszeichen und Symbolen ein für allemal ihre Nummer zuteilte. Die Tabelle war praktischerweise aber obendrein auch noch so beschaffen, dass das Alphabet in ihr eine kontinuierliche aufsteigende Zahlenreihe bildete, so dass sich – ein höchst erwünschter Nebeneffekt – das ASCII-Alphabet im Computer sozusagen von allein richtig sortierte. Diese Tabelle war von nun an allgemeine Norm. Ironischerweise entzog sich ihr gerade der größte Computerhersteller der Welt, IBM, und verwendete auf seinen Großrechnern noch jahrzehntelang eine eigene, mit ASCII völlig inkompatible Zeichentabelle namens EBCDIC (*Extended Binary Coded Decimal Interchange Code*), an die Informatiker heute mit einigem Grausen zurückdenken.

Da Speicherplatz damals noch knapp war, mussten die Tabellennummern, also die Zeichencodes, niedrige (kurze) Zahlen sein und nicht mehr als unbedingt nötig. Und damit der Computer von vornherein wusste, wo ein Zeichen aufhörte und das nächste begann, musste jedes außerdem in der gleichen Länge codiert sein, also aus der gleichen Zahl von Nullen und Einsen bestehen. Eine Gruppe von zwei Grundeinheiten (Bit) lässt sich auf vier verschiedene Weisen mit 0 und 1 besetzen (00, 01, 10 und 11), eine aus dreien auf achterlei Art und so fort. Das Internationale Telegraphenalphabet aus dem Jahre 1895 war für Eingabelochstreifen bestimmt, auf denen jeweils eine senkrechte Reihe ein Zeichen bedeutete. Jede Reihe hatte fünf Positionen, an denen sich entweder ein Loch oder kein Loch befinden konnte. Dieser nach seinem Erfinder so genannte Baudot-Code war also binär (er wurde durch lediglich zwei Werte dargestellt, Nichtloch und Loch), und er war, lange bevor das Bit seinen Namen erhielt, ein 5-Bit-Code, ausreichend für 2 hoch 5 gleich 32 Zeichen. Ein Trick, ein Umschaltzeichen, vermehrte diese 32 schwerfällig auf 64, die auch nur knapp reichten; vor allem erlaubten sie nur

Groß- und keine Kleinbuchstaben. Mit diesem verdoppelten 5-Bit-Code wurden ein Jahrhundert lang Telegramme per Fernschreiber übertragen.

Wenn dem neuen Computercode stolze acht Bit (ein Byte) zugestanden wurden, so schien das damals also mehr als großzügig. Acht sollten es sein, weil es als Vielfaches von zwei eine magische Zahl für Computeringenieure ist. Sie erwies sich geradezu als prophetisch, denn die in den siebziger Jahren entwickelten Mikrocomputer, zu denen die heutigen PCs gehören, machten alle das aus acht Bits bestehende Byte zu ihrer Grundeinheit, ihrer einheitlichen »Wortlänge«.

Ein Byte: Das gab Raum für eine Tabelle von 2 hoch 8 gleich 256 Zeichen – mehr als genug, wie es schien, da damals niemand an so etwas wie Textverarbeitung dachte. Diese gibt es erst seit 1976, als Michael Shrayer sein *Electric Pencil* vorstellte und erst in den frühen achtziger Jahren fasste sie wirklich Fuß. Anfang der sechziger Jahre wäre es noch Wahnsinn gewesen, die kostbare Rechenzeit eines Computers zu vergeuden, indem man ihn zu einer profanen Schreibmaschine degradierte. Um 1960 waren ganze neuntausend Computer auf der ganzen Welt im Einsatz, fünftausend davon in den Vereinigten Staaten. Auf den Lochkarten, über die die Eingabe vorgenommen wurde, gab es die Ziffern *0* bis *9*, die lateinischen Grundbuchstaben und ein paar Satzzeichen, mehr nicht, und es hatte bis dahin ausgereicht. 256 Zeichenpositionen – das waren viele mehr als nötig, dachte man. So wurden von den acht Bit eines Byte nur sieben belegt, genug für 128 Zeichen; das achte Bit blieb in Reserve für das, was die Zukunft dem Computer bringen mochte. Und da man bisher gut ohne Kleinbuchstaben ausgekommen war, verzichtete man auch auf die noch und besetzte von den vorhandenen 128 Plätzen zunächst nur 61; 34 weitere wurden für unsichtbare interne Steuerzeichen verwendet. ASCII war also ein 8-Bit-Code, der nur sieben Bit nutzte und auch diese nur zum Teil.

Ur-ASCII

Die 7-Bit-Zeichentabelle, wie sie vom Amerikanischen Normenverband ASA am 17. Juni 1963 unter der Nummer X3.4 veröffentlicht wurde.

	0	1	2	3	4	5	6	7
0	NULL	DC$_0$	ƀ	0	@	P		
1	SOM	DC$_1$	!	1	A	Q		
2	EOA	DC$_2$	"	2	B	R		
3	EOM	DC$_3$	#	3	C	S		
4	EOT	DC$_4$	$	4	D	T		
5	WRU	ERR	%	5	E	U		
6	RU	SYNC	&	6	F	V		
7	BELL	LEM	'	7	G	W		
8	FE$_0$	S0	(	8	H	X		
9	HT	S1	)	9	I	Y		
10	LF	S2	*	:	J	Z		
11	VTAB	S3	+	;	K	[		
12	FF	S4	,	<	L	\		ACK
13	CR	S5	-	=	M	]		
14	SO	S6	.	>	N	↑		ESC
15	SI	S7	/	?	O	←		DEL

Bedeutung der Steuerzeichen [mit der deutschen DIN-Übersetzung]:

ƀ	Blank (word separator) [Zwischenraum]
ACK	Acknowledge [Bestätigung]
BELL	Audible sign [Klingel]
CR	Carriage return [Wagenrücklauf]
DC$_{0-4}$	Device control [Gerätesteuerzeichen]
DEL	Delete/Idle [Löschen]
EOA	End of address [Ende des Textes]
EOM	End of message [Ende der Nachricht]
EOT	End of transmission [Ende der Übertragung]
ERR	Error [Fehler]
ESC	Escape [Code-Umschaltung]
FE$_0$	Format effector [Formatsteuerzeichen]
FF	Form feed [Formularvorschub]
HT	Horizontal tabulation [Horizontal-Tabulator]
LF	Line feed [Zeilenvorschub]
NULL	Null/Idle [Nil]
RU	»Are you ...?« [»Ist dort ...?«]
S0-S7	Separator (information) [Informationstrennzeichen]
SI	Shift-in [Rückschaltung]
SK	Skip (punched card) [Lochkarte: Überspringen]
SO	Shift-out [Dauerumschaltung]
SOM	Start of Message [Anfang der Übertragung]
SYNC	Synchronous idle [Synchronisierung]
VTAB	Vertical tabulation [Vertikal-Tabulator]
WRU	»Who are you?« [»Wer da?«]

Von diesen Steuerzeichen gelangten einige ins Bewusstsein auch des textverarbeitenden Nichtfachmanns. CR (»Wagenrücklauf«) stammt von der Schreibmaschine und bewirkt den Sprung des Cursors an den Anfang der nächsten Zeile. FF steht auf manchem Drucker und bewirkt einen Seitenvorschub, den Auswurf der ganzen Seite. SP ist das Leerzeichen, in der Typographie früher »Spatium« genannt. ESC (»Flüchten«), das sich auf allen Computertastaturen befindet und dem Abbruch einer begonnenen Aktion dient, bedeutet eigentlich, dass die vorliegende Zeichentabelle bis zum nächsten ESC verlassen wird; die Anwendungs-, auch die Textprogramme der frühen Zeit wurden vielfach mit solchen »Escape-Sequenzen« gesteuert.

ASCII-Kunst :-)

```
 |/\/\/|
 |     |
 |     |
 | (o)(o)
 C      _)       (__)
 |  ,___|        (oo)
 |   /            \/-------\
 /____\           ||     | \
/      \          ||----w||  *
```

Es wäre unfair, den Normern vorzuwerfen, sie hätten nur an Amerika gedacht. Niemand dachte damals an die Notwendigkeit einer größeren Codetabelle. Es sah ja so aus, als wären reichlich

Plätze frei geblieben für etwaige Bedürfnisse des Auslands. Als sich schon ein Jahr später auch die in der ECMA organisierten europäischen Computerhersteller auf eine gemeinsame Zeichentabelle einigten, waren sie so klug, keinen Konflikt mit ASCII zu suchen, belegten allerdings auch die noch freien 29 Plätze des amerikanischen 7-Bit-Codes, vor allem mit den Kleinbuchstaben des Alphabets, die die ASA weggelassen hatte. Diese auf 94 »graphische« (das heißt darstellbare, anzeigbare, druckbare) Zeichen ergänzte Tabelle übernahm 1968 wiederum die inzwischen zur ANSI mutierte ASA. 1974 schließlich machte die Internationale Normenorganisation ISO sie zum Weltstandard. (IBMs inkompatibler »Eppsidick« nutzte von 256 möglichen Positionen 108 und war damit umfangreicher als ASCII.)

Dieses gemeinsame Alphabet, den 7-Bit-ASCII, beherrschen heute ausnahmslos alle Computer der Welt. Kein Datenverkehr ohne ISO 646, wie der offizielle Name lautet – »ASCII« ist nur noch eine historische Reminiszenz, ein anhänglicher Spitzname.

Als man Ende der siebziger Jahre dann ernstlich mit Computern zu schreiben begann, kam jedoch sehr schnell ans Licht, dass es den amerikanischen und europäischen Schöpfern von ISO 646 an Weitsicht gefehlt hatte. 128 Zeichenpositionen – das war einfach viel zu wenig, um auch nur alle europäischen Sprachen mit lateinischen Alphabeten schreiben zu können. Wo waren die französischen Akzentzeichen, die deutschen Umlaute, das spanische *ñ*, nicht zu reden vom dänischen *å* oder dem isländischen *ð*?

Wieder war die Internationale Normenorganisation gefragt. Ihre Lösung kam 1986 und hieß ISO 8859. Es waren mehrere Zeichentabellen für Alphabetschriften, die alle das freie achte Bit mitverwendeten und damit Platz für 256 Zeichen schufen. Immer stand der Grundvorrat von ASCII im unteren alten Teil der Tabelle und in ihrem oberen neuen jeweils eine andere Auswahl nationaler Schriftzeichen. Diese müssen sich seither als »Sonderzeichen« titulieren lassen. Die Sonderzeichen der großen westeuropäischen Sprachen stehen alle in der ersten dieser erweiterten Tabellen, 8859-1, auch Latin-1 (oder Roman) genannt. Wessen Computer über diese verfügt, kann Englisch und Deutsch und Französisch und viele andere europäische Sprachen schreiben, auch alle beliebig durcheinander in einer einzigen Datei. Für die osteuropäischen Sprachen, Griechisch oder Kyrillisch aber muss man seinen Computer auf eine andere Zeichentabelle, eine andere »Codepage« umschalten. Und wenn ein fremder Computer den Text liest und nicht weiß, von wo bis wo welche Tabelle gilt, die entsprechende Tabelle vielleicht gar nicht besitzt und die ihr entsprechenden graphischen Zeichen auch nicht, kommt nur Gebrabbel heraus oder eine Reihe von Rechtecken, □□□□□, deren offizieller Name übrigens *squish quad* lautet, »viereckiges Zermatschtes«. Sie bedeuten: Kannitverstan.

Da jeder dieser Zeichensätze den oberen Teil der 256-Zeichen-Tabelle anders vergibt, ist auf ihn beim Datenaustausch kein Verlass. Man kann nie von vornherein sicher sein, als was eines der oberen Zeichen auf einem anderen Computer ankommt. Europäische Computer sind inzwischen in der Regel mindestens mit Latin-1 ausgerüstet, aber amerikanische zum Beispiel keineswegs, und wenn man die Diskette mit einer europäischen Textdatei einem amerikanischen Computer zu lesen gibt, der mit der Tabelle US-ASCII arbeitet, ist nicht gesagt, dass der mit all den absonderlichen »Sonderzeichen« etwas anfangen kann. Verlass ist immer nur auf die untere Hälfte, eben auf das alte 7-Bit-ASCII. Wo auch immer ein Text auf unbekannten Wegen und über unbekannte Stationen wandert, im Internet also, kann man nie darauf bauen, dass mehr als 7-Bit-ASCII richtig ankommt. Nur dessen 94 Zeichen sind netztauglich. Und da niemand Gewalt über das Internet hat, kann ihm auch niemand eine andere, größere, bessere Zeichentabelle verordnen. Auf absehbare Zeit bewegt sich kein anderer Text als 7-Bit-ASCII sicher durch die Netze – das ist ein Faktum, das hingenommen werden muss. Wem dies nicht gebührend klar ist, der muss gewärtigen, dass seine *schönen Grüße* den Adressaten zum Beispiel als *schone Gru?e* oder *sch=F6ne Gr=FC=DFe* erreichen.

An derlei Entstellungen könnte man sich vielleicht sogar noch gewöhnen, die paar involvierten Codes sind ja schnell durchschaut. Wer jahrelang Leserbriefe in dieser Form erhält, bemerkt sie kaum noch, nimmt allerdings die Briefschreiber auch nur noch halb so ernst wie sie sich selber. Aber was am Ziel tatsächlich ankommt, ist unberechenbar und es ist keinerlei Verlass darauf, dass der Empfänger es überhaupt entziffern kann. Der Satz »Seine [des Computers] Multilingualität rückt näher« mag zum Beispiel bei dem deutschen Briefpartner in Japan, dessen Computer den deutschen Umlauten nicht gewachsen ist, in der überraschenden Form »Seine Multilingualit 舩 r・kt n 濊 er « eintreffen. (Kenner werden sogleich bemerken, dass der japanische Computer dreimal die beiden Bytes zweier aufeinanderfolgender Latin-1-Buchstabenzeichen als ein einziges japanisches Zwei-Byte-Zeichen interpretiert hat, zwei Kanji und den Trennpunkt *nakaten*, der bei Aufzählungen und zur Kennzeichnung der Wortgrenzen in Fremdnamen verwendet wird.) Drum prüfe, wer die Post versendet, als was seine Epistel endet.

Wenn E-Mail in den letzten Jahren zunehmend dennoch unverstümmelt ankommt, dann dank MIME, den *Multipurpose Internet Mail Extensions*. Alle Schriftzeichen der Welt lassen sich nämlich sehr wohl durchs Internet transportieren, wenn sie beim Versand in 7-Bit-ASCII verwandelt werden, etwa das deutsche *ß* in die drei ASCII-Zeichen *=DF* – und wenn der Computer des Empfängers sie richtig zurückübersetzt. Auch Programmdateien, Graphiken, Klänge – alles lässt sich in ASCII konvertieren, wenn man die Zahlen, um die es sich ausnahmslos ja handelt, in der binären Gestalt belässt, die sie im tiefsten Innern des Computers ohnehin haben.

Es gab und gibt zahlreiche Verschlüsselungsverfahren zur Umwandlung in ASCII. Der Haken war nur, dass der Mail-Client, der die Botschaft empfing, die Verschlüsselung erkennen und den Schlüssel besitzen musste, um sie wieder zu entschlüsseln. Kennt er ihn nicht, so kommen die *Grüße* etwa gar als *($=R_-]e* an. MIME besteht in einer Reihe von speziellen neuen Verschlüsselungsverfahren – und dazu genauen Angaben im Kopffeld der E-Mail, auf welche Teile welcher Schlüssel anzuwenden ist. Wer seine E-Mail aus einem MIME-kundigen Computer verschickt, fügt ihr im Header automatisch einen Vermerk hinzu, der etwa besagt: Hier kommt etwas, das mit der Zeichentabelle Soundso geschrieben und von MIME nach dem Verfahren Soundso in 7-Bit-ASCII übersetzt wurde. Und wenn der Mail-Client des Empfängers auch über MIME und den entsprechenden Zeichensatz – die Tabelle und die sie abdeckenden Schriftfonts – verfügt (und der Vermerk in keiner Relaisstation unterwegs getilgt wurde), übersetzt sie das kryptische ASCII – die Transportverpackung – automatisch zurück in jede Schrift der Welt.

Im World Wide Web wird es ähnlich gemacht: Die Web-Sprache HTML beruht zwar nicht auf 7-Bit-ASCII, sondern auf der größeren Tabelle Latin-1, aber da man nicht sicher sein kann, dass Latin-1 wohlbehalten durch die Netze gelangt, ist ihr ebenfalls ein Ver- und Entschlüsselungsverfahren eingebaut. Es übersetzt die *Grüße* in *Grüße*, astreines ASCII. Das *&* besagt: Achtung, das Folgende ist bis zum nächsten *;* kein Text, sondern ein Code, *uuml* oder *szlig*. Der Browser des Empfängers übersetzt den – in diesem Fall leicht durchschaubaren – Code (›u-Umlaut‹ und ›sz-Ligatur‹) zurück in Latin-1 als *ü* oder *ß*.

Ein multilinguales Lese- und Schreibgerät ist der Computer damit aber noch nicht. Es bleibt die Frage: Wie kommen all die vielen ganz anderen Schriftsysteme überhaupt in den an der amerikanischen Schreibmaschine orientierten Computer hinein?

»ASCII« und »Latin-1«

Die 8-Bit-Zeichentabelle (Latin-1, ISO 8859-1), zuweilen fälschlich auch »ANSI« genannt. Die linke Hälfte ist der 1968 um Kleinbuchstaben ergänzte 7-Bit-Satz, also das, was heute oft »ASCII« oder »US-ASCII« genannt wird (ISO 646, DIN 66003). Die rechte Hälfte enthält die durch die Verwendung auch des achten Bit hinzugekommenen westeuropäischen Schriftzeichen. Rechts oben in jedem Feld die laufende Nummer in Dezimalzahlen.

	0	1	2	3	4	5	6	7	8	9	10	11	12	13
0	0 NUL	16 DLE	32 SP	48 0	64 @	80 P	96 `	112 p	160 NS	176 °	192 À	208 Ð	224 à	240 ð
1	1 SOH	17 DC_1	33 !	49 1	65 A	81 Q	97 a	113 q	161 ¡	177 ±	193 Á	209 Ñ	225 á	241 ñ
2	2 STX	18 DC_2	34 "	50 2	66 B	82 R	98 b	114 r	162 ¢	178 ²	194 Â	210 Ò	226 â	242 ò
3	3 ETX	19 DC_3	35 #	51 3	67 C	83 S	99 c	115 s	163 £	179 ³	195 Ã	211 Ó	227 ã	243 ó
4	4 EOT	20 DC_4	36 $	52 4	68 D	84 T	100 d	116 t	164 ¤	180 ´	196 Ä	212 Ô	228 ä	244 ô
5	5 ENQ	21 NAK	37 %	53 5	69 E	85 U	101 e	117 u	165 ¥	181 µ	197 Å	213 Õ	229 å	245 õ
6	6 ACK	22 SYN	38 &	54 6	70 F	86 V	102 f	118 v	166 ¦	182 ¶	198 Æ	214 Ö	230 æ	246 ö
7	7 BEL	23 ETB	39 '	55 7	71 G	87 W	103 g	119 w	167 §	183 ·	199 Ç	215 ×	231 ç	247 ÷
8	8 BS	24 CAN	40 (	56 8	72 H	88 X	104 g	120 x	168 ¨	184 ¸	200 È	216 Ø	232 è	248 ø
9	9 HT	25 EM	41)	57 9	73 I	89 Y	105 i	121 y	169 ©	185 ¹	201 É	217 Ù	233 é	249 ù
10	10 LF	26 SUB	42 *	58 :	74 J	90 Z	106 j	122 z	170 ª	186 º	202 Ê	218 Ú	234 ê	250 ú
11	11 VT	27 ESC	43 +	59 ;	75 K	91 [	107 k	123 {	171 «	187 »	203 Ë	219 Û	235 ë	251 û
12	12 FF	28 FS	44 ,	60 <	76 L	92 \	108 l	124 |	172 ¬	188 ¼	204 Ì	220 Ü	236 ì	252 ü
13	13 CR	29 GS	45 -	61 =	77 M	93]	109 m	125 }	173 -	189 ½	205 Í	221 Ý	237 í	253 ý
14	14 SO	30 RS	46 .	62 >	78 N	94 ^	110 n	126 ~	174 ®	190 ¾	206 Î	222 Þ	238 î	254 þ
15	15 SI	31 US	47 /	63 ?	79 O	95 _	111 o	127 DEL	175 ¯	191 ¿	207 Ï	223 ß	239 ï	255 ÿ

Die Bedeutung der Steuerzeichen (controls):

ACK	Acknowledge / Bestätigung
BEL	Bell / Glocke
BS	Backspace / Rücktaste
CAN	Cancel
CR	Carriage return / Wagenrücklauf
DC	Device control
DEL	Delete / Löschen
DLE	Data link escape
EM	End of medium
ENQ	Enquiry
EOT	End of text / Textende
ESC	Escape
ETB	End of transmission block
FF	Form feed / Seitenvorschub
FS	File separator
GS	Group separator
HT	Horizontal tabulation / Horizontal-Tabulator
IS	Information separator / Informationstrennzeichen
LF	Line feed / Zeilenvorschub
NAK	Negative acknowledge
NL	New line / Neue Zeile
NS	No-break space / Geschütztes Leerzeichen
NUL	Null
RS	Record separator
SI	Shift-in
SO	Shift-out
SOH	Start of heading
SP	Space
STX	Start of text
SUB	Substitute
SYN	Synchronous idle
TC	Transmission control
US	Unit separator
VT	Vertical tabulation

Die internationalen Namen der Symbole, Satz- und Akzentzeichen, die meisten festgelegt von der ECMA (European Computer Manufacturers Association) oder dem Unicode Consortium, dazu, wo vorhanden, die deutschen Bezeichnungen und in eckigen Klammern etwaige Spitznamen; außerdem die Namen einiger prototypischer Sonderzeichen aus anderen lateinischen Alphabeten:

!	exclamation mark / Ausrufezeichen [bang]
"	quotation mark, diaeresis / Anführungszeichen [double quote]
#	number sign / Nummernzeichen [crunch]
$	dollar sign / Dollar-Zeichen
%	per cent / Prozentzeichen
&	ampersand / kommerzielles Und [amper]
'	apostrophe, acute accent / Apostroph, Akut [single quote]
(	left parenthesis [left paren]
)	right parenthesis [right paren]
*	asterisk / Stern [star, splat, wildcard / Sternchen]
+	plus sign / Plus-Zeichen
,	comma / Komma, Cedille
-	hyphen, minus sign / Bindestrich [minus, dash]
.	period, full stop, period / Punkt [dot, point]
/	solidus / Schrägstrich [slash, stroke]
:	colon / Doppelpunkt
;	semi-colon / Semikolon [semi]
<	less-than sign / kleiner als [left broket]
=	equals / Gleich-Zeichen
>	greater-than sign / größer als [right broket]
?	question mark / Fragezeichen
@	commercial at / kommerzielles à [shtrudel, at sign / Klammeraffe, Affenschwanz]
[	left (square) bracket / eckige Klammer auf
\	reverse solidus / inverser Schrägstrich [backslash, slant]
]	right (square) bracket / eckige Klammer zu
^	upwards arrow, circumflex accent / Aufwärtspfeilspitze, Zirkumflex

	[hat, control, caret, uparrow]
_	underline / Unterstreichung [low line, underscore, underbar / Unterstrich]
`	grave accent / Gravis [backquote, left quote]
{	left brace / geschweifte Klammer auf [left curly bracket]
|	vertical line / senkrechter Strich
}	right brace / geschweifte Klammer zu [right curly bracket]
~	overline, tilde / Überstreichung, Tilde [squiggle, twiddle / Überstrich]
¡	inverted exclamation mark
¢	cent sign / Cent-Zeichen
£	pound sign / Pfund-Zeichen
¤	currency symbol / Währungszeichen
¥	yen sign / Yen-Zeichen
¦	broken bar
§	section sign / Paragraph
¨	diaeresis / Trema
©	copyright sign
ª	feminine ordinal indicator
«	left pointing double angle quotation mark / doppelte spitze Anführungszeichen
¬	not sign
-	soft hyphen / bedingter Trennstrich
®	registered sign
¯	overline / Überstrich
°	degree sign / Grad-Zeichen
±	plus-minus sign / Plus-minus-Zeichen
´	acute accent / Akut
µ	micro sign / Micro-Zeichen (= griechisches My)
¶	pilcrow sign, paragraph / Alineazeichen
·	middle dot
¸	cedilla / Cedille
¹	superscript one
º	masculine ordinal indicator
»	right pointing double angle quotation mark / doppelte spitze Abführungszeichen

¼	vulgar fraction one qOuarter
½	vulgar fraction one half
¾	vulgar fraction three quarters
¿	inverted question mark
Ð	Eth (= isländisches großes stimmhaftes »Th«)
¥	multiplication sign (Multiplikationszeichen, Mal-Zeichen)
Þ	Thorn (= isländisches großes stimmloses »Th«)
ß	szlig (= sz-Ligatur)
à	a grave
á	a acute
â	a circumflex
ã	a tilde
ä	a umlaut
å	a ring
æ	a elig (= ae-Ligatur)
ç	c cedilla
ë	e umlaut
ñ	n tilde (= spanisches eñe, gesprochen enje)
÷	division sign (Divisionszeichen, Durch-Zeichen)
þ	thorn (= isländisches kleines stimmloses »th«)
ě	e breve
ę	e ogonek
ø	o slash
ð	eth (= isländisches kleines stimmhaftes »th«)
Ł	capital l stroke
ł	l stroke
ň	n caron
õ	o macron
–	n dash / (kurzer) Gedankenstrich
—	m dash / langer Gedankenstrich

Unicode, der Code für alle

Eine Nummer für jedes Schriftzeichen der Welt

Als vielsprachiges Talent kam der Computer nicht auf die Welt. Englisch ja – doch mit nichtenglischen Schriftzeichen weiß er von Haus aus nichts anzufangen. Schon Buchstaben wie das deutsche *ß* stürzten ihn in eine Verlegenheit, die auch nur im Prinzip auszuräumen fast zwanzig Jahre gedauert hat – von der weltweiten Normierung der 7-Bit-ASCII-Tabelle im Jahre 1968 mit ihrem minimalen englischen Alphabet bis 1986, als die Hinzunahme des achten Bit die Zahl der in einer Codetabelle vereinbarten Zeichen von 128 auf 256 erhöhte. Bis heute aber leidet die Textkommunikation zwischen Computern schwer daran, dass man nie sicher sein kann, ob andere Computer die hinzugewonnenen 128 Zeichenpositionen auf die gleiche Weise interpretieren wie der eigene. Das Ö, das ein deutscher Computer arglos auf den Weg schickt, kommt in einem griechischen wahrscheinlich als ein *Phi* (*Φ*) und in einem russischen als She (*ж*) an. Warum? Alle drei Schriftzeichen tragen dieselbe Nummer, stehen aber in verschiedenen Codetabellen, und jeder Computer kann der Nummer nur das Zeichen zuteilen, das die jeweils geltende Codetabelle vorschreibt.

Die Verständigungsschwierigkeiten zwischen den Computern verschiedener Alphabetschriften erscheinen indessen als Bagatellen, wenn die ganz anderen, die im Wortsinn großen Schriftsysteme der Welt anrücken. Sehen Linguisten von oben auf die bunte Menge von Schriftzeichen hinunter, die sich die Menschen haben einfallen lassen, ein jedes immer nur den Eingeweihten verständlich, so teilt sie sich in drei große Gruppen.

Die eine ist die der alphabetischen Schriftsysteme, zu denen unser lateinisches gehört. Jedes Zeichen steht hier für einen Sprachlaut, im Prinzip jedenfalls, auch wenn ein paar Laute mehrere Zeichen beanspruchen (*sch*) und ein paar Zeichen mehrere Laute enthalten (*z*). Ein ideales Alphabet hätte so viele Zeichen, wie die betreffende Sprache Laute hat. Die meisten haben zwischen dreißig und fünfzig. Alphabetschriften sind darum außerordentlich rationell: Keine anderen kommen mit weniger Zeichen aus.

Die nächste Gruppe bilden die Silbenschriften. Hier steht jedes Zeichen (jedes ›Syllabogramm‹) nicht für einen Laut, sondern für eine Sprechsilbe. Japanisch mit seiner schlichten Silbenstruktur (*ka-wa-sa-ki*) käme mit fünfzig Silbenzeichen aus, wenn es ganz in einer seiner beiden Silbenschriften geschrieben würde und diese sich auf das Nötige beschränkten. Die Keilschrift, die auch eine Silbenschrift war, brauchte hundert.

Die dritte Gruppe, die altehrwürdigste, ist ganz anders beschaffen. Bei ihr steht jedes Zeichen mehr oder weniger für ein ganzes Wort: Es ist ein Logogramm (Wortzeichen) oder besser Ideogramm (Begriffszeichen). Ursprünglich waren viele Ideogramme einmal Bilder der Dinge, die sie bezeichneten; diese Verbindung ist mit der Zeit verloren gegangen. Die chinesische ist solch eine ideographische Schrift. Ihre Schriftzeichen (*hanzi*) sind auch in anderen ostasiatischen Ländern in Gebrauch. Eigentlich benötigte eine Schrift dieser Art so viele Zeichen, wie die Sprache Begriffe hat, einige hunderttausend. Da das mehr sind, als selbst die gelehrtesten Schriftgelehrten je beherrschen könnten, stützen sich neun von zehn chinesischen Begriffen auf zwei Zeichen – was die nötige Gesamtzahl stark verringert, denn ein einziges Zeichen kann so zum Bestandteil vieler Wörter werden. (Die deutsche Art, vorhandene Wörter zu neuen Wörtern zusammenzusetzen, hat den gleichen Spareffekt; so muss nicht für jeden neuen Begriff ein eigenes neues Wort gebildet werden.) Trotzdem bleiben es immer noch sehr, sehr viele. Wie viele genau, weiß niemand; die höchste

Schätzung scheint in der Nähe von 74 000 zu liegen, Eigennamen nicht mitgezählt. Die meisten von ihnen sind tot und nur noch in historischen Schriftstücken zu finden, aber zehn- bis zwölftausend werden tatsächlich gebraucht, zwei- bis dreitausend davon häufig. Zwölftausend verschiedene Schriftzeichen aber – die passen unmöglich auf eine Tastatur nach Art der Schreibmaschine und auch nicht in den oberen Teil einer Schrifttabelle.

Aus der Sicht des Computers teilt sich die Schriftenvielfalt anders. Da sind erstens die unauffälligen Schriftsysteme, die kleinen, deren Zeichen auf die Tastatur passen und die sich mit einem Byte Speicherplatz pro Zeichen begnügen. Das tun Laut- wie Silbenschriften. Dann aber gibt es die Schriftsysteme, die mit ihren vielen tausend Zeichen eine ganz andere Herausforderung darstellen, vor allem die Großen Drei: CJK, Chinesisch-Japanisch-Koreanisch. Ein Byte mit seinen 256 Codiermöglichkeiten ist ihnen nicht gewachsen. Es ist das Schicksal ideographischer Schriften, von vornherein 2-Byte-Schriften zu sein.

Die dritte Gruppe sind die bidirektionalen oder kurz Bidi-Schriften, die sowohl von links nach rechts wie von rechts nach links geschrieben werden. Computertechnisch sind sie der schwierigste Fall. Dem Computer ist es egal, wie groß oder klein die Zeichenmenge ist oder wie die Zeichen aussehen. Er braucht nur die entsprechenden graphischen Zeichensätze (also die digitalen Abbilder der Zeichen, die er am Bildschirm zeigt und an den Drucker sendet) sowie eine Zuordnungstabelle, die ihm sagt, welcher ihrer Nummern er welches Zeichenabbild zuweisen soll. Aber damit eine Schrift imstande ist, ihre Laufrichtung zu ändern, ist eine Modifikation des Betriebssystems nötig, das von Hause aus annimmt, aller Text verlaufe wie das Englische von links nach rechts. Echte Bidi-Schriften gibt es nicht viele. Die – ausgestorbene – Rongo-rongo-Schrift der Osterinsel war eine: Eine Zeile lief von links nach rechts, die nächste von rechts nach links und stand außerdem noch Kopf. Aber alle Rechts-links-Schriften wie die hebräische oder arabische müssen imstande sein, an beliebigen Stellen die Laufrichtung zu wechseln – nämlich immer dann, wenn Wörter aus einer Links-rechts-Schrift oder arabische Ziffern eingeschoben werden, also wenn etwa in einem arabischen Zeitungstext ein westlicher Name oder eine Zahl auftaucht. Darum muss jedes Programm für eine Rechts-links-Schrift bidi sein.

Wirklich multilingual kann es im Computerwesen der Welt erst zugehen, wenn die Schriftzeichen nicht über viele Codetabellen verstreut sind, von denen jeweils immer nur eine gelten kann. Sie müssten in einer einzigen großen Codetabelle vereint sein, in der jedes Schriftzeichen der Welt seinen Platz hätte, seine einmalige, feste und verbindliche Nummer. Dann ließen sich sogar innerhalb eines Dokuments beliebige Schriftsysteme verwenden.

Es gibt sie längst. Sie heißt Unicode. Allgemeingut ist sie noch lange nicht. Die Überlegungen für eine universale Zeichentabelle begannen Mitte der achtziger Jahre in der Firma Xerox. 1984 formulierte hier Joseph D. Becker, worum es ging: »Die faszinierende Vielfalt der menschlichen Schriftsymbole muss im Computer zur Koexistenz gebracht werden. Zunächst scheint das fast ein Ding der Unmöglichkeit. Arabisch etwa fließt in Schnörkeln von rechts abwärts nach links. Thai und andere aus dem alten Indien stammende Schriften haben Zeichen, die manchmal um ihre Nachbarn herumtreten und so die phonetische Reihenfolge verlassen. Manchmal umhüllt ein Zeichen sogar seine Nachbarn ... Dennoch muss das letzte Ziel die multilinguale Textverarbeitung sein.«

So gut wie alle großen Namen in der Computerindustrie schlossen sich der Arbeitsgemeinschaft an, die sich das Mammutwerk einer universalen Schrifttabelle zum Ziel setzte. Die erste Aufgabe bestand darin, die chinesische, japanische und koreanische Schrift, die alle chinesische Zeichen verwenden, daraufhin zu prüfen, welches ihr wirklich gemeinsamer Zeichenvorrat ist, um so das größte Dublettenrisiko auszuschließen – ein aufwendiges Unternehmen, so als müssten westeuropäische, griechische und russische Schriftexperten prüfen, ob einige ihrer Zeichen nicht eigentlich die gleichen seien und lediglich in den lateinisch, griechisch und kyrillisch schreibenden Ländern verschieden dargestellt würden; nur dass es sich bei den chinesischen Ideogrammen nicht um zwei Dutzend, sondern um mehrere tausend Zeichen handelt. Bei dieser Sichtung und Prüfung wurde ein dem Chinesischen, Japanischen und Koreanischen gemeinsamer Vorrat von fast 21 000 *hanzi* definiert – sozusagen die Schrift CJK.

1991 hatte die Arbeitsgemeinschaft die erste Fassung der großen Codetabelle fertig, 1993 verschmolz ihr Werk mit parallelen Anstrengungen in der Internationalen Normenorganisation unter der Nummer ISO/IEC 10646. Seitdem ist Unicode da – und ist es doch noch nicht so recht, denn manches dauert auch in der Computerwelt lange.

Es ist eine Tabelle, die jedem Zeichen grundsätzlich zwei Byte zubilligt. Zwei Byte lassen sich nicht nur auf 256-fache Weise codieren, sondern auf 65 536-fache. Für ebenso viele Zeichen hat Unicode Raum. In der Version 3.0.0, die das Unicode-Konsortium Anfang 2000 freigegeben hat, sind 49 194 Zeichen zugewiesen: 10 236 alphabetische Buchstaben und diverse Symbole und Piktogramme, 27 786 chinesisch/japanisch/koreanische Begriffszeichen, 11 172 koreanische Silbenzeichenverbindungen (Hangul) und 184 japanische Katakana- und Hiragana-Zeichen. Die Schriftsysteme (›*scripts*‹) reichen von Arabisch über das indische Gurmukhi bis Tibetisch. Neu hinzugekommen sind Linear B, Etruskisch, Gotisch, die europäische Notenschrift – und Tausende von Kompositzeichen aus asiatischen *scripts*. Etliche stehen noch auf der Warteliste, darunter auch die Keilschrift und die altägyptischen Hieroglyphen. Platz ist für alle, und wenn nicht, ließe sich Unicode erweitern.

Dass Unicode pro Zeichen zwei Byte braucht, hätte eigentlich einen eklatanten Nachteil, der ihn den Anwendern, die Alphabet- oder Silbenschriften schreiben, von vornherein verleiden müsste: Alle Texte, die bisher mit einem Byte pro Zeichen auskamen, würden nach der Umsetzung in Unicode doppelt so viel Speicherplatz in Anspruch nehmen und in den Leitungen doppelt so viel Übertragungskapazität. »Würden« – tatsächlich ist der Nachteil behoben. Zu Unicode gehört das Unicode Transformation Format UTF, ein Übersetzungsalgorithmus, der es erlaubt, die ASCII-Zeichen, die bisher mit einem Byte auskamen, weiterhin in ein einziges Byte zu schreiben. Das Platzproblem ist damit gelöst. Und da die Mail-Erweiterung MIME auf UTF eingerichtet ist, ist UTF-7 auch internettauglich. Man könnte seine Mail also ruhig in Unicode schreiben, sie wird nicht länger und kommt richtig an.

Tatsächlich unterstützen die modernen Textverarbeitungen wenigstens in Teilen Unicode und eigentlich könnte der Computer damit endlich ein echt multilinguales Werkzeug werden.

Aber auch eine universale Codetabelle löst nicht das Eingabeproblem. Wenn mein Computer Unicode versteht und über die entsprechenden graphischen Zeichen verfügt, kann er mir Text in jeder Schrift der Welt zeigen. Aber wie schreibe ich in der betreffenden Schrift zurück? Natürlich, ich muss die Sprache können. Dann aber brauche ich auch noch eine Tastatur für diese Schrift, zumindest muss ich meine eigene Tastatur mit den fremden Zeichen belegen können. Zur Not geht es auch mit einer virtuellen Tastatur auf dem Bildschirm, die mich per Mauszeiger schreiben lässt. Aber was, wenn die Schrift so viele Zeichen hat, dass sie auf die Normaltastatur nicht passen? Auch nicht auf eine drei- und vierfach belegte? Überhaupt auf gar keine, weil sich kein normaler Sterblicher die Position von zwölftausend Zeichen merken kann? Anders gefragt: Wie kommt CJK in den Computer hinein?

Der schieren Zeichenmenge wegen hat sich in China die Schreibmaschine nie durchgesetzt. Es wurden Ungetüme konstruiert, aber bedienen lässt sich eine Maschine mit mehreren Tausend Zeichen nur mit großer Mühe, egal, wie geschickt diese angeordnet sind. Eine chinesische Schreibmaschine wurde im Zuge sozialistischer Bruderhilfe 1953 vom VEB Optima in Erfurt konstruiert und bis 1992 in China gebaut. Sie hieß »Fliegende Taube« und war ein Tablett, das 78 mal 31 lose Metalltypen fasste und aus dem eine darüber hin- und herschiebbare Hebevorrichtung einzelne Lettern herausgriff, gegen eine dicke Gummiwalze drückte und dann sicher in ihr Fach zurückstellte: also eine Art leicht mechanisierter Handsatzkasten.

Obwohl in China der Druck erfunden wurde, war Schreiben hier immer Kalligraphie gewesen, eine Form der Tuschkunst, bei der es darauf ankam, jedem Zeichen einen einmaligen, individuellen Ausdruck zu verleihen. Die mechanische Vervielfältigung von Schrift hat für traditionsbewusste Chinesen etwas Kulturloses. Als China 1949 kommunistisch wurde, wollten seine neuen Machthaber dem Schreiben sein elitäres Air nehmen und forcierten zweierlei: eine Vereinfachung der gebräuchlichsten *hanzi* und eine offizielle lateinische Umschrift, Hanyu Pinyin oder kurz Pinyin. 2238 der häufigsten Zeichen wurden im Laufe der Jahre graphisch vereinfacht, aber in Taiwan und Hongkong nie anerkannt, mit der Folge, dass es nun zwei chinesische Schriftsysteme gibt und alle Texte entweder nur für das Festland oder nur für Taiwan akzeptabel sind. Und obwohl Pinyin an den Schulen unterrichtet wurde und wird, drang es nicht recht durch, einmal, weil es etwas Westliches war und ein Affront für das mit seinen 3500 Jahren älteste lebende Schriftsystem der Welt; zum andern aber auch, weil seine Benutzer nicht nur die fremden lateinischen Buchstaben lernen müssen, sondern erst einmal die Sprache, die Pinyin phonetisch wiedergibt, das Pekinger Mandarin. In China heißt es Putonghua, Gemeinsprache, und es ist die meistverbreitete Sprache der Welt, mit an die 900 000 Sprechern oder richtiger Schreibern. Chinesisch nämlich wird in so vielen und so unterschiedlichen Dialekten gesprochen, dass sich Chinesen untereinander nur schwer verstehen. »Dialekt« ist wohl eine Untertreibung; andere nennen Chinas Dialekte rundheraus Sprachen. Das einzige sprachliche Band der Chinesen ist ihre Schrift, die überall gleich aussieht und das Gleiche bedeutet.

Eine Schrift, die sich nicht schnell und nicht maschinell schreiben lässt, wäre in einer modernen Gesellschaft auf Dauer wahrscheinlich verloren gewesen. Nun ist es gerade der Computer, der doch für die Maschine der kulturellen Einebnung gehalten wird, welcher die chinesische Hand-Schrift rettet. Mit seiner besonderen Art von Intelligenz entschärft er das Eingabeproblem, das die mechanische Schreibmaschine bereitete. Viele Hunderte von Inputverfahren wetteifern inzwischen miteinander.

Die meisten beruhen auf Lautschriften für das gesprochene Chinesisch, etwa dem lateinischen Pinyin oder der auf Taiwan gebräuchlichen Silbenschrift Bopomofo. Das eine Problem für die phonetische Eingabe ist die große Homophonie dieser Sprache: Jedem »Lautbild« (etwa *fu* oder *ji*) entsprechen im Durchschnitt 18 Zeichen mit ebenso vielen Bedeutungen, dem gesprochenen *ji* gar 110, von *eilig* über *Huhn* bis *rechnen*. Den Computer muss das jedoch nicht verdrießen: Er listet sie alle auf, sobald der Schreiber in Pinyin oder Bopomofo ‹ji› tippt, und der muss nur noch das gewünschte Wort anklicken. Die Kunst der Softwareingenieure besteht darin, diese Vorschlagslisten sinnvoll zu gewichten, also den Computer aus dem Kontext erkennen zu lassen, welche Zeichen an dieser Stelle die wahrscheinlichsten sind, und diese in den Vorschlagslisten nach oben zu rücken. Die andere Komplikation bei der phonetischen Eingabe besteht darin, dass Chinesisch eine Tonwertsprache ist. Jedes chinesische Wort hat einen bestimmten Tonfall und mit diesem wechselt seine Bedeutung. Mandarin hat vier Worttöne: eben, steigend, fallend und fallend-steigend. Um die phonetische Eingabe eindeutiger zu machen, muss darum zu jedem Wort in Bopomofo oder Pinyin auch sein Tonwert angegeben werden.

Die nichtphonetischen, die graphischen Eingabeverfahren dagegen machen sich zwei glückliche Umstände zunutze: Ein *hanzi* ist kein regelloses Gebilde aus bis zu dreiunddreißig Tuschstrichen; seine Striche werden immer in einer festen Reihenfolge geschrieben. Und jedes Zeichen enthält ein bestimmtes Wurzelelement (Radikal), die Zahl dieser Radikale aber ist begrenzt – es sind nur 227. Die Tasten werden also mit Wurzelelementen und Einzelstrichen belegt, diese beginnt der Schreiber in der kanonisierten Reihenfolge einzutippen, und sobald der Computer ahnt, worauf er hinaus will, bietet er dem Schreiber wiederum eine Vorschlagsliste an, in der nur noch die Wahl zu treffen bleibt. Die Radikale stehen in einer bestimmten Abfolge und sorgen damit auch dafür, dass sich chinesische Wortzeichen sortieren lassen und dass es überhaupt chinesische Wörterbücher gibt. Es geht sogar noch einfacher: Der Schreiber gibt ein, wie viele waagerechte, senkrechte und schräge Striche das Zeichen enthält, das er schreiben will, und bekommt eine entsprechende Vorschlagsliste. So lässt sich die ganze Fülle chinesischer Schriftzeichen mit ein paar Tasten erzeugen, und die westliche Computertastatur ist eigentlich viel zu groß.

Mehr als zwanzig Zeichen (etwa zwölf Wörter) pro Minute sind allerdings auch mit der schnellsten Eingabemethode nicht zu schaffen; in den Alphabetschriften schreibt eine einigermaßen geübte Typistin sechzig bis siebzig Wörter. Wer sich in Hongkong chinesische Geschäftsbriefe schreiben lässt, bezahlt dafür denn auch dreimal so viel wie für die gleichen in lateinischer Schrift.

Japan wird das komplizierteste und unpraktischste Schriftsystem der Welt nachgesagt. Es besteht aus nicht weniger als vier Schriften aller Typen: chinesischen Wortzeichen, die hier *kanji* heißen, zwei Silbenschriften (Hiragana vornehmlich für Flexionsendungen, Katakana für Fremdwörter) und der lateinischen Alphabetschrift Romaji. Jeder Schreiber muss sie nicht nur alle beherrschen, er muss auch wissen, welches Wort bei welcher Gelegenheit in welcher Schrift zu schreiben ist. Gerade diese Kompliziertheit aber gibt dem Computer Gelegenheit, sich im vollen Glanz seines Könnens zu zeigen. Die gesamte Sprache lässt sich in Romaji oder ihren beiden Silbenschriften eintippen. Der Schreiber kann es dem Computer überlassen, welches Zeichen aus welchem System er der Konvention entsprechend jeweils einsetzt. Auf dem Bildschirm oder im Ausdruck also erscheinen nur bedingt die Zeichen, die der Schreiber selber geschrieben hat. Der Schreiber schreibt die Schrift gar nicht, er souffliert dem Computer in einer der einfachen Schriften, was er geschrieben haben möchte.

Hat Japan das komplizierteste und undurchsichtigste Schriftsystem der Welt, so hätte Korea eigentlich das klarste. Bis ins fünfzehnte Jahrhundert wurde auf der koreanischen Halbinsel ausschließlich auf die chinesische Art geschrieben. Da das chinesische Schriftsystem aber nicht gut zur Phonetik, Morphologie und Wortstellung der koreanischen Sprache passte, war das Schreiben ein Krampf und führte zu einer umständlichen gelehrten Schriftsprache, Ido. Als sich der Buchdruck auszubreiten begann, ließ darum König Sejong »aus Mitleid mit dem gemeinen Volk« im Jahre 1446 von Gelehrten am Reißbrett eine völlig neue Schrift entwerfen, Hangul, »koreanische Lettern«. Es ist eine Lautschrift, die ideal auf die Laute der koreanischen Sprache abgestimmt ist: acht Vokale, dreizehn Diphthonge, neunzehn Konsonanten. Jeweils zwei von ihnen setzen sich zu einer koreanischen Silbe zusammen; die elementaren koreanischen Silben sind in einer übersichtlichen Zeichentabelle von zehn mal vierzehn Feldern angeordnet, jede eine Kombination aus einem Konsonanten und einem Vokal. Hangul lässt sich bei der Eingabe also sowohl als Buchstaben- wie als Silbenschrift behandeln; für die Ausgabe braucht es

Ein Satz, sieben Schriftsysteme

»Die erste E-Mail wurde 1971 von Ray Tomlinson verschickt.«

Chinesisch, vereinfacht (Volksrepublik China)

中文简体字：第一封电子邮件是由瑞•汤姆林逊 在一九七一 年 *发出*的。

In Hanyu Pinying:

Zhong(1) wen(2) jian(3) ti(3) zi(4): di(4) yi(1) dian(4) zi(3) you(2) jian(4) shi(4) you(2) rui(4) • tang(1) mu(3) lin(2) xun(4) zai(4) yi(1) jiu(3) [=19] qi(1)yi(1) [=71] nian(2) fa(1) chu(1) de.

(Die eingeklammerten Ziffern bezeichnen den Tonwert des betreffenden Zeichens)

Wörtliche Rückübersetzung: »Chinesische vereinfachte Zeichenform: Das erste Stück elektronische Post ist von Rui • Tangmulinxun im Jahr 1971 ausgesendet.«

Chinesisch, traditionell (Taiwan, Hongkong)

中文繁體字：第一封電子郵件是由湯尼森在一九七一年*所發送*的。

In der Silbenschrift Bopomofo

ㄓㄨㄥ(1) ㄨㄣ(2) ㄈㄢ(2) ㄊㄧ(3) ㄗ(4) ㄉㄧ(4) ㄧ(1) ㄈㄥ(1) ㄉㄧㄢ(4) ㄗ(3) ㄡㄧ(2) ㄐㄧㄢ(4) ㄕ(4) ㄧㄡ(2) ㄊㄤ(1) ㄋㄧ(2) ㄙㄣ(1) ㄗㄞ(4)ㄧ ㄐㄧㄡ(3) ㄑㄧ(1) ㄧ(1) ㄋㄧㄢ(2) ㄙㄨㄛ(3) ㄈㄚ ㄙㄨㄥ(4) ㄉㄜ

(Die eingeklammerten Ziffern bezeichnen den Tonwert des betreffenden Zeichens)

Wörtliche Rückübersetzung: »Chinesische komplizierte Zeichenform: Das erste Stück elektronische Post ist von Tangnisen im Jahr 1971 ausgesendet.«

Japanisch

日本語：最初のイーメイルは、１９７１年に
レイ・トムリンソンにより送付されました。

nihongo: saishōno ī-meiru wa 1971 nenini rei • tomurinson ni yori sôfusaremashita.

Wörtliche Rückübersetzung: »Japanisch: Erste E-Mail 1971 Jahr-in Ray • Tomlinson-von abgeschickt-wurde.«

Koreanisch (Hangul)

한국어: 첫번째 email 은 1971 년 Ray Tomlinson 씨에 의해 전달되었다

Han gug o: Chob bun ze email un chun gu beg chil sip il nyon Ray Tomlinson ssi e oy he chon dal dö od da

Wörtliche Rückübersetzung: »In koreanischer Sprache: Die erste E-Mail 1971 im Jahr Ray Tomlinson Herrn von verschickt wurde.«

Arabisch (bidirektional)

بالخطّ العربي : أُرسل الايمايل الاوّل في سنة ١٩٧١ من راى توملينسون.

Bi'l-ḫaṭṭ al-‘arabī: ‘ursila al-īmāīl al-’awwal fi sannat 1971 min Ray Tomlinson

Wörtliche Rückübersetzung: »In der Schrift der arabischen: Wurde gesandt die E-Mail die erste im Jahre 1971 von Ray Tomlinson.«

Hebräisch (bidirektional)

עברית: הדאר האלקטרוני הראשון נשלח בשנת **1971** על־ידי ריי טומלינסון.

‘ivrit: had-do’ar ha-’eleqtrônî ha-ri’šôn nišlah bišnat ’elef-tša‘-me’ ôt-šiv’im-v’aḥat ‘al-j^{e}deî Reîî Tômlînsôn.

Wörtliche Rückübersetzung: »Hebräisch: Die Post die elektronische die erste wurde gesandt im Jahre Tausendneunhundertsiebzigundeins über die Hände Ray Tomlinsons.«

Jiddisch in moderner hebräischer Schrift (bidirektional)

יידיש: די ערשטע אי-מייל איז פארשיקט געווארן אין 71-סטן יאר פון ריי טומלינסון.

jiddisch: die eršte ’i-meil ’iz faršikt gevorn ’in ’ein-’un-zibetsikstn jor fun Rei Tomlinson.

Bei der Zusammenstellung der Schriftproben haben freundlicherweise geholfen: Klaus Witzenhausen (DCC Display of Chinese Characters GmbH, Hannover); Lai Dan (Generalkonsulat der VR China, Hamburg); S. Busching (Generalkonsulat von Japan, Hamburg); Saeon Hong (Korea Trade Center, Hamburg); Micheal Lehmann (Orientalisches Seminar, Universität Hamburg); Ulf Heinsohn (Berlin).

etwa elftausend graphische Zeichenkombinationen (Glyphen). Dem Schreibenden macht es keine größeren Schwierigkeiten als die anderen Buchstaben- und Silbenschriften. Jedoch, Hangul hat sich nicht durchgesetzt. Bis 1945 galt es als vulgär, und wer etwas auf sich hielt, schrieb weiter in chinesischen Ideogrammen, die in Korea *kanja* heißen. Seitdem ist es in Süd- wie in Nordkorea zwar die offizielle Schrift, trotzdem aber werden daneben weiter *kanja* geschrieben, müssen süd- wie nordkoreanische Schüler in der Schule dreitausend *kanja* lernen – und müssen auch koreanische Computer über Eingabemethoden für diese chinesischen Zeichen verfügen.

Multilinguale Textverarbeitung galt nicht als ein besonders dringliches Problem. Zum einen haben Computeringenieure meist keinen Nerv für sprachliche Fragen und halten sie für nebensächlich und lästig. Zum anderen aber schien auch kein zwingender Bedarf zu bestehen. Die meisten Anwender waren und sind es zufrieden, ihre eigene Sprache und dazu vielleicht noch Englisch am Computer schreiben zu können. Mehr als zwei oder drei Sprachen sprechen und schreiben nur ganz wenige. Aber es sind immer wieder andere Kombinationen aus zwei, drei Sprachen, für die Computer gerüstet sein müssen, und damit beliebige Kombinationen möglich werden, braucht er die volle Multilingualität. Diese erhält er erst jetzt, zu Beginn des neuen Jahrhunderts. Den Ausschlag gab, dass die Großkunden für Bürosoftware multinationale Konzerne sind, die in allen ihren Filialen gern die gleichen Programme einsetzen. Darum konnte ein Programm nicht immer nur für ein, zwei Sprachen geschrieben werden. Es musste in allen Sprachen und Sprachkombinationen laufen, die irgend in Frage kamen. Es musste so internationalisiert sein, dass es in seinem Kern sprachfrei und überall das gleiche war. Es musste sich überall verschiedene Sprachen überstülpen lassen.

Schon Microsofts *Office 97* unterstützte teilweise Unicode und vereinte damit Schriftsysteme, zwischen denen vorher unüberbrückbare Gräben verliefen. *Word 2000* unterstützt die Schriften aller seiner fünfunddreißig Sprachversionen – unter *Windows 2000* voll, unter *Windows 98* noch mit einigen Einschränkungen für Thai, Vietnamisch und mehrere indische Sprachen. »Unterstützt«, das heißt, man kann mitten in jedem Dokument die Benutzeroberfläche, die Tastatur, die Korrekturwerkzeuge (etwa Trennprogramme und Spellchecker) und die Sprache der Hilfetexte wechseln. Man kann jedes Textfragment in einem Dokument ausschneiden und in jede andere Textdatei jedes anderen Computers versetzen, dessen Software ebenfalls auf die Unicode-Tabelle eingerichtet ist, und der Ausschnitt kommt dort wohlbehalten an und nicht als *Pfpf"'Ç‰Á*.

Jeder wird sich dann das Wunder etwa der arabischen Textverarbeitung gönnen können: zu sehen, wie sich auf dem Bildschirm Einzelbuchstaben zu einer Kursivschrift liieren, wie fast jeder Buchstabe sich verändert, sobald man den nächsten schreibt (denn jeden gibt es in bis zu vier Formen, die von seiner Position im Wort abhängen), wie plötzlich, wenn man ein europäisches Wort einfügt, die Buchstaben in die andere Richtung laufen und den Wortanfang nach links von dem arabischen Text davor wegschieben und wie die Zeile am Ende ausgeschlossen wird, indem sich die Buchstaben in der Waagerechten dehnen.

Wer sich noch vor ein paar Jahren gequält hat, seinem Computer auch nur ein *Ä* zu entlocken, mag dann fast versucht sein zuzugeben, dass es so etwas wie Fortschritt doch gibt.

@, der Klammeraffe

Die Karriere des unnützesten aller Zeichen

Vor wenigen Jahren noch war das @ eines der obskuren Zeichen auf einigen wenigen nationalen Schreibmaschinentastaturen und anderswo, in Deutschland zum Beispiel, völlig unbekannt. Kaum einer wusste etwas mit ihm anzufangen. Nun ist das @ allenthalben; keine Computertastatur auf der ganzen Welt kommt ohne es aus. Es ist geradezu zum universal unentbehrlichsten lateinischen Schriftzeichen geworden und seine ungewöhnliche Blitzkarriere hat ihm zu symbolischer Bedeutung verholfen. Es ist die »Ikone der vernetzten Welt«. Der Trendforscher Horst W. Opaschowski hat eine Generation nach ihm benannt und ein Buch über sie geschrieben. Seine »Generation @« ist die angeblich besonders flexible und schnelle Computerjugend, die Generation, für die E-Mail eine Selbstverständlichkeit ist. Was auch immer sie sich brieflich mitzuteilen hat: In jeder einzelnen E-Mail verwendet sie das sonderbare @.

Woher kommt dieses Schriftzeichen, das offiziell »kommerzielles *à*« heißt und englisch und darum auch im Deutschen *»at«*? Über seine Herkunft ist viel gerätselt worden. Ungezählte Webseiten spüren ihr nach. Bis auf einen Aufsatz von Hanno Kühnert, der sichtbar auf eigenen Nachforschungen basiert, kranken fast alle an ihrer Oberflächlichkeit und schreiben bloße vage Gerüchte ungeprüft voneinander ab. Dabei liegt der erste, neueste Teil der Geschichte völlig klar zutage.

Gegen Ende 1971 überlegte Ray Tomlinson, ein Softwareingenieur der Firma Bolt, Beranek & Newman (BBN) in Cambridge, Massachusetts (heute zu GTE Internetworking gehörig), die 1968 für das amerikanische Verteidigungsministerium das erste aller Computernetze eingerichtet hatte, das Arpanet, den Vorläufer des Internet, was sich mit einem solchen Netz wohl noch anstellen ließe. Er kam auf die Idee, dass man darin auch briefliche Mitteilungen verschicken könne, setzte sich hin und schrieb das erste E-Mail-Programm der Welt, das er SNDMSG taufte (unschwer ist darin ein »Send Message« zu erkennen) – nicht ahnend, dass er damit eine bahnbrechende neue Technik begründete, die die Kommunikationswelt mindestens so stark revolutionieren würde wie vorher das Telefon oder das Fax.

Jede versandte *message* brauchte eine für den Computer verständliche Adresse und in jeder Adresse musste stehen, wer ihr Empfänger war und auf welchem Computer sie ihn erreichen sollte: »Person X bei Computer Y«. Der Computername musste der Name sein, unter dem er im Netz registriert war, sein Domänenname. Die beiden Bestandteile mussten unmissverständlich getrennt gehalten werden, damit die involvierten Computer nicht Teile des Domänennamens als zum Personennamen gehörig interpretierten oder umgekehrt. Als Trennzeichen kam nur eines in Frage, das sonst nicht gebraucht wurde und niemals Bestandteil eines Personen- oder Domänennamens war. Viel Auswahl bot die knappe ASCII-Zeichentabelle nicht. Vielleicht wäre noch das amerikanische Nummernzeichen # in Frage gekommen (das seinerseits aus einem *n*, einem durchgestrichenen *n*, hervorgegangen ist); alle anderen wurden anderweitig gebraucht.

So fiel Tomlinsons Blick zwangsläufig auf das unnütze Zeichen, das da auf Position 64 zwischen dem *?* und dem *A* stand. »Das *at*-Zeichen wirkte ganz plausibel«, erinnert er sich. »Ich habe es genommen, um anzudeuten, dass sich der Empfänger ›bei‹ (*at*) einem anderen Computer befand und nicht bei dem des Absenders.« Die erste E-Mail schickte er sich selbst über den Draht des Arpanet auf einen anderen Computer, der im selben Raum stand. Wie sie lautete, weiß er nicht mehr. Nichts Weltbewegendes; etwas wie »QWERTYUIOP«.

Zwei Jahre später waren die Leitungen des Arpanet zu 75 Prozent mit E-Mail ausgelastet, E-Mail war zum alltäglichen Kommunikationsmodus der Ingenieure und Wissenschaftler im Arpanet geworden. »Erst fünf Jahre später«, schrieb das elektronische Magazin *preText*, »dämmerte es den Konstrukteuren des Netzes, dass die E-Mail inzwischen dessen obersten Daseinszweck darstellte. ›Ein überraschender Aspekt des Briefdienstes‹, so hieß es 1976 in einem Bericht für die Arpa [die Advanced Research Projects Agency des Pentagon], ›ist die ungeplante, unerwartete und spontane Natur seiner Entstehung und seines Wachstums in den ersten Jahren. *It just happened*, und seine Frühgeschichte ähnelt mehr der Entdeckung eines Naturphänomens als der Entwicklung einer neuen Technologie.‹«

Der gleiche Umstand, dem das @ seine Aufnahme in die E-Mail-Adresse verdankt, führte dazu, dass es dem Computerbenutzer auch an anderen Stellen begegnet: Es war zufällig da und diente zu nichts, das unnützeste aller Zeichen. In manchen Programmsprachen, Anwendungsprogrammen und Datenbanken wird es darum als Einleitungszeichen benutzt. Es bedeutet dann die Anweisung an den Computer: Achtung, jetzt kommt etwas, worauf ein Programmbefehl anzuwenden ist, zum Beispiel eine Formel, etwa in einem Tabellenkalkulationsprogramm. Als Tomlinson es in die E-Mail-Adresse einfügte, wurde es in Computerprogrammen verschiedentlich als Löschbefehl verwendet. Hätte er das bedacht, so hätte er sicher einen weiten Bogen darum gemacht.

Von der E-Mail-Adresse und der ASCII-Tabelle springen alle Herkunftserklärungen voreiligerweise in einem großen Satz zurück in die tiefe Vergangenheit der Schrift und versuchen dort die Ursprünge des Zeichens dingfest zu machen. Zwei Theorien wetteifern miteinander.

Die eine stammt von dem amerikanischen Handschriftenforscher Berthold Luis Ullman. Er erklärte das @ 1932, lange vor

ASCII und E-Mail, zu einer alten Ligatur, nämlich einer Verbindung aus *a* und einem übertrieben geschwungenen Unzial-*d* – und mithin für eine im Mittelalter geläufige Art, lateinisch *ad* (»zu«) in einem Strich zu schreiben. Semantisch würde es passen. Die Theorie hat jedoch den großen Schönheitsfehler, dass Ullman selber keinen einzigen Beleg für sie anführt und bisher auch sonst niemand in alten Handschriften je einer solchen Ligatur begegnet zu sein scheint. In den Kürzel- und Ligaturenverzeichnissen der Handschriftenforschung ist sie nicht enthalten.

Die andere Theorie führt das @ auf das Arroba zurück, eine bis spät ins neunzehnte Jahrhundert auf der iberischen Halbinsel und in Südamerika benutzte Gewichtseinheit, ein Viertel eines Quintals. In einzelnen Regionen unterschied sich der Wert des Arroba, später wurde es auf 11,5023 Kilo standardisiert. Ein Arroba war also etwa ein Viertelzentner. Das Wort kommt aus dem Arabischen (*ar-roub*) und bedeutet soviel wie »Viertel«. Für diese Theorie spricht, dass das Standardzeichen für das Arroba dem heutigen @ tatsächlich verblüffend ähnlich sah: **@** praktisch ein @, dessen Ringelschwanz sich am Ende zu einer kleinen Quaste verdickt. Dass die Kunde vom iberischen Arroba auch nach Frankreich gelangt und dort vergessen worden sein muss, lässt sich daraus entnehmen, dass einer der französischen Beinamen des @, welches dort offiziell »*a* commercial« heißt, »l'arobas« lautet – ein für Franzosen ganz und gar rätselhaftes Wort, das sie fälschlich auf »*a* rond bas de casse« (»kleines rundes Setzer-*a*«) zurückführen. Aber wie soll das tote spanische Arroba nach Amerika und in die ASCII-Tabelle geraten sein? Dazu gibt es nicht einmal die geringste Vermutung.

Beide Theorien sind also wahrscheinlich falsch. Darum lohnt es sich, zunächst die jüngere Vorgeschichte ins Auge zu fassen. Wie das @ in die E-Mail kam, ist klar: aus der ASCII-Tabelle. Aber wie kam es eigentlich in die ASCII-Tabelle? Es heißt, es sei von der Schreibmaschinentastatur übernommen worden, aber das ist wahrscheinlich nicht ganz richtig. Das @ gehörte zu den Zeichen, die in Amerika schon lange direkt in den Computer eingegeben werden konnten. Es stand nämlich in dem Zeichensatz der 1928 eingeführten IBM Card, aber nicht in ihren kontinentaleuropäischen Pendants und auch nicht auf der konkurrierenden Lochkarte der Firma Remington Rand. Die IBM Card enthielt die Ziffern *0* bis *9*, die Buchstaben *A* bis *Z* und folgende Satzzeichen und Symbole: & # , $. – @ % ¤. Das waren weniger Zeichen als auf der Schreibmaschine, aber das @ war dabei. In die ASCII-Tabelle von der amerikanischen Hollerith-Karte – aber woher hatte die es? Zweifellos tatsächlich von der Schreibmaschinentastatur. Die Kartenlocher, mit denen die Löcher – oder vielmehr Schlitze – in die IBM-Karte gestanzt wurden, waren genau der QWERTY-Tastatur nachgebildet, der universalen Schreibmaschinentastatur.

Dort stand das @ in den zwanziger Jahren – aber ausschließlich in Nordamerika und Großbritannien, in den Vereinigten Staaten über der *2*, in England über der *4*. Dass es im ganzen spanisch-portugiesischen Raum nicht auf der Schreibmaschine vertreten war, besiegelt das Aus für die Arroba-Theorie. In welcher Bedeutung es auf den angelsächsischen Tastaturen stand, unterliegt keinem Zweifel. Ein englisches Lexikon des Maschinenschreibens aus dem Jahre 1932 stellt kategorisch fest: »@ (*zu*, *à* oder *zum Preis von*) darf nur in Rechnungen, Kostenvoranschlägen, Preislisten usw. benutzt werden. Beispiel: @ 60/- doz.« (zum Preis von 60 Schilling das Dutzend). In dieser Bedeutung kann man es in England noch heute manchmal antreffen.

Wie aber kam es auf die angelsächsische Schreibmaschinentastatur? Da die Schreibmaschine des zwanzigsten Jahrhunderts eine amerikanische Entwicklung war, wird sein Ursprung in Amerika zu suchen sein. Die Schreibmaschine, deren Grundtyp sich in der ganzen alphabetisch schreibenden Welt durchsetzen sollte, wurde 1868 von Christopher Sholes, einem Buchdrucker in Milwaukee, und Carlos Glidden konstruiert und 1873 von dem Waffenfabrikanten Philo Remington auf den Markt gebracht. Sholes selber hatte noch an eine alphabetische Anordnung der Tasten gedacht, aber für Remington dann zusammen mit James Densmore ein anderes Tastenfeld entworfen, die nachmals berühmte QWERTY-Tastatur. Sie umfasste zunächst nur Großbuchstaben, sieben Satzzeichen (_ , - : ? ; . /) , das *&* und die Ziffern *2* bis *9* – die *1* musste sich durch das *I*, die *0* durch das *O* vertreten lassen. Das QWERTY-Arrangement sollte wahrscheinlich verhindern, dass sich schnell hintereinander angeschlagene Typenhebel ins Gehege kämen und beim Rückfallen ineinander verklemmten. Erst das zweite Modell der Remington aus dem Jahr 1878 fügte die Umschalttaste und dank ihrer die Kleinbuchstaben hinzu sowie ein paar Satzzeichen mehr, aber kein #, auch immer noch keine *1* und keine *0* – und kein @. Als ein Stenographenkongress in Toronto 1888 eines von inzwischen fünf miteinander konkurrierenden Tastenfeldern zur Norm erklären wollte, wählten sie das am weitesten verbreitete, das der Remington Nr. 2. Damit wurde das QWERTY-Tastenfeld der Remington zur Universaltastatur, die sich mit leichten nationalen Abweichungen überall durchsetzen sollte. In Deutschland wurde sie 1928 zur offiziellen Norm, mit dem Hauptunterschied, dass *y* und *z* die Plätze tauschten und so aus der QWERTY- eine QWERTZ-Tastatur wurde. (Das im Englischen zentrale *y* wurde, da es im Deutschen so selten vorkommt, aus der Mitte ins Abseits verbannt, ganz an den Rand in den Zuständigkeitsbereich des linken kleinen Fingers.) Alle Versuche, die Universaltastatur durch andere, einfachere, praktischere Arrangements zu ersetzen, blieben erfolglos, abgesehen von der Tastatur des amerikanischen Ergonomen August Dvorak aus den frühen dreißiger Jahren, der ein mäßiger Erfolg beschieden war und die bis heute ihre leidenschaftlichen Fans hat. In der Tat sieht die Dvorak-Tastatur sinnvoller aus – die häufigsten Zeichen und damit alle Vokale befinden sich in der zweiten Reihe von unten.

Dass sie der QWERTY-Tastatur wirklich überlegen ist, scheint aber nie bewiesen worden zu sein. Doch darauf kommt es auch gar nicht an. Wenn sich ein System, das mühsam gelernt werden muss – eine Sprache, eine Rechtschreibung, ein Datums- oder Adressenformat, eine Tastaturbelegung – einmal durchgesetzt hat und von vielen »verinnerlicht«, das heißt zu einer Sache automatischer motorischer Abläufe gemacht worden ist, über die nicht mehr nachgedacht werden muss und die nur mit einem gewissen Aufwand wieder verlernt werden könnten, sitzt es fest im Sattel und allen Änderungsversuchen haftet etwas Sektiererisches an, auch wenn Gründe für eine Änderung sprächen. Ein @ enthielt die Dvorak-Tastatur übrigens nicht.

Die Universaltastatur enthielt jedoch ursprünglich auch keines! Dieses war eine Sonderentwicklung erst auf amerikanischen, dann auch auf britischen Maschinen, muss also einem ausschließlich angelsächsischen Bedürfnis entsprochen haben. Erstmals erschien es 1880 auf The Caligraph, konstruiert von George W. N. Yost und Franz Wagner. Diese beiden also sind es, die das @ auf die Schreibmaschinentastatur praktiziert haben. Ihre Tastatur war eine Volltastatur, also eine ohne Umschaltung, auf der Groß- und Kleinbuchstaben eigene Tasten hatten, und entsprach schon darum nicht dem später siegreichen QWERTY-Schema. The Caligraph wurde auch nur ein paar Jahre lang gebaut. In der Folgezeit tauchte das @ hier und da auch auf anderen amerikanischen Konstruktionen mit oder ohne QWERTY-Tastatur auf, aber auf denen des Marktführers Remington einstweilen nicht, und so wäre es möglicherweise wieder verschwunden, hätte nicht Underwood 1896 eine Maschine mit QWERTY-Tastatur herausgebracht, die es enthielt und die des Marktführers sofort überrundete – eine Maschine mit Vorderaufschlag, bei der man sah, was man schrieb, und nicht erst den Wagen anheben musste wie bei der Remington. Remington musste seine ganze Konstruktion ändern; das erfolgreiche, ab 1908 gebaute Modell 11 hatte dann auch das @.

Wenn man die @ auf jenen frühen Tastaturen vergleicht – die Möglichkeit dazu bietet die hervorragende Sammlung des Heinz Nixdorf MuseumsForums in Paderborn –, fällt auf, dass sie von Anfang an alle identisch aussahen. Es war kein Zeichen, das erst noch seine Form finden musste. Sie musste von den Schreibmaschinenkonstrukteuren also offenbar nicht ersonnen werden. Sie müssen sie vielmehr vorgefunden haben. Kam es im Druck vor? Der normale amerikanische Typenkasten enthielt es nicht; im Druck wurde *at* ausgeschrieben. In amerikanischen Schriftmusterbüchern konnte ich es, mit unterschiedlich langen Greifschwänzen, erst ab 1900 entdecken. Möglicherweise haben die Schreibmaschinen also ein handgeschriebenes Zeichen nachgeahmt, eines, das so verbreitet war, dass seine Aufnahme in das Zeichenrepertoire der Schreibmaschine nützlich schien. Auch in Großbritannien muss es in Gebrauch gewesen sein, sonst wäre es dort nicht so willig und schnell übernommen worden. Falls es eine entsprechende Drucktype gegeben haben sollte, so wäre auch sie einem in seiner Form festgelegten handschriftlichen Zeichen nachgebildet gewesen. Unter den Spezialzeichensätzen für einzelne Industrie- und Handelssparten, die im ersten Drittel des zwanzigsten Jahrhunderts für angelsächsische Schreibmaschinen angeboten wurden, kam das @ nur in einem einzigen vor, dort aber gleich fünf Mal: in der Sparte Textil.

Das lässt nun die Hypothese zu, dass die Ableitung aus mittelalterlichen Handschriften oder dem spanischen Arroba viel zu weit hergeholt ist und dass das @ in Wahrheit auf ein vorwiegend (aber nicht unbedingt nur) im Textilhandel Englands und Amerikas benutztes handschriftliches Zeichen in der Bedeutung *at* (»zum Preis von«) zurückgeht. Es ist dann genau, was sein deutscher Name besagt: ein kommerzielles *à*, und ist es immer gewesen.

Aber wieso dann seine kuriose Gestalt? Es ist ja immerhin sonderbar, das *t* nicht neben das *a* zu setzen, sondern es um das *a* herumzuschlingen und seinen Querstrich wegzulassen. Und doch muss es so gewesen sein. Es sei denn, es hätte zwar die Bedeutung von englisch *at*, wäre aber gar kein *a* und *t*, sondern ein französisches *à*. Wahrscheinlich ist es nicht. Anders als im Deutschen ist das französische *à* im Englischen gar nicht geläufig. Es könnte höchstens sein, dass die Tuchmacher und Schneider auch schon damals nach Paris schielten und ihren Preisauszeichnungen eine französische Note zu geben versuchten, in einem Strich, vom *a* zurückgebogen zu einem Gravis und dann, als dieser Ursprung vergessen war, zu einem rein dekorativen, umgreifenden Kringel.

Ein neues, viel benutztes, unbekanntes und unbenanntes Schriftzeichen muss natürlich einen Namen erhalten. Kein anderes hat so viele Spitznamen abbekommen wie das @. In Amerika und Israel heißt es unter anderem *shtrudel*, in Frankreich *escargot* (Schnecke), in Holland *apestaartje* (Affenschwänzchen), in Italien *chiocciolina* (Schnecklein), in Spanien natürlich *arroba*, in Dänemark *snabel*-a (Rüssel-*a*), in Norwegen *kanelbolle* oder *grisehale* (Zimtschnecke, Sauschwanz), in Schweden *kattfot* oder *kringla* (Katzenpfote, Brezel), in Finnland *kissanhanta* oder *miumau* (Katzenschwanz, Miau), in Polen *malpa* (Affe), in Russland *sobatschka* (Hündchen), in Tschechien und Slowakien *zavinac* (Rollmops), in Ungarn *kukac* (Wurm), in Bulgarien *majmunka* (Äffchen), in Griechenland *papaki* (Entchen), in der Türkei *kulak* oder *gul* (Ohr, Rose), im Arabischen *othon* (ebenfalls Ohr), in China *xiao-lao-shu/hao* (Mäuschenzeichen). Der sinnigste Spitzname aber ist wohl doch der deutsche: *Klammeraffe* – nicht nur wegen des überlangen Greifschwanzes der südamerikanischen Klammeraffen, sondern auch, weil deren wissenschaftlicher Gattungsname das *at* enthält: *Ateles*.

Inzwischen hat der Rundschwung des @ schon Schule gemacht und auf die nächsten Buchstaben übergegriffen, das symbolische »e« (»elektronisch«) des Internets (etwa in E-Commerce, E-Banking, E-Book), auf das *i* und das *d*. IBM hat sich ein @

schützen lassen, und wenn es so weitergeht, werden eines Tages alle Buchstaben mit Greifschwänzen versehen sein – jeder ein Ruf ins Internet.

Dass der Klammeraffe oft wie in Amerika *at* (gesprochen »ät«) genannt wird, bringt ein anderes Schriftzeichen in Bedrängnis, das &, mit dem es sowieso häufig verwechselt wird. Das &, das englisch immer *ampersand* hieß (das Wort ist angeblich aus *»and* per se-*and«* entstanden), trug bei deutschen Schriftsetzern und Typographen nämlich immer die Bezeichnung »Etzeichen«. Nunmehr gibt es also ein Et und ein Ät, Verwechslungen sind Tür und Tor geöffnet und dem Et wird nur der Rückzug auf seinen heutigen Normnamen »kommerzielles Und« übrigbleiben, verscheucht vom Klammeraffen.

Das Et-Zeichen hat im Unterschied zum *at* tatsächlich eine sehr lange, mehr als tausendzweihundertjährige Geschichte. In allen seinen vielen Gestalten ist es ein lateinisches *et* (»und«). In den kursiven Unterformen vieler heutiger Druckschriften lebt es in der Gestalt *&* oder *&* fort – die eine noch klar erkennbar mit einem kleinen *e*, die andere mit einem großen *E*. Seine normale Gestalt & ist die rätselhafteste, denn das *Et* ist in ihr nicht mehr auszumachen. Oder doch, jedenfalls wenn man's weiß: links das kursive große *E*, eine umgekehrte *3*, rechts das Kreuz des kleinen *t*, und beides verschmolzen und ohne die Feder abzusetzen in einem Strich geschrieben. Wie die beiden Buchstaben eine so innige Verbindung (Ligatur) eingehen konnten, lässt sich am besten seiner Form in der Mutter aller lateinischen Schriften Europas ansehen, der karolingischen Minuskel. Dort kam das Etzeichen als **&** vor.

Ein noch aus Handschriftenzeiten stammendes, in Deutschland aber fast vergessenes Zeichen hat der Computer hierzulande reaktiviert: das Alineazeichen ¶ (englisch *paragraph* oder *pilcrow sign* – nicht nach einem Kanzleischreiber namens Mr. Pilcrow, sondern nach einer mittelenglischen Verballhornung von *paragraph* im Sinne von »Absatz« zu *pylcrafte*). Seine uralte Bedeutung: »neue Zeile« – und in genau dieser Bedeutung erscheint es als in der Normalansicht verstecktes Steuerzeichen in Computertexten. Es ist älter als das deutsche §-Zeichen, das sich aus ihm entwickelt hat, im Englischen *section sign* heißt und als Paragraphzeichen weniger gebräuchlich ist als das ¶.

Weder ist die Geschichte der Typographie mit dem Computer an ihr Ende gekommen, noch schlägt er ihre Traditionen in den Wind; er hat sie nur ein wenig aufgemischt.

Urheberre©ht im Internet

Der Mythos der großen Freiheit

Ganz am Ende einer Tagung, auf der Bibliothekare zwei Tage lang erschöpfend über das Für und Wider der Digitalisierung ihrer gefährdeten Schätze beraten hatten, stand einer von ihnen auf und fragte in die Runde: Warum bloß digitalisieren die Kollegen immer nur uralte Bücher? Viel nützlicher wäre es doch, den Lesern viel gefragte neue Literatur online zur Verfügung zu stellen. Ein anderer sekundierte: Die müssten dann wahrscheinlich nicht einmal von ihnen selbst digitalisiert werden – seit Mitte der achtziger Jahre läge doch bei den Verlagen die Druckvorstufe praktisch aller Bücher und Zeitschriften in digitaler Form vor und man müsste nur an diese herankommen. Ob nicht einmal jemand mit dem Börsenverein des deutschen Buchhandels über die Überlassung der Satzdateien reden könnte? Es wäre doch eine Kleinigkeit für die Verlage ...

Wenn sich selbst Profis auf so eklatante Weise im Unklaren sind über eine der Grundtatsachen ihres Tuns und eine der Grundgegebenheiten der digitalen Medien – wie soll dann der Amateur, der durchschnittliche Bibliotheksbenutzer und Web-Surfer darauf kommen? Ohne es zu ahnen, hatten die beiden Bibliothekare an einer der wundesten Stellen des anbrechenden digitalen Zeitalters gekratzt. Es war ihnen angesichts der verwirrend neuen Freizügigkeit in den internen und externen Netzen ganz entfallen, dass es ein Urheberrecht gibt und dass dieses – recht und schlecht – natürlich auch für digitale Werke und im Internet gilt.

Das Internet war frei, ist frei und muss frei bleiben – viele von denen, die sozusagen im frühen Internet aufgewachsen sind, hängen noch immer und fast rauschhaft dieser Vorstellung an. »Der möglichst freizügige Zugang zu jeglicher Information ist fester Bestandteil der Internet-Kultur des ›Gebens und Nehmens‹. Die Verheißung des Internets ist die ›Globale Bibliothek‹, der freie Zugriff auf das ›Wissen der Welt‹, von jedem Ort der Welt und zu jeder Zeit«, schrieben Martin Grötschel und Joachim Lügger noch 1996, als jeder Blick ins Internet sie längst eines ganz andern belehrte.

Dem ziellosen Internet-Flaneur, der mal hier oder dort an einer Newsgroup nippt, sich zu einem Chat mit einem Model einfindet, ein Kinoprogramm abruft, eine witzige Kuckucksuhr ersteigert, den Reisewetterbericht oder den neuesten Audioclip seines Lieblingsstars oder einen reparierten Treiber für seine Graphikkarte auf seinen Computer herunterlädt, trübt nichts ebendiese Illusion. Er streift über einen einzigen großen Jahrmarkt, wo überall bunte »Banner« flattern, Musik dudelt, sexy Düfte wehen, Java-Männchen winken, Java-Weibchen zwinkern, Werbesprüche säuseln und dröhnen. »Hereinspaziert, die Herrschaften, immer nur hereinspaziert!« Im Web als Lifestyle-Phänomen, das wahrscheinlich ein vergängliches Phänomen sein wird, ist alles scheinbar grenzenlos und frei. Der Lifestyle-Surfer bezahlt erst hinterher und indirekt – wenn er die Produkte kauft, deren Hersteller ihm den Fun gegönnt haben. Nur wenn er in die XXX-Zone gerät und irgendjemand aus dem Off plötzlich seine Kreditkartennummer will, ehe er an die supergeilen Pornopix gelassen wird, merkt er, dass die Freiheit auch im virtuellen Leben Grenzen hat. Wer dagegen im Internet nicht Fun will, sondern substantielle Informationen und Dienstleistungen, der weiß schon lange, dass es auch im Internet mit rechten Dingen zugeht und nichts umsonst ist. Er ist sich wahrscheinlich auch im Klaren darüber, dass es gar nicht anders sein kann.

»Unternehmen und Verbraucher sind dabei«, schreibt der Guru Jeremy Rifkin, »die zentrale Realität des modernen Wirtschaftslebens aufzugeben: den Austausch von Eigentum zwischen Verkäufern und Käufern auf Märkten. Im einundzwanzigsten Jahrhundert wird die kurzfristige Verbindung zwischen Anbietern und Anwendern von Diensten, zwischen *servers* und *clients* in elektronischen Netzen, unsere gesellschaftliche Dynamik ebenso nachhaltig verändern, wie es der Austausch von Eigentum im vergangenen Jahrhundert getan hat.« So mag es kommen, doch die »zentrale Realität« auch des modernsten Wirtschaftslebens wird, bei aller Veränderung in den Geschäftsbeziehungen, die gleiche sein wie in der Steinzeit: Jede Leistung hat ihren Preis – die einen produzieren etwas, die anderen müssen dafür bezahlen. Ob das Produkt körperlich oder unkörperlich ist, ob es von seinen Adressaten physisch erworben oder nur genutzt wird, ändert an dieser zentralen wirtschaftlichen Realität gar nichts. Einen kurzen Augenblick lang konnte es so aussehen, als sei das Internet der Ort, wo ohne Zutun, auf wunderbare Weise, aus Dreck Gold und aus einer Mark hundert werden. Die Seifenblase der Dottcoms ist sehr schnell geplatzt. Aus dem Zauberwort Internet wurde für viele ein finanzieller Alb. Eine Ökonomie kann nicht davon leben, dass Firmen mit dem Geld, das sie sich aufgrund unrealistischer Geschäftsideen scheffelweise geliehen haben, sich gegenseitig mit Anzeigen im Internet »sponsern«. Am einen Ende muss ein solides Angebot stehen, am anderen eine ausreichende Bereitschaft, für die angebotene Leistung zu zahlen. Auch viele »Achtundsechziger« träumten von der schönen freien Welt, wo die Straßenbahnen zum Nulltarif fahren und die Bücher nichts kosten, weil keine profitgierigen Verleger und Buchhändler daran verdienen. Es war eine Illusion, die schnell zerstob. Auch sozialistische Verlagskollektive mussten Geld einnehmen und trotz persönlicher Enthaltsamkeit lagen ihre Preise nicht wesentlich unter denen der kapitalistischen Konkurrenz; sogar Raubdrucke, von idealistischen fliegenden Händlern abends in den Kneipen verkauft, kosteten etwas. Die Preis-Auflagen-Spirale bei den wissenschaftlichen Fachzeitschriften ist in der Tat ein großes Problem;

aber ob die Journals billiger und kompetenter als von kommerziellen Verlagen von den Hochschulen selber produziert werden könnten, ist sehr die Frage.

Substantielle Informationen und Dienstleistungen sind normalerweise die Frucht von Arbeit und nur wenige können es sich leisten, ihre Arbeit zu verschenken. Ein freies Internet wäre ein ziemlich leeres Internet, halb Hobbythek, halb Werbeveranstaltung, ein universaler, ständiger Flohmarkt, den nebenbei die Geschäftswelt nutzte, um einige ihrer Waren an den Kunden zu bringen. Ein seriöses Kommunikations- und Informationsforum kann das Internet nur sein, wenn dort seriöse Inhalte und Leistungen angeboten werden, und die werden nur angeboten, wenn derjenige, der sie erstellt beziehungsweise erbringt, dafür genauso bezahlt wird wie auch sonst im Leben – oder doch zumindest die Kontrolle darüber behält, was er der Allgemeinheit schenken will und was nicht.

Dass im Internet das Urheberrecht gilt, heißt in der Praxis zum Beispiel, dass man dort frei zugänglich und kostenlos nur Texte, Fotos, Karten, Notenblätter, kurz Werke aller Art findet, deren Urheberschutz abgelaufen ist – oder die von ihren Urhebern aus irgendwelchen Gründen zur beliebigen allgemeinen oder zumindest zur privaten Nutzung freigegeben wurden. Stößt man auf etwas, was urheberrechtlich geschützt ist und von den Rechteinhabern nicht freigegeben wurde, so handelt es sich schlicht um eine Raubkopie, um Klau, um Bootlegging, um einen Akt der Piraterie, egal, ob er guten oder bösen Glaubens begangen wurde. Wer Urheberrechte verletzt, kann auf Beseitigung der Verletzung, auf Unterlassung oder auf Schadensersatz verklagt werden; wer urheberrechtlich geschützte Werke unbefugt verwertet, macht sich strafbar und sieht einer Geldstrafe oder einer bis zu dreijährigen Haft entgegen.

Dass in der digitalen Welt das Urheberrecht nur »recht und schlecht« gilt, hat mehrere Gründe. Erstens wurde es nicht für digitale Objekte gemacht und seine Anpassung an den Stand der Technik kommt nur langsam voran. Zweitens kennt das Netz keine Grenzen, Urheberrecht aber ist immer nur nationales Recht. Es gibt kein Weltcopyright, es gibt lediglich zwischenstaatliche Verträge, die die urheberrechtlichen Regelungen einzelner Staaten aufeinander abstimmen sollen und sie tatsächlich weitgehend harmonisiert haben. Der erste solche Vertrag war die Berner Konvention, die 1886 von neun europäischen Staaten geschlossen und fünfmal ergänzt und erweitert wurde und heute in der revidierten Pariser Fassung von 1971 gilt. Inzwischen sind ihr 142 Staaten beigetreten, die Vereinigten Staaten erst 1989, China 1992, Russland 1995. Das internationale Urheberrecht liegt seit 1974 in der Hand einer Unterorganisation der Vereinten Nationen, der WIPO (World Intellectual Property Organization) in Genf, die ursprünglich aus einer Vereinigung der ständigen Büros der Berner Konvention und einer analogen Erfinderkonvention hervorgegangen war. In der WIPO arbeiten heute 171 Staaten mit.

In Deutschland ist das Urheberrecht ein Persönlichkeitsrecht, und zwar eines eigener Art. Wer ein »Werk« von einiger individueller geistiger »Schöpfungshöhe« schafft, hat das Urheberrecht daran, Punkt. Nicht an einer bestimmten Konkretisierung des Werks, sondern an seinem Inhalt. Sein Urheberrecht ist ein geistiges Eigentum. Er muss es nicht beantragen oder erwerben, er kann es nicht abtreten oder veräußern oder sonstwie loswerden, niemand kann es ihm abkaufen oder abschwatzen – er *hat* es, es entsteht bei ihm von selbst, und nach seinem Tod geht es ohne jemandes Zutun auf seine Erben über.

Sein unveräußerliches Recht als Urheber besteht in einigen moralischen und materiellen Rechten. Die wichtigsten moralischen Rechte sind, dass sein Name in Verbindung mit dem Werk genannt werden muss, dass er keine Entstellungen zu dulden braucht, dass er die Verbreitung unterbinden kann. Die materiellen Rechte bestehen darin, alleine über die Nutzung seines Werks entscheiden zu können, bestimmte Nutzungen zuzulassen und andere zu verbieten. Von diesem Recht macht er in der Regel Gebrauch, indem er einer professionellen Verwertungsagentur – etwa einem Verlag – die Verwertungsrechte überträgt. Der Verlag wird damit nicht Eigentümer seines Urheberrechts, er erwirbt nur eine Nutzungslizenz und, wenn er davon Gebrauch macht, bestimmte eigenständige Leistungsrechte, die dann ebenfalls Schutz genießen.

Die Verwertungsrechte, die der Schöpfer zu vergeben hat, teilen sich in zwei große Gruppen: die »körperliche« Verwertung (Vervielfältigung, Verbreitung, Ausstellung) und die »unkörperliche« (Vorführung, Aufführung, Vortrag, Sendung).

Das Recht des Urhebers besteht nicht ewig. In den meisten Ländern der Revidierten Berner Übereinkunft erlischt es fünfzig Jahre nach dem Tod des Autors, in der ganzen Europäischen Union sind es inzwischen siebzig Jahre, in den Vereinigten Staaten seit 1978 ebenfalls (davor währte dort die Schutzfrist bis zu fünfundsiebzig Jahre nach der Erstveröffentlichung). Nach Ablauf der Schutzfrist wird das Werk Eigentum der Allgemeinheit, es gerät in die *public domain*, es wird »gemeinfrei«. Den gleichen Urheberschutz genießen Übersetzer und Herausgeber. Im deutschen Urheberrecht (§ 70) endet bei wissenschaftlichen Ausgaben gemeinfreier Werke (also etwa bei anspruchsvollen Klassikerausgaben, die mehr als bloße Nachdrucke sind) der Urheberschutz schon fünfundzwanzig Jahre nach ihrer Veröffentlichung, ein Umstand, der die *Digitale Bibliothek*★ möglich gemacht hat.

Das Urheberrecht wurde in den Zeiten geschaffen, da es ausschließlich »analoge« Werke gab; auf die Welt der elektronisch verbreiteten digitalen Objekte lässt es sich an einigen Stellen nur unter Krämpfen oder gar nicht anwenden. So jedenfalls sieht es Nicolas Negroponte, der Guru der Digitalität: »Das Urheberrecht ist völlig überholt. Es ist ein Fossil aus Gutenberg-Zeiten. Da es immer nur reagiert, wird es wahrscheinlich ganz zusammenbrechen müssen, ehe es korrigiert wird. Die meisten machen sich Sorgen um das Urheberrecht nur, weil in der digitalen Welt die Vervielfältigung so leicht ist. Es handelt sich aber nicht nur um die Leichtigkeit, sondern auch um die Tatsache, dass die digitale Kopie so vollkommen ist wie das Original und bei einiger trickreicher Computermanipulation sogar vollkommener. Wie sich in Bitfolgen Fehler korrigieren lassen, kann eine Kopie bereinigt, verbessert, vom Rauschen befreit werden … Niemand weiß genau, wer im Internet für was bezahlt, aber für die meisten seiner Nutzer scheint es frei zu sein. Selbst wenn sich das in der Zukunft ändern und ihm ein rationales Wirtschaftsmodell übergestülpt werden sollte, wird es nur ein paar Pfennige kosten, eine Million Bits an eine Million Menschen zu verschicken. Bestimmt kostet es nicht so viel wie bei der Post oder bei FedEx, wo die Tarife auf dem Transport von Materieatomen beruhen.«

Wo hat und bereitet das Urheberrecht die größten Probleme?

1. Das Urheberrecht definiert, welche Arten von individuellen geistigen Schöpfungen, also von Werken, es gibt: Sprach-, Musik-, Kunstwerke, Fotos, Pantomimen, wissenschaftliche oder technische Darstellungen … Seit 1993 werden in Deutschland auch Computerprogramme dazugezählt und seit 1998 Datenbanken, wenn ihnen wenigstens eine »geringe Gestaltungshöhe« eigen ist. Damit hat sich das Urheberrecht den neuen Verhältnissen angepasst. Aber reicht diese Anpassung? Entstehen in der Netzwelt nicht Werke ganz neuer Art, so dass die Liste der Werkgattungen weiter ergänzt werden müsste? Bisher scheint sich im Web der Werkcharakter nur insofern zu ändern, als sich die traditionellen Werkarten mit größerer Leichtigkeit denn je in einem Werk zusammenfassen lassen. Bücher mit Abbildungen gibt es, solange es Bücher gibt; Bücher mit Tonbeigaben gab es nur wenige; Bücher mit Filmclips nie.

Jedenfalls steht fest, dass auch eine Webseite ein Werk im Sinne des Urheberrechts ist und kein neues Urheberrecht dafür geschaffen werden muss. Sie besteht aus Texten, Bildern, Tondateien und hat ein eigenes Design – alles geschützt. Von analogen Werken unterscheidet sie sich dadurch, dass sie auch ein Computerprogramm enthält – nämlich den HTML-Code, der ihren Aufbau steuert. Auch er ist geschützt. Da er, im Unterschied zu anderer Software, völlig unverschlüsselt daherkommt (jeder kann ihn in einem HTML-Editor in klarstem ASCII ansehen und weiterverarbeiten), lädt er besonders zur Piraterie ein. Doch wer sich aus dem Web Texte und Bilder und einigen hübschen HTML-Code zusammenklaubt und daraus eine eigene Webseite bastelt, begeht mehrere Urheberrechtsverstöße zugleich und kann deswegen belangt werden. Textdigitalisate als solche sind entgegen einer manchmal anzutreffenden Meinung nicht grundsätzlich frei von Urheberrechten. Das simple Abschreiben oder Einscannen eines Textes ist gewiss keine originelle geistige Schöpfung, die Schutz beanspruchen kann, aber hochwertige, mit einer komplexen Auszeichnungssprache eingerichtete Digitalisate genießen durchaus Urheberschutz. In dieser Hinsicht scheint das geltende Recht bisher ausreichend. Ob die Werkdefinition allen künftigen Entwicklungen im Internet gewachsen ist und dort nicht doch ganz neue Werkarten entstehen, bleibt jedoch abzuwarten.

2. Das alte Verhältnis von Original und Kopie gilt bei digitalen Werken nicht mehr. Das Original war immer etwas Besonderes. Kopien werden von Generation zu Generation schlechter; ihnen gegenüber war das Original immer besser, immer echter. Es allein hatte die Aura. Bei digitalen Werken hat die Unterscheidung von Original und Kopie keinen Sinn mehr. Sie sind nicht nur mehr oder weniger täuschend ähnlich, sie sind identisch, sind Klone. Das digitale Werk zersetzt sich auch mit der Zeit nicht mehr. Es bleibt unverändert bestehen, solange es von einem vergänglichen Träger auf den nächsten kopiert wird. Andererseits lässt es sich leichter, unauffälliger und unkorrigierbarer denn je mani-

pulieren, verfälschen, ganz fälschen, zerstören. Der Urheber hat aber auch ein Recht auf die Integrität seines Werks und seine künftigen Leser oder Zuhörer oder Betrachter haben es ebenfalls. Die Lösung dieses Problems ist weniger Sache der Juristerei als der Technik. Es wurden »digitale Wasserzeichen« entwickelt, unsichtbare und unzerstörbare Echtheitszertifikate, die bewirken, dass ein Werk nicht unbemerkt manipuliert werden kann. Sache der Juristerei wird es sein, jedem Urheber einen Anspruch darauf zu garantieren, dass seine Werke in ihrem digitalen Zustand mit einer solchen digitalen Signatur versehen werden.

3. Die Schutzfrist stammt zwar aus weniger schnelllebigen Zeiten, aber da sie nicht an der Vergesslichkeit der Öffentlichkeit bemessen ist, sondern an der Lebensdauer des Urhebers (er und seine unmittelbaren Nachkommen, das ist der Sinn der Regelung, sollen in den Genuss etwaiger Erträge aus der kommerziellen Verwertung kommen können, ehe das Werk der Allgemeinheit anheim fällt), und da sich die mittlere Lebenserwartung im Laufe des zwanzigsten Jahrhunderts verdoppelt hat, scheint sie nicht zu lang.

Womit das Urheberrecht aber gar nicht gerechnet hat, ist die Möglichkeit, in den digitalen Medien verschiedenartigstes Material von vielen Urhebern und aus einer Vielzahl von Quellen zusammenzustellen; die schwerfällige Körperlichkeit der analogen Medien stand dem immer entgegen. Bei dieser Wiederverwertung stellt die Dauer des Schutzes ein großes Hindernis dar. Wenn heute ein Verlag eine CD-ROM oder eine Online-Publikation mit vielen verschiedenen älteren Texten und Abbildungen und Tonbeispielen aus seinen früheren Veröffentlichungen plant, muss er eigentlich Hunderte, vielleicht Tausende einzelner Rechte einholen. Zwar haben viele Autoren seinerzeit sämtliche Verwertungsrechte ihren Verlagen übertragen und »sämtliche«, möchte man zunächst meinen, schlösse auch die elektronischen ein. Das ist aber nicht der Fall. Das deutsche Urheberrechtsgesetz nämlich hält grundsätzlich kein Verwertungsrecht für abtretbar, das zurzeit der Abtretung noch gar nicht »bekannt« war. Dass sich manche Werke auch in den Datenbanken des Internets verwerten lassen, wurde erst Anfang der neunziger Jahre richtig bekannt; CDs gibt es zwar schon länger, nicht aber CD-ROMs. Also kann vor diesem Grenzdatum kein Autor je irgendein elektronisches Verwertungsrecht abgetreten haben, auch wenn er summarisch sämtliche Rechte übertragen hat. Jeder Autor aus der Zeit vor der »Bekanntheit« des Internets (der genaue Zeitpunkt ist noch strittig – manche plädieren für 1985, andere für 1993 oder 1995) muss einzeln gefragt werden, ob er mit der elektronischen Nutzung einverstanden ist und er muss dafür einzeln honoriert werden. In vielen Fällen aber lässt sich nur mit großer Mühe oder gar nicht mehr ermitteln, wo und wie der Autor erreichbar ist, ob er oder seine Erben noch am Leben sind. Vielleicht ist der Autor lange tot, vielleicht sogar schon mehr als siebzig Jahre, und die Suche nach seinem Verbleib wäre gar nicht nötig gewesen. Viele Digitalisierungsprojekte sind unterblieben, weil sich ihre Planer den Verwaltungsaufwand, in dem es meist nur um Pfennigbeträge gegangen wäre, nicht zumuten wollten oder nicht leisten konnten. Darum gibt es bisher so wenige digitalisierte ältere Periodika. Nur bei ganz alten, deren Autoren und Graphiker und Übersetzer mit Sicherheit sämtlich seit über siebzig Jahren tot sind, ist die Digitalisierung rechtlich unproblematisch. Hier steht das Urheberrecht der Medienentwicklung im Wege, ohne den Urhebern zu nützen. In gewisser Hinsicht schadet es ihnen sogar, ihrem Andenken und geistigen Fortleben. Erst seit 1997 die Möglichkeit geschaffen wurde, solche Urheberrechte unter Umständen durch eine Zahlung an die Verwertungsgesellschaft Wort pauschal abzugelten, traut sich der eine oder andere Verlag an die Digitalisierung seiner alten Zeitschriften heran (zum Beispiel der Verlag Beck an seine *Neue Juristische Wochenschrift*).

4. Die größten Schwierigkeiten machen dem geltenden Urheberrecht nicht die neuen Werk-, sondern die neuen Nut-

zungsarten. Der ganze Paragraph 15 des deutschen Urheberrechtsgesetzes will auf die neuen Verhältnisse nicht mehr richtig passen. Körperliche und unkörperliche Verwertung lassen sich nicht mehr so sauber unterscheiden wie in der analogen Welt. Das digitale Werk ist unkörperlich. Es ist fast so unkörperlich wie der geistige Inhalt, der den Gegenstand des Urheberrechts selbst ausmacht und aus dem sich alle Nutzungs- und Verwertungsrechte ableiten: ein noch unverkörpertes Werk, das unvorhersehbar viele konkrete Formen und Gestalten annehmen kann. Offensichtlich kann es trotz seiner Unkörperlichkeit sowohl körperlich wie unkörperlich vervielfältigt und verbreitet werden. Aber dem in analogen Zeiten entwickelten Urheberrecht zufolge gibt es nur eine körperliche Vervielfältigung und Verbreitung. Wenn das Werk auf ein computerexternes Medium gespeichert wird, eine CD oder ein Datenband, kann man das eventuell noch als eine neue Art der Verkörperung verstehen, obwohl die Pointe dieser Speicherung gerade darin besteht, dass sich das Werk – im Gegensatz zur Schrift im Buch – von seinem Träger ablösen lässt. Sofern keine technischen Sperren eingebaut sind (die die Ablösung erschweren, aber nicht verhindern können), lässt es sich sogar schnell, leicht, vollständig und ohne Qualitätsverlust ablösen, um dann wieder in digitaler Gestalt unverkörpert durch die Netze zu schwirren. Aber solange sich eine heruntergeladene Webseite nur im Arbeitsspeicher des Computers befindet und auf dem Bildschirm gerendert wird, ist auch bei angestrengter Wortklauberei der Tatbestand der Körperlichkeit schlechterdings nicht erfüllt. Also ist auch die Vervielfältigung und Verbreitung gar keine und das eigentliche Copyright – das Recht, Kopien herzustellen und zu verbreiten – gar nicht tangiert? Unkörperliche Werke können laut Gesetz nicht vervielfältigt, sondern nur »wiedergegeben« werden, und urheberrechtlich relevant ist allein die »öffentliche Wiedergabe«. Aber was für eine Wiedergabe wäre das Angebot einer Webseite? Eine »Vorführung«? Eine »Sendung«? Der Benutzer ruft jedes Dokument ja selber ab, wann er will und von wo er will. Die vorhandenen Kategorien taugen einfach nicht.

An dieser Stelle wird zurzeit auf Abhilfe gesonnen. 1996 wurde bei der WIPO ein (noch nicht ratifizierter) internationaler Vertrag geschlossen, der die Lücke füllen soll. Er wurde 1997 in eine EU-Richtlinie übersetzt. Seit 1998 ist in Deutschland ein Gesetzentwurf auf dem Tisch, der diese EU-Richtlinie in nationales Recht umsetzen soll und am Ende umsetzen wird – die Mühlen des Gesetzes mahlen langsam, aber die des Gesetzgebers noch langsamer, und wenn viele Gesetzgeber im Spiel sind, die vielen widerstreitenden Interessen gerecht werden müssen, sind der Langsamkeit keine Grenzen gesetzt. Irgendwann aber wird ein neues Verwertungsrecht in das Urheberrecht aufgenommen werden, ein neues Recht der »öffentlichen Wiedergabe« unkörperlicher Werke. In Deutschland wird es wahrscheinlich »Übertragungsrecht« heißen. Dann haben Autoren *»the right of making available to the public of their works in such a way that members of the public may access them from a place and at a time individually chosen by them«* – das Recht, »ihre Werke der Öffentlichkeit dergestalt zugänglich zu machen, dass Angehörige der Öffentlichkeit von einem von ihnen individuell bestimmten Ort und zu einer individuell bestimmten Zeit auf sie zugreifen können«. Wie auch immer formuliert, jedenfalls wird das neue Recht genau auf die interaktive elektronische Übermittlung digitaler Inhalte zugeschnitten sein. Gewonnen wird damit aber zunächst nur, dass sich zumindest juristisch benennen lässt, was sich im Internet täglich millionenfach abspielt.

Ist »Nutzung« bei digitalen Medien etwas grundsätzlich anderes als bei analogen? Bei deren Nutzung »zum eigenen Gebrauch«, die nicht zustimmungspflichtig und damit kostenlos ist, darf man das betreffende Werk ansehen oder anhören, in welcher Gestalt und unter welchem Gesichtswinkel auch immer, man darf es abschreiben oder abzeichnen und mit gewissen Einschränkungen auch kopieren, man darf es privat anderen zeigen, man darf es in eigenen Veröffentlichungen zitieren, sofern das Zitat in einen eigenen Gedankenzusammenhang eingefügt und nicht exzessiv lang ist und die Quelle genannt wird, man darf es aber auf keinen Fall weiterverwerten und weiterverbreiten. Bei digitalen Medien läuft die Nutzung auf genau das gleiche hinaus, auch wenn sie sich technisch anders abspielt. Es ist darum nicht nötig, neue Nutzungsarten einzuführen.

Etwaige Nutzungseinschränkungen wären auch zwecklos, denn sie ließen sich nicht kontrollieren. Eine Bestimmung wie die, dass man das Werk zwar auf die eigene Festplatte speichern, aber nicht auf einen anderen Datenträger kopieren oder ausdrucken dürfe, wäre das Amtspapier nicht wert, auf dem sie stünde. Allenfalls ließe es sich überlegen, ob ein grundsätzlicher Unterschied zwischen Online- und Offline-Nutzung gemacht werden sollte: ob also bei bestimmtem Material jede Art der Speicherung untersagt sein sollte. Abspeicherung und Ausdruck lassen sich immerhin technisch erschweren, wenn auch nicht verhindern, denn wenigstens einen Screenshot könnte sich auch der technisch Unbedarfteste immer machen.

Shareware-Hersteller versuchen oft die Dauernutzung ihrer Software zu unterbinden, indem diese nur eine bestimmte Zahl von Tagen läuft oder indem festgelegt ist, wie oft sie sich aufrufen lässt – nach dreißig Tagen oder fünfzig Mal ist Schluss und auf dem Bildschirm erscheint nur noch ein letztes Bestellformular. Damit kann man den Nutzer und potentiellen Kunden zwar ein wenig ärgern, aber meist kann er solchen Schutz unterlaufen: Er installiert sich die verfallene Software einfach neu und der Countdown beginnt von vorn. Wirksamer ist es, die Lauffähigkeit an ein bestimmtes Datum zu binden. Dann funktioniert das betreffende Programm oder Spiel vom Soundsovielten an nicht mehr, und wer es überlisten will, müsste seinen ganzen Computer auf einen fiktiven Kalender umstellen. Effektiv ist es auch, Teile oder Funktionen zu sperren. Dann hat der Nutzer das betreffende Software-Werk immer in seiner ganzen Pracht vor sich, und wenn es ihm gefällt, ärgert er sich ebenfalls, aber nicht über die Firma, die ihm den Hahn zudreht, sondern nur darüber, dass es ihm nicht uneingeschränkt zur Verfügung steht. Er wird wesentlich williger dafür zahlen als für ein nur halbgeliebtes Werk, das eines Tages den Geist aufgibt und dessen Exitus er verschmerzen kann. Für diese beiderseitige Kalkulation aber – Wie bewege ich den Nutzer am cleversten dazu, käuflich eine Lizenz zu erwerben? Wie viel ist mir die volle Nutzung eines Werkes wert? – braucht es kein Urheberrecht. Es müsste den technischen Möglichkeiten der Nutzungserschwerung und ihrer Überlistung ohnehin immer hoffnungslos hinterherhinken.

5. Der deutsche Entwurf übersetzt WIPO-Vertrag und EU-Richtlinie auf eine Art, die die kommende Urheberrechtsänderung für Bibliotheken gefährlich macht. Er definiert nämlich nebenbei und ohne unmittelbare Notwendigkeit einen der fragwürdigsten Begriffe des geltenden Gesetzes neu: den der Öffentlichkeit. Bisher spricht das Gesetz immer nur von »öffentlicher Wiedergabe« und definiert diese so: »Die Wiedergabe eines Werkes ist öffentlich, wenn sie für eine Mehrzahl von Personen bestimmt ist, es sei denn, dass der Kreis dieser Personen bestimmt abgegrenzt ist und sie durch gegenseitige Beziehungen oder durch Beziehung zum Veranstalter persönlich untereinander verbunden sind« (§ 93,3 UrhG). Und nun darf jeder nach Herzenslust Haare spalten.

Handelt es sich um eine zustimmungs- und damit kostenpflichtige öffentliche Wiedergabe, wenn jemand im Gemeinschaftsraum eines Seniorenwohnheims eine Videocassette mit einem urheberrechtlich geschützten Film einlegt? Einige gucken tatsächlich hin, die »Mehrzahl« ist also gegeben. Aber ist die Beschränkung auf andere Heimbewohner eine »bestimmte Abgrenzung«? Ist sie es nicht mehr, wenn eine Bewohnerin zufällig eine

Nichte zu Besuch hat und diese den Film mitguckt? Ist der Umstand, dass alle Anwesenden im gleichen Heim wohnen, eine persönliche Beziehung? Aber wie andererseits wäre genauer zu fassen, was als »öffentliche Wiedergabe« gelten soll? Manche Dinge bleiben eben besser im gnädigen Schummer der Ungenauigkeit, und wenn sie den Weg vor Gericht finden, mögen Richter ihre kasuistischen Künste an ihnen üben.

Im Entwurf von 1998 – das ist der kleine, aber entscheidende Unterschied – beginnt die Öffentlichkeit nicht erst mit einer Mehrzahl, sondern schon mit der Einzahl. Eine öffentliche Wiedergabe findet statt, so der Entwurf, wenn ein Werk »aufgrund eines an die Öffentlichkeit gerichteten Angebots für einen einzelnen Angehörigen der Öffentlichkeit zugänglich gemacht wird«. Was hier ins Recht eingeführt werden soll, ist etwas Neues: die »sukzessive Öffentlichkeit«, bestehend aus einem Einzigen, sofern ihm später ein anderer folgen könnte. Für Bibliotheken hat sie gravierende Folgen.

Bisher findet in Bibliotheken grundsätzlich keine »öffentliche Wiedergabe« statt, es sei denn bei Dichterlesungen oder Filmabenden. An ihren Computerarbeitsplätzen liest keine Mehrzahl gleichzeitig in demselben digitalen Werk; seine Nutzer treten immer in der Einzahl auf, so wie ein Buch zwar sukzessive an mehrere einzelne Leser ausgeliehen wird, aber nicht an eine Mehrzahl. Bei der Nutzung am Bildschirmarbeitsplatz handelt es sich um eine Nutzung zum privaten oder wissenschaftlichen eigenen Gebrauch, und die ist erlaubt und nicht zustimmungspflichtig. Da niemand sie gestatten muss, kann auch niemand eine Bezahlung dafür verlangen. Die Bibliotheken müssen sich das Recht dazu nicht bei der Verwertungsindustrie erkaufen. »Die Präsenznutzung von audiovisuellen Medien durch eine Einzelperson fällt nach geltendem Recht nicht unter den Öffentlichkeitsbegriff.« (Harald Müller) Die geplante Neudefinition einer sukzessiven Öffentlichkeit würde diesem Zustand ein Ende machen.

Bibliotheken und Verwertungsindustrie ziehen nicht unbedingt am gleichen Strang. In mancher Hinsicht sind sie Bundesgenossen, in anderer natürliche Feinde. Zwar sind öffentliche und wissenschaftliche Bibliotheken Kunden des Buchhandels, Großkunden sogar. Aber sie verleihen die Werke kostenlos an unabsehbar viele und nehmen den Verlagen und dem Buchhandel damit möglicherweise Kunden weg. Alle hatten sich damit abgefunden, dass das so ist und dass es im Interesse des Großen und Ganzen hingenommen werden muss, weil nämlich Wissenschaft und Forschung ohne diese Funktion der Bibliotheken paralysiert wären. Aber als das Fotokopieren aufkam und in den Bibliotheken Fotokopierer aufgestellt wurden, war der Burgfrieden gestört. Er wurde erst wiederhergestellt, als das Fotokopieren gesetzlich geregelt und eine Fotokopierabgabe eingeführt wurde. Seitdem darf in Deutschland kopiert werden, aber nur zu eigenem Gebrauch und nicht ganze Werke, es sei denn, sie sind seit mindestens zwei Jahren im Buchhandel vergriffen. Dann kamen die Bibliotheken den Wissenschaftlern entgegen, indem sie Dokumentenlieferdienste einrichteten und Fotokopien auf Bestellung versandten. Wieder witterte der Buchhandel unlautere Konkurrenz und strengte einen Musterprozess an, durch den der Technischen Informationsbibliothek in Hannover (TIB) der Kopienversand verboten werden sollte. Das Begehren wurde 1999 vom Bundesgerichtshof abgeschmettert: »Der Gesetzgeber [wollte] den Kopienversanddienst öffentlicher Bibliotheken wegen der überragenden Bedeutung, die der freie Zugang zu Fachinformationen für die Allgemeinheit hat, nicht von einem Zustimmungsrecht der Urheberberechtigten abhängig machen.« Das Gericht hatte also abgewogen – hier die kommerziellen Interessen der Verwertungsindustrie, dort der freie Zugang zur Information – und es hatte den freien Zugang über die kommerziellen Interessen gestellt, aber zugleich empfohlen, den Verwertern eine Vergütung für den Kopienversand zu zahlen, abzurechnen über eine Verwertungsgesellschaft. Eine solche Abwägung lässt die geplante Neudefinition der Öffentlichkeit durchaus vermissen. Sie würde den Bibliotheken den Anschluss an das digitale Zeitalter erschweren. Sie dürften urheberrechtlich geschützte Werke, die seit zwei Jahren oder länger vergriffen sind, zwar noch zu eigenem Gebrauch, also zu Zwecken der Bestandserhaltung digitalisieren, aber sie dürften diese digitalen Fassungen keinen Benutzer mehr sehen lassen; jeder einzelne Benutzer wäre bereits Öffentlichkeit.

In Amerika sieht man, dass Bibliotheken auch im digitalen Zeitalter Spielraum brauchen, und hat es inzwischen in ein Gesetz gefasst. 1998 setzten die Vereinigten Staaten den Digital Millennium Copyright Act in Kraft, das »Urheberrechtsgesetz für das digitale Jahrtausend«. Vorher durften nichtkommerzielle Bibliotheken und Archive für die Fernleihe und zur Bestandserhaltung eine einzige digitale Kopie von geschütztem Material anfertigen; jetzt dürfen es sogar drei Kopien sein, aber die Fernleihe ist ausgeschlossen – das Werk kann nur in der Bibliothek selbst eingesehen werden. Andererseits sollen ausdrücklich auch Fernstudenten die digitalen Bestände ihrer Hochschulbibliothek nutzen können: Der Online-Zugriff auf die Bücher und Zeitschriften, die für die Domäne ihrer Hochschule freigeschaltet sind, soll auch von ihrem häuslichen Computer aus möglich sein. Die Archivkopie der Bibliothek darf von dieser beliebig umkopiert werden.

6. Weltweit wird das Urheberrecht nie gelten. Besonders die Entwicklungsländer fühlen sich durch die Schutzbestimmungen benachteiligt. Das intellektuelle Eigentum der industrialisierten Welt wird für sie unerschwinglich und die Kluft immer größer. Aber selbst wenn der unwahrscheinliche Fall einträte, dass alle Staaten der Erde die Copyright-Konventionen unterschrieben, würden diese doch nicht überall gleichermaßen durchgesetzt. So wie es heute Steueroasen gibt, würde es immer in irgendeinem Takatukaland oder auf einem Krokodilarchipel Copyrightoasen

geben, wo nichts wirklich verboten ist. Was ein Server dort ins Internet einspeiste, ließe sich nirgends aussperren. Allenfalls könnte seine Nutzung verboten werden, aber solch ein Verbot wäre nicht durchsetzbar und darum wirkungslos. Sobald etwas in digitaler Form existiert, ließe sich mit genügend Chuzpe, technischem Know-how und einiger krimineller Energie also jeder Urheberschutz unterlaufen. Wenn sich jemand, durchaus legal, Zugang zu einer Datenbasis verschaffte, sie sich Stück um Stück herunterlüde, dabei die Zugriffskontrollen überlistete und sich nicht erwischen ließe, sie dann wieder zusammenpuzzelte und in irgendeinem Bermudadreieck auf einen Server stellte, wäre der Diebstahl perfekt und dem noch so ausgeklügelt geschützten Werk nicht mehr zu helfen. »Hier erreicht jeder Rechtsschutz seine Grenzen«, schrieb der Urheberrechtsexperte Thomas Dreier in einem Gutachten für die Friedrich-Ebert-Stiftung.

Während das Urheberrecht den Entwicklungen in der Informationstechnologie hinterherhinkt und ihnen teilweise hilflos gegenübersteht, bildet sich im Internet ganz von allein ein Usus heraus, der seinen technischen Möglichkeiten wie den geltenden urheberrechtlichen Bestimmungen und auch den unterschiedlichen Interessen seiner Benutzer einigermaßen gerecht wird, ein großer, pragmatischer Kompromiss. Er sieht etwa folgendermaßen aus.

Wer auf jeden Fall verhindern will, dass sein Werk anderen online zugänglich wird, stellt es sicherheitshalber auf keinen ans Internet angeschlossenen Computer; noch besser bringt er es nie in eine digitale Form.

Wer hinnimmt oder gar wünscht, vielleicht sogar dringend, dass sein Werk online genutzt wird, es aber nicht der Allgemeinheit schenken will, stellt es auf einen Internet-Server, richtet jedoch Schranken in Form von Zugangs- und Nutzungskontrollen ein.

Soll zwar jeder freien Zugriff haben, den Inhalt aber nur am Bildschirm einsehen können und auf keinen Fall weiterverwenden, so sperrt er die Abspeicherung und den Ausdruck beim Client. Auch wenn jede Sperre geknackt werden kann, ist sie dennoch einigermaßen effektiv, denn knacken wird sie nur, wer technisch ausreichend versiert und zur unbefugten Nutzung ausdrücklich entschlossen ist. Das unbedachte, beiläufige Kopieren, nur weil es so einfach ist – dieser Regelfall wird unterbunden.

Viele Datenobjekte würde eine solche Barriere jedoch uninteressant machen. Sie werden nur genutzt, weil sie sich speichern und ausdrucken lassen. Sie müssen auf andere Art geschützt werden. Zugriff auf sie erhält nur, wer das Recht dazu erwirbt. Er muss sich registrieren lassen, gegebenenfalls Gebühren zahlen – heute noch meist, indem er seine Kreditkartennummer mitteilt –, erhält einen Benutzernamen und ein verdecktes Passwort und muss sich bei jedem Zugriff damit ausweisen. Der Rechteinhaber führt Protokoll über alle seine Zugriffe und kann unerlaubten Downloads – etwa dem sukzessiven Downloaden ganzer Zeitschriftenjahrgänge – damit wahrscheinlich auf die Spur kommen.

Will eine Institution, eine Bibliothek zum Beispiel, ihren Benutzern geschütztes digitales Material anbieten, so erwirbt sie beim Rechteinhaber eine Lizenz zum Zugriff auf dessen Server. Normalerweise gilt die Lizenz für die gesamte Domäne einer Hochschule; dann kann die Zeitschrift von jedem Computer auf dem Campus aus gelesen werden. Bei jedem Zugriff identifiziert sich der Computer bei dem Server mit der IP-Nummer seiner Domäne. Es ist eine nicht ganz sichere Methode, die sich mit einem Proxy-Server unterlaufen lässt, der der Datenbank die richtige IP-Nummer nur vortäuscht. Insgesamt aber hat sich diese Art der Zugriffskontrolle als praktikabel und ausreichend erwiesen.

Jedenfalls schützt die Zugriffskontrolle die Urheberinteressen wirksam. Aber natürlich ist das Internet alles andere als »frei« oder

»freizügig«, wenn man darin auf Schritt und Tritt auf Login-Tafeln stößt, die einem ein Passwort oder die Kreditkartennummer abverlangen oder das Konto der Bibliothek belasten, von deren Domäne aus man seine Literaturrecherche betreibt.

Ein freier, ungeschützter Online-Zugang zu nichtgemeinfreiem Material bedeutet für den Rechteeinhaber prinzipiell den völligen Kontrollverlust. In dem Augenblick, da er es auf einen Server stellt, kann er nicht mehr bestimmen, wie und von wem sein geistiges Eigentum genutzt wird. Es entflattert ihm in die Netze. Wenn es ihm nicht entflattert, heißt das nur, dass niemand daran interessiert ist. Praktisch aber fällt dieser Kontrollverlust bei einzelnen Datenobjekten sehr verschieden ins Gewicht. Was bei dem einen auf eine Plünderung hinausläuft, ist bei dem anderen der erwünschte Griff in einen Präsentkorb. Zwischen den Polen »offen und frei, aber minderwertig« und »hochwertig, aber gesperrt und kostenpflichtig« hat sich im Web darum eine weite Zwischenzone substantieller und dennoch frei zugänglicher Inhalte herausgebildet.

Einmal sind es die digitalen Angebote öffentlicher Organisationen und Institutionen. Sie werden von diesen finanziert, im Falle der deutschen Bibliotheken mit ihren eigenen Digitalisaten letztlich also von der öffentlichen Hand. Die Bibliotheken geben der Öffentlichkeit, die sie alimentiert, etwas zurück; da sie nur das zurückgeben können, was nicht anderen gehört, kann es sich nur um gemeinfreies Material handeln oder um solches, für das sie eine uneingeschränkte Nutzungslizenz erworben haben. Das große, aller Welt freistehende französische E-Text-Archiv *Gallica** trägt letztlich der französische Steuerzahler. Das große Digitalisierungsprojekt der amerikanischen Kongressbibliothek, *American Memory**, entsteht teilweise mit Bundesmitteln, zum größeren Teil aber mit Mitteln privater Sponsoren.

Sponsoren – das ist die andere Möglichkeit. Das E-Text-Archiv *bibliomania*★ zum Beispiel leistet sich, als Visitenkarte, ein britischer Verlag für die elektronische Publikation. Das amerikanische E-Text-Archiv *Project Gutenberg*★ enthält nur gemeinfreie Werke; es wurde von unbezahlten Freiwilligen zu ebendem Zweck zusammengetragen, es jedermann frei und zu beliebigem Gebrauch zur Verfügung zu stellen, und die Kosten seiner Internetpräsenz trägt ein Hoster, der sich davon Zuspruch zu seiner Domäne erhofft. Bei dem deutschen *Projekt Gutenberg-DE*★, dem skandinavischen *Project Runeberg*★ oder dem italienischen *Progetto Manuzio*★ verhält es sich ähnlich. Das erste hat ein Online-Dienst unter seine Fittiche genommen, das zweite eine Universität, für das dritte hat ein Verein Platz auf einem Universitätsrechner gefunden.

Daneben gibt es aber im Web auch immer mehr, was keineswegs gemeinfrei und trotzdem frei zugänglich ist. Manches steht nur vorläufig gratis da, um zu testen, ob und wie ein digitales Angebot überhaupt angenommen wird, zum Beispiel die Fachzeitschrift *Psycoloquy*★ oder zunächst auch Microsofts Online-Magazin *Slate*, das inzwischen zwanzigtausend zahlende Abonnenten hat. Andere hoffen sich durch Anzeigen zu finanzieren, nachdem es auf Abonnementbasis nicht gelungen ist, etwa die Online-*Britannica*. Vieles aber wird von den Rechteinhabern tatsächlich wissentlich und willentlich verschenkt und das Risiko, dass ihre Großzügigkeit missbraucht wird, nehmen sie dabei in Kauf.

Manche Rechteinhaber verhalten sich immer noch so, als sei das Internet ein Ozean, in dem es von hungrigen Haien wimmelt, die nur darauf lauern, ihnen das kleinste Bisschen digitalen Fleischs von den Knochen zu reißen. Sie verschließen ihre Inhalte in Safes und lassen die Öffentlichkeit nicht einmal von fern einen Blick darauf werfen – erst wer bezahlt hat, bekommt zu sehen, wofür er bezahlt hat. Andere sind offenbar zu dem Schluss gekommen, dass diese Strategie kontraproduktiv und auch unnötig ist, und haben zu einer lässigeren Haltung gefunden. Die rigorose Sicherung vertreibt ja potentielle Kunden. Wer nicht wenigstens ein Abstract des Artikels zu sehen bekommt, für den er zwei bis zwanzig Mark berappen soll, verzichtet vielleicht lieber ganz auf die Bestellung; folglich finden sich im Web häufig Abstracts. Auch hat sich die Konkurrenzsituation im Web völlig geändert. Es ist längst keine Sensation mehr, wenn eine Firma eine Homepage hat. Die Hauptgefahr ist nicht, dass sich alle Welt und darunter möglicherweise auch Diebsgesindel sofort auf den Site stürzt und ihn plündert, sondern dass er in der Sintflut von Seiten untergeht und niemand auch nur Notiz von ihm nimmt. Die Firma oder Institution muss sich also anstrengen, ihrem Web-Auftritt Beachtung zu verschaffen, Besucher auf ihre Homepage zu ziehen. Um Besucher anzulocken, muss sie ihnen aber mehr bieten als Firmenlogo und Adresse.

So ist es dazu gekommen, dass viele Zeitungen und Magazine heute kostenlos im Web zu lesen sind – in der Regel nicht vollständig, sondern nur zu etwa 25 Prozent, so dass sich der Kauf am Kiosk oder das Papierabonnement nicht erübrigt, aber doch in substantiellen Teilen; oder dass andere Zeitungsverlage eine Web-Zeitung mit demselben Titel, aber eigenen, auf das Web zugeschnittenen Inhalten ins Netz gestellt haben, kostenlos und vorerst mit Verlusten. Hin und wieder stößt man auch auf Auszüge aus eigentlich geschützten Büchern, die mehr als bloße Leseproben sind, wie sie in den entsprechenden Verlagsprospekten stehen. Welchen Vorteil versprechen sich die Rechteinhaber davon? Nur ebenden: die Internetpräsenz. Sie möchten im Web vorhanden sein, wenn eines nicht zu fernen Tages die meisten Inhalte aus dem Internet kommen werden.

Die Missbrauchsgefahr wird in Kauf genommen, weil sie gar nicht in jedem Fall so groß ist, wie es den Internetparanoikern vorkommt. Gegen Gesetzeslücken und Kriminelle war kein Werk je vollständig geschützt; immer hätten in der Sowjetunion oder in China Raubkopien auftauchen können, manchmal kam es dazu, meistens aber nicht. Oft macht die kostenlose Online-Fassung der käuflichen analogen Fassung faktisch gar keine Konkurrenz. Es kostet Zeit und Geld, ein Buch abschnittsweise herunterzuladen und auszudrucken. Dass jemand sich eine Bibliothek aus Computerausdrucken aufgebaut hätte, wurde bisher nicht vernommen. Und so wie man ein altes Fahrrad getrost unangeschlossen an die nächste Straßenlaterne stellen kann, fänden auch viele digitale Werke im Web keinen Abnehmer, ob kostenlos oder kostenpflichtig.

Daraus den Schluss zu ziehen, dass überhaupt nur die kommerziell interessantesten Werke geschützt werden müssten, wäre jedoch falsch. Der Schaden wäre zwar nicht so hoch, aber auch Werke mit einem kleinen Nutzerkreis wären bei der kostenlosen Präsentation im Web kommerziell entwertet. Auch lässt sich das ökonomische Potential eines Werkes nicht sicher vorhersagen. Jeder Buchverlag muss sich in jeder Saison aufs Neue überraschen lassen. Vergriffene alte Titel jedoch, deren Rechte an die Urheber zurückgefallen sind und aus denen sie keine Einkünfte mehr erwarten, könnten von diesen sehr wohl frei zugänglich ins Netz gestellt werden. Es wäre eine Möglichkeit, die Große Digitale Weltbibliothek zu erweitern.

Jeder Typ von Datenobjekten hat seine eigenen Missbrauchsrisiken und braucht seine eigene Art von Schutz. Einen Raubdruck der Weimarer Goethe-Ausgabe – ob nach ihrer gedruckten oder digitalen Fassung – würde niemand herstellen, und wenn er Geld dazubekäme. Es wäre sehr teuer und was sollte er damit? Als Abnehmer kämen höchstens einige große Bibliotheken in Frage und die würden sich davon abhalten lassen, Diebesgut aufzukaufen. Eine unerlaubte elektronische Weiterverbreitung der digitalisierten Ausgabe aber wäre für diese eine große Gefahr; einen solchen Kontrollverlust über die Verwertungsmöglichkeiten könnte der Verlag nicht hinnehmen.

Bei Fotos oder Graphiken ist die Gefahr einer unerlaubten körperlichen Weiterverwertung von vornherein nur gering. Ein Foto oder eine Graphik in JPEG-Qualität, wie sie im Web an der Tagesordnung ist, sieht auf dem Bildschirm ganz ordentlich aus, wäre als Druckvorlage aber völlig ungeeignet. Nur die unerlaubte Weiterverwendung im Web ist für die Rechteinhaber ein Problem.

Anders sieht es bei Musik aus. Hier gibt es mit MP3 ein Kompressionsformat, das die fast verlustfreie Übertragung im Internet erlaubt; bei kurzen Musikstücken muss auch die Übertragungsdauer niemanden vom Download abhalten. Audiodateien lassen sich nicht nur auf der Stelle anhören, sondern ohne Umstände elektronisch weiterverbreiten, speichern und auf externe körperliche Datenträger überspielen – jeder kann sich aus den im Internet zusammengeklaubten Audiodateien seine eigenen CDs brennen. »Tauschbörsen« wie Shawn Fannings 1999 eröffnete Webdomäne *Napster*, die in weniger als zwei Jahren fünfzig Millionen User angezogen hat, haben sich den Umstand zunutze gemacht, dass die Bestimmungen des Urheberrechts im Falle der Musik auf die neuen technischen Gegebenheiten der Netzwelt nicht eingerichtet sind.

Wer ein körperliches Vervielfältigungsstück erwirbt, ein Buch, eine Reproduktion, eine Schallplatte, darf es privat nutzen, und zur privaten Nutzung gehört, dass er es an andere verschenken oder verleihen darf. Er darf es natürlich auch mit anderen tauschen. Dem Rechteinhaber entsteht durch den Tausch körperlicher Vervielfältigungsstücke keinerlei Schaden. Im Web nimmt der Tausch von elektronischen Vervielfältigungsstücken jedoch eine völlig neue Qualität an. Die Tauschbörse *Napster* wollte es möglich machen, dass jeder alle seine eigenen Audiodateien mit allen anderen »tauschte«. Jeder Teilnehmer bietet ein (unterstellt: rechtmäßig erworbenes) Musikstück zum Tausch an, indem er es frei zugänglich auf seinen Server stellt; dafür gab ihm *Napster* die Möglichkeit, sämtliche Musikstücke, die die anderen Teilnehmer auf ihrem Server vorhalten, beliebig herunterzuladen. *Napster* selbst vervielfältigte gar nichts. Es spielte nur den Makler der Transaktion, war die Software, die die Kontakte herstellte. Wo liegen die Unterschiede?

Anders als beim Tausch körperlicher Vervielfältigungsstücke war Tauschpartner nicht ein Einziger, sondern die gesamte anonyme Menschheit. Beim Tausch wurde kein Original weggegeben, sondern eine Kopie, weil es im digitalen Aggregatzustand keinen Unterschied zwischen Original und Kopie gibt. Wer etwas »tauschte«, tauschte es nicht wirklich ein – er musste auf sein eigenes Exemplar nicht verzichten. De facto lief die Tauschidee auf eine beliebige kostenlose Vervielfältigung hinaus. Beim körperlichen Tausch gibt einer etwas ab und erhält etwas dafür. Beim elektronischen »Tausch« im Web erhalten alle alles und keiner gibt etwas ab.

Selbstverständlich konnte die Musikindustrie das nicht zulassen. Auch um den Preis, die Computerkids zu vergrämen, die den Großteil ihrer Kundschaft stellen, musste sie die Gerichte bemühen und die fröhliche Tauschaktion stoppen. Zweifellos werden noch lange immer listigere Methoden ersonnen werden, den Urheberschutz zu unterlaufen und jedesmal wird den cleveren Kämpfern für ein freies Netz aus der Netzwelt eine offene oder klammheimliche Genugtuung entgegenwehen. Aber entgegen der Voraussage von Jeremy Rifkin wird das Geschäftsprinzip von *Napster* in Zukunft eben nicht die Regel sein. Der Sache des Internets ist Piraterie wenig förderlich. Sie bremst seine Entfaltung. Was im Netz für seine Schöpfer verloren wäre, wird dort nicht vorkommen.

Das Internet ist zwar groß und unübersichtlich, liegt aber offen da und hat kein Versteck. Jedes Datenpaket, das im Internet unterwegs ist, verrät in seinem Kopf die IP-Nummer des Servers, von dem es kommt, und die des Computers, zu dem es will. Wer auf eine Website – mit oder ohne Zugangskontrolle – zugreift, muss immer gewärtigen, einen Fingerabdruck zu hinterlassen. Immer könnte eine Logdatei auf dem Server aufzeichnen, wann welche IP-Nummer zu Besuch war. Wenn der Besuch nicht unter einer eigenen IP-Nummer da war, sondern mit der eines Internet-Providers, so kann dieser feststellen, wem er wann welche Nummer automatisch (»dynamisch«) zugewiesen hatte. Einem Dieb kommt man im Web also relativ leicht auf die Spur, unter Umständen leichter als in der nichtvirtuellen Welt. Aber auch wenn er beim Bootlegging unertappt bleibt: Sobald er das gestohlene Gut ins Netz stellte, um es dort weiterzuverwerten, verriete er sich unweigerlich. Wenn ein Rauschgiftsyndikat mit voller krimineller Energie über häufig wechselnde Server in Bananenrepubliken, die von Strohmännern angemeldet wurden, einen Versandhandel organisiert, steht die Kriminalpolizei natürlich vor großen ermittlungstechnischen Schwierigkeiten. Sogar in diesem Fall hätte sie immerhin eine Spur. Urheberrechtlich geschützte Werke aber sind kein Rauschgift. Wer unerlaubterweise den neuesten Roman von Stephen King digitalisierte und ins Netz stellte, wäre bald gefasst. Und was hätte er davon außer den Kosten und dem Risiko einer Bestrafung? Würde das Buch überhaupt sofort am Bildschirm verschlungen und nicht mehr im Laden gekauft? Wäre das freie Online-Angebot nicht vielleicht sogar ein Werbegag?

Im angelsächsischen Bereich sind viele Anbieter dazu übergegangen, die Klienten ausdrücklich und unübersehbar darauf hinzuweisen, dass es sich um geschütztes Material handelt und sie den Zugang nur erhalten, wenn sie zusichern, ausschließlich *fair use* davon zu machen (der Begriff fehlt im deutschen Urheberrecht leider): es nur zum privaten oder wissenschaftlichen eigenen Gebrauch zu verwenden. Manchmal lassen sie auch einen Revers dieses Inhalts ausfüllen, bei empfindlicherem Material unter Hinterlegung von Name und Anschrift. So hält es etwa das *Oxford Text Archive** (OTA) mit seinen aufwendigen Digitalisaten. Über die nationalen Urheberrechtsgrenzen hinweg schließen sie sozusagen einen individuellen Vertrag mit dem Nutzer. Wie viel er ihnen international vor Gericht nützen würde, steht dahin. Da aber die große Mehrheit der Menschen Verträge ungern bewusst bricht und sich ungern in Rechtsstreitigkeiten verwickeln lässt, hat diese explizite Fair-Use-Erklärung eine moralische Abschreckungswirkung, die vielen Anbietern auszureichen scheint.

So kommt es, dass im Netz zwar ein unzulängliches und teilweise überholtes Urheberrecht gilt, dass aber Rechteinhaber und Nutzer die Möglichkeit haben, Vor- und Nachteile, Chancen und Risiken ihres Tuns rational abzuwägen, und insgesamt recht gut damit fahren.

Nicht einmal die kleine Ewigkeit

Die Sterblichkeit der Information

Wenn wir mitten in einer beispiellosen Informationsexplosion leben, so gleichzeitig in einer Zeit des beispiellosen Informationsverfalls. Die Ära der Information ist auch eine der Informationsvernichtung.

Dass in den Archiven »Zeitbomben ticken«, in den Bibliotheksmagazinen ein »langsames Feuer« glimmt, sind irreführende Bilder. Flöge hin und wieder ein Magnetbandarchiv in die Luft, ginge hin und wieder eine Bibliothek so dramatisch in Flammen auf wie im Jahre minus 47 die von Alexandria oder 1988 die von Leningrad (dort gingen über 700 000 Papyri verloren, hier über 400 000 Druckwerke), so wäre die Öffentlichkeit alarmiert und Konservierung stünde ganz oben auf der kulturellen Prioritätenliste. Der tatsächliche tägliche Informationsverfall ist jedoch schleichend. Die Katastrophe vollzieht sich langsam und leise und fast unbemerkt. Die Medien, die die Information beherbergen, sind wie Lebewesen: Jedes trägt seine vorgegebene Lebensdauer in sich, in jedem tickt die Uhr des Alterns, und solange es nur altert, tröstet man sich gerne damit, dass es schon noch irgendwie hält. Am Ende aber steht unweigerlich der Tod und niemand und nichts wird die gestorbene Information zurück ins Leben holen.

»Gedächtnis der Menschheit« – so heißt nicht nur ein Konservierungsprojekt der Unesco. Tatsächlich steht das Gedächtnis der Menschheit auf dem Spiel und es handelt sich nicht um ein theoretisches Problem für besinnliche Feierstunden. Der Informationstod vollzieht sich höchst konkret und er vollzieht sich jetzt. Das Problem wird auch trotz aller neuen Techniken nicht kleiner – es wächst mit der Menge dessen, was es zu bewahren gäbe.

Man könnte geradezu ein Gesetz formulieren: Je neuer die Medien und je dichter sie die Information packen, desto kürzer ist ihre Lebenserwartung. Verglichen mit den digital-elektronischen Speichern ist Film ein dauerhaftes Medium und verglichen mit Film hält ein Buch aus Papier eine kleine Ewigkeit nach Menschenmaßen – könnte es zumindest.

Die keilförmigen Schriftzeichen, die in Mesopotamien vor gut fünftausend Jahren mit einem Rohrgriffel in Tontafeln gedrückt wurden, sind heute so perfekt wie am ersten Tag. Die Gebotstafeln, die Moses aus dem Granit des Sinai meißelte, wären heute so lesbar wie damals, hätte es sie je gegeben. Den ungegerbten, durch Spannen geglätteten Ziegen- und Schafhäuten, die vor 2 200 Jahren als Schreibmaterial in Gebrauch kamen, hat der Zahn der Zeit wenig anhaben können: Jahrtausende alte Pergament-Codices sind noch so lesbar wie je. Auch das aus Lumpen handgefertigte Hadernpapier, das im fünfzehnten Jahrhundert das Pergament ablöste, hat sich als erstaunlich dauerhaft erwiesen.

Aber ein Beispiel aus der Antike zeigt auch, was geschieht, wenn Schrift einem unbeständigen Medium anvertraut wird. Papyrus, das gepresste und verklebte Stängelmark einer im Nildelta wachsenden Staudenpflanze, war hoch feuchtigkeitsempfindlich und das Auf- und Abrollen der Papyrusstäbe bei jeder Benutzung strapazierte das empfindliche Material weiter. Wären in den Bibliotheken des vierten Jahrhunderts nicht Papyrusrollen in großer Zahl von emsigen Kalligraphen auf Pergament umgeschrieben worden, von der antiken Literatur wären heute nur jene zufälligen Überbleibsel erhalten, die rechtzeitig irgendwo weitab vom Grundwasser verschüttet wurden.

Papier, vor 1 900 Jahren in China erfunden und über Arabien nach Europa gebracht, ist geduldig, aber es hat seit längerem ein gewaltiges Problem. Im Wesentlichen besteht es aus Cellulose: den verfilzten langen Kettenmolekülen der Zucker, die aus pflanzlichen Zellwänden gewonnen werden. Solange es handwerklich und aus Hadern hergestellt wurde, war es teuer, aber äußerst haltbar.

Handschriften und Akten auf Hadernpapier sind nur darum gefährdet, weil zur Beschriftung oft Eisengallustinten verwendet wurden. Diese enthalten Gallussäure, die zum gefürchteten Tintenfraß führt. Ganze Blattbereiche bekommen haarfeine Risse, und auch wenn ein vom Tintenfraß befallenes Blatt auf den ersten Blick immer noch intakt und lesbar scheint, zerkrümelt es bei der ersten leisen Bewegung zu kleinen Flocken, einem Puzzle, das niemand je wieder zusammensetzen kann. Über zwei Drittel der Bach-Handschriften, deren Großteil – achttausend Blatt – sich im Besitz der Staatsbibliothek Berlin befindet, sind auf diese Weise geschädigt. Bach hat nicht nur eisengallushaltige Tinten benutzt, er hat die Seiten auch noch sehr eng beschrieben, so dass viel Gallussäure in das Papier eingebracht wurde. Schon in den zwanziger Jahren wurde der Zersetzungsprozess erkannt, der in diesen unermesslich kostbaren Autographen im Gange war, aber aufgehalten werden konnte er nicht.

Um 1850, mit der Umstellung auf die maschinelle Produktion, änderte sich die Lebenserwartung des Papiers schlagartig. Seitdem ist das Papier selbst sauer und saures Papier hält nur fünfzig bis achtzig Jahre – unter schonendsten Lagerbedingungen (gleichmäßig trocken, kühl und in Ruhe gelassen) bis zu zweihundert, unter ungünstigsten nur zwanzig.

Sauer wurden die Papiere seit 1850 aus zwei Gründen. Erstens wurde die kostbare Cellulose gestreckt, und zwar mit zerfasertem Nadelholz, Holzschliff, der säurebildendes Lignin enthält, das Harte am Holz. Zweitens wurde der Faserbrei, aus dem das Papier geschöpft wird, unter Zusatz von Alaun oder Aluminiumsulfat mit Harzen geleimt. Dadurch gelangte Schwefelsäure ins Papier. Säuren aber zerfressen die Kettenmoleküle der Cellulose. Schon nach zwanzig Jahren hat saures Papier 80 Prozent seiner Festigkeit und Elastizität verloren. Es vergilbt, wird spröde, später bricht es Biegen und Falten, schließlich zerbröckelt es und zerfällt zu Staub.

Über 95 Prozent alles dessen, was seit 1850 geschrieben und gedruckt wurde, steht auf solchem unbeständigen Stoff. In den wissenschaftlichen Bibliotheken Deutschlands stammen 70 bis 90 Prozent des Bestandes aus der Zeit des sauren Papiers. Etwa 12 Prozent davon (24 Millionen Bände) sind schon heute unbenutzbar, 30 Prozent so vergilbt und bröselig, dass ihr Exitus absehbar ist, und 50 Prozent sind mittelfristig bedroht. Die Nationalbibliothek Frankreichs besitzt zwei Millionen Bücher aus den sauersten Jahren 1875 bis 1960; davon sind 90 000 unwiederbringlich verloren, 580 000 akut und 600 000 mittelfristig gefährdet. Die Library of Congress hat bereits 25 Prozent ihrer Druckwerke jeder Benutzung entzogen; wenn jemand sie jemals wiedersieht, dann nur auf Mikrofilm.

Bei den Akten sieht es nicht besser aus, wie Stichproben in Baden-Württemberg gezeigt haben: 18 Prozent der Akten und 30 Prozent der Karten sind bereits stark geschädigt, 70 Prozent sind gefährdet. Insgesamt, schätzt man, ruhen in Deutschland etwa 2 200 laufende Kilometer Archivgut, unsere ganze amtliche Geschichte, sofern sie nicht schon Bränden, Überflutungen, Raubzügen, Schimmelpilzen oder achtlosem Fotokopieren zum Opfer gefallen ist. Davon sind 1 540 Kilometer bedroht und 352 am Zerfallen.

Was geschieht zur Rettung der geschriebenen und gedruckten Vergangenheit? Obwohl schon seit dem neunzehnten Jahrhundert vereinzelte Warnungen laut wurden, haben Bibliotheken und Archive die Gefahr erst in den letzten zwanzig Jahren in ihrer ganzen Dringlichkeit erkannt, genau in dem Moment, als die große Informationsvermehrung einsetzte und sie immer mehr Mühe hatten, auch nur mit der aktuellen Produktion Schritt zu halten. Mittel und Arbeitszeit, die sie für die Bestandserhaltung aufwenden, gehen den Neuerwerbungen verloren.

So etwa sieht die Rechnung an der größten deutschen Bibliothek aus, der zur Stiftung Preußischer Kulturbesitz gehörenden Staatsbibliothek zu Berlin*. Die Schadensbilanz an ihren etwa sieben Millionen Druckwerken beläuft sich auf 200 bis 300 Millionen Mark. Ihr Erwerbungsetat beträgt jährlich etwa 20 Millionen. Davon versucht sie 3,5 Millionen für Konservierungsmaßnahmen abzuzweigen, 18 Prozent. Unter der abwegigen Annahme, dass überhaupt keine neuen Schadensfälle mehr dazukämen, wäre bei diesem Tempo der Altbestand in fünfundachtzig Jahren gerettet – oder eben nicht mehr, denn bis dahin ist ein großer Teil der zu rettenden Druckwerke längst Staub. »Es wird zu Informationsverlusten kommen«, ist ein Refrain unter Konservatoren und Restauratoren und man hörte und läse ihn noch viel öfter, wäre er nicht längst zu einem tristen Gemeinplatz geworden, von dem keine besonders alarmierende Wirkung mehr auszugehen scheint.

Welche Techniken gibt es, das Leben der Bücher zu verlängern?

Die wichtigste ist die, neue Druckwerke von vornherein auf nichtsaures und holzfreies, also auf alterungsbeständiges Papier zu drucken, um wenigstens keine neuen Säureschäden aufkommen zu lassen. Seit Anfang der neunziger Jahre liegen die Spezifikationen für solche Papiere fest, und da ihre Produktion inzwischen kaum noch teurer ist als die von saurem Papier, finden sie auch zunehmend Verwendung. Archivare klagen über das viele laufende Material, das sie auf Recyclingpapier erhalten, wie es in den Ämtern zum guten Zweck der Umweltschonung reichlich verwendet wird. Dieses ist nicht haltbarer als saures Papier, und wo es auch für Akten mit Archivwürde benutzt wird, kehrt das Problem in wenigen Jahrzehnten wieder.

Die andere wichtige, nämlich ebenfalls für Büchermassen, nicht nur für wertvolle Einzelexemplare in Frage kommende Technik ist die Entsäuerung: die Herauslösung der an der Cellulose zehrenden Säuren und die Einbringung einer »alkalische Reserve« in das Papier, die einige hundert Jahre lang weiterhin entstehende Säuren neutralisiert. Entsäuert werden Bücher schon lange, aber es geschah von Hand und sie mussten dazu in ihre einzelnen Blätter zerlegt werden. Seit den achtziger Jahren wurden mindestens ein Dutzend Verfahren der *Massen*entsäuerung entwickelt und ausprobiert, bei denen die Bücher chargenweise und unzerlegt in einer Art große Waschmaschinentrommel mit einer alkalischen Chemikalie von ihren Säuren befreit werden. Lange hatten alle so viele Nachteile, dass sich die Vereinigten Staaten noch immer nicht zur Massenentsäuerung durchringen konnten und stattdessen auf die Mikroverfilmung setzen. In Deutschland hat sich die Deutsche Bibliothek in Frankfurt 1994 für ein Verfahren der Firma Battelle entschieden, das ohne FCKWs auskommt und die Bücher besonders schonend behandelt, seit auch noch die anfangs erforderliche Mikrowellentrocknung der entsäuerten Chargen überflüssig wurde. Die Anlage steht im Keller der Deutschen Bücherei in Leipzig und kann jährlich etwa 200 000 Bücher entsäuern. Die Schweiz hat vor kurzem dasselbe Verfahren gewählt.

Entsäuerung, ob einzeln oder in Massen, hilft aber nur, wo der Säurefraß noch nicht weit fortgeschritten ist. Da die ersten Jahre für die Säurekarriere eines Papiers besonders bedeutsam sind und ein Papier, das hundertfünfzig Jahre gut überstanden hat, auch fünfhundert überstehen wird, wäre es am günstigsten, alle sauren Bücher sofort zu entsäuern, noch bevor sie in die Magazine eingestellt werden. Dem steht nur die menschliche Abneigung gegen präventive Rettungsaktionen entgegen. Gehandelt wird immer erst, wenn die Katastrophe schon eingetreten ist.

Die Entsäuerung verspricht den sauren Büchern, Karten und Akten eine wesentlich längere Restlebenszeit, stellt aber kein zerstörtes Cellulosemolekül wieder her, macht keinen Schaden wieder rückgängig. (Ob sich das Papier in dem Prozess auch festigen lässt, ist noch eine strittige Frage.) 25 Prozent des Bücherbestandes sind jedoch so vergilbt und brüchig, dass die Entsäuerung bereits zu spät käme. Wenn hier noch jemand helfen kann, dann der Restaurator und nicht mehr der Konservator. Jede Restaurierung ist aber wesentlich teurer als die Massenkonservierung und darum von vornherein kostbaren Einzelstücken vorbehalten.

Zur Restaurierung stark geschädigten Papiers gibt es zwei Verfahren.

Das eine ist die Laminierung: Auf beide Seiten eines Blattes wird eine durchsichtige Folie oder ein dünnes Papier aufgebracht; meist nimmt man schlicht Japanpapier und Kleister.

Das andere Verfahren ist die Spaltung. Haare lassen sich nicht spalten, aber Papier lässt sich, erstaunlicherweise. Die Voraussetzung ist, dass die Säuren die Cellulosemoleküle bereits stark verkürzt haben und das ganze Blatt also auf dem Weg ist, zu Mehl zu werden. Nur »gestrichenes« Kunstdruckpapier mit seiner veredelten Oberfläche, das aber auch weniger gefährdet ist, eignet sich nicht für die Spaltung. Man klebe auf beide Seiten eines geschädigten Blattes, zum Beispiel mit Gelatine, ein festes Trägermaterial, zum Beispiel Filterpapier, und ziehe dann die Trägerbahnen vorsichtig und gleichmäßig auseinander: Auf jeder bleibt eine Seite des Blattes samt ihrer Beschriftung haften, das Blatt ist in der Fläche gespalten. Jetzt klebe man beide Seiten passgenau gegeneinander auf ein sehr dünnes, sehr reißfestes, sehr beständiges Kernpapier, löse die Trägerbahnen ab, und fertig – das zerbröselnde gespaltene Blatt ist fest wieder zusammengefügt. Wenn es in dem Prozess auch entsäuert und mit einem alkalischen Puffer versehen wurde, ist es fit für eine kleine Ewigkeit.

Bis vor kurzem war die Papierspaltung schwierige Handarbeit. Jetzt muss sie es nicht mehr sein. Noch zu DDR-Zeiten entwarfen die Buchrestauratoren Wolfgang Wächter in Leipzig und Günter Müller in Jena gegen den Unglauben und Widerstand ihrer Kollegen eine Maschine, die Papier nicht nur schneller, sondern auch gleichmäßiger und zuverlässiger spaltet als der Mensch. In der DDR gab es keine Mittel, sie auch zu bauen. Das geschah erst nach der Wende mit Fördermitteln aus dem Bundesforschungsministerium durch die Firma Becker Proservotec. Seit 1998 läuft sie, die einzige Maschine ihrer Art auf der Welt, im Leipziger Zentrum für Bucherhaltung (ZFB), einer Ausgründung der Deutschen Bücherei.

Ein Restaurator schafft am Tag fünfundsiebzig bis hundert Blatt, die Spaltmaschine zweitausend und mit einigen Ergänzungen und Modifikationen könnte sie zehnmal so viel schaffen. Die Handspaltung eines Blattes kostet zwanzig Mark, die maschinelle Spaltung fünf, mit gleichzeitiger Ergänzung und Stabilisierung zehn. Wenn die Berliner Bach-Autographen gerettet werden, dann durch die Spaltmaschine. Ein Verfahren für die Massenrestaurierung ist die Spaltung dennoch nicht. Und viele Restauratoren in den Bibliotheken, die es mit sehr kostbaren Autographen zu tun haben, trauen der Spaltmaschine bisher nicht so recht. Wolfgang Wächter meint, eine Maschine widerspreche wohl ihrem Selbstverständnis, in dem sie als eine kauzige Kreuzung aus Künstler, Wissenschaftler und Handwerker dastehen – alles Antimaschinenmenschen.

Aber auch wenn solche Vorbehalte fielen und die Maschine zehnmal so schnell liefe wie heute: Alle jene Blätter, die zu spalten wären, wenn auch nur die 24 Millionen schwerst geschädigter Bibliotheksbände im letzten Augenblick gerettet werden sollen, wird sie niemals spalten. Das heißt, vieles wird verloren gehen. »Es wird zu Informationsverlusten kommen.«

Es sei denn, Bücher und Zeitschriften, die sich aufzulösen beginnen, werden rechtzeitig schlicht nachgedruckt, und zwar auf alterungsbeständigem Papier. Nachdrucke viel benutzter historischer Standarddrucke sind natürlich nichts Neues. Es gibt Verlage (in Deutschland vor allem Olms in Hildesheim), die seit Jahrzehnten darauf spezialisiert sind. Olms bemüht sich seit 1999 um

Sponsoren für eine »Bibliothek der geretteten Bücher«, die in kleiner Auflage nachgedruckt und ausgewählten Bibliotheken sowie dem Goethe-Institut zur Verfügung gestellt werden sollen.

Selbst an den Bibliotheken hat es sich noch nicht herumgesprochen, dass sich die Erhaltungsoption Reprint heute zu ganz anderen Bedingungen als in der Vergangenheit anbietet. Die technischen Voraussetzungen haben sich radikal geändert. Die »Druckvorstufe« ist von der Schwerkraft befreit. Es müssen keine Druckformen, Platten aus Blei oder anderem Metall, mehr hergestellt und auf die Zylinder gewaltiger Druckpressen montiert werden – eine Prozedur, die man nicht um einiger weniger Exemplare willen in Gang bringt. Eine entsprechend vorbereitete digitale Vorlage kann unter Umgehung aller schwerfälligen Maschinerie direkt als Buch ausbelichtet werden. Das heißt, dank digitaler Drucktechnik lassen sich heute viel kleinere Auflagen zu tragbaren Kosten herstellen, sogar ein einziges Exemplar. Hier und da geht man zu Print- und Publishing-on-Demand über: Gedruckt wird nur, was tatsächlich sofort gebraucht wird, nicht auf Vorrat, so dass die Lagerhaltung entfällt, die kostspielig ist, nicht nur, weil der Lagerraum Geld kostet und die Lagerhaltung Kapital bindet, sondern weil ein Verlag im Voraus nie genau wissen kann, wie viele Exemplare er wirklich benötigen wird, er hoffnungsvoll und sicherheitshalber meist mehr drucken lässt, als er schließlich braucht, und darum viel lagerndes bedrucktes Papier eines Tages makuliert werden muss. Die unabdingbare Voraussetzung für jedes Print-on-Demand ist jedoch eine digitale Druckvorlage. Sollen ältere Werke nachgedruckt werden, für die es keine digitalen Satzdateien gibt, so müssen zunächst hochwertige Image-Scans davon hergestellt werden – und das macht den Nachdruck dann doch wieder umso teurer, je kleiner die Auflage ist.

Und wie steht es um die Lebensdauer alles dessen, was von Computerdruckern und Fotokopierern ausgeworfen wird – zunehmend ja nicht nur einmalige Schriftstücke für den kurzzeitigen Gebrauch, sondern Archivdokumente und buch- und zeitschriftenähnliche Publikationen, die ebenfalls ein längeres Leben beanspruchen?

Grundsätzlich können Printerausdrucke und Fotokopien natürlich immer nur so dauerhaft sein wie das verwendete Papier. Bei schlichteren Faxgeräten ist heute noch Thermopapier in Gebrauch. Hier kommt die Farbe aufs Papier, indem der Druckkopf eine hauchdünne Wachsschicht abschmilzt und so an den vom Wachs befreiten Stellen die darunter liegende Farbschicht zum Vorschein bringt. Thermopapier ist außerordentlich licht- und temperaturempfindlich und beginnt schon in dem Augenblick zu vergilben und zu verblassen, in dem es sich aus dem Faxgerät ringelt. Ausdrucke und Fotokopien auf Recyclingpapier haben nur einige Jahre vor sich. Davon abgesehen bescheinigt man Schwarzweißausdrucken, ob von Laser- oder Tintenstrahldruckern, eine recht hohe Lebenserwartung, vielleicht sogar mehrere hundert Jahre. Das Schwarz selbst ist wahrscheinlich genauso beständig wie Druckerschwärze. Die Frage ist nur, wie gut es am Papier haftet. Bei Laserprintern, Fotokopiergeräten und Digitaldruckern, wie sie heute für Kleinauflagen (unter 500), also etwa für Dissertationen und Print-on-Demand benutzt werden, wird die Schriftspur in Form einer elektrischen Ladung von einem Laserstrahl auf eine Trommel geschrieben. Die geladenen Stellen der Trommel ziehen Toner an, ein ebenfalls elektrisch geladenes feines Pulver aus 5 bis 15 Prozent Kohle und 85 bis 95 Prozent eines Polymers. Von der Trommel wird der Toner auf das Papier übertragen und von einer weiteren Walze sofort mittels Druck und Hitze fixiert. Hat das Papier eine abweisende Oberfläche oder reicht die Temperatur nicht aus, so haftet der Toner nicht und schält sich früher oder später ab. In Archiven muss darum regelmäßig der »Schältest« gemacht werden, um sicher zu sein, dass die Geräte die nötige Fixiertemperatur entwickeln. Er besteht einfach darin, zu prüfen, ob die Tonerschrift an einem Klebeband hängen bleibt.

Für die Lebenserwartung von Farbausdrucken gibt es keinerlei allgemeingültige Prognosen. Hier hat man es mit vier verschiedenen Chemikalien zu tun (den Tinten für die drei subtraktiven Grundfarben Cyan, Magenta, Gelb sowie für Schwarz), die sehr verschiedene Eigenschaften haben können und untereinander und mit dem Papier auf eine nur schwer voraussagbare Weise interagieren. Das Wilhelm Imaging Research-Institut in Iowa beschäftigt sich vorwiegend mit der Haltbarkeit von Druckertinten und -papieren – eine entscheidende Frage vor allem für die Zukunft der digitalen Fotografie. Bei seinen Tests kam es zu höchst unterschiedlichen Ergebnissen. Die kurzlebigsten Ausdrucke normaler marktgängiger Tintenstrahldrucker beginnen unter Lichteinwirkung schon nach weniger als sechs Monaten zu verblassen; im Durchschnitt bringen sie es auf sieben bis acht Jahre. Dieser Durchschnitt allerdings sagt so gut wie nichts aus, denn die Streuung ist groß – sie liegt zwischen weniger als sechs Monaten und hundertzwanzig Jahren. Bei speziellen Fotopapierdruckern mit Spezialpapieren und Spezialtinten sieht es günstiger aus. Der bisherige Durchschnittswert der Tests (etwa sechzig Jahre) sagt jedoch ebenfalls wenig aus, denn auch hier ist die Streuung immens – von einem Jahr bis über dreihundert. Wer Wert auf die Dauerhaftigkeit seiner Farbausdrucke legt, muss sich heute also noch sehr genau umsehen. Henry Wilhelm ist jedoch optimistisch. Neue Produkte für den Massenmarkt wie der Epson Stylus Photo 2000P in Verbindung mit der Epson Archival Ink und einem Archivpapier versprechen eine Lebensdauer von über hundert, vielleicht sogar zweihundert Jahren – mehr, als ein Farbfoto jemals hatte.

Selbst saures Papier ist noch ein robuster Informationsträger im Vergleich zu den meisten anderen, die danach kamen. Der Einzige, welcher es mit ihm in puncto Langlebigkeit unter bestimmten, sehr viel engeren Voraussetzungen aufnehmen kann, ist der

Fotofilm. Und genau er ist es, der wenigstens die Inhalte vieler jener Bücher und Periodika retten wird, die selber verloren sind.

Schwarzweißfotos bleichen unter Lichteinwirkung langsam aus und gar nicht langsam, wenn sie nicht ausreichend fixiert wurden. In der Fotoschicht sind extrem lichtempfindliche Silbersalze in einer Gelatine suspendiert. Von Licht getroffen, beginnen Partikel aus reinem schwarzem Silber auszufallen. Bei der Entwicklung wird dieser Ausfallprozess stark beschleunigt, bis an jeder Stelle so viel Silber ist, wie vorher Licht aufgetroffen ist. Anschließend muss das Foto fixiert werden. Dabei werden die unbelichteten Silbersalze ausgewaschen, in der Regel mit Natriumthiosulfat. Wird das Foto nicht ausreichend fixiert, so bleiben Silbersalze zurück, die rasch dunkel werden. Zurück bleiben sollten alleine die schwarzen Silberpartikel, die die Grautöne eines Schwarzweißfotos bilden. Sie jedoch können mit der Zeit oxidieren. Dann entsteht ein »Grundschleier« und der nimmt zu, bis das ganze Foto nur noch ein einziger heller Schleier ist. Die Oxidierung verläuft besonders rasch, wenn nach der Fixierung nicht alles Thiosulfat aus dem Fotofilm oder Fotopapier gespült wurde. Heutigen Bromsilberfotopapieren wird bei fachgerechter Verarbeitung immerhin eine Lebensdauer von fünfzig bis hundert Jahren attestiert, Mikroformen mit einer Halogensilberbeschichtung auf Polyester sogar von fünfhundert bis tausend.

Farbfotos sind wesentlich kurzlebiger. Unter Lichteinwirkung verlieren die bei der Entwicklung gebildeten Pigmente rasch an Dichte, die Farben bleichen in verschiedenem Tempo aus, das Bild wird blasser und farbstichig und immer unschärfer, schließlich verblasst es ganz. Solche »chromogenen« Fotopapiere haben im hellen Licht eine Lebensdauer von nur wenigen Jahren; im Dunkeln sollen sie immerhin bis zu hundert Jahre halten.

Die Art der Lagerung ist bei Fotofilm von großer Wichtigkeit: Eine gleichmäßige Temperatur von minus 18 Grad, 30 Prozent

Luftfeuchtigkeit und völliges Dunkel verlängern seine Lebensspanne angeblich um das Tausendfache. So schlummern größere Mengen von Mikroformen aus deutschen Archiven heute im Schwarzwald, in einem stillgelegten Bergwerk bei Oberried, in verschlossenen Containern späteren Generationen entgegen.

Die Mikroverfilmung ist fast so alt wie die Fotografie selbst und sie ist seit langem das probateste Mittel, wenn schon nicht die Bücher und Akten selbst, so doch ihr Abbild zu konservieren, und das nicht nur wegen der relativen Robustheit der Mikroformen (entweder Mikrofilme oder Mikrofiches). Zum einen ist sie, mit fünfzig Pfennig bis einer Mark pro Seite, relativ kostengünstig; zum anderen beanspruchen Mikrofiches und Mikrofilme nicht viel Magazinplatz. Mikroformen sind im Prinzip so haltbar wie alterungsbeständige Bücher. Auch brauchte jedes Buch, jede Zeitung eigentlich nur einmal mikroverfilmt zu werden, denn wenn einmal ein Masterfilm vorhanden ist, lässt dieser sich unbegrenzt und äußerst billig duplizieren. Um bei der Mikroverfilmung Dubletten zu vermeiden, wird seit 1986 an der Pariser Bibliothèque nationale ein europäisches Register der Mikroformen-Master (EROMM) geführt. Aus der Sicht des Konservators sind Mikroformen also fast das Ideale. Leider nicht aus der Sicht des Lesers. Er braucht ein spezielles Sichtgerät, um sie zu lesen, kann sich dieses nicht aussuchen, muss die gewünschte Seite auf den Fiches und Filmen mühsam lokalisieren, kann sie nicht markieren oder annotieren und nur auf speziellen Reader-Printern kopieren, die in vielen Bibliotheken gar nicht vorhanden sind und meist eine erbärmliche Qualität liefern – kurz, der Inhalt des betreffenden Werks ist zwar vollständig bewahrt und sogar ein Abbild seiner äußeren Gestalt ist erhalten, aber die großen Benutzungsvorteile des analogen Buches sind vollständig dahin, ohne dass dafür die ganz anderen Benutzungsvorteile des digitalen Textzustands eingetauscht wären.

In den Vereinigten Staaten werden in einer nationalen Rettungsaktion zurzeit drei Millionen nur einmal vorhandener saurer Bücher auf Mikroformen abfotografiert. In der Regel aber werden Bücher und Zeitungen bisher nicht zur Rettung, sondern nur zu Schutz und Schonung auf Fotofilm gebannt: viel benutzte Sachen, die noch viel schneller zerfielen, wenn sie ständig zwischen den kühlen Magazinen und den warmen Lesesälen hin und her wechselten und von Benutzern geknickt und geknittert und auf den Fotokopiergeräten malträtiert würden. Aber auch die brutale Mikroverfilmung hat schon manchem Buch den Rest gegeben: Da die Seite um der Schärfe willen bei der Aufnahme plan liegen muss, wurden manche Einbände, die sich nicht vollständig öffnen ließen, praktisch aufgebrochen; hier und da wurden sogar einfach die Buchrücken abgehackt.

Dass die Mikroverfilmung eine Schutzverfilmung sei, nur dazu bestimmt, das Leben der Originale zu verlängern, ist aber sowieso eine liebe Illusion: Am Ende werden Druckwerke aus der Zeit zwischen 1850 und 1990, wenn überhaupt, dann nur in Gestalt von Mikroformen überleben.

Spiel- und Dokumentarfilmen der besten Qualität, Polyester mit Silberhalogenidbeschichtung, wird bei rücksichtsvoller Lagerung eine Haltbarkeit von fünfhundert bis tausend Jahren versprochen. Polyester wird aber erst seit einigen Jahrzehnten verwendet. Vorher war das gebräuchliche Filmmaterial Celluloseacetat, das, wie der Name schon verrät, das gleiche eingebaute Säureproblem hat wie Papier – es zerfrisst sich selbst, und zwar umso rascher, je wärmer und feuchter es lagert. Den Zerfall verrät der Essiggeruch, den solche Filme verströmen. Als dieser Materialtyp um 1950 eingeführt wurde, hieß er »Sicherheitsfilm«, denn er war immerhin nicht so eminent brennbar wie der ältere Cellulosenitratfilm (»Nitrofilm«), der sich schon bei 37 Grad selbst entzündet. Er macht Archive alter Filme zu explosiven Gefahrgutlagern. Die Umkopierung eines Spielnitrofilms auf das rettende Polyester kostet zwanzig- bis fünfzigtausend Mark. Der Film hat also schon vorgemacht, was die Rede von den Informationsverlusten, zu denen es kommen wird, praktisch bedeutet: Von den zwischen 1930 und 1950 entstandenen Filmen haben sich bereits 50 Prozent selbst zerstört (sofern sie nicht auf konventionelle Weise verloren gegangen sind), von den älteren sogar 80 Prozent.

Magnetträger wie Ton- und Videobänder haben ähnliche Probleme wie Filme. Ein verbreiteter Glaube sagt ihnen nach, sie entmagnetisierten sich von allein und müssten sicherheitshalber alle Jahre umkopiert werden. Das ist ein Irrglaube. Eine Demagnetisierung droht ihnen nur in starken Magnetfeldern, zum Beispiel in der Nähe von Trafos. Die Gefahr lauert vielmehr im Trägermaterial und seiner Beschichtung. In früheren Jahrzehnten wurde neben PVC vor allem wie beim Film Celluloseacetat verwendet, das sich bei zu feuchter und zu warmer Lagerung unter Essiggeruch selbst zersetzt; das heutige Polyester dagegen ist stabil. Unter den Bindemitteln, mit denen das magnetisierte Metalloxidpulver auf das Band aufgetragen wird, neigt vor allem das in den siebziger und achtziger Jahren gern verwendete Polyurethan dazu, sich bei zu hoher Luftfeuchtigkeit selbst aufzulösen und den Abtastkopf zu verschmieren. Heutigen Ton- und Video- und Datenbändern wird immerhin eine Lebensdauer von zehn bis zwanzig Jahren zugebilligt.

Ein Jahr, zehn, zwanzig, gar sagenhafte hundert: In einem Archiv für das Gedächtnis der Menschheit ist das alles nur ein Moment. Bei einer derartigen Instabilität der Informationsträger werden schon unsere Enkel nichts mehr von uns wissen.

Aber sind das nicht alles Sorgen, die letzten, aus der unbequemen vordigitalen Zeit? Löst die Digitalisierung der Information nicht auch auf wundersame Weise und gerade noch rechtzeitig das Problem ihrer Konservierung?

Eben das tut sie bisher ganz und gar nicht. Die Digitalisierung führt zwar zu einer neuen Dimension bei der Erzeugung, Verbreitung, Verwaltung der Information und beim Zugriff auf sie, aber im digitalen Zustand ist Information empfindlicher und flüchtiger als in allen anderen. Genauer gesagt: Da sie sozusagen körperlos ist, ist sie eigentlich so unvergänglich wie die Seele – über alle Zeiten hin ließe sie sich verlustfrei von einem Träger auf den anderen übertragen. Aber wie die Seele ist sie nichts ohne einen Körper, in dem sie sich materialisiert, und teilt genau dessen Lebensdauer. Endet diese, im Fall eines Magnetdatenbandes also nach zwanzig Jahren, so geht sie mit ihm unter – es sei denn, ihr wurde rechtzeitig zur Seelenwanderung in einen neuen, jungen Körper verholfen. So heißt der Vorgang auch: Migration. Wenn nur der Datenträger zu verfallen droht, nicht aber die Hardware, die Betriebssysteme und die Ursprungssoftware, genügt ein schlichtes Umkopieren auf einen neuen. Wenn jedoch eine neue Geräte- oder Softwaregeneration auftaucht, müssen die Daten in die neuen Formate migrieren, solange noch Konversionswerkzeuge für die Migration zur Verfügung stehen.

Den Königsweg der Langzeitkonservierung gibt es nicht; es werden viele Wege gleichzeitig gegangen werden müssen, Entsäuerung und Spaltung und Reprint und Mikroverfilmung. Aber Einigkeit besteht unter Experten darüber, dass die Digitalisierung, was immer sonst ihr Nutzen sein mag, bisher leider nicht zu diesen Wegen gehört. Allenfalls hat sie das Potential, eines Tages zu einer weiteren Option zu werden; dazu müsste aber erst noch einiges geschehen.

Schon analoge Information, die für ihre Wiedergabe auf sehr spezielle Geräte angewiesen ist (ausgefallene Schallplattenformate etwa), ist fragil; digitale Information braucht neben dem Gerät auch noch Software zu ihrer Entschlüsselung und ist damit doppelt fragil. Je dichter sie gepackt ist, umso anfälliger ist sie. Es soll optoelektronische Bildplatten geben, die sich nur von dem Gerät lesen lassen, das sie auch beschrieben hat, weil kein anderes je genau dieselbe Fehljustierung besitzen wird.

Lebensdauer (bei optimaler Lagerung und schonender Benutzung)

Magnetbänder und -platten:	10 bis 30 Jahre
Zeitungspapier:	10 bis 30 Jahre
Recyclingpapier:	10 bis 50 Jahre
CD, Optical Disc:	30 bis 100 Jahre
CD-R:	wenige bis 200 Jahre
Chromogene Farbfilme:	bis 100 Jahre
Saures Papier:	20 bis 200 Jahre
Alterungsbeständiges Papier:	über 500 Jahre
Silberhalogenid-Film auf Polyestermaterial:	über 1000 Jahre
Pergament:	über 1000 Jahre

Kostenvergleich für ein Buch von 260 Seiten mit 3000 Zeichen pro Seite

Massenentsäuerung (20 DM pro Kilo) 17 DM	= 0,07 DM pro Seite
Mikroverfilmung (Masterfilm 120 bis 280 DM): durchschnittliches Beispiel 200 DM	= 0,77 DM pro Seite
Digitalisierung per Single Key (einfaches manuelles Abschreiben, Fehlerquote bis 10 Prozent): 585 DM	= 2,25 DM pro Seite
Digitalisierung per Double Key (doppeltes manuelles Abschreiben zum Zwecke des halbautomatischen Vergleichs in Billiglohnländern): 1131 DM	= 4,35 DM pro Seite
Digitalisierung per Image-Scan (Scannen und Speicherung einer nicht reproduktionsfähigen, aber am Bildschirm lesbaren Image-Datei, schwarzweiß 1 bis 2 DM, Farbe über 5 DM): durchschnittliches Beispiel schwarzweiß 390 DM	= 1,50 DM pro Seite
Digitalisierung per OCR (Scannen und automatische Konversion in formatierten Text, je nach Schwierigkeit der Vorlage 0,10 bis 15 DM pro Seite): durchschnittliches Beispiel 350 DM	= 1,35 DM pro Seite
Preservation Reprint (Nachdruck auf alterungsbeständigem Papier nach Image-Scans, ohne Digitalisierungskosten): 175 DM	= 0,68 DM pro Seite
Maschinenspaltung: 2600 DM	= 10,00 DM pro Seite
Handspaltung: 5200 DM	= 20,00 DM pro Seite

Fragil ist sie auch noch aus anderem Grund. Die Steuerlogik von digitalen Ton- und Bildwiedergabegeräten verfügt über eine eingebaute automatische Fehlerkorrektur, die eine gewisse Zahl von Lesefehlern verkraftet, etwa ein unlesbares Bit auf zehn- bis hunderttausend lesbare. Sie setzt sich über das unlesbare hinweg, indem sie interpoliert, man kann auch sagen: Sie errät aus dem Kontext, was an der betreffenden Stelle gestanden haben könnte. Wird diese Fehlerquote überschritten, so gibt das Medium die Information nicht etwa schlechter wieder her, wie eine verkratzte Schallplatte oder ein vergilbtes Buch, sondern mit einem Schlag gar nicht mehr, oder es fallen zumindest ganze Teile völlig aus. Ein verschmutzter CD-Spieler verzerrt nicht den Klang: Solange er kann, gibt er ihn richtig wieder, und überall dort, wo er nicht mehr kann, verfällt er abrupt in völlige Stummheit. Bei Programmdaten kann ein einziges unlesbar gewordenes Bit unter Millionen dazu führen, dass der ganze Bitstrom zu Nonsens wird und nichts mehr läuft. Diese Fehlerquote kann man verwenden, um den Zustand eines Datenträgers abzuschätzen. Nähert sie sich dem Limit, so wird es Zeit für das nächste Umkopieren.

Nichts einfacher als eine wiederholte Migration? Ein Mausklick? Dass dies ein irriger Optimismus ist, weiß jeder, der plötzlich eine Datei benötigte, die er vor nur ein paar Jahren auf einer flappigen 5¼-Zoll-Diskette deponiert hatte. Zum einen brauchte er ein funktionsfähiges Laufwerk für dieses ausgestorbene Format, zum anderen das Programm, das es ihm erlaubt, die Datei aus der kurz zurückliegenden Urzeit zu lesen. Kurz, die Instabilitäten der digitalen Datenträger hatten bisher noch gar keine Gelegenheit, zum Problem zu werden. Lange vor dem physischen Altern der Speichermedien war immer schon sowohl die Hardware obsolet, derer sie bedurften, als auch die Software, die allein den Zahlenstrom aus Nullen und Einsen richtig interpretieren konnte. Die Produktzyklen in der Informationstechnik betragen drei bis fünf Jahre – dann ist jede Computerausrüstung veraltet. So verbietet die rasche Obsoleszenz der Geräte und der sie steuernden Programme jedes Vertrauen in eine auch nur mäßige Langlebigkeit der digitalen Information.

Was könnte den digitalen Daten zu größerer Permanenz verhelfen? Einige Modelle befinden sich in der Diskussion.

Das eine ist das Modell Technikmuseum. Neben den Daten selbst müssten irgendwo auch die Geräte und die Programme aufbewahrt werden, die sie hervorgebracht haben. Es ist illusionär. Nicht ohne Grund kann man in den bestehenden Technikmuseen die Exponate in der Regel nur von außen betrachten. Ob sie auch noch funktionieren würden, ist eine andere Frage – mit Sicherheit nicht, wenn sie von den Museumsbesuchern benutzt werden dürften. All der Schrott müsste ja ständig gewartet werden, um ihn lauffähig zu halten, und jeder weiß, wie fast unmöglich es ist, einen auch nur ein paar Jahre alten Videorecorder mit einem trivialen Schaden repariert zu bekommen. Edisons ursprünglichen Tonzylinderspieler und andere Geräte aus der Frühzeit der analogen Ton- und Bildaufzeichnung könnte ein gewiefter Feinmechaniker notfalls nachbauen. Die elektronischen Geräte mit ihren hochintegrierten Bauteilen aber sind ein für allemal tot, sobald der Nachschub an Originalteilen versiegt.

Das zweite Modell: Emulation, die Nachahmung alter Hard- und Software auf Computern der jeweils aktuellen Generation. Sie setzt voraus, dass ausreichend detaillierte technische Metainformation über die veralteten Systeme aufbewahrt wird, so dass eines Tages die Ausgangslage vollständig rekonstruiert werden kann. Aber wie das? Alle Baupläne und Sourcecodes auf Papier mit hoher alkalischer Reserve drucken und in einem Bergwerk lagern? Und welches Archiv, das etwa einige Faszikel hundertjähriger Gerichtsakten bereitstellen soll, wird je die Mittel und die Zeit haben, ein Ingenieursteam auf die Emulation eines ausgestorbenen Datenformats anzusetzen? Emulation wird bereits praktiziert und wird es weiter werden – aber nur, wo ein sehr großer Datenbestand den sehr großen Aufwand lohnt. Auf die Fanclubs, die einst beliebte ausgestorbene Maschinen – das Ford Model T, den C64 – am Leben halten, wird sich zu Recht kein Archivar verlassen.

Modell drei: eben das Kopieren und die Datenmigration aus einem veraltenden Format in ein aktuelles. Sie ist zurzeit die einzige realistische Möglichkeit der Langzeitsicherung. Sie setzt voraus, dass zusammen mit den Daten die Programme erhalten bleiben, mit deren Hilfe sie erzeugt wurden und wieder entziffert werden könnten; oder dass diese vor den Daten selbst auf die neueren Maschinen migrieren. Das amerikanische Bundesarchiv überprüft sein digitales Sammelgut jährlich einmal stichprobenartig auf die Intaktheit der Daten und alle zehn Jahre werden sämtliche Daten umkopiert oder sie migrieren. Zehn Jahre: Das ist die Lebensdauer, die man magnetischen Datenträgern und der Computerhardware heute zutraut, und es scheint auch die der Betriebssysteme und der auf ihnen beruhenden Anwendungssoftware zu sein.

Nicht alle Datenformate haben die gleiche Lebenserwartung. Eine schlichte ASCII-Textdatei darf man vielleicht für unvergänglich halten – jedenfalls wird sie so lange unversehrt am Leben bleiben, wie sie auf einem lesbaren Datenträger steht, auch wenn sie noch so oft umkopiert wurde. RTF, das plattformunabhängige Format für formatierte Textdokumente, dessen interner Steuercode ganz aus ASCII-Zeichen besteht, dürfte ebenso langlebig sein wie ASCII selbst. Denn wenn die Menschheit eines Tages keinerlei Datenträger mehr lesen kann und verlernt hat, hundert Zahlen hundert Schriftzeichen zuzuordnen, hat sie wahrscheinlich auch kein Bedürfnis mehr nach der Entzifferung irgendwelchen Archivguts aus ihrer Vergangenheit. Aber wenn allein ASCII-Texte aufbewahrt werden könnten, wäre nur ein winziger Abhub der Informationsproduktion der Vergänglichkeit entrissen. Aufbewahrt werden müssen nicht nur die Wörter einiger Sprachen, auch nicht nur formatierte Textdokumente; aufbewahrt werden müssen Texte in allen Schriftsystemen, Schriftarten, Schriftgraden und Schriftattributen der Welt, müssen Graphiken, Tabellen, Formeln, Farbabbildungen, Webseiten, Audio- und Videosequenzen – möglichst genau so, wie sie gedacht waren und geschaffen wurden.

Stephen J. Gilheany, Systemingenieur der kalifornischen Firma Archive Builders, die sich auf die Archivierung digitaler Datenbestände spezialisiert hat, schlägt vor, jedes Dokument in vier verschiedenen Formaten aufzubewahren, etwa sieben solcher vierfachen Dokumente in einem digitalen Faszikel zu bündeln, der einer Aktenmappe in Papierarchiven entspräche, jeden dieser Faszikel elektronisch zu signieren, damit künftige Benutzer erkennen könnten, dass der Inhalt nicht manipuliert wurde, und diese signierten Ordner an mindestens sieben möglichst weit auseinander liegenden Stellen unverändert aufzubewahren. Diese Stellen hätten nur die Pflicht, für die physische Unversehrtheit ihres Sammelguts zu sorgen; emulieren und konvertieren und edieren und erschließen müssten sie es nicht. So, meint er, würden die Sammlungen auch Zeiten der Unterfinanzierung überstehen und sogar die völlige Liquidierung einzelner Institutionen und Organisationen und andere archivarische Katastrophen.

Dies sind die vier Dateiformate, die er vorschlägt: Erstens das Ursprungsformat, in dem das Dokument entstanden ist, etwa *Word*. Ihm gibt er eine Lebenserwartung von nur drei bis neun Monaten. Das heißt nicht, dass *Word*-Dokumente nach spätestens einem Dreivierteljahr unlesbar sind, sondern ist aus der Sicht des Archivars gedacht, der versuchen muss, jedes Dokument absolut originalgetreu zu erhalten. Alle paar Monate gibt jedes größere neue Build jeder *Word*-Version dem Autor ein paar neue Möglichkeiten an die Hand, die von älteren Builds nicht nachvollzogen werden können. Damit es mit Sicherheit exakt so rekonstruiert werden kann, wie es geschaffen wurde, sind die Hardware, das Betriebssystem und das Build der Applikation nötig, mit deren Hilfe es entstand. Das zweite Format wäre ein generelles Dokumentenstrukturformat wie SGML (oder die daraus abgeleiteten Seitenbeschreibungssprachen für das World Wide Web, HTML oder XML). Seine Lebensdauer schätzt er auf dreißig bis fünfzig Jahre. Das dritte wäre ein Format wie PDF von Adobe, das den Text selbst in komprimierter Form und die originalen Schriftzeichen sowie alle anderen graphischen Elemente als Vektorgraphiken enthält. Auch ihm gönnt er dreißig bis fünfzig Jahre. Das vierte schließlich wäre ein Raster-Image des Dokuments, also eine Serie von Pixel-Zeilen, wie sie zum Ausdruck an einen Drucker geschickt wird. Mit ihr könnte man das Dokument wenigstens immer umstandslos betrachten; an ihr könnte man auch messen, ob die späteren Emulatoren der anderen Formate leisten, was sie leisten müssten. Dieser am stärksten vereinfachten Form gibt er eine Lebensdauer von fünfhundert bis tausend Jahren.

Die ewige Festschreibung solcher Standards scheint bisher den Lebensgesetzen der informationstechnischen Industrie zu widersprechen. Aber es besteht immerhin die Aussicht, dass einige dieser Standards solche Verbreitung finden und solche Mengen an Information regieren, dass kein innovationsversessener Entwickler es sich mehr leisten könnte, den Standard leichthin fallen zu lassen.

Gerade erst hatten Musikhörer die Langspielplatte aus Vinyl als eine Erlösung von der überaus zerbrechlichen Schellackschallplatte erlebt, da wurde sie auch schon durch die optoelektronische Compact Disc ersetzt – ein unwiderstehlicher und darum auch unaufhaltsamer Fortschritt. Aber in den fünfunddreißig Jahren, die der LP gehört hatten, von 1948 bis 1983, hatte sich ein solcher Thesaurus an Tondokumenten im LP-Format angesammelt, dass die alten Plattenspieler und die Ersatzteile dafür auch zwanzig Jahre später noch zu haben sind. Um seine alten LP-Sammlungen braucht darum noch niemand zu bangen. Die Masse macht es. Für die Single-LP, die 17½-Zentimeter-Platte, die sich nicht annähernd im gleichen Maße durchgesetzt hatte, wäre schon zehn Jahre später nicht mehr leicht ein Abspielgerät zu finden gewesen. Wenn irgendein künftiges Archiv alte Singles wieder zum Tönen bringen will, wäre das jedoch eine Kleinigkeit. Es müsste nur eine kleine mechanische Modifikation an einem funktionstüchtigen LP-Plattenspieler vorgenommen werden, der seine Laufgeschwindigkeit von 33 auf 45 Umdrehungen erhöht. Eine alte 5¼-Zoll-Floppy lässt sich aber mit einem 3½-Zoll-Laufwerk auf keine Weise mehr lesen – erstens, weil sie gar nicht hineinpasst, zweitens, weil die Steuerlogik des Computers ihre Datenstruktur nicht mehr interpretieren könnte.

Ein Format, das eine große Datenmasse hinter sich versammeln konnte, gewinnt in der nicht zu bremsenden Evolution der Technik eine gewisse Beharrungskraft – und auf die allein kann sich die Hoffnung auf eine längere Lebensdauer stützen. Zumindest lässt sich ein vorsichtiges Vertrauen darein setzen, dass es nicht allzu plötzlich aussterben wird und dass die digitalen Daten darum eine Chance erhalten werden, rechtzeitig in ein anderes, aktuelleres Format zu migrieren.

Als Datenträger hat sich immerhin ein Standard, sogar ein relativ haltbarer, so weit durchgesetzt, dass er zumindest als Zwischenlösung taugen dürfte: die Compact Disc und ihr Abkömmling, die DVD. Eine CD besteht aus einer Scheibe hartem, glasklarem, dauerhaftem Polycarbonat, in die oben eine von innen nach außen laufende Spiralspur von mikroskopischen Vertiefungen (Pits) eingeprägt ist. Sie enthält die digitale Information in binärer Form als eine Folge von Pits (Gruben) und Lands (Stegen) und wird von einem Laserstrahl ausgelesen. Damit er das kann, muss die Scheibe ihn reflektieren; und damit sie reflektiert, wird oben eine spiegelnde Metallschicht aufgesprüht, die wiederum mit einer Schutzschicht aus Acryllack gesichert wird. Gelesen wird die Scheibe von unten. Sicher ausgelesen kann die

Spur nur werden, wenn der Reflexionskontrast zwischen Pits und Lands hoch ist. Alles, was ihn beeinträchtigt, verringert die Lesbarkeit der CD. In den ersten Jahren wurde als Spiegelschicht Aluminium verwendet. Dieses wurde durch Oxidation so rasch stumpf, dass man meinte, der Reflexionskontrast werde höchstens fünf Jahre lang hoch genug sein. Beschleunigt wurde die Oxidation in der Anfangszeit noch durch die für die Beschriftung verwendeten Tinten, die sich durch den Acryllack zum Aluminium durchfraßen. Aber diese Kinderkrankheiten sind behoben. Heute werden meist Chrom-Aluminium-Legierungen verwendet, die sehr viel langsamer oxidieren, so dass der CD inzwischen eine Lebensdauer von fünfzig bis achtzig, vielleicht sogar hundert Jahren zugetraut wird. (Eine hochwertige CD erkennt man daran, dass sie, gegen eine starke Lichtquelle gehalten, nur wenig Licht durchlässt.) Bei den CD-Rs zum Selberbrennen wird auf die Trägerschicht ein organischer Farbstoff – ein Dye – aufgebracht, in den der Laser die Datenspur aus Pits und Lands hineinschreibt. Die Haltbarkeit hängt von der Zusammensetzung dieses Dye ab. Die Farbe allein gibt keinen Aufschluss. Von den echtes Gold enthaltenden und damit gegen das Rosten gefeiten Dyes heißt es jedoch, dass sie vielleicht sogar mit 200 Jahren rechnen dürfen; die billigeren silberblauen sind unter Umständen empfindlich gegen UV-Licht und halten in diesem Fall wahrscheinlich nur einige Jahre.

So unempfindlich, wie sie zunächst schien, als sie die höchst verkratzbare und verschleißbare Langspielplatte ablöste, ist die optoelektronische CD, bei der kein harter Abtaststift mehr sich an weichem Plastikmaterial reibt, natürlich nicht. Kratzer oder Schmierflecken auf der freien Unterseite können dem Laserstrahl im Weg sein. Manchmal hilft es, die Unterseite sehr behutsam zu säubern. Hitze und Licht beschleunigen die Oxidation und verringern die Lebensdauer.

Wie die verwendeten Plastikstoffe und Dyes einzeln und im

Verbund tatsächlich altern werden, weiß kein Mensch. Voraussagen gründen sich in der Regel auf Alterungsexperimente. Diese simulieren das Vergehen der Zeit, indem sie einige der zu erwartenden Strapazen zeitlich raffen – also etwa die Medien häufigen starken Temperaturwechseln oder starkem Licht oder hoher Luftfeuchtigkeit oder ständigem rücksichtslosem Gebrauch aussetzen. Es ist durchaus sinnvoll, mit diesen Stressoren zu rechnen; aber ob in der Echtzeit nicht noch ganz andere auftreten, lässt sich schwer absehen. Alterungsexperimente erlauben darum Wahrscheinlichkeitsprognosen. Die Gewissheiten, die Archivare gerne hätten, bringen sie nicht, und der Archivar, der auf Nummer Sicher gehen will, traut der CD wie der DVD nach wie vor bloße fünf Jahre zu.

Wenn schon zweifelhaft ist, wie sich einzelne genau identifizierte »Datenobjekte« langfristig bewahren lassen – was ist dann mit dem Internet selbst, seiner ganzen brodelnden Datenmasse, die wächst und wächst und keine fünf Minuten stillhält? Die durchschnittliche Lebensdauer einer Webseite beträgt vierundvierzig Tage und die meistgefürchtete Meldung bei der Suche im World Wide Web ist die Meldung HTTP 404: »Die Seite wurde nicht gefunden« – es gab sie einmal und gibt sie nicht mehr. Als das *Internet Archive*, eine von dem Suchmaschinenexperten Brewster Kahle begründete nichtkommerzielle Organisation in San Francisco, die Frühgeschichte des Web zu rekonstruieren versuchte, die Jahre 1993 bis 1995, war fast nichts davon mehr vorhanden, bis auf eine Hand voll Seiten, die durch Zufall auf irgendwelchen Servern vergessen worden waren. Seit 1996 sammelt und speichert dieses *Internet Archive*[3] öffentlich zugängliche Websites und Usenet Groups (Diskussionsforen), in Zusammenwirkung mit dem inzwischen zu Amazon.com gehörenden Internetsuchdienst

3 www.archive.org

Alexa, der alle paar Monate einen Agenten vorbeischickt und eine Momentaufnahme von ihnen machen lässt. Anfang 2000 hatte das *Internet Archive* eine Größe von 20 Terabyte erreicht, 20 Millionen Megabyte. Angestrebt sind 100 Terabyte, die der wissenschaftlichen Forschung von Fall zu Fall zugänglich gemacht werden sollen. Wenn das gesamte Web zurzeit 25 bis 50 Terabyte umfasst und fast sein ganzer Inhalt innerhalb eines Jahres verändert oder ausgetauscht wird, so kann auch diese heroische Initiative, wenn sie durchgehalten wird, nur einen Bruchteil des Webs konservieren. Und das hat gerade erst angefangen. Niemand also wird sich darauf verlassen können, dort etwas Bestimmtes je wiederzufinden. Etwas größer ist die Aussicht bei dem derzeit einzigen anderen konkreten Projekt der Langzeitarchivierung von Web-Inhalten, aber das Sammelziel ist auch bescheidener und umgrenzter: Seit 1997 archiviert die australische Nationalbibliothek in ihrem *Pandora Project*[4] Online-Veröffentlichungen – nicht alle, sondern nur australische, und nicht alle australischen, sondern von Hand ausgewählte, und nicht automatisch, sondern so, wie jede Bibliothek schon immer gedruckte Publikationen archiviert hat, gleichzeitig auf Erhaltung und auf Erschließung bedacht.

Und der Rest? Verloren. Die ganze heutige digitale Herrlichkeit trägt Verfallsdaten in sich und viele von diesen sind nahe. Mancher mag das sogar begrüßen. Informationsmüll ist so wenig aufhebenswert wie anderer Müll. Aber was ist Müll? Und ist nicht, was für den einen Müll ist, für den anderen eine kostbare Antiquität?

Die Geistes- und Sozialwissenschaften sind, zumindest potentiell, historisch eingestellt. Hier zitiert man Plato und gerät in Verzückung über ein neu entdecktes Autograph des sechzehnten Jahrhunderts. Für die größere STM-Gemeinde (*science*, *technology*,

4 http://pandora.nla.gov.au/pandora/bpm.html

medicine) ist eine solche Einstellung schwer verständlich. Hier ist der Zeithorizont sehr eng. Die Vergangenheit hat vor drei, höchstens fünf Jahren angefangen; was sich davor erstreckt, ist uninteressante Vorvergangenheit. Warum soll ein Ingenieur die Protokolle einer verschollenen Verfahrenstechnik archivieren, die wahrscheinlich weder er noch sonst jemand jemals wieder brauchen wird? Warum soll ein Informatiker die Dokumentationen zu den überlebten Computersprachen und -werkzeugen aufbewahren, die er im Laufe seines Lebens lernen und wieder verlernen musste? Um den Kopf für das frei zu haben, was heute ansteht, muss man vergessen können. Die ganze Informationsflut, die die Gegenwart schon nicht bewältigt, kann nicht der Zukunft aufgebürdet werden, die ihren eigenen Informationsstress haben wird. Die mentale Hygiene verlangt nach rascher Entsorgung.

Das Problem ist, dass die retrospektiv orientierten Geisteswissenschaften auf die antihistorischen Naturwissenschaften angewiesen sind. Nicht nur müssen diese die digitalen Archive schaffen und langfristig sichern. Damit sie sie schaffen, müssen sie auch selber ein Interesse an der Konservierung eines Teils ihrer kurzlebigen Daten entwickeln, sonst fehlt psychologisch der Anreiz und ökonomisch die Masse.

Die Menschheit braucht ein kulturelles Gedächtnis und dieses muss neben den Ereignissen der großen und der Mikrogeschichte auch Ephemera enthalten wie Verfahrenstechniken und Softwaredokumentationen – nicht alle, aber die mutmaßlich wichtigeren. Nichts überlebt von allein; was überleben soll, muss laufend systematisch herausgefiltert und stetig aktiv konserviert werden. Und es ist nicht mit dem gutmütigen Einvernehmen von Schlussresolutionen getan; es müssen Instanzen benannt oder geschaffen werden, die ausdrücklich für die Filterung und Erhaltung zuständig sind. Sonst wird das Gedächtnis der Menschheit bald so löchrig sein wie ein Alzheimergehirn.

Spezieller Teil

WWW – Fakten und Zahlen

Das World Wide Web (WWW oder noch kürzer W3) wurde seit 1989 von einer Arbeitsgruppe um Tim Berners-Lee am Kernforschungszentrum CERN in Genf entwickelt. Das Ziel war, durch das Internet auch Hypertext und Hypermedien schleusen zu können. 1993 wurde das WWW als einer der Internet-Standards festgelegt. Er besteht vor allem in einem speziellen Übertragungsprotokoll (HTTP) und einer Beschreibungssprache für die Darstellung von Dateien (HTML) auf dem Bildschirm. Die erste sinnvolle Software, HTML-Seiten auf den Computern ihrer Empfänger darzustellen, der erste Web-Browser also, war das 1993 von Marc Andreessen (nachmals einer der Gründer von Netscape) geschriebene *Mosaic*. Seit 1994 wird das WWW von einer nichtkommerziellen internationalen Arbeitsgemeinschaft verwaltet, dem World Wide Web Consortium, das die in ihm geltenden Standards festlegt. Im Internet, das niemandem gehört, heißen Standards bescheiden RFC, Request for Comments, »Bitte um Kommentare«, und werden von der technischen Abteilung des World Wide Web Consortium ausgearbeitet, der Internet Engineering Task Force (IETF). Daran wird erstens deutlich, dass es sich um bloße Vorschläge handelt, an die sich niemand halten muss, und zweitens, dass sie offen sind und jederzeit von besseren abgelöst werden können.

Dass das Internet niemandem gehört, dass es keine Direktion und keine Zentrale hat, ist sein wichtigstes Geburtsmerkmal. Als das amerikanische Verteidigungsministerium 1969 seinen Vorläufer Arpanet einrichten ließ, ging es darum, ein militärisches Kommunikationsmedium für den Fall zu schaffen, dass ein feindlicher

Atomschlag diese oder jene Kommandozentrale ausschalten sollte. Darum keine bloßen Nachrichtenleitungen von Punkt zu Punkt, sondern ein Netz, eines, in dem jeder Computer ein »Knoten« ist, der von vielen anderen aus erreicht werden kann und in dem sich die Datenpakete selber einen Weg über die noch intakten Leitungen zu den anderen noch intakten Knoten suchen.

Die Zahl derjenigen, die Ende Mai 2001 zu Hause oder an ihrem Arbeitsplatz Zugang zum World Wide Web hatten, die Weltbevölkerung des Web also, wird auf 455 Millionen geschätzt; 40 Prozent davon (168 Millionen) leben in den Vereinigten Staaten.[1] In Deutschland hatten 24,6 Millionen Personen Internetzugang; aktive Nutzer waren davon 12,8 Millionen. Der User wählte sich monatlich durchschnittlich 17-mal ein, verweilte pro Session 29 Minuten und davon 20 Minuten auf einem einzigen Site. Eine aufgerufene Webseite klickte er nach durchschnittlich 53 Sekunden wieder weg.[2] Bei der deutschen Suchmaschine *Fireball* waren die zwölf meistgebrauchten Suchwörter in den etwa 300 000 Anfragen am 14. Februar 2001: erotik (sex, nackt, porno usw.), download, sms, bilder, valentinstag, berlin, mp3, hotel, kostenlos, kontakt, software, adresse.[3] In einem Augenblick desselben Tages lauteten die fünf letzten Fragen, die der amerikanischen Web-Auskunftei *Ask Jeeves* gestellt wurden, welche die Fragen öffentlich anzeigt[4]: Wo finde ich ein ungarisches Wörterbuch? In welchen Filmen und Fernsehshows hat Jennifer Aniston mitgespielt? Wo finde ich ein Verzeichnis zum Thema Vogelhaltung? Wo finde ich Ratschläge für die Masturbation? Wie kann ich im Web kostenlos eine Grußkarte verschicken?

Am genauesten lässt sich das Wachstum des Internets an der Zahl der eingetragenen Web-Domänen ablesen. Mitte 1993 wa-

---

1 Global Reach, www.aimglobal.net/refs.htm

2 www.nielsen-netratings.com

3 www.fireball.de/qstat.html

4 www.ask.com/docs/peek/

ren es 1,7 Millionen, 1995 6,6, 1997 26,0, 1999 56,2, 2000 93,0 und im Januar 2001 110 Millionen.[5] Die Zahl der statischen Webseiten in diesen Domänen wurde auf 2,5 Milliarden geschätzt; täglich kommen 7,3 Millionen hinzu.[6]

Ende 2000 verband das Web auf der ganzen Erde 445 Millionen Menschen. 224 Millionen (gut 50 Prozent der Internet-Weltbevölkerung) verkehrten auf Englisch miteinander. Von den 49 Prozent, die sich anderer Sprachen bedienten, taten es 38,6 Millionen auf Japanisch, 37 Millionen auf Chinesisch, 26,6 Millionen auf Deutsch, 17,7 Millionen auf Spanisch und 15,7 Millionen auf Französisch.[7] Man schätzt, dass um 2007 im Internet mehr Chinesisch geschrieben werden wird als Englisch.

E-Mail, die bereits 1971 eingeführt wurde und von der auch heute nur ein kleiner Teil im WWW-Standard durchs Internet fließt, hat sich gleichwohl zeitgleich mit dem WWW als Massenkommunikationsmedium durchgesetzt. Etwa 97 Prozent der Internetnutzer machen von E-Mail Gebrauch, und laut *Yahoo!* sagten 84 Prozent von ihnen, dass sie ohne E-Mail nicht mehr auskommen könnten. Auf der ganzen Welt gibt es inzwischen etwa 500 Millionen Mailboxen, in denen sich jährlich etwa 610 Milliarden E-Mails einfinden[8]; bis zu 30 Prozent davon sollen unverlangte Werbeaussendungen (Spam-Mail) sein, gegen die sich schon internationale Vereinigungen gebildet haben.[9]

Diese und viele, viele andere Internetstatistiken, glaubhafte und unglaubhafte, lassen sich über eine Linkliste der Internet Society finden[10].

---

5 Internet Domain Survey des Internets Software Consortium (ISC), www.isc.org/ds/

6 Lyman/Varian 2000, www.sims.berkeley.edu/how-much-info/index.html

7 Global Reach, www.aimglobal.net/refs.htm

8 Lyman/Varian 2000, www.sims.berkeley.edu/how-much-info/index.html

9 Coalition Against Unsolicitated Commercial Email, www.cauce.org

10 http://info.isoc.org/internet/stats/

Der URL

Damit sie von irgendwoher angesteuert werden kann, braucht jede Webseite eine eindeutige Adresse. Sie ist es, die der Computerbenutzer oben in das Adressenfeld des Browsers eingibt, wenn er eine neue Seite aufschlagen will. Der offizielle Name einer Internetadresse ist URL, Uniform Resource Locator.

Das Adressensystem im Internet geht auf Jon Postel (1943–1998) zurück, einen Informatikprofessor an der Universität von Südkalifornien, der die bis 1998 von der amerikanischen Regierung getragene IANA (Internet Assigned Numbers Authority) aufbaute und leitete. Seit 1999 wird die Aufgabe von einer nichtkommerziellen internationalen Organisation wahrgenommen, der ICANN (Internet Corporation for Assigned Names and Numbers).

Wie ein URL im World Wide Web (WWW) auszusehen hat, ist genauestens geregelt. Er darf nur aus den Kleinbuchstaben und Zahlen des 7-Bit-ASCII-Satzes bestehen, dazu dem Bindestrich, dem Unterstrich, dem Schrägstrich und dem Punkt. Jeder URL beginnt mit der Bezeichnung des Datenübertragungsprotokolls, das benutzt werden soll. Im WWW ist es immer das Hypertext Transfer Protocol HTTP. Jede Web-Adresse beginnt folglich mit ‹http://›. Es ist so selbstverständlich, dass die meisten Web-Browser nicht mehr auf seiner Eingabe bestehen. Es gibt jedoch mindestens elf andere Übertragungsprotokolle im Internet. Viele Web-Browser unterstützen außer HTTP auch noch FTP (File Transfer Protocol), Gopher und bedingt Telnet. Eine Internetadresse außerhalb des WWW beginnt mit dem entsprechenden Übertragungsprotokoll, also zum Beispiel ‹telnet://›. Bis zur Geburt des

WWW im Jahre 1993 regierte bei der Textübermittlung das 1971 festgelegte FTP. Es ließ die Übermittlung von schlichten, unformatierten Textdateien und »binären« (das heißt in einen Strom von Nullen und Einsen verwandelten) Programmdateien zu, aber nicht die Übermittlung von komplex strukturierten Dokumenten mit verknüpften multimedialen Elementen. Bei großen Mengen schlichten Textes ist FTP aber bis heute die schnellere und rationellere Übertragungsmethode.

Der zweite Teil der Web-Adresse bezeichnet die sogenannte Domäne: nämlich den Namen des angesprochenen Servers oder Hosts. Die Bezeichnungen »Server« und »Host« werden oft als Synonyme gebraucht und in gewisser Hinsicht bedeuten sie auch das gleiche: ein in ein Netz eingebundenes Computersystem, das anderen Computern – die Clients heißen – etwas zur Verfügung stellt. Aber Server meint eher das physische Gerät, Host die Institution, die im Internet auftritt. Manche Domäne stützt sich nicht auf *einen* Server, sondern auf Hunderte oder Tausende – ein Netz im Netz. Eigentlich ist das Internet gar kein ebenmaschiges Netz einzelner Computer, sondern ein Verbund unterschiedlichster lokaler Netzwerke (LANs). Die professionellen »Hostmaster« oder »Hoster« leben davon, auf ihren Servern Speicherplatz und Rechenkapazität gewerbsmäßig zu vermieten, entweder unter ihrem eigenen Domänennamen oder dem ihres Kunden.

Jeder Server im Netz identifiziert sich durch eine aus vier mehrstelligen Zahlen bestehende Nummer, die auf der ganzen Welt nur einmal vorkommen darf und dem Internet-Protokoll (IP) entsprechen muss; es ist seine IP-Nummer. Sie wird von der ICANN vergeben und verwaltet.

Normalerweise bekommt der Web-Surfer die IP-Nummern der angesprochenen Server, die so unattraktiv sind wie Telefonnummern, jedoch nie zu sehen; manche Porno-Server allerdings verraten sich durch nichts anderes als diese Nummer. Was der Web-Surfer sieht und eingibt, ist der einprägsamere Domänenname, den die meisten Hosts im WWW zusätzlich zur IP-Nummer ihrer Server tragen. Er wird ebenfalls vom ICANN verwaltet und von etwa hundert bei der ICANN akkreditierten Registraren vergeben; der führende Registrar ist die Firma Network Solutions, Inc. (NSI) in Herndon, Virginia. Bei der Eingabe eines Domänennamens fordert der Computer zunächst von einem Server des DNS (Domain Name Service) die zu dem Domänennamen gehörige IP-Nummer an; unter dieser nimmt der Client dann Kontakt mit dem Server auf. Ein Beispiel: Der Ullstein Verlag führt die Domänennamen ‹ullstein-verlag.de› und ‹ullstein.de›. Die Domäne ‹ullstein.de› steht, wie die anderen Domänen der Münchener Verlagsgruppe Econ Ullstein List, auf drei Servern des Frankfurter Hosters Colt Telecom GmbH. Einer dieser Server hat die IP-Nummer 62.96.193.144. Wer die Homepage des Ullstein Verlags sucht, gibt also die Adresse ‹www.ullstein.de› ein, diese geht zunächst an einen DNS-Server, in dem die zu der Domäne gehörigen IP-Nummern verzeichnet sind, und der verbindet mit der IP-Nummer eines der Server von Colt in Frankfurt.

Jeder Domänenname besteht aus mindestens zwei Teilen. Der hintere Teil bezeichnet die Top Level Domain (TLD). Jede TLD steht unter einer eigenen Verwaltung. International benutzte TLDs, denen jeder beitreten kann, sind ‹.org› für gemeinnützige Institutionen, ‹.net› für Hosts, die etwas mit dem Internet zu tun haben, und ‹.com› für *commercial*, »gewerblich«, also für Firmen. Auf die Vereinigten Staaten beschränkt sind die TLDs ‹.mil› (Militär), ‹.gov› (Regierung) und ‹.edu› (Bildungswesen); Letztere wird nur von Network Solutions vergeben. Die TLDs anderer Länder identifizieren sich gewöhnlich durch den aus zwei Buchstaben bestehenden Normcode für ihr Land, etwa ‹.de› für Deutschland oder ‹.uk› für United Kingdom. Die TLD ‹.com› (gesprochen »dottkomm«) hatte Anfang 2001 über 21 Millionen Mitgliedsdomänen und war damit die mit Abstand größte – und geradezu eine magische Werbebotschaft. Alle, die Geschäfte machen, wollen sich damit brüsten können, und die Nationaldomäne ‹.us›, die für amerikanische Firmen genauso gut in Frage käme, kümmert dahin. Wegen der hohen Nachfrage wurden 2001 von der ICANN weitere TLDs freigegeben, etwa ‹.ws› (für Website).

Vor dem *dot*, der die TLD einleitet, steht der Second-Level-Name, der eigentliche Name des Hosts. Er kann, aber muss nicht mehrteilig sein. Ist er mehrteilig, so wird er von hinten nach vorn immer spezifischer. Hinten steht der Hauptname des Hosts, davor können beliebige Unternamen stehen. Ein sehr häufiger Untername ist ‹www›. Er bedeutet: der WWW-Server der Domäne Soundso. Dass es manchmal ‹www2› oder ‹www3› heißt, besagt nicht etwa, dass das WWW übergelaufen ist und es inzwischen mehrere WWWs gibt, sondern nur, dass die betreffende Domäne mehrere WWW-Server besitzt, die sie durchnummeriert hat. Sie könnte sie aber auch ganz anders nennen. So heißt der WWW-Server, auf den die Bibliothèque nationale de France ihr E-Text-Archiv gestellt hat, ‹gallica› und dessen vollständige Web-Adresse folglich ‹http://gallica.bnf.fr/›. Während das ‹http://› bei der Angabe von Web-Adressen weggelassen werden kann, weil es sich von selbst versteht, ist ein eventuelles ‹www.› Teil des Domänennamens und darum unentbehrlich.

Gibt man nichts als den Domänennamen ein, so erreicht man die Homepage des betreffenden Hosts, die Start- oder Eingangsseite, von der aus man auf seine weiteren Webseiten gelangt. Weiß man deren genaue Adressen in dem betreffenden Server, so kann man diese auch gleich angeben und gelangt direkt an die betreffende Seite. Auf den Domänennamen folgt, wie im PC, also der Pfad, der innerhalb der kontaktierten Domäne zu einer bestimmten Datei führt. Die Einstiegsseite trägt oft den Namen ‹index.html›, das heißt »in der Webseitenbeschreibungssprache HTML geschriebene Seite mit dem Verzeichnis der gesamten Domäne«.

Zwar verschweigen oder verschleiern ärgerlicherweise viele Absender von Internet-»Botschaften« mit Absicht oder aus Schlampigkeit ihre Identität, aber jedes aufgerufene Web-Dokument, ob Textdatenbank oder Porno-Pic, zeigt dem Benutzer des Browsers seine exakte Herkunftsadresse und in dieser den Namen der Domäne, aus der es kommt; jede E-Mail verrät in ihrem Kopfteil, aus welcher Domäne sie abgeschickt wurde. Wer für die betreffende Domäne verantwortlich ist, lässt sich anhand ihres Namens in der Datenbank der Firma Allwhois.com[11] blitzschnell nachschlagen, mit Name, Adresse und Telefonnummer. Sucht man auch noch die IP-Nummer oder hat man für die Suche nichts als eine IP-Nummer, so schlägt man besser bei dem führenden Registrar nach, der Firma NSI, unter dem URL ‹http://www.networksolutions.com/cgi-bin/whois/whois›.

Diese ganze Adresse bedeutet also: Datenübertragung nach dem HTTP – WWW-Server in der Domäne von Network Solutions, die zur TLD .com (»Firmen«) gehört – in dieser Domäne eine nach dem CGI-Skript abzufragende binäre Datenbank – dort die im Verzeichnis ‹whois› stehende Seite namens ‹whois› (»Wer ist …?«).

---

11 www.allwhois.com

Homepage? Website? Webseite?

Da geht einiges durcheinander, sachlich und sprachlich. »Die *Homepage* merkt sich die Präferenzen des Kunden«, lesen wir, oder: »Ab und an muss sie eine *Website* lesen«, »Er schickt den Schnappschuss auf seine *Website*«, »Sie klickt sich nur noch von einer *Webpage* zur nächsten«, »Ich konnte die *Webside* nicht finden«. *Homepage, Website, Webseite, Webside* – das richtige Wort an die richtige Stelle lässt sich nur setzen, wenn man weiß, was hier eigentlich was ist.

In der Tat landet man bei jeder Suche im Web auf einer *Page* und das Wort lässt sich völlig zufriedenstellend mit *Seite* übersetzen. Eine solche *Page* oder *Seite* ist jedoch nicht, was man sich darunter vorstellen möchte: eine Bildschirmfüllung. *Seite* nennt man im Web, was anderswo in der Computerwelt *Datei* oder allgemeiner, falls Text im Spiel ist, *Dokument* heißt. Eine *Webseite* ist jedoch ein ganz spezielles Dokument, nämlich eines, dessen Aufbau in der Seitenbeschreibungssprache für Hypertext und multimediale Elemente festgelegt ist, der Hypertext Markup Language (HTML). Web-Browser (das Empfangswerkzeug für HTML-Dateien) »verstehen« ohne Anpassungsmaßnahmen keine anderen Dateien und zeigen sie nicht an. Das World Wide Web ist nichts anderes als jene Untermenge der Informationsströme im Internet, die im HTML-Code (und seinen Nachfolgern) daherkommen.

Was man sich in seinen Browser lädt, ist jeweils ein vollständiges HTML-Dokument, eine *Seite* oder *Webseite* also. Sie kann Text, Tabellen, Graphiken, graphische Animationen, Ton- und Video-Clips enthalten. Eine bestimmte Länge hat sie nicht. Aus rein praktischen Gründen orientiert sich ihr Umfang sehr oft am Fassungsvermögen des Monitors; aber sie kann auch viel kürzer als eine Bildschirmfüllung sein oder viel länger. In diesem Fall *scrollt* man durch eine Seite, so wie man durch ein Buch blättert. (*Scrollen* ist ein englisches Kunstwort aus *screen* – Bildschirm – und *rollen*.) Anders als in einem Buch ist im Web eine Seite also nicht unbedingt das, was man mit einem Blick erfassen kann und immer ganz im Blick hat.

Oft sind thematisch zusammengehörige Seiten einer Quelle miteinander zu einem Web im Web verlinkt und unter einer Hauptadresse zu erreichen. Zusammen bildet ein solches Großgebilde von Seiten einen *Site* und damit ist im Deutschen die Verwirrung angerichtet. In normaler deutscher Aussprache klingt das Wort ungefähr wie »Seite«, aber es bedeutet etwas ganz anderes, nämlich »Stelle«, »Lage«, »Platz«. Mit »Seite« ist es schlicht falsch übersetzt. Wenn man beides mit »Seite« übersetzt, *Page* und *Site*, werden sie zwangsläufig verwechselt. Diese Verwechslung geschieht allenthalben und sie verrät sich schon dadurch, dass alle Welt »die Site« sagt und schreibt. Warum »die«? Natürlich in Analogie zu »die Seite«. Um deutlich zu machen, dass *Site* etwas anderes ist als *Seite*, müsste das Wort wie im Englischen ein Neutrum sein, »das Site«; oder das grammatische Geschlecht könnte sich an dem Ursprungswort von *site* orientieren, dem lateinischen *situs*, das ein Maskulinum ist: »der Site«. Jedenfalls ist es schade um den semantischen Unterschied, der hier der Aussprache zum Opfer fällt.

Wenn man die Adresse eines *Site* eingegeben hat, landet man gewöhnlich auf dessen Einstiegs- oder Titelseite, einer Art Empfangslobby, wo der Besucher begrüßt wird und (sofern es nicht von Werbungs-*Bannern* zugestellt ist) auch ein Inhaltsverzeichnis vorfindet, dessen Links ihn zu den Unter- und Unterunterseiten des Site weiterweisen. Das ist die berühmte *Homepage*, manchmal durchaus treffend mit *Startseite* oder *Leitseite* oder *Einstiegsseite* übersetzt. Wer als Privatperson im Web präsent sein möchte, legt sich eine *Homepage* an. Ob eine Homepage mit ein paar Unterseiten den großspurigen Titel Site verdient, ist Geschmackssache.

Man liest normalerweise keinen *Website*, auch keinen weiblichen, sondern die eine oder andere einzelne *(Web-)Seite*; man »besucht« aber meist einen *Site* und nicht eine einzelne *Seite*. Eine Hochschule oder ein Konzern hat keine *Webseite*, sondern einen *Website* – ein einziges HTML-Dokument wäre ein Armutszeugnis. Eine *Homepage* kann sich so wenig etwas merken wie eine Eingangshalle. Und eine *Webside*, die gibt es nicht.

Digital? Elektronisch? Binär? Virtuell? Cyber?

Was ein Berliner Verlag auf CD-ROM herausbringt, nennt sich *»Digitale Bibliothek«*. In verschiedenen Verlagen wird an »E-Books« gearbeitet, *elektronischen Büchern*. Im World Wide Web gibt es verschiedene Sites, die sich *»virtuelle* Bibliothek« nennen. Und die Teilnehmer des *elektronischen* Postdienstes, der *E-Mail,* schicken sich gelegentlich binäre Dateien zu. Alles das ereignet sich im *Cyberspace. Digital, elektronisch, binär, virtuell, cyber* – alles eins? Keineswegs.

Das Zauberwort *digital*, das dem ganzen Zeitalter seinen Namen geben mag, bedeutet in der Medizin »mit dem Finger« und in der Datenverarbeitung »in Ziffern«. Der Zusammenhang ist klar. Der lateinische *digitus* ist ein »Finger« und *numerare per digitos* bedeutet »an den Fingern abzählen«. Im Englischen ist ein *digit* eine der zehn Ziffern 0 bis 9, jener also, die man an den Fingern abzählen kann. *Digitalisieren* heißt genau genommen so viel wie »verziffern«, »in Ziffern verwandeln«. Das französische Wort verrät am deutlichsten, worum es geht: *numériser*, »vernummern«. Die Digitalisierung ist die Erzeugung eines elektronischen Abbilds, das in viele, jeweils in einer (ganzen) Zahl ausgedrückte Einzelteile zerlegt ist. Gleitende Übergänge zwischen den Werten gibt es nicht, jeder Wert steht einzeln (»diskret«) neben dem nächsten. Bei digitalem Text ist jedes Schriftzeichen durch eine Zahl wiedergegeben, bei digitaler Graphik jeder Bildpunkt, bei digitaler Musik wird 44 100-mal in der Sekunde eine Momentaufnahme der Tonkurve gemacht (die Sampling-Rate für einen glaubhaft vollen und kontinuierlichen Höreindruck), die mit einem Zahlenwert belegt wird. Je höher die Auflösung der Bilder oder die

Sampling-Rate bei Klängen, desto weniger erkennt das menschliche Auge oder Ohr, dass sich das visuelle oder akustische Abbild aus diskreten Werten zusammensetzt.

Das Gegenteil von digital ist *analog*. Analog ist die Abbildung von Werten mit gleitenden Zwischenwerten durch physikalische Prozesse, die ebenfalls gleitende Zwischenwerte annehmen können, zum Beispiel die Reproduktion von Musik, wenn ein Abtaststift durch die Wellen einer Tonspur geführt und das stufenlose Bewegungssignal in ein ebenso stufenloses elektrisches Signal übersetzt wird. Zwar gibt es auch analog arbeitende Computer, aber im Allgemeinen sind heutige Computer digital, so dass *digital* geradezu zu einem Synonym von »computergerecht« geworden ist. (Der in der schöngeistigen Ecke zuweilen erhobene Vorwurf, die Digitalisierung sei gleichbedeutend mit einer Quantifizierung der ganzen Welt oder leiste zumindest dem quantifizierenden Denken Vorschub, ist dennoch falsch. Die Verzifferung ist eine computerinterne Anlegenheit. Der Benutzer muss sich wohl der strengen Computerlogik anbequemen, wenn er nicht von einem Misserfolgserlebnis zum nächsten stolpern will, aber die Verzifferung spielt sich im Hintergrund ab und er merkt gar nichts von ihr. Ein Teil des ganzen computertechnischen Aufwands dient just dazu, den Umstand, dass er es mit einer Rechenmaschine zu tun hat, vor dem Benutzer gründlich zu verbergen und ihm seine gewohnte analoge Welt vorzugaukeln.)

Die *Elektronik* ist jenes Feld der Technik, wo elektronische Schaltungen zur Erzeugung, Verstärkung, Übermittlung oder Speicherung von elektrischen Signalen eingesetzt werden. Diese Signale können analog sein (wie im Dampfradio) oder digital (wie im digitalen Fernsehen). Die analoge wie die digitale Abbildung sind im Prinzip auch ohne Elektronik denkbar. Die ersten digitalen Rechenmaschinen, Pascals Addiermaschine, Babbages Analytische Maschine, funktionierten rein mechanisch und Edisons analoger Phonograph ebenfalls.

Binär ist eine völlig andere Kategorie. Der Begriff bedeutet »aus zwei Einheiten (und nicht mehr) bestehend«. Den Zeitablauf in Tag und Nacht und die moralischen Möglichkeiten in Gut und Böse einzuteilen ist, wenn man so will, eine binäre Form der Weltbetrachtung. In der Datenverarbeitung verweist *binär* auf das verwendete Zahlensystem. Unser normales ist das Dezimalsystem. Es beruht auf zehn Ziffern, 0 bis 9; nach der zehnten (der 9) wird eine neue Stelle eröffnet. Programmierer arbeiten mit dem Hexadezimalsystem. Es beruht auf der Basis sechzehn, hat also sechzehn Ziffern. Die Dezimalzahlen zehn bis fünfzehn werden hexadezimal mit den Buchstaben A bis F geschrieben, eine dezimale Dreizehn ist in hexadezimaler Schreibweise also D_{hex} und erst mit der Sechzehn beginnt eine zweite Stelle, 10_{hex}. Computer wiederum arbeiten mit dem Binär- oder Dualsystem. Es muss mit nur zwei Ziffern auskommen, 0 und 1. Zwei ist also binär 10, drei 11, vier 100, fünf 101, sechs 110, sieben 111, acht 1000 und so fort. So unhandlich das Binärsystem für den Menschen ist, so praktisch ist es bei der maschinellen Datenverarbeitung. Schon das 1838, hundert Jahre vor den ersten Computern, von dem amerikanischen Kunstmaler Samuel Morse für seinen elektrischen Telegraphen bestimmte Morsealphabet war ein binärer Code, beruhend auf nur zwei Signalen, »kurz« und »lang«. Ein binärer Code eignet sich für die Signalübertragung darum besonders gut, weil er außerordentlich robust ist. Das Morsealphabet war noch relativ anfällig, weil der Unterschied zwischen »kurz« und »lang« nicht kategorisch genug ist. Die Morsetaste ein wenig zu lange gedrückt, und ein kurzer Stromimpuls kam beim Empfänger als langer an. Aber wenn der Unterschied nicht der zwischen Länge und Kürze ist, sondern zwischen Vorhandensein und Nichtvorhandensein eines Signals, Spannung oder Nichtspannung, Loch oder Nichtloch, Grube oder Nichtgrube, ist die Botschaft so gut wie unzerstörbar und es kommt beim Schreiben und Lesen der so codierten Daten trotz enormer Geschwindigkeit praktisch zu keinen Fehlern.

Fehler kommen bei der Interpretation der internen Steuerbefehle eines Dokuments vor, wenn zum Beispiel ein Formatierbefehl nicht richtig interpretiert wird, aber nie im Wortlaut selbst. Jede Kopie ist der Klon, der identische Zwilling des Originals. Man könnte sich eine CD denken, die die Ziffern der digitalen Daten in einem anderen Zahlensystem darstellt, zum Beispiel im Dezimalsystem. Dann müssten alle ihre Pits, ihre Gruben, zehn verschiedene Tiefen haben. Der Laserstrahl, der eine solche CD ausläse, könnte sich nicht wie bei der binären CD damit begnügen, zu registrieren, ob ein Pit vorhanden ist oder nicht, er müsste die Tiefe jedes Pits messen – und würde dabei Fehler über Fehler machen. Eine dezimale CD ließe sich auch gar nicht in Massenproduktion herstellen, da schon den Pressen zu viele Ungenauigkeiten unterlaufen würden.

Der Begriff *virtuell* gehört wiederum zu einer anderen Kategorie. Virtuell heißt »potentiell«, »scheinbar« und in diesen Zusammenhängen »vom Computer simuliert«. Sein Gegenteil ist *real*. Das Unbefriedigende am »realen Sozialismus« war, dass er nur virtuell war. Die *virtuelle* Bibliothek verwahrt *digitale* Medien, verwaltet und transportiert sie *elektronisch*, ist im unsichtbaren Innersten *binär* codiert und hat keine Masse, keine Schwerkraft, keine Ausdehnung, simuliert aber eine echte Bibliothek – der Akzent liegt auf dem Als-ob. Ist es nun auch eine *Cyber*bibliothek? Das Wort *Cyberspace* wurde 1984 von William Gibson in seinem Roman *Neuromancer* geprägt und hat bis heute etwas Romanhaftes. Er suggeriert eine vom Computer geschaffene virtuelle Nebenwelt, die man betreten und in der man mit allen Sinnen ganz aufgehen kann. So weit ist es nicht; der computergenerierte Cyberspace beschränkt sich bisher auf den Versuch, beschallte dreidimensionale Räume einigermaßen zutreffend und glaubhaft abzubilden und dem Computerbenutzer die Illusion zu vermitteln, er befinde sich mitten darin. Eine *Cyber*bibliothek bilden die vorhandenen Ansätze zur Großen Virtuellen Bibliothek gewiss nicht.

Digital, elektronisch, binär, virtuell, cyber – die Begriffe gehören zu verschiedenen Kategorien und bezeichnen verschiedene und voneinander unabhängige Eigenschaften. Diese kommen in der Praxis aber fast immer gemeinsam vor. Die Information wird in *digitale* Form gebracht (in Ziffern ausgedrückt), um sie in Digitalcomputern zu verarbeiten. Computer könnten mit vielen Materialien arbeiten, Wassersäulen zum Beispiel, sind aber gewöhnlich *elektronische* Geräte. Der *digital-elektronische* Computer könnte die Zahlen in beliebigen Zahlensystemen codieren, verwendet aber aus praktischen Gründen das robuste *Binär*system. Und mit dieser *digital-elektronisch-binären* Maschine lässt sich *virtuelle* Realität erzeugen.

Bei keiner Sache und keinem Vorgang wird man je alle ihre Attribute aufzählen wollen. Man nennt nur ihr charakteristischstes, das, welches sie am deutlichsten von ihren Nachbarn und Rivalen abhebt. Es könnte auch *digitale* Mail heißen oder sogar *binäre* Mail, nicht dagegen *virtuelle* Mail, denn die Briefe sind echt, nicht simuliert. Aber die Ersten, die von *E-Mail* sprachen, wollten eben hervorheben, wodurch sie sich am deutlichsten von der normalen Schneckenpost unterschied: durch die schnelle Elektronik, die da im Spiel war. Ein *digitaler* Text ist fast immer gleichzeitig ein *elektronischer* und oft heißt er auch so: *E-Text*, *E-Book*, nämlich dort, wo es mehr auf den Wiedergabemodus ankommt als auf seine innere Beschaffenheit. Wo aber gerade diese betont werden soll und damit das, was ihn am deutlichsten von nichtcomputergeeigneten Texten abhebt, nennt man ihn zu Recht *digital*.

Layout im Web

Dass der Computer die ganze symbolische Welt, mit der er es zu tun hat, tief in seinem Innern in Zahlen auflöst und diese durch logische Gatter schleust, muss den Benutzer nicht weiter interessieren, es muss ihm nicht einmal bewusst sein. Aber auf gewisse Konsequenzen dieses Sachverhalts muss er bei seinem Umgang mit ihm Rücksicht nehmen. Die allgemeinste und wichtigste ist die, dass der Computer nichts tun kann, wenn es ihm nicht erstens ausdrücklich und zweitens eindeutig aufgetragen wird. Sobald er und seine Produkte mit anderen Computern in Verbindung treten, müssen alle denselben Regeln folgen. Der Computer als soziale Maschine braucht für alles ausdrückliche und eindeutige bindende Konventionen, Normen, Standards.

Ein Mausklick auf einen Link, und schon baut sich vor einem eine Webseite auf. Dass die elektrischen Signale als solche richtig ankommen, setzt die weltweiten Standards der Datenübertragung voraus, von denen der Benutzer nie etwas merkt. Dass aus den übermittelten Bits eine Webseite wird, beruht auf weltweiten Standards für die Interpretation der Bitströme.

Wer online in Katalogen recherchiert, begegnet mit Sicherheit dem geheimnisvollen Kürzel Z39.40. Es handelt sich um ein im Jahre 1984 auf Betreiben der Kongressbibliothek von dem Amerikanischen Normeninstitut ANSI festgelegtes Protokoll für den Austausch bibliographischer Daten, das die Prozeduren festlegt, nach denen ein Client (das Computersystem des Benutzers) die Datenbanken eines Servers (das Katalogsystem einer Bibliothek) durchsuchen und Datensätze entgegennehmen und sortieren kann: ein Gateway also, ein spezialisiertes Verbindungsstück. Ohne

Z39.40 verliefe die Kommunikation zwischen den verschiedenen Datenbeständen der Bibliotheken der Welt sehr viel stotternder. Inzwischen hat sich das Protokoll Z39.40 auch außerhalb des Datenverkehrs der Bibliotheken als nützlich erwiesen.

Eine Webseite hat Inhalte, die sehr heterogen sein können: Text, Links zu anderen Webseiten, Tabellen, Graphiken, bewegte Applets (in der Programmiersprache JAVA abgefasste kleine Programme), Musik- und Videoclips, Hintergründe. Sie alle muss der Client in seinem Empfangswerkzeug, dem Browser, richtig anordnen und darstellen. Dazu braucht es eine verbindliche Beschreibungs- oder Auszeichnungssprache für solche Seiten. Dies ist bis heute die Hypertext Markup Language HTML. Auch wenn es am Ende eines URL nicht ausdrücklich vermerkt ist, ist ein Web-Dokument in der Regel in HTML abgefasst. Intern und für den Websurfer unsichtbar strotzt es von *tags*, Steuerbefehlen zwischen spitzen Klammern und in reinem ASCII, die angeben, ob etwa ein Stück Text gerade oder kursiv oder fett oder eingerückt oder in Form einer Tabelle angezeigt wird und dass an einer bestimmten Stelle ein Logo oder eine andere Graphik einzusetzen ist.

Da HTML den wechselnden Gegebenheiten der Bildschirmanzeige gerecht werden muss, lässt es manche der bei Druckwerken und der Textverarbeitung sonst selbstverständlichen Auszeichnungsanweisungen offen. In welcher Schriftart und Schriftgröße der Text angezeigt werden soll, kann sich jeder User in Grenzen selber einstellen; also hat ein Text im Web in der Regel keinen bestimmten Zeilenfall, und wo die Zeile keine feste Länge hat, kann es auch keine Worttrennung am Zeilenende geben. Merkmale, die in der Beschreibungssprache nicht vorgesehen sind, können am Bildschirm auf keine Weise dargestellt werden. Wenn zum Beispiel ein Schriftzug eine im Auszeichnungsrepertoire nicht vorgesehene Gestalt haben soll, wie etwa bei einem Firmenlogo, bleibt nur übrig, ihn als Graphik auf die Seite zu stellen.

HTML selbst ist nicht im leeren Raum entstanden. Es beruht

selbst auf einem Standard: Es ist eine von vielen möglichen Anwendungen einer allgemeineren, abstrakteren Konvention, die in den siebziger Jahren entwickelt und 1986 zu einer verbindlichen internationalen Norm für die Darstellung aller Arten von Computerdokumenten gemacht wurde: der Standard Generalized Markup Language SGML (ISO 8879), zu Deutsch »Genormte verallgemeinerte Auszeichnungssprache«.

Es ging darum, die äußeren Formen, die Computerdokumente haben sollen, unabhängig von Plattformen, Geräten und Programmen zu definieren, so dass sie zwischen allen frei ausgetauscht werden können und auch noch Bestand haben, wenn die ganze gegenwärtige Maschinerie obsolet ist. SGML legt eine Art fest, Dokumente beliebigen Inhalts eindeutig, logisch, vollständig und hierarchisch zu strukturieren, so dass der Computer ihre Struktur verstehen (»parsen«) und deren einzelnen Elementen dann die entsprechenden Darstellungsbefehle zuweisen kann. Das Wesentliche ist die Trennung von Inhalt und Struktur. Der erste Schritt bei SGML besteht darin, eine Dokumentstruktur zu definieren, eine DTD (Document Type Definition). Eine DTD für Memoranden beispielsweise könnte festlegen, dass ein Memorandum aus einem Adressaten, einem Absender, einem Datum und einem Textkörper zu bestehen hat; eine DTD für Telefonbücher oder Baupläne sähe ganz anders aus. Wird bei Druckwerken die Struktur normalerweise ad hoc aus dem jeweiligen Inhalt entwickelt, so ist die SGML-Struktur vorgegeben und beliebig viele verschiedene Texte oder andere Daten können in sie einfließen. Eine allgemeine Struktur für Kochrezepte kann auf sämtliche Kochrezepte angewandt werden, die ein Verlag jemals publizieren wird, wenn sie nur von Anfang an komplex genug ausgelegt ist; andererseits kann diese Struktur auf ganz verschiedene Weise konkret ausgezeichnet werden, so dass einzelne Kochbuchsammlungen dann ganz verschieden aussehen können. HTML ist nichts anderes als eine DTD für Webseiten.

SGML nachträglich auf vorhandene Druckwerke anzuwenden ist meist gar nicht leicht, denn bei näherer Betrachtung strotzen sie von Irregularitäten, die ad hoc zustande gekommen waren. Bei SGML geht alles von vornherein streng geordnet zu. Es ist ein Korsett, das der Spontaneität bei der Gestaltung eines Dokuments keinen Raum lässt. Aber es bietet einen gewaltigen Vorteil: Ein SGML-konformes Dokument ist durchgehend »parametrisiert«. Zur Darstellung am Bildschirm oder im Druck braucht jedem Element nur noch ein konkreter Wert zugewiesen zu werden (zum Beispiel: allen Zwischentiteln die Schriftart soundso und Schriftgröße soundso) und es kann sich auf auf jedem Bildschirm der Welt auf sinnvolle Weise vor seinem Leser aufbauen. Für alle, die etwas veröffentlichen – Verlage, Lektoren, Redakteure –, wird künftig die Frage, ob und wie sie ihre Publikationen SGML-konform und damit fit für den elektronischen Vertrieb machen, von zentraler Wichtigkeit sein.

Vor der Etablierung des Web wurden per Datenfernübertragung Texte vor allem als unformatierte reine ASCII-Texte im File Transfer Protocol (FTP) übermittelt. Verglichen mit dem dürren FTP, bot die Websprache HTML geradezu ein Füllhorn von Möglichkeiten der graphischen Auflockerung und Gliederung von Text am Bildschirm. Für die Darstellung komplexer und differenzierter Dokumente reicht HTML aber leider nicht. Es ist zu grobschlächtig, zu umständlich, zu starr, zu eng im Repertoire seiner Möglichkeiten. Viele hoffen auf seine Ablösung. Der Nachfolgekandidat ist die 1997 vorgestellte eXtensible Markup Language XML, auch sie eine Anwendung von SGML. Der Hauptvorteil von XML wird darin bestehen, dass mit ihr eigene Programmbefehle definiert und damit interaktive Softwaremodule direkt in die Webseite hineinprogrammiert werden können, während sie unter HTML als externe Scriptobjekte eingebunden werden müssen. (Scriptsprachen sind einfache Programmiersprachen für begrenzte Zwecke wie JavaScript oder Perl, deren

Programme nicht kompiliert, sondern ad hoc von einem Interpreter abgearbeitet werden.) Das wird den Webdesignern mehr Flexibilität bei der Gestaltung von Webseiten geben; deren Typographie jedoch bleibt relativ, ihr genaues Aussehen erhalten sie erst im Browser des Lesers.

Für die Digitalisierung literarischer, künstlerischer und geisteswissenschaftlicher Dokumente wurde von einer ursprünglich an der Universität Chicago beheimateten internationalen Arbeitsgemeinschaft eine Richtlinie ausgearbeitet, die gute Chancen hat, zum weltweiten Standard zu werden: TEI, die Text Encoding Initiative. TEI beruht ebenfalls auf SGML. Genauer gesagt, es ist eine weitere SGML-gemäße DTD. Sie stellt einen Fundus von etwa hundertfünfzig *tags* bereit, für den Leser unsichtbaren Markierungen, mit denen die einzelnen Elemente eines E-Texts ausgezeichnet werden können: Tags für die Titelseite und den Textkörper, für den Verfasser und die Überschriften, für Kapitel und Absätze, für Fuß- und Endnoten, Hervorhebungen, Seitenzahlen, Auslassungen … Wie alle SGML-konformen Auszeichnungen, auch die von HTML und XML, sind diese Tags Folgen von ASCII-Zeichen in spitzen Klammern, zum Beispiel das Tag ‹p› für »Absatz«, ‹q› für »Anführung«, ‹pb n='75'› für »Fußpagina 75«. Ein so markierter digitaler Text lässt sich an jedem Computer in einer Gestalt wiederherstellen, die dem Original zwar nicht unbedingt graphisch nahe kommt, aber das, was zunächst nichts anderes ist als eine amorphe Buchstabenmasse, in einer Weise typographisch gliedert, die nicht weniger sinnvoll ist als seine Aufgliederung in der gedruckten Vorlage.

Auch wenn es Softwarewerkzeuge für die Erzeugung der Tags gibt: TEI macht Arbeit und das verteuert die Digitalisierung. Darum kommt der meiste E-Text im Web, der von Fans und Freiwilligen erfasst worden ist, heute noch ohne TEI daher. Man kann aber schon heute die Verarbeitungsqualität eines digitalen Texts daran erkennen, ob TEI im Spiel ist.

Maschinen auf der Suche

Zur Orientierung im Web gibt es Suchmaschinen, Tausende von ihnen. Manche decken die ganze Weite des Web ab, manche haben sich thematisch oder lokal enge Grenzen gesetzt. Es gibt auch Metasuchmaschinen, wie *Profusion* oder für den deutschsprachigen Bereich *MetaGer.* Sie suchen nicht selbst, sondern, mit deren Erlaubnis, bei mehreren anderen Suchmaschinen gleichzeitig.

Mancher stellt sich vor, die Suchmaschine begänne mit der Suche im Web in dem Moment, da er ihr mit einem Mausklick seine Suchanfrage vorlegt. Es ist ein Irrtum. In dieser Form wäre die Suche viel zu zeitraubend. Schickte erst die Suchanfrage die Agenten der Suchmaschine ins Internet, so vergingen Stunden, bis die Funde einträfen. Die eigentliche Suche hat darum immer schon vorher stattgefunden. Wenn ihr eine Frage gestellt wird, sucht die Suchmaschine nicht im Netz, sondern in ihren Indizes – Wörterlisten, die den Ertrag ihrer vorangegangenen Suche enthalten. Es sind Dateien von beträchtlicher Größe; die Indizes von *Altavista* zum Beispiel sollen 40 Gigabyte umfassen.

Wie werden diese Indizes zusammengestellt? Gewöhnlich lässt die Suchmaschine Agenten, Roboter (»Bots«), Spinnen, Ameisen, Kriechtiere (»Crawlers«) ausschwärmen. Sie dringen in die Websites ein und tragen dort alle vorkommenden Inhaltswörter zusammen. Die bringen sie der Suchmaschine zurück, jedes mit der dazugehörigen Adresse, und diese sortiert sie zu einem Index. Diese Sammeltätigkeit heißt Harvesting, »Ernte«. Die Ernte findet alle paar Tage oder Wochen statt; einige ernten ihr Feld auch täglich ab. Neue Webseiten finden die Bots, indem sie sämtlichen Links nachgehen, denen sie auf ihrer Wanderschaft begegnen.

Webseiten, auf die von nirgendher verwiesen wird, bleiben unentdeckt. Viele Suchmaschinen nehmen aber auch Seiten auf, die bei ihnen gemeldet werden. Keine durchsucht die aufgespürten Websites vollständig; im Durchschnitt ernten sie nur bis zu 30 Prozent seiner Seiten ab. Manche ernten nur auf der obersten Seite, der Startseite, manche dringen zwei oder drei Linkschichten tief ein, selten tiefer. Was in den Tiefen tiefgestaffelter Sites steht, entgeht ihnen also so gut wie immer.

Anders macht es *Yahoo!*. Es hat eine Redaktion mit 1600 Mitarbeitern weltweit, die die Websites, welche ihre Roboter finden oder die ihnen gemeldet werden, sichtet, begutachtet, Themenkategorien zuordnet und nur das verzeichnet, was ihren Qualitätskriterien genügt. *Yahoo!* ist darum keine Suchmaschine im eigentlichen Sinn, sondern ein »Themenkatalog«; beziehungsweise ein Themenkatalog mit einer attachierten Suchmaschine.

Welches in den Datenfluten des Internets die bessere Methode ist, der robotergenierte Index oder der Themenkatalog, lässt sich nicht sagen. Im April 2001 müsste es im Web über 3,5 Milliarden Seiten gegeben haben. Die beiden Suchmaschinen, die die meisten untersucht hatten, waren *Google* und *Alltheweb*; in jenem steckte der Ertrag von 1,3 Milliarden Seiten, in diesem von 575 Millionen, dann folgten *Altavista* mit 550 Millionen und *WebTop* mit 500 Millionen.[12] Das heißt, auch der Kundigsten ist nur ein Drittel des Webs bekannt. Für *Yahoo!* wurden hunderttausend Seiten ausgewertet – keine Redaktion wäre der Gesamtmenge gewachsen. Da sich die Seiten in ständigem Fluss befinden und ihre Zahl sich alle halbe Jahre mehr als verdoppelt, kann ein Themenkatalog nie Schritt halten und müsste schon darum viel Relevantes verpassen. Aber die schiere Menge der ausgewerteten Seiten garantiert auch keine Qualität. Ein großer, wahllos zusammengetragener Index begräbt das Relevante leicht unter

12 http://searchenginewatch.com/reports/sizes.html

Unmengen von Unsinn und Irrelevantem. Beide Methoden sind samt ihren Mankos komplementär. Wer sucht, muss viele Indizes befragen. Was auch immer er aber schließlich findet, er kann nur sicher sein, das meiste nicht gefunden zu haben.

Bei der Überzahl an Funden, zu denen jede Suche nach einem in verschiedenen Zusammenhängen vorkommenden Schlüsselwort führt, ist es von größter Wichtigkeit, in welche Reihenfolge eine Suchmaschine ihre Funde bringt. Die Webadresse, die an achthundertster Stelle erscheint, wird niemand mehr besuchen – der Normalnutzer versucht sein Glück nur bei den zehn, zwanzig, bei großer Neugier vielleicht auch einmal fünfzig obersten Adressen. Auf die Rangfolge, das Ranking kommt es an. Die Suchmaschinen unterscheiden sich außer in der Menge der abgeernteten Seiten vor allem durch die Methoden ihrer Rangbildung, ihrer Gewichtung. Wenn sie bei manchen Fragen völlig verschiedene Ergebnisse zu liefern scheinen, so liegt das vor allem an ihren verschiedenen Gewichtungsmethoden.

Das offensichtlichste Kriterium bei der Gewichtung, auf das keine verzichtet, ist die Worthäufigkeit. Je häufiger das Suchwort auf einer Seite vorkommt, desto größer ist ihre Chance, an eine obere Position zu rücken. Mindestens ebenso ausschlaggebend ist bei Suchanfragen, die aus mehreren Suchwörtern bestehen, ob eine Seite sie alle enthält oder nur einige von ihnen. Suchmaschinen, die ein Boole'sches AND akzeptieren, kann man zwingen, einem nur jene Seiten zu zeigen, die sämtliche Suchwörter enthalten. Ferner wird bewertet, an welcher Stelle die Suchwörter auf einer Seite vorkommen. Steht eins von ihnen im Domänennamen selbst, im Titel der Seite oder in einer ihrer Unterüberschriften, so wird sie höher eingestuft. Eine rezensierte und für gut befundene Seite kann beim Ranking ebenfalls besser abschneiden. Viele Webseiten enthalten in ihrem unsichtbaren Header ein Meta-Tag, ein Feld mit Schlüsselwörtern zu ihrem Inhalt. Diese sollten besonders aussagekräftig sein. Die Auswertung der

Meta-Tags ist jedoch problematisch, da viele Spammer sie missbrauchen, um ihre Seiten in den robotergenerierten Indizes nach oben zu hieven. Meta-Tags, die viele Male Wörter wie »Porno«, »Sex« oder »XXX« enthalten, ziehen »Verkehr« auf die Seite, auch wenn diese von ganz anderem handelt; es ist, als hängte sich ein Finanzamt das Schild »Sex-Shop« über den Eingang. Die Suchmaschine muss also Gegenstrategien entwickeln, um Spam-Seiten zu erkennen und auszuschließen. Ein anderes Problem sind die toten Links, auf die der Nutzer bei fast jeder Suchmaschinensuche stößt. Die Suchmaschinen müssen Seiten nicht nur finden, sie müssten sie ständig prüfen und die toten löschen.

Das Hauptproblem aller robotergenerierten Indizes ist jedoch ein anderes. Sie sind genau, was der Name sagt, Wörterlisten, genauer: Listen von Zeichenketten, von Strings. Für den Menschen ist ein Wort nur ein Vehikel für einen Inhalt, nämlich eine Bedeutung. Für den Index ist das Vehikel schon der ganze Inhalt. Semantische Information enthält er nicht und er ist ihm nie zu entnehmen. Daher der Eindruck der Maschinenhaftigkeit, im Unterschied zur Suche in von Menschen angelegten Themenkatalogen. Suchmaschinen wie *Ask Jeeves* oder *Britannica* ermuntern zur Eingabe der Fragen in natürlicher Sprache. »Wo finde ich einen Händler, der mir einen Drucker billiger verkauft?« Die Semantik der Frage »versteht« keine; sie täuschen das Verständnis nur recht und schlecht vor, indem sie die Inhaltswörter aus der Frage herauslösen und nach diesen suchen. In diesem Fall würde die Maschine nach Seiten suchen, in denen, Buchstabe für Buchstabe, die Strings »händler«, »drucker«, »billiger« und »verkaufen« vorkommen. Ob Diskontquellen für Computerperipherie dabei sind, steht dahin. Jede Maschinensuche sollte man darum besser von vornherein auf die totale Verständnislosigkeit der Maschine einrichten. Die einzige relevante Frage, die man sich bei der Formulierung einer Suchanfrage stellen kann, ist: Welche Zeichenfolgen würden in einer Seite, wie ich sie suche, wahrscheinlich vorkommen? Am besten sucht man nach Wörtern, von denen man sicher ist, dass sie obenan in dem betreffenden Site und nur dort vorkommen.

Dass die Suche nach roboterindizierten Wörtern nicht besonders effizient ist, kann man erleben, wenn man sich auf Reisen befindet, die »Favoriten« oder »Bookmarks« seines Browsers nicht dabei hat und versucht, sich schnell die Adresse einer hundertmal besuchten, bestens bekannten Domäne zu beschaffen. Nur der URL will einem nicht einfallen, aber ausnahmsweise weiß man wortgenau, wie die Seite heißt und wer sie ins Netz gestellt hat. Also muss man nicht aufs Geratewohl Suchwörter in das Suchformular schreiben, sondern trägt den genauen Titel und den Autor in die Suchmaske ein, zum Beispiel: ‹all (in this database) lepidoptera list markku savela›. Das schickt man dann ab. Und? *Google* (das große *Google*): nichts. *Lycos*: nichts. *Yahoo!*: nichts. *Altavista*: die gesuchte Seite nicht, aber immerhin einige Adressen, über die man auf Umwegen zu ihr hinfände. Erst *Acoon*, *Direct Hit*, *excite*, *HotBot* oder *LookSmart* brächten einen direkt ans Ziel.

Verwunderlich ist dieses Ergebnis nicht. Die Suchmaschinen haben nicht, wie in einem Bibliothekskatalog, nach einem Titel und einem Autor gesucht, sondern nur nach den einzelnen Wörtern der Anfrage. Sie enthielt nur fünf Inhaltswörter und zwei davon waren so allgemein, dass sie die Suche nicht im mindesten einengten; besser hätte man sie gleich ganz weggelassen. Den String ‹list› hatte *Google* in 82,5 Millionen Seiten gefunden, ‹database› in 22,6 Millionen, ‹markku› in 138 000, ‹lepidoptera› in 69 800 und ‹savela› in 6 680.

Jeder Websurfer ist dankbar für die Suchmaschinen, ohne die er verloren wäre. Er weiß aber auch, dass die Stringsuche in robotergenerierten Indizes unbefriedigend ist. In einer echten Bibliothek würde schließlich niemand darauf verfallen, die Bücher danach zu ordnen, wie häufig bestimmte Wörter in ihnen vorkommen, und niemand würde erwarten, über eine solche Wörterliste je zu einem gesuchten Buch zu finden.

Was die schlauen Physiker von arXiv.org* von der ganzen automatischen Indizierung halten, macht das »Kein Zutritt für Roboter«-Schild an ihrer Datenbank klar: »Wir sind nicht gewillt, für idiotische Methoden der Informationsindizierung eine leichte Beute abzugeben. (Wahrscheinlich wären auch Sie nicht erbaut, wenn Ihnen jeder strebsame Enzyklopädieredakteur eine Horde blinder und mit einem Fotokopierer bewaffneter 250-Kilo-Gorillas in die Bibliothek schickte.)«

Das Ungenügen an den Leistungen der Suchmaschinen führte Mitte der neunziger Jahre zu Überlegungen, jedem der höchst unterschiedlichen Datenobjekte des World Wide Web eine kurze Beschreibung seines Inhalts voranzustellen, die genauer wäre als ein bloßer Meta-Tag mit ein paar Schlüsselwörtern: wer es geschaffen und veröffentlicht hat und wann, wie der genaue Titel ist, zu welchem Sachgebiet es gehört, wo es steht – ihm also eine quasi bibliographische Beschreibung mit auf den Weg zu geben, Metadaten, nämlich Daten »über« (*meta*) das Objekt, eine Art genormte unsichtbare Titelseite, über die der Interessent sicherer als über die Indizes der Suchmaschinen zu den gewünschten Inhalten findet. Für solche Metadaten muss es natürlich Regeln geben.

Durchgesetzt hat sich zur Jahrhundertwende noch kein Metadatenstandard. Es gibt jedoch zwei ernst zu nehmende Kandidaten. Der eine ist das förmliche, auf die genaue Beschreibung von möglichen Strukturen bedachte RDF (Resource Description Framework), das von der Computerindustrie entwickelt und 1997 vom World Wide Web Consortium offiziell vorgeschlagen wurde.

Der andere ist das praxisnahe Dublin Core (DC). Es heißt so nicht, weil es in Irland ersonnen wurde, sondern weil sich das amerikanische Zentralinstitut für die vernetzte Computerbibliothek, das OCLC*, das sich seit 1995 dafür stark macht, in Dublin, Ohio, befindet, wo die erste Skizze angeblich in einer Bar auf eine Serviette gekritzelt wurde. Dublin Core ist kein weiteres ausgefeiltes Katalogkartenformat. Sein Vorteil besteht gerade in seiner umwerfenden Schlichtheit. Genau sie verleiht ihm seine Flexibilität, macht es auch für Datenobjekte geeignet, die mit dem Buch der traditionellen Bibliothek nur noch wenig gemein haben, und versetzt selbst Laien in die Lage, jedem Dokument im Web eine Reihe von beschreibenden Auskünften mit auf den Weg zu geben. Dublin Core verteilt die Inhaltsbeschreibung auf lediglich fünfzehn nicht weiter unterteilte Felder, die ebenso vielen beschreibenden Kategorien entsprechen: Titel, »Schöpfer« (»Autor« wäre zu buchfixiert), publizierende Institution, Thema, Beschreibung, Standort im Netz, Datentyp (zum Beispiel »Text«), Datenformat (zum Beispiel HTML), Sprache, Datum.

Den Bibliotheken erspart Dublin Core die regelrechte Katalogisierung nicht. Einem etwa an die tausenddreihundert Datenfelder eines Pica-Titelsatzes gewöhnten Bibliothekar lässt es geradezu die Haare zu Berge stehen, vor allem darum, weil ihm jegliche »Ansetzungsregeln« fehlen: Ob der Schriftsteller Herbert Günther im »Schöpfer«-Feld als ‹H. Günther› oder ‹Günther, H.› oder ‹Guenther Herbert› eingetragen wird, bleibt jedem überlassen. Aber ist es im Web überhaupt so wichtig, ob der Schöpfer eines Audiodokuments nun als »Stones, Rolling« oder »Rolling Stones« geführt wird? Die Suchmaschine könnte ihn so oder so finden.

RDF und DC konkurrieren miteinander, aber sie haben voneinander gelernt und sind nicht inkompatibel. Eine Gefahr, dass sie das Web in zwei Teile spalten, besteht nicht. Dem Benutzer, der im Web eine »Ressource« sucht oder von einer Suchmaschine suchen lässt, wird es gleich sein können, ob der Header der Webseite Metadaten à la RDF oder à la Dublin Core enthält.

Noch stehen wenigen Webseiten strukturierte Metadaten voran, noch ist nicht zu erkennen, dass sich die Suchmaschinen auf sie einrichten. Aber der Auffindbarkeit im immer größeren Web zuliebe wird bald etwas in dieser Richtung geschehen müssen.

Zwei Metadatensätze

In dem unsichtbaren Header einer Webseite – heute HTML, morgen wahrscheinlich XML – nähme sich eine einfache Beschreibung ihres Inhalts gemäß RDF im Programmiererlatein etwa so aus:

```
‹rdf:RDF›
    dc:creator=«Susanne Meier«
    dc:title=«Mein Tageslauf«
    dc:description:«Susannes Homepage für ihre fernen Freunde«
    dc:date=«2000-05-01« /›
‹/rdf:RDF›
```

Und so einfach sieht ein echter Metadatensatz gemäß Dublin Core aus:

Dublin Core Metadata	
Title	GDZ – Göttinger DigitalisierungsZentrum an der SUB Göttingen
Creator	Klaproth, Frank
Publisher	Staats- und Universitätsbibliothek Goettingen
Subject	Digitalisierung; digitization; scannen; Beratung; Service; digitale Bibliothek
Description	Service- und Kompetenzzentrum der Staats- und Universitätsbibliothek Göttingen
Identifier	http://www.SUB.Uni-Goettingen.de/GDZ/
Type	text/plain
Format	text/html
Language	English
Date	1998-08-12

Wie wird Text digitalisiert?

Wörtlich heißt *digitalisieren* »in Ziffern ausdrücken« – gemeint sind Ziffern, die der Computer verarbeiten kann –, und genau das ist es, was beim Digitalisieren geschieht. Welche Methoden stehen zur Wahl?

Digital ist nicht gleich digital. Es gibt schlichte und es gibt aufwendige Methoden der Digitalisierung von Text und dementsprechend gibt es minderwertige und hochwertige Digitalisate. Je größer der Aufwand, um nicht nur den Text selbst akkurat in den digitalen Aggregatzustand zu überführen, sondern mit ihm zusammen die Selbstverständlichkeiten einer tausendjährigen Buchkultur, umso hochwertiger sind sie. Wir werden uns angewöhnen müssen, die Unterschiede zu erkennen und in Rechnung zu stellen, so wie wir an Dutzenden von Kleinigkeiten auf einen Blick ein ramschiges von einem wertvollen Buch unterscheiden.

Die nächstliegende Methode, einen Text zu digitalisieren, also computergerecht zu verziffern, ist das schlichte Eintippen. Wenn es mit mehr als zwei Fingern geschieht, heißt es offiziell ›Eintasten‹ und pompöser ›Keyboarding‹ oder ›Single Key‹ oder ›manuelle Erfassung‹: Der Text wird auf dem Computer abgeschrieben und so in ein Compuskript verwandelt. Mit jedem Tastendruck wird eine Zahl erzeugt, deren Bedeutung sich aus der jeweils gültigen Schriftzeichentabelle ergibt, und bei der Ausgabe am Bildschirm oder auf dem Drucker verwandelt der Computer die Zahl zurück in ein sichtbares Schriftzeichen.

Digitalisieren durch Abtippen ist keineswegs die naive und primitive Methode, als die sie auf den ersten Blick erscheint. Die digitalen Textsammlungen des *Project Gutenberg**, des amerikanischen wie seines deutschen Gegenstücks, sind alle so entstanden: Freiwillige haben ihre Nächte damit verbracht, Gedichte und ganze Romane in ihren Computer zu tippen. Auch für die Telefonbuch-CDs, denen nicht die digitalen Daten der Telekom zur Verfügung standen, wurden irgendwo in einem Billiglohnland die gedruckten Telefonbücher abgeschrieben.

Natürlich kommen bei jedem Abschreiben Fehler vor, besonders dann, wenn die Schreibkräfte die betreffende Sprache nicht verstehen. Durch Keyboarding digitalisierte Texte sind nur so gut wie das Korrektorat, das sie anschließend durchlaufen. Keine maschinelle Rechtschreibkontrolle (Spelling Checker) kann den menschlichen Korrektor ersetzen. Keyboarding und gründliches Korrektorat – das aber ist noch immer die zuverlässigste Methode, Text zu digitalisieren, allerdings auch die teuerste, da sie den meisten »manuellen«, will sagen menschlichen Aufwand erfordert.

Um den Korrekturaufwand einzuschränken, gibt es für anspruchsvolle Textdigitalisierungsjobs das Double-Key-Verfahren: Der Text wird von vornherein zweimal abgeschrieben. Dann wird die Dateivergleichsfunktion des Computers auf die beiden Abschriften angesetzt; sie zeigt sämtliche Unterschiede an. Schließlich überprüft ein Korrektor diese Diskrepanzen anhand des Originals. Da die Wahrscheinlichkeit, dass zwei Erfasser genau denselben Fehler machen, relativ gering ist, können die meisten Schreibfehler so aufgespürt werden. Völliger Verlass ist aber auch auf das Double-Keying nicht; es gibt bestimmte Buchstabenverdrehungen, die durchaus mehreren Erfassern unterlaufen können und bei der Qualitätskontrolle darum unentdeckt bleiben.

Eine grundsätzlich andere Methode der Digitalisierung ist der Image-Scan: die digitale graphische Abbildung einer Seite. Auch ein Image besteht aus nichts als computergerechten Zahlen. Jede einzelne definiert kein Schriftzeichen, sondern einen Bildpunkt, einen Pixel. Das Image lässt sich am Bildschirm anzeigen und auf dem Drucker ausgeben. Was man sieht und liest, ist jedoch im Sinne des Computers kein Text, sondern eine Graphik. Ein *A* ist nicht der Computerbuchstabe *A*, sondern nur sein Abbild, drei Striche unterschiedlicher Länge und Ausrichtung, ohne Bedeutung. Es gibt Fälle, in denen man nichts anderes will als eine digitale Abbildung, und andere, die einen zwingen, sich mit ihr zufrieden zu geben. Aber da der Text beim Image-Scan nur als graphisches Objekt und nicht im Textmodus des Computers existiert, lässt er sich auch nicht als Text verarbeiten, nicht redigieren, umstellen, löschen, ergänzen (es sei denn durch Bildschirmretuschen), nicht umformatieren und vor allem nicht automatisch nach bestimmten Zeichenfolgen durchsuchen.

Die dritte Methode ist die Konversion: die automatische Umwandlung eines Image in Text. Es geschieht per OCR (Optical Character Recognition, Schriftzeichenerkennung), einem Spezialfall der automatischen Mustererkennung. Aus bestimmten Anordnungen von Bildpunkten schließt der Computer auf das Schriftzeichen, das damit gemeint sein könnte. Heutige Schrifterkennungsprogramme liefern Ergebnisse, die passabel sind und besser, aber nur, solange die Vorlage gut ist: die Schrift gängig und groß, die Buchstaben klar und scharf, nicht gebrochen und nicht miteinander liiert, das Layout nicht zu verschachtelt.

Der Image-Scan erhält das Aussehen des Originals. Bei der Erfassung wie der Konversion gehen die physischen Eigenschaften des Originals vollständig verloren: Der Text wird körperlos und genau deswegen wird er manipulierbar.

Firmen, die die Digitalisierung professionell betreiben, versprechen bei der Konversion eine Genauigkeit von bis zu 99,95 Prozent. Sie bedeutet, dass unter zehntausend Buchstaben fünf falsch sind, etwa ein Fehler auf einer Seite wie dieser. Mit jedem Problem, das dem Computer die Identifikation der Schriftzeichen erschwert, schnellt die Fehlerquote jedoch empor. Manche Vorlagen sind für die automatische Konversion völlig ungeeignet, bisher zum Beispiel alle Frakturschriften, obwohl erste OCR-Programme geschrieben wurden, die es mit den leichteren von ihnen aufnehmen. Einmaliges manuelles Erfassen in einem fremdsprachigen Billiglohnland produziert Fehlerquoten von bis zu 10 Prozent – jeder zehnte Buchstabe ist falsch, sechs Fehler pro Zeile, und der nötige Korrekturaufwand macht jeden scheinbaren Vorteil zunichte.

Ist ein Dokument einmal digitalisiert, lässt es sich völlig verlustfrei endlos kopieren. Während sich in analogen Kopien von Generation zu Generation immer mehr Fehler ansammeln, bleibt digitalem Material dieser Zersetzungsprozess erspart. Fehler unterlaufen bei der Digitalisierung selbst; sie unterlaufen beim Auslesen der digitalen Daten, wenn die Datenträger oder die Lesegeräte physisch beschädigt sind; gelegentlich interpretiert ein Programm auch einen Formatierbefehl falsch. Aber beim Kopieren von einem Speicher in den anderen kommen dank der Robustheit binärer Daten niemals neue Fehler in einen Text.

Auf dem Computer kommt einem digitalisierter Text jedoch in verschiedenen »Formaten« entgegen, die sich in ihrer Qualität stark unterscheiden. Wie gut ein E-Text ist, bemisst sich nicht nur daran, wie fehlerfrei er digitalisiert wurde, sondern auch an dem Format, dem er anvertraut wurde. Die schlichteste Form ist gänzlich unformatierter ASCII-Text, entweder US-ASCII bei englischsprachigen Texten oder ASCII/Latin-1 bei europäischen. Hier handelt es sich um den baren Text, bei dem englischsprachigen ohne jede Akzent- oder andere »Sonderzeichen«; die einzigen Auszeichnungsmittel sind die Tabulator- (also die Einzug-) sowie die Absatzmarke, der Carriage Return – oder zwei Carriage Returns, die eine Leerzeile ergeben.

Wenn diese E-Texte aus der frühen Nur-ASCII-Zeit dann im Internet versandt wurden, geschah es im Format FTP (File Transfer Protocol). Wo immer einem heute ein Text als FTP-Datei entgegenkommt, kann man sicher sein, schlichtesten ASCII-Text zu erhalten. Die damaligen Geschwindigkeiten in der Datenfernübertragung brachten es außerdem mit sich, dass man E-Text notgedrungen in viele kleine Portionen zerlegte, damit die Wartezeiten beim Herunterladen nicht zu lang wurden. Dieser Umstand wiederum schränkte die Durchsuchbarkeit ein: Lange Romane, überhaupt alle größeren Textkorpora ließen sich in dieser Gestalt nur abschnittweise durchsuchen.

Der E-Text, der im World Wide Web herumgeschickt wird, hat normalerweise das Format HTML. HTML ist sehr viel sonderzeichenfreundlicher: Es beruht auf der Zeichentabelle Latin-1 und ist MIME-kompatibel, kann also theoretisch die meisten Schriftzeichen der Welt transportieren. Auch lässt HTML einige Formatierungsmöglichkeiten zu: Einzüge, kursive, fette und unterstrichene Hervorhebungen und den Einbau von Tabellen und Illustrationen und anderen graphischen Elementen. Ein E-Text in HTML könnte also typographisch wesentlich differenzierter sein als der ASCIIplus-Text der FTP-Server. In der Praxis sind viele E-Texte im Web nur automatisch in HTML-Dokumente konvertierte FTP-Dateien, machen also von den Möglichkeiten, die HTML eigentlich böte, keinen Gebrauch.

Um die typographischen Beschränkungen zu umgehen, die auch mit HTML noch verbunden sind (und morgen, mit XML und TEI, zumindest weniger eklatant sein werden), gibt es heute nur zwei Möglichkeiten: den E-Text als voll formatierte Textdatei zum Herunterladen anzubieten (meist werden die Austauschformate RTF oder *Word 6.0/95* benutzt) – dann erlaubt er die Auszeichnungen, die die benutzte Textverarbeitung erlaubt hat, lässt sich im Browser selbst aber nicht lesen, sondern nur von einer passenden Textverarbeitung öffnen. Oder man verwandelt ihn mit dem Programm *Adobe Acrobat* in eine PDF-Datei, die viele typographische Finessen zulässt. Vor allem enthält eine PDF-Datei in vektorisierter Form alle Schriften, die in dem betreffenden Dokument verwendet wurden; ob der Empfänger sie auf seinem eigenen Computer besitzt oder nicht, spielt keine Rolle; sie werden bei ihm richtig angezeigt und auch gedruckt. PDF-Dateien lassen sich allerdings nicht im Browser lesen, sondern nur mit einer speziellen (kostenlosen) Anzeige-Software, dem *Acrobat Reader*; dieser aber tritt im Browser automatisch auf den Plan, sobald aus dem Web eine PDF-Datei eintrifft, so dass der Bildschirmleser den Browser nicht verlassen muss. Außerdem ist das PDF-Format plattformunabhängig (Unix, Windows und MacOs können damit umgehen) und beim Empfänger außer auf den *Acrobat Reader* auf keine bestimmte Software angewiesen. Das Gros der Fachzeitschriften wird aus diesen Gründen heute in Form von PDF-Dateien ins Web gestellt.

Mit einem Scanner und einem Programm für die automatische Zeichenerkennung kann jeder selber Textvorlagen digitalisieren, ohne sie abschreiben zu müssen. Die OCR-Technik hat sich in den neunziger Jahren stark verbessert und im gleichen Maße verbilligt. Inzwischen scheint sie jedoch an ihre Grenzen gelangt zu sein. Die Qualität der automatischen Konversion bleibt stark von der Güte der Vorlage abhängig: Ist einerseits die Schrift der Vorlage gestochen scharf und groß genug (mindestens 10 Punkt) und wird sie in ausreichender Auflösung gescannt (400 dpi), enthält sie ferner keine gebrochenen oder ineinander verschmierten Buchstaben (so dass das OCR-Programm die Buchstabengrenzen sicher erkennen kann), ist andererseits die Papierseite selbst makellos (jede Verschmutzung sucht das Programm als ein Schriftzeichen zu interpretieren), das Layout der Seite nicht allzu verschachtelt und die Schriftart nicht zu ausgefallen, so kann auch der Nichtprofi die Fehlerquote auf ein Prozent oder weniger drücken, wie es ihm viele OCR-Programme in Aussicht stellen. Aber selten kommen alle diese günstigen Umstände zusammen. Ist die Vorlage in irgendeiner Hinsicht nicht optimal, rechnet man besser mit einer Fehlerquote von 5 bis 15 Prozent. Wird aber jedes zehnte Schriftzeichen nicht erkannt, so hat man mit dem

Nachbessern mehr Arbeit, als man bei der manuellen Eingabe gehabt hätte. Die Erkennung von Frakturschriften steckt noch in den Anfängen. Schreibschriften lassen sich in keinem Fall erkennen und damit auch keine handschriftlich korrigierten Seiten – abgesehen von jenen Formularlesern, die eine Normschrift erkennen, wenn jeder Buchstabe in ein eigenes Kästchen eingetragen ist, und denen selbst dabei noch sonderbare Fehler unterlaufen. Es gibt Fehler, die auch ein perfektes OCR-Programm nicht vermeiden könnte, etwa die Verwechslung von *1* und *l*, besonders in der Schreibmaschinenschrift Courier, oder von *O* und *0*. Und es gibt tückische Schönheitsfehler, die man einer Vorlage auf den ersten Blick gar nicht ansieht, sondern erst erkennt, wenn man sie vergrößert am Computerbildschirm vor sich hat: zum Beispiel gebrochene Buchstaben, etwa ein *m*, in dem das Programm subjektiv völlig zu Recht ein *in* erkennt, weil der Zufall es will, dass zwischen dem ersten und zweiten Abstrich eine kleine Lücke klafft – und das nicht einmal, sondern bei jedem einzelnen *m* eines ganzen Textes.

Professionelle Textkonversionsgeräte – in der Regel Aufsichtscanner mit integrierter Schriftzeichenerkennungssoftware – senken die Fehlerquote tatsächlich bis in die Nähe der versprochenen 0,02 Prozent, solange sie es mit wenigstens passablen Vorlagen zu tun haben. 99,98 Prozent Richtige: Das ist ein Fehler auf fünftausend Buchstaben oder etwa alle zwei Seiten, weniger, als der zuverlässigste Texterfasser machen würde. Für wertvolle Bücher gibt es Konversionsgeräte mit einem Kipptisch, die es erlauben, das Buch in eine plane Lage relativ zum Objektiv zu bringen, ohne es ganz zu öffnen und ihm dabei möglicherweise das Rückgrat zu brechen.

Abgesehen von den bei der Erfassung oder der Konversion entstandenen und bei der Korrektur durchgeschlüpften Fehlern gibt es bei der Textdigitalisierung keine Verluste. Von seinem ursprünglichen physischen Trägermedium ist er abgehoben, nicht einmal dessen Bild bleibt erhalten; aber der Text selbst ist intakt und bleibt es.

Die Pixelung der sichtbaren Welt

Bei der Digitalisierung eines Textwerkes als Image braucht man sich keine Sorgen um Schreib- oder Konversionsfehler, um undarstellbare Schriftzeichen oder um das Seitenlayout zu machen. Es können keinerlei Fehler hinein geraten; das Image kann höchstens schwer lesbar sein, wenn nämlich eine zu niedrige Auflösung gewählt wurde. Faxbriefe sind darum oft so schwer lesbar, weil die normale Fax-Auflösung nur 100 × 100 dpi beträgt (100 × 200 dpi im Modus »Fein«). Verlustfrei ist aber auch die graphische Digitalisierung nicht.

Die Qualität einer Abbildung hängt davon ab, wie viel Information in ihr enthalten ist. Bei jeder Digitalisierung geht Information verloren und entsteht falsche Information. Kein Abbild, auch das digitale nicht, enthält die volle Information und nichts als diese, die das Original enthielt.

Die sichtbare Welt ist analog. Sie besteht aus gleitenden Übergängen. Es gibt unendlich viele Helligkeitsabstufungen und unendlich viele Farbnuancen. Ihr »Korn« (etwa die Materiemoleküle) liegt so weit unterhalb unserer Wahrnehmungsschwelle, dass es uns beim Sehen nicht interessiert. Die Netzhaut des menschlichen Auges erfasst ihr Gesichtsfeld mit 11 000 × 11 000 neuronalen Sensoren. Das Auge hat, wenn man so will, eine Auflösung von 121 Millionen Pixel, sechzig Mal so viel wie eine Digitalkamera. Da es nicht genau wie eine Digitalkamera funktioniert, ist das nicht wörtlich zu nehmen, aber es ist ein Indiz für die Größenordnung, mit der man es hier zu tun hat.

Alles Digitale dagegen ist diskret. Es hat keine fließenden Übergänge, sondern nur immer einzelne Werte. Ein digitales Bild besteht aus Pixeln, Bildpunkten. Das Wort ›Punkt‹ stammt noch aus der alten Klischiertechnik, bei der ein Bild in einzelne, größere oder kleinere druckende Punkte aufgelöst wurde. Die Bildpunkte des digitalen Bildes sind keine frei stehenden Punkte, sondern aneinander liegende Quadrate. Ein digitales Bild ist ein Gitterraster solcher Quadrate. Jedes seiner Pixel ist durch einen Zahlenwert charakterisiert. In je mehr Pixel ein Bild »aufgelöst« ist, desto mehr Detail enthält es, desto schärfer wirkt es, desto ergiebiger lässt es sich vergrößern – desto überzeugender ist also die Illusion gleitender, analoger Übergänge. Jede Verminderung seiner Pixelzahl bedeutet einen Verlust an Information, eine Vergröberung. Mit einer Bildbearbeitungssoftware lassen sich digitale Images trickreich bearbeiten: Es lassen sich Farben verändern, graphische Effekte überstülpen, überscharfe Kanten verwischen und unscharfe schärfen, und mit allerlei Interpolationen – Vermutungen seitens des Programms – lassen sich Pixel vortäuschen, wo keine waren. Auch die Pixelzahl selbst lässt sich künstlich beliebig heraufsetzen. Aber die nachträgliche Verdoppelung der Auflösung bringt keinen Zugewinn an Informationsgehalt, sondern verdoppelt nur jedes einzelne vorhandene Pixel. Dadurch mag das Bild beim Rendering weniger pixelig wirken, aber fehlendes Detail wird so nicht zum Vorschein gebracht. Keine Manipulation holt aus einer Bildvorlage mehr Information heraus, als in ihr steckt.

Das jedoch heißt nicht, dass die Auflösung gar nicht hoch genug sein kann. Zum einen erreicht kein normales Abbildungsverfahren die Auflösung des Auges, so dass die wahrgenommene Natur ihren Abbildern immer überlegen ist; aber das Auge gibt sich auch mit niedrigeren Auflösungen zufrieden. Zum andern braucht ein Bild nicht mehr Information, als das gewählte Anzeigegerät verwerten kann. Es nützte nichts, auf einen Fernsehschirm ein hochaufgelöstes Scannerbild zu schicken; es käme immer nur dasselbe Fernsehbild heraus, 525 × 320 Pixel.

Außer von ihrer Auflösung wird die Qualität einer digitalen Abbildung von ihrer Farbtiefe bestimmt: der Menge der wiedergebbaren Farbwerte. Das menschliche Auge kann etwa sieben Millionen verschiedene Farbtöne unterscheiden. Eine Abbildung, die naturgetreu wirken soll, muss das Spektrum in mindestens ebensoviele Werte zerlegen. Die Sensoren digitaler Aufnahmegeräte – Digitalkameras und Scanner – messen immer nur, wie viel Licht sie erhalten, die Helligkeit. Um eine Farbdarstellung zu ermöglichen, müssen sie für jeden Pixel die Helligkeitswerte der drei (additiven) Grundfarben Rot, Grün und Blau messen, aus denen sich sämtliche Farbtöne mischen lassen. Für eine Skala von reinen Grauwerten unterteilt der Computer die Helligkeiten zwischen Schwarz und Weiß in mindestens 256 Abstufungen: Jedem Pixel wird dann einer von 256 möglichen Grauwerten zugewiesen. 256 verschiedene Zahlenwerte lassen sich in acht Bit codieren. Jedes Pixel eines schwarzweißen Halbtonbildes, heißt das, beansprucht ein Byte Speicherplatz. Als Farbe in die Computer kam, war sie auf nur 16 verschiedene Farbtöne beschränkt (2^4), die vier Bit pro Pixel erforderten. Dann wurden daraus 256 (2^8); auch diese Farbskala wirkte noch sehr flach. Heute verwenden Computerbildschirme entweder 16 oder 24 Bit für jeden Pixel (2^{16} oder 2^{24}). 16 Bit ermöglichen 65 536 verschiedene Farbnuancen – diese Farbtiefe heißt »HighColor« und wirkt halbwegs naturecht, ist aber doch nur ein Zehntel der Farbtöne, die das Auge wahrnehmen könnte. In 24 Bit lassen sich 16 777 216 verschiedene Farbwerte unterbringen, mehr, als das Auge eigentlich brauchte. Farbtiefen von 24 oder 32 Bit heißen »TrueColor«. High-End-Scanner haben sogar eine Farbtiefe von 42 Bit. Zwar rechnen alle Ausgabegeräte diese wieder auf 24 Bit hinunter, aber es hat sich gezeigt, dass das Ergebnis überzeugender wirkt, wenn ein Überfluss an Information vorhanden war.

Ein digitalisiertes Bild hat keine bestimmte räumliche Größe mehr; es ist eine Folge von Zahlen, die eine bestimmte Anzahl von

Pixeln codieren. Seine »Größe« wird durch die Gesamtzahl seiner Pixel oder durch die Zahl seiner senkrechten mal waagerechten Pixelzeilen ausgedrückt. Computerbildschirme zum Beispiel haben oft eine Auflösung von 800 × 600 Pixeln; insgesamt macht das 480 000 Pixel, und wenn jeder eine Farbtiefe von 24 Bit hat, acht Bit für jede der drei Grundfarben, nimmt das ganze Bildschirmbild im Speicher 1,44 Megabyte ein. Ein Fernsehbild mit seinen 525×320 Pixeln dagegen kommt bei der gleichen Farbtiefe mit einem halben Megabyte aus, enthält also nur knapp halb so viel Information wie ein Monitorbild – natürlich unabhängig davon, wie groß die Bildschirme sind. Je größer die Fläche, über die eine gegebene Pixelzahl verteilt wird, umso ungenauer, informationsärmer, »pixeliger« wirkt das Bild. Ob eine Bilddatei groß und informationshaltig genug ist, lässt sich also immer nur sagen, wenn man weiß, wie und in welcher Größe sie gerendert werden soll.

Um bei der Aufzeichnung und der Anzeige die Pixelzahl auf ein räumliches Maß zu beziehen, werden Images in Bildpunkten pro Zoll oder Pixel pro Zoll (dpi oder ppi) berechnet. Eine vielverwendete Scannerauflösung zum Beispiel beträgt 300 ppi, eine bessere Druckerauflösung 600 dpi.

Der Informationsgehalt eines Bildes ist also etwas sehr Relatives. Gegenüber der analogen Natur bleibt er immer zurück. Ob es auf das Auge naturgetreu, ungepixelt, also »wie analog« wirkt, hängt davon ab, über welche Fläche seine Pixel verteilt werden und aus welcher Entfernung sie betrachtet wird – und mit welchem Erfolg die Anzeigegeräte das Auge über seine Pixelung hinwegtäuschen. Ziel jeder Bilddigitalisierung muss sein: Es soll nicht pixelig wirken, sondern »wie analog«, so als hätte es die gleitenden Übergänge, die es in Wirklichkeit nicht hat.

Fotofilm ist analog und nicht digital. Seine Bilder bestehen nicht aus Pixeln. Wenn man sie unter die Lupe nimmt, stößt man nicht auf kleine Farbquadrate. Ihr »Korn« sind die Silber- oder

Pigmentpartikel, die sich bei der Entwicklung gebildet haben. Darum lässt sich ihr Informationsgehalt nicht genau berechnen. Man kann ihn nur schätzen, indem man fragt: Wie viel Information müsste ein digitales Bild enthalten, damit es bei der Vergrößerung so viel Detail hergibt wie ein Foto einer bestimmten Größe? Ein Kleinbildfoto im Format 24 × 36 Millimeter lässt sich ohne Weiteres linear um das Fünffache auf 13 × 18 Zentimeter hochvergrößern, ohne dass sich sein »Korn« störend bemerkbar machte. Das ist »Fotoqualität«, die mit Recht eine Art Qualitätsmaßstab darstellt. Bei noch größeren Detailvergrößerungen allerdings wird es kritisch; einen Kopf aus einem Klassenfoto auf Kleinbildfilm wird man sich kaum als Porträt an die Wand hängen wollen. Der Schärfe-Informationsgehalt eines Kleinbildfotos, so schätzt man, entspricht etwa 2000 bis 4000 dpi; sein Farb-Informationsgehalt lässt nichts zu wünschen übrig, entspricht also mindestens einer Farbtiefe von 24 Bit. Das heißt: Es hat einen Informationsgehalt von 16 bis 63 Megabyte. Oft geht man von einer Mittelzahl aus und rechnet mit 30 Megabyte. Die Bilder heutiger Digitalkameras für den Massenmarkt haben demgegenüber ein bis drei Megapixel (Millionen Pixel), also bestenfalls ein Zehntel des Informationsgehalts eines Kleinbildfotos. Also lassen sich mit ihnen theoretisch nur zwei Fünftel der Fläche in der gleichen Fotoqualität füllen und der Fotoabzug eines Digitalkamerabildes dürfte höchstens 9×12 Zentimeter groß sein. Aber hier kommt ins Spiel, was der Fotodrucker aus den angebotenen Pixeln macht. In Verbindung mit einem Spezialpapier genügen einem Farbsublimationsdrucker 300 dpi, um die Illusion von Fotoqualität zu erzeugen; ein normaler Tintenstrahldrucker braucht dazu 600 dpi oder mehr. Druckmaschinen begnügen sich bei Farb- oder Halbtonfotos mit Scan-Auflösungen von 300 bis 400 dpi. Um den Treppeneffekt, also eine sichtbare »Pixeligkeit« an scharfen schwarzen Kanten zu vermeiden, arbeiten sie bei Schrift und anderen »Strichvorlagen« jedoch mit 1000 bis 2400 dpi.

Alles dies muss in Rechnung gestellt werden, wenn man die Qualität einer Image-Digitalisierung beurteilen will. Man muss Auflösung und Farbtiefe kennen, aber für sich allein genommen sagen sie noch wenig; immer muss man auch fragen: in welcher Größe, auf welchen Ausgabegeräten und zu welchem Zweck? Absolute Qualitäten gibt es auf diesem Gebiet nicht; alle sind relativ.

Das ehrgeizigste Digitalisierungsprojekt einer deutschen Bibliothek war bisher die Digitalisierung der gesamten ersten Gutenberg-Bibel*. Das unschätzbar kostbare Stück im Göttinger Safe wagen selbst Konservatoren kaum aufzuschlagen. Jetzt kann jeder im Netz oder auf einer CD in seinem virtuellen Abbild hin und her blättern, kann die Seiten zoomen, kann ihren Schmuck mit dem Musterbuch vergleichen, das Gutenbergs Illuminatoren als Vorlage diente. Entgeht ihm etwas?

Die 42-zeilige Göttinger Gutenberg-Bibel ist auf Pergament gedruckt und hat 1 282 Seiten im Format 29,4 × 40,1 Zentimeter (11,6 × 15,8 Zoll). Die illuminierten Seiten wurden mit einer Auflösung von etwa 500 dpi, die reinen Textseiten mit etwa 350 dpi gescannt, alle in einer Farbtiefe von 48 Bit. Das ergab bei den illuminierten Seiten etwa 5 700 × 8 000 und bei den Textseiten etwa 4 000 × 5 700 Pixel. Pixelzahl mal Farbtiefe durch acht (zur Umrechnung von Bits in Bytes): Pro Seite fielen bei den illuminierten Seiten circa 275 Megabyte an, bei den Textseiten 135 Megabyte. Die Bilddaten wurden sofort auf die halbe Farbtiefe heruntergerechnet, da kein Ausgabegerät mehr als 24 Bit verwerten kann. Das halbierte die Datenmenge. Übrig blieben und gespeichert wurden pro Seite etwa 138 beziehungsweise 68 Megabyte. In dieser Form nimmt die ganze Bibel nunmehr 100 000 Megabyte ein, 100 Gigabyte, und diese würden etwa 160 CDs füllen.

Ist das nun viel oder wenig? Genug oder zu viel? Der hohe Speicherbedarf bei der Bildverarbeitung täuscht leicht. Hier ist alles Wachstum exponentiell. Bei jeder Vergrößerung oder Erhöhung der Auflösung wächst die Datenmenge im Quadrat. Eine mit 300 dpi gescannte Briefmarke ergibt 0,5 Megabyte. Auf einem normalen guten Tintenstrahldrucker lieferte diese Datenmenge in Originalgröße einen Ausdruck, den die meisten erstaunlich gut fänden: Mehr Detail, würden sie meinen, steckt in der Briefmarke gar nicht. Verdoppelte man zur Verbesserung der Qualität die Auflösung, so fielen vier mal so viel Daten an, 2 Megabyte, die sich bei dem gleichen Drucker kaum bemerkbar machten, aber auf einem professionellen Farbsublimationsdrucker sehr wohl. Wollte man die Briefmarke beim Drucken linear auf das Doppelte vergrößern, so ließe sich die gleiche Qualität nur mit dem Vierfachen an Pixeln erzielen. Verdoppelte man aber Auflösung *und* Format, so brauchte die Bilddatei der Briefmarke gleich 8 Megabyte. Wer glaubte, dass die Auflösung gar nicht hoch genug sein kann, und die Briefmarke mit 2 400 dpi scannte, hätte es mit 32 Megabyte zu tun, von denen 31,5 an seinem eigenen Drucker völlig verloren wären. Ob das Digitalisat der Göttinger Bibel genug Information enthält, lässt sich also nur relativ zu dem Rendering sagen, das bezweckt ist.

Für einen Faksimilenachdruck wären die Bilddaten ausreichend, aber nicht üppig. Laserfarbdrucker arbeiten mit 400 × 400 bis 1 200 × 1 200 dpi. Der Informationsgehalt der Scans wäre nicht ausreichend, wenn Details stark herausvergrößert werden sollten.

Für die Darstellung am Monitor dagegen ist die vorhandene Bildinformation mehr als reichlich. Denn der Computerbildschirm stellt, entlang seiner waagerechten Kante, bei der Auflösung 800 × 600 nur 800 und bei 1024 × 768 nur 1 024 Pixel dar. Die 4 000 beziehungsweise 5 700 Pixel des Digitalisats übersteigen seine Darstellungsfähigkeit also um ein Vielfaches. Die beiden Bildschirmauflösungen bedeuten, dass 17-Zoll-Monitore jedes Inch ihrer Bildkante mit 60 beziehungsweise 75 Pixeln bestreiten müssen und 15-Zöller – sie sind kleiner, aber wirken schärfer – mit 66 beziehungsweise 85 Pixeln. Mehr holt kein Bildschirm heraus. Selbst wenn man die Seiten auf einem um 90° kippbaren Flachbildschirm anzeigte, der so groß ist, dass er die Wiedergabe in Originalgröße erlaubte, 30 Zentimeter breit (es müsste ein 20-Zoll-Bildschirm sein) – es bliebe bei 65 dpi, und wer mit dem Zoom näher heran ginge, entdeckte keine Details, sondern Pixel. Für die reine Bildschirmdarstellung könnte also auf vier Fünftel der gescannten Information getrost verzichtet werden und die Bilddateien dürften entsprechend schrumpfen.

Der eigentliche Zweck dieser Digitalisierung aber war nicht die Bildschirmdarstellung an sich, sondern die Präsentation im Web und auf CD. Beide verlangen nach einer ungleich brutaleren Datenreduktion, die CD, weil die ganze Bibel auf eine einzige Scheibe passen soll, das Web, um die Downloadzeiten im Internet kurz zu halten. Nichts da mit Anklicken: Die ursprünglich 138 Megabyte einer einzigen illuminierten Seite brauchten auch im Optimalfall eines völlig ungestörten ISDN-Anschlusses mit Kanalbündelung zwanzig Stunden vom Server in Göttingen auf den PC am Arbeitsplatz. Tatsächlich werden die Images in JPEG-Dateien angeboten, die in HTML-Seiten eingebettet sind. JPEG ist das gängigste Format zur Kompression von Bilddaten. Es gibt Kompressionen mit und ohne Verlusten. Verlustfreie Kompressionen bringen nur redundante Daten auf eine kürzere Formel – es spart Speicherplatz, zum Beispiel an den leeren Stellen einer Grafik nicht zehntausend mal eine Null zu schreiben, sondern »10 000 × 0«. Verlustkompression dagegen lässt Information weg und »interpoliert«. Das heißt, die verlorene Information wird bei der Dekompression wieder geraten. JPEG komprimiert mit Verlusten, das aber sehr geschickt. Tatsächlich sind die 138 Megabyte einer gescannten Bibelseite im Web und auf der CD auf etwa 1 400 Byte geschrumpft, ein Hunderttausendstel der ursprünglichen Information. Und ist das nun genug?

Diese Frage hat zwei Antworten. Die eine: Nein, denn es unterfordert selbst die bescheidenen Darstellungstalente der Computerbildschirme. Die andere: Ja, denn erstens verkraftet das Internet I – das der normalen Sterblichen, die sich nicht in einem Hochschulinstitut einloggen – bisher keine größeren Datenmengen; und zweitens besitzt das menschliche Auge die wunderbare Eigenschaft, sich auch auf wenig Information einen überzeugenden Vers zu machen. Vermutlich weil jedes Pixel selber leuchtet und nicht nur Licht reflektiert, findet das Auge das JPEG-Bild mit seinen 72 dpi gar nicht so ärmlich, wie es eigentlich ist.

Was es auf dem Bildschirm wohl oder übel hinnimmt, ließe es sich auf Fotopapier oder im Druck jedoch nie gefallen. Darum besteht keine Gefahr, dass Bilder aus dem Web für Druckpublikationen geplündert werden. Darum auch ist bloße Bildschirmqualität für alle Zwecke der Konservierung völlig unzureichend.

Der vielsprachige Computer

Nicht jeder Computer und jede Textverarbeitung eignet sich gleich gut für das multilinguale Schreiben und Lesen. Unabdingbare Voraussetzung ist die Unterstützung der universalen Zeichentabelle Unicode. Am weitesten in Sachen Multilingualität war Anfang 2001 *Microsoft Word 2000* (teilweise auch schon *Word 97*) auf dem Betriebssystem Windows 2000; *Word 97* auf Windows 98 hatte noch gewisse Einschränkungen. Darum und weil Windows mit *Word* auch die international meistverwendete Textverarbeitung ist, sei hier kurz beschrieben, was man mit ihr anfangen kann und wie man es anstellt. Aber auch auf dem Mac ist die vielsprachige Textverarbeitung möglich. MacOS ab Version 8.6 basiert auf Unicode, die WorldScript-Technologie von Apple macht die Einstellung auf verschiedene Sprachzonen möglich, eingeschlossen – phonetische – Eingabemethoden für die ideographischen Sprachen des fernen Ostens, und Zusatzsoftware in Form von *Language Kits* stellt unter anderem die jeweils benötigten Zeichensätze zur Verfügung.

Um eine Sprache schreiben, anzeigen und ausdrucken zu können, die andere Schriftzeichen als die englischen (über die jeder Computer verfügt) und die eigenen (die wahrscheinlich bereits vorhanden sein werden) verwendet, müssen zunächst die entsprechenden graphischen Zeichensätze (Fonts, eigentlich »Setzkästen«) installiert werden, die den Computer instruieren, wie die einzelnen Schriftzeichen am Bildschirm und im Ausdruck darzustellen sind. In der Regel werden es heute Fonts im Format TrueType sein, erkennbar an der Endung TTF. TTF-Fonts zeichnen sich durch ihre freie Skalierbarkeit aus – sie können in jedem beliebigen Schriftgrad angezeigt und ausgedruckt werden; außerdem wird für Bildschirmanzeige und Papierausgabe der gleiche Font verwendet, so dass sich beide vollständig entsprechen.

So war es nicht immer. TTF-Fonts sind Vektorfonts. Vor den Vektorfonts gab es nur Bitmap-Fonts: jedes Schriftzeichen eine kleine Graphik in Form einer Bitmap, die Pixel für Pixel unverrückbar feststand und sich nicht verändern ließ. Wer eine Schriftart in zwei verschiedenen Größen verwenden wollte, musste zwei verschiedene Fonts besitzen und laden; für die Bildschirmanzeige waren andere Schriftarten fest installiert, die oft mit der Druckerdarstellung wenig Ähnlichkeit hatten. Reine Textverarbeitung war auf dieser Basis durchaus möglich, wenn auch ohne die spätere Eleganz; an so etwas wie Desktop Publishing (DTP) war nicht zu denken.

Vektorfonts wurden in den siebziger Jahren am Forschungsinstitut XEROX Parc erfunden, von John Warnock, dem nachmaligen Vorsitzenden von Adobe. Die 1982 zunächst für die Graphikarbeit mit dem Mac gegründete Firma Adobe führte 1985 mit PostScript eine Seitenbeschreibungssprache für die Ansteuerung von professionellen Druckern und Belichtern ein, die schnell zum Standard wurde und in der gesamten graphischen Industrie die Ausrangierung des Bleis und die Computerisierung der Druckvorstufe ungemein beschleunigte. Den raschen Erfolg verdankte PostScript vor allem Warnocks frei skalierbaren Vektorfonts. Im breiten Computerpublikum begannen sie sich erst Anfang der neunziger Jahre durchzusetzen, als Anzeige- und Ausgabegeräte der PCs und Macs die typographischen Finessen professioneller Satzwerkstätten auf jedermanns Schreibtisch zu holen begannen. TrueType, 1991 von Apple und Microsoft gemeinsam entwickelt, war deren Antwort auf Adobe, eine Art simplifiziertes PostScript für den Massenmarkt der Büro- und Heimanwender.

Was ist ein Vektorfont? »Vektoren« können vielerlei sein und darum sind Vektorfonts für die meisten ihrer zahllosen Benutzer ein Rätsel. Dabei ist es ganz einfach. In der Graphikdarstellung ist ein Vektor einfach eine gedachte Linie zwischen zwei Punkten in einem Rastergitter. Jedes graphische Objekt von der Art eines Schriftzeichens lässt sich durch die Vektoren, also die gedachten Linien definieren, die seine Konturen ausmachen. Es muss nur angegeben sein, welche Punkte durch Vektoren verbunden werden sollen. Ein großes L in einer Groteskschrift lässt sich mit bloßen sechs Vektoren umreißen und diese ergeben sich aus den sechs Zahlenwerten für die Punkte, welche die Vektoren miteinander verbinden sollen. Zum Beispiel, in einem Gitter von sechs Feldern waagerecht und acht senkrecht, die Punkte (2,2); (2,5); (3,5); (3,3); (5,3); (5,2); (2;2). Was besagt: Ziehe die erste Umrisslinie vom zweiten Feld in der Breite und dem zweiten in der Höhe zum zweiten in der Breite und fünften in der Höhe; von dort weiter zum dritten in der Breite und fünften in der Höhe – und so weiter. So legen bloße sechs Zahlen die Konturen des L fest, und zwar jedes solchen L L L L, gleich welcher Größe. Auch gekrümmte Linien lassen sich durch Vektoren ausdrücken. Damit daraus ein sichtbarer Buchstabe am Bildschirm oder auf Papier wird, braucht es bloß noch die Anweisung: Alles innerhalb dieses gedachten Umrisses schwärzen! Natürlich benötigen die meisten Schriftzeichen viel mehr Vektoren als gerade das serifenlose L, dennoch belegen Vektorfonts weniger Speicherplatz als Bitmapfonts und wegen ihrer beliebigen Skalierbarkeit wird für alle Schriftgrößen nur ein einziger benötigt.

Fonts unterscheiden sich nicht nur in der Schriftart (Garamond, Times), sondern auch in Umfang und Zeichenauswahl. Von keinem sollte man »alle« erwarten; keine zwei enthalten genau die gleichen. Allerdings arbeitet Microsoft an einem Font, der eines Tages sämtliche Schriftzeichen der Unicode-Tabelle enthalten soll, Arial Unicode MS. Es ist ein Font nur für den Notfall, wenn die gewünschten Zeichen nirgends sonst zu finden sind, denn alle Schriftzeichen der Welt lassen sich bei ihrer unterschiedlichen Größe und Gestalt nur schwer in einem einzigen »Typenkasten« unterbringen und kein einziges Schriftsystem kann darin in seiner optimalen Gestalt vertreten sein. In der Regel wird man mit wesentlich kleineren Fonts arbeiten. Die verwendeten Fonts sollten aber möglichst die Schriftzeichen aller jener Sprachen enthalten, die man regelmäßig zu schreiben vorhat; dann erspart man sich die Schriftartenwechsel innerhalb eines Dokuments. Achtet man darauf nicht, so kann es einem passieren, dass ein Name wie Stanisław Świętochowski aus verschiedenen Schriftarten zusammengestoppelt werden muss: Stanisław Świętochowski.

Welche Zeichen die installierten Schriftarten tatsächlich enthalten, kann man sich anzeigen lassen, und zwar in *Word* unter ‹Einfügen/Sonderzeichen›. Hier findet man vollständige Zeichensätze aller installierten Schriftarten vor. Der Umfang professioneller Fonts ist selten geringer als die Zeichentabelle Latin-1 (ISO 8859-1) – das heißt, man kann mit ihnen die meisten lateinischen Schriften Mittel- und Westeuropas und ganz Amerikas schreiben. (Viele, ja die meisten Fonts, die als Shareware oder Freeware kursieren, sind nicht nur dilettantische Nachahmungen der berühmten Schriften, deren Namen sie tragen, sondern auch in ihrem Zeichenumfang viel zu klein für den europäischen Schreiber.) Nicht zählen kann man darauf, dass ein Font auch arabische, griechische, hebräische, osteuropäische und kyrillische Zeichen enthält. Fehlen die benötigten Zeichen, muss man sich zunächst die Fonts installieren, in denen sie enthalten sind. Dazu findet man in Windows 98 unter ‹Systemsteuerung/Software/Windows Setup/Sprachenunterstützung› eine Liste der unterstützten Schriftsprachengruppen. Es sind Baltisch, Griechisch, Kyrillisch, Mitteleuropäisch und Türkisch; »Mitteleuropäisch« ist bei der deutschen Sprachversion von Windows bereits vorhanden. Man wählt die gewünschte Schriftengruppe, muss unter Umständen die Installations-CD von *Windows* einlegen und die benötigten Zeichensätze werden installiert.

Word 2000 bietet wesentlich mehr. Zunächst muss man bei der Installation von *Office 2000* (zu dem *Word* gehört) darauf achten, dass ‹Internationale Unterstützung› und ‹Tool zur Spracheinstellung› mitinstalliert werden. Dann findet man unter den Programmen im Startmenü ‹Microsoft Office Spracheinstellungen› vor. Hier hat man eine sehr viel größere Auswahl als unter Windows. Auch die fernöstlichen Sprachen sind dabei, Chinesisch, Japanisch und Koreanisch. Von dieser Liste wählt man jene, die man verwenden will – möglichst nicht zu viele und nicht verschiedene Varianten einer Sprache gleichzeitig. Was daraufhin installiert wird, sind nicht nur die betreffenden Schriften, sondern auch die Korrekturwerkzeuge (*proofing tools*) für jede Sprache, also ein Modul für die Worttrennung am Zeilenende, eins für die Rechtschreibprüfung, eins für den »Thesaurus« und so weiter. Auch ein Modul zur Sprachenidentifizierung ist dabei; es ist in der Lage, jede der installierten Sprachen zu erkennen, sobald man mindestens drei Wörter in ihr geschrieben hat, und die Korrekturwerkzeuge automatisch entsprechend umzuschalten. (So imposant diese Spracherkennungsfunktion ist: Wer innerhalb eines Dokuments mehrfach die Sprache wechselt, schaltet sie besser aus, sonst erscheinen sprachspezifische Zeichen wie zum Beispiel die Anführungsstriche in der Form jener Sprache, die das Tool gerade für die gültige hält – nicht „L'art pour l'art", sondern partout «L'art pour l'art».

Nicht aktivieren lassen sich die bidirektionalen Schriftsysteme Arabisch, Farsi, Hebräisch und Urdu. Um sie schreiben zu können, muss eine Windows-Version für die betreffende Sprache installiert sein, die die Schreibrichtung Rechts-links unterstützt. Das tut nur Windows 2000, das ebenso gewisse Einschränkungen für Vietnamesisch und Thai aufhebt. Passiv anzeigen lassen sich jedoch auch die bidirektionalen Schriften auf jedem Computer, sofern dafür Fonts vorhanden sind.

Eine viel benutzte Schriftart, die über Latin-1 (West- und Mitteleuropa) hinaus Kyrillisch und Griechisch enthält, ist die Antiquaschrift Century Schoolbook. Lucida Sans Unicode, eine serifenlose Schrift, enthält darüber hinaus Hebräisch. Außerdem noch Arabisch findet sich in der Groteskschrift Arial (die Microsoft-eigene Bezeichnung für die weitverbreitete Helvetica, deren Name geschützt ist), der Schreibmaschinenschrift New Courier (einer nichtproportionalen Schrift, deren Zeichen alle die gleiche Breite – in der Typographensprache »Dickte« – haben und die darum für manche Listen gebraucht wird), der Antiquaschrift Times New Roman und der im Web viel benutzten serifenlosen Tahoma. Für CJK gibt es in *Word 2000* vier Fonts: PMingLiU für traditionelles Chinesisch (Taiwan), Simsun für vereinfachtes Chinesisch (Festland), MS Mincho für Japanisch und Batang für Koreanisch.

Ist die gewünschte Schriftart mit den gewünschten Zeichen vorhanden, so lassen diese sich zwar sichtbar machen, auf der eigenen Tastatur schreiben kann man sie jedoch noch nicht. Eingeben ließen sich die fremden Zeichen, wenn man über den Zahlenblock ihre Codezahl eintippte – aber die wird man in der Regel nicht kennen, es wäre auch viel zu umständlich. Einfacher geht es, indem man sie in der Sonderzeichentabelle (‹Einfügen/Sonderzeichen›) von *Word* anklickt. Beide Verfahren genügen, solange nur gelegentlich ein paar Zeichen aus einer fremden Schrift geschrieben werden sollen, etwa ein osteuropäischer Name hin und wieder. Für ein flüssiges Schreiben taugen sie nicht. Wer häufig zusätzlich zu seiner eigenen längere Texte in einer bestimmten fremden Sprache schreiben will, wird nicht umhin kommen, seinen Computer auf deren Tastatureingabe einzurichten.

Eine Computertastatur ist zweierlei: einmal das bekannte einheitliche Eingabegerät mit den beschrifteten Tasten; zum anderen ein Schema, das dem Computer sagt, welche Taste was bedeuten soll. Tatsächlich schickt eine Tastaturtaste nicht etwa das ihr aufgeprägte Zeichen beziehungsweise dessen Nummer an den Computer, zum Beispiel, wenn das ‹A› gedrückt wird, eine 65, die in der ASCII-Tabelle *A* bedeutet, sondern einen so genannten Scan-Code. Jene Taste, auf der sich bei den lateinischen Tastaturen das *A* befindet, sendet den Scan-Code 30. Er meldet: Es wurde Taste Nummer 30 gedrückt. Der Computer interpretiert die Scan-Codes verschieden, je nachdem, welches Tastaturschema gerade gültig ist; zum Beispiel ordnet er der 30 eine 65 und damit das *A* zu, wenn das deutsche Tastaturschema gilt. Tastatur und Tastaturbelegung müssen also nicht übereinstimmen – wie jeder merkt, wenn während des Bootvorgangs seine nationale Tastaturbelegung noch nicht aktiviert ist und der Computer von der Standardbelegung IE (International English) ausgeht. IE hat das Tastaturlayout QWERTY (so genannt nach den ersten Buchstabentasten auf der Schreibmaschine), das deutsche Tastaturlayout dagegen ist QWERTZ. Fordert einen der Computer vor der Initialisierung der nationalen Tastatur auf, ‹y› für »ja« oder ‹n› für »nein« einzugeben, so darf man also nicht ‹y›, sondern muss ‹z› drücken, das im Tastaturlayout IE ein ‹y› ist.

Dass jede physische Tastatur mit jedem Tastaturschema belegt werden kann, sogar mit völlig willkürlichen, ist ein großer Vorteil für die multilinguale Textverarbeitung. Man muss nur das Tastaturlayout wechseln, dann kann man auf der eigenen Tastatur schreiben, als wäre es die fremde. Wie wechselt man das Tastaturlayout? Man geht in Windows unter ‹Systemsteuerung/Tastatur› auf die Registerkarte ‹Sprache› und dort auf ‹Hinzufügen›, lässt sich eine Liste der verfügbaren Tastaturlayouts anzeigen (die hier irreführend »Sprachen« heißen), eine lange Reihe von Afrikaans bis Ungarisch, und wählt das gewünschte aus. Zur Wahl stehen allein vier deutsche Tastaturlayouts (Deutschland, Österreich, Schweiz, Luxemburg) und acht englische. Um außerdem jederzeit das international gebräuchlichste englische Tastaturlayout IE parat zu haben, wählt man zunächst ‹Englisch (USA)›, geht dann auf ‹Eigenschaften›, wo einem fünf amerikanische Layouts angeboten werden, und wählt IE. Eventuell muss an diesem Punkt die Windows-CD eingelegt werden. Nach Abschluss der Installation erscheint rechts unten im »Tray« der Taskleiste von *Windows* ein blaues Symbol mit zwei weißen Buchstaben, das die aktive Tastaturbelegung anzeigt, zum Beispiel De für Deutsch. Durch Anklicken dieses Symbols kann man seine Tastatur jederzeit, auch mitten in der Arbeit an einem Dokument, auf eines der anderen installierten Layouts umschalten.

Nunmehr verhält sich die eigene Tastatur, als wäre es die fremde. Wer diese nicht blind beherrscht, steht allerdings vor einem Problem. Viele seiner Tastenkappen tragen jetzt die falsche Aufschrift. Wirkliche Abhilfe lässt sich nur auf unelegante Art schaffen: indem man eine strapazierfähige Klarsichtfolie mit den abweichenden fremden Schriftzeichen auf die entsprechenden eigenen Tasten klebt – oder indem man seine physische Tastatur zeitweilig gegen die fremde auswechselt.

Für diejenigen, die nicht sehr viel in der fremden Schrift schreiben, aber auch nicht nur gelegentlich ein paar Buchstaben, gibt es einen Mittelweg: die virtuelle oder visuelle Tastatur. Es ist ein Abbild der fremden Tastatur, das auf dem Bildschirm klein in das Textfenster eingeblendet wird und das man mit dem Mauszeiger bedient, indem man die visuellen Tasten anklickt. So lässt sich die fremde Schrift wenigstens wie mit der Einfingermethode schreiben. Ansehnliche virtuelle Tastaturen kann man im Web kaufen, etwa KeyMatic[13], oder man kann sie sich kostenlos vom Microsoft-Server herunterladen[14].

---

13 www.keymatic.de/

14 http://officeupdate.microsoft.com/downloads/2000/viskeyboard.aspx

Ebenfalls auf dem Microsoft-Server[15], inzwischen als Teil des Multilingual User Interface Pack (MUI) für Office XP, stehen vier IMEs (Global Input Method Editor) – Eingabewerkzeuge, mit deren Hilfe der Kenner die beiden chinesischen Schriftsysteme sowie Japanisch und Koreanisch auf einer normalen Tastatur schreiben kann.

Der Weg zur rein passiven Multilingualität ist einfacher. Wenn es nicht darum geht, fremde Schriften selber zu schreiben, sondern nur darum, Seiten im Web-Browser richtig angezeigt zu bekommen und sie gegebenenfalls auszudrucken, müssen nur im *Internet Explorer 5.x* unter ‹Ansicht/Codierung/Mehr› die gewünschten Schriftsysteme ausgewählt werden. Wenn die dazu benötigten Schriftarten auf dem Computer noch nicht präsent sein sollten, werden sie gleich im Anschluss von der Windows-CD kopiert oder vom Microsoft-Server heruntergeladen. Wird dann unter ‹Ansicht/Codierung› die Option ‹Automatische Auswahl› aktiviert, merkt der Browser (meistens) selbst, welcher Schriftsprache die aus dem Internet ankommenden Doppelbytes entstammen, und schaltet sich auf den entsprechenden Font um.

15 www.microsoft.com/Office/ORK/xp/intc04.htm

Schriften und Fonts

Jede Schrift (bei Unicode *script* genannt) gehört zu einem Schriftsystem oder ist selbst ein eigenes Schriftsystem. Schriften sind nicht unbedingt etwas Nationales und auch nicht an eine bestimmte Sprache gebunden. Die in Deutschland geschriebene Schrift zum Beispiel gehört zum lateinischen Schriftsystem und die in Russland geschriebene zum kyrillischen; beide gehören zum Großsystem der Buchstaben- oder Alphabetschriften.

Eine Schrift besteht aus einzelnen Schriftzeichen (*characters*). Diese kleinsten Bestandteile können Sprachlaute symbolisieren, wie die Buchstaben unserer Schrift es tun, aber auch Silben oder ganze Wörter; in diesem Fall heißen sie Ideogramme (Begriffszeichen) oder Logogramme (Wortzeichen). Bei Bilderschriften kann ein einzelnes Piktogramm (✂) auch einen ganzen Satz symbolisieren (»Hier kannst du das Blatt mit der Schere zerschneiden«). Gleich welche Spracheinheiten es symbolisiert, ein Schriftzeichen ist definiert als der kleinste Bestandteil einer Schrift, der semantischen Wert hat. (Wenn man das *v* in *viel* gegen *k* austauscht, geht die Bedeutung von *viel* verloren; stattdessen erhält man *Kiel*. Die Bedeutung geht sogar verloren, wenn das Austauschzeichen den gleichen Laut symbolisiert: *fiel*.)

Jedes dieser Zeichen kann auf unendlich viele Weisen geschrieben werden und ist zunächst etwas Abstraktes, ein Schema, eine Idee noch ohne konkrete Gestalt: die Idee eines *A*, eines *B*, eines ***Ю*** … Für die Zwecke des Computers werden die abstrakten Schriftzeichen einzelner Schriften in Zeichen- oder Codetabellen (*code pages*, *character sets*, *charsets*) versammelt, in denen jedem Einzelnen eine bestimmte Zahl zugewiesen ist, die nur ihm allein gehört. So weit ist ein Schriftzeichen also nur eine Nummer in einer Tabelle.

Die universale Zeichentabelle Unicode, die den Verhältnissen in allen Schriftsystemen der Welt Rechnung tragen muss, nennt die abstrakten Zeichen einer Schrift *characters*, die kleinsten graphischen Einheiten aber *glyphs* (Glyphen). Eine Glyphe kann aus mehreren Zeichen bestehen oder ein Zeichen aus mehreren Glyphen. In den Lautschriften steht gewöhnlich ein Zeichen für einen Laut und eine Glyphe für ein Zeichen. Aber nicht immer. Im Deutschen etwa wird der eine Laut *sch* von drei Zeichen mit drei Glyphen symbolisiert. Das *ß* war historisch einmal zwei Glyphen für zwei Zeichen, *s* und *z*, die in diesem Fall für ein und denselben Laut (ein scharfes *s*) standen, dann eine Glyphe für zwei Zeichen, und da es sich heute nicht mehr in *s* und *z* auflösen und nicht aus *s* und *z* zusammensetzen lässt, ist es eine Glyphe für ein Zeichen mit einer eigenen Nummer in der Codetabelle.

Wenn sie geschrieben werden, müssen diese Schemen unbestimmter Gestalt bestimmte graphische Formen annehmen: Der Computer muss sie »rendern« (von englisch *to render*, »wiedergeben«). Ein bestimmter Vorrat von graphischen Schriftzeichen (»Typen«) heißt in der englischen Typographensprache ein *type case* oder *type font* (»Setz-« oder »Typenkasten«); zu Zeiten der Bleilettern war es tatsächlich ein Kasten mit vielen kleinen Fächern, jener, der heute nur noch als Wandschmuck dient. (Seine Fächer waren ungleich groß, weil die Lettern nicht gleich häufig gebraucht wurden und in verschiedener Zahl vorhanden sein mussten.) Welcher Zeichensatz sich auf dem Computer schreiben lässt, hängt davon ab, welche Zeichen die gerade gültige Zeichentabelle (US-ASCII, Latin-1) enthält und welche der verwendete Font. Schreiben lässt sich die von der Zeichentabelle erschlossene Menge der Zeichen in seinen Fonts. Fonts können mehr Zeichen haben als die gültige Tabelle; schreiben lassen sich diese nicht. Zeichentabellen können mehr Zeichen enthalten als der vorhandene Font;

dann kann man sie schreiben, bekommt sie aber weder am Bildschirm noch im Ausdruck zu sehen.

Im Deutschen werden Fonts irreführenderweise oft als Schriftarten bezeichnet. Eine Schriftart aber wäre englisch ein *typeface* und nicht ein Font. Schriftarten sind keine graphischen Zeichenvorräte, keine Setzkästen, sondern bestimmte ideale Formen einzelner Schreib- oder Druckschriften (»Sütterlin«, »kursive Times«). Theoretisch könnten Fonts ein Gemenge von Schriftarten enthalten, praktisch setzen sie in der Regel eine bestimmte Schriftart auf mehr oder weniger gelungene Weise um und heißen dann meist auch nach ihr.

Dass ein Betriebssystem oder ein Anwendungsprogramm eine Zeichentabelle – zum Beispiel Unicode – »unterstützt«, heißt, dass diese von vornherein integriert ist oder dass es sich bei Bedarf auf sie umstellen lässt oder automatisch umstellt. Die Web-Sprache HTML beruht auf der Zeichentabelle Latin-1, aber moderne Web-Browser erkennen, wenn (in codierter Form) Unicode-Zeichen eintreffen, die nicht zum Umfang von Latin-1 gehören, decodieren diese, und sofern die nötigen Fonts vorhanden sind, zeigen sie sie an.

Der Versand mehrsprachiger Texte

Angenommen, man hat seinen Computer so weit präpariert, dass man darauf nicht nur die Schrift der eigenen Sprache darstellen und schreiben kann, sondern auch noch das eine oder andere fremde Schriftsystem – wie lässt sich dieser multilinguale Text aber nun auf andere Computer übertragen? Wie lässt er sich elektronisch versenden?

Die Voraussetzung ist in jedem Fall, dass der Zielcomputer die gleiche Zeichentabelle verwendet wie der Quellcomputer und über Fonts mit dem gleichen Zeichenumfang verfügt; oder dass er zumindest die fremden Zeichennummern richtig umsetzen kann. Man sollte meinen, dass die hoffnungslosen Transferprobleme der Vergangenheit angehören und zumindest im Bereich der west- und mitteleuropäischen Alphabete heute keine Schwierigkeiten mehr auftreten – dass alle Computer aller Plattformen also zumindest die Schriftzeichen der Tabelle Latin-1 erkennen und richtig interpretieren und auch die nötigen Zeichen vorrätig haben. Im Großen und Ganzen ist das auch der Fall, aber »im Großen und Ganzen« ist hier leider nicht genug.

In der Praxis treten die meisten Schwierigkeiten beim Dateientransfer zwischen Microsoft Windows und Apple Macintosh auf. Er kommt häufiger vor, als man nach den Marktanteilen der beiden Plattformen erwarten sollte. Geschrieben wird zwar der weitaus meiste Text unter Windows, aber für den Druck weiterverarbeitet wird er oft auf Apple-Computern, die auf grafischem Gebiet Pionierarbeit geleistet haben und oft immer noch für überlegen gehalten werden. Die Windows-Mac-Transferkrankheit befällt also gerade solche Textdateien, bei denen sie besonders fatale Folgen hat: solche, die zur Veröffentlichung bestimmt sind. Der Macintosh verwendet eigensinnigerweise nicht Latin-1, mit dem sich der Rest der Computerwelt begnügt, sondern besetzt den gesamten oberen Teil der Zeichentabelle auf völlig andere Art. Manche Zeichen gibt es nur auf einer der beiden Plattformen: die echten Bruchzahlen (¼, ½, ¾), das ¦, das isländische Þ und ð nur bei Windows, das Ω, das Ungleich-Zeichen ≠ oder das Unendlich-Zeichen ∞ nur auf dem Macintosh. Sie lassen sich auf der anderen Plattform gar nicht darstellen, es sei denn, dort wären erweiterte Zeichensätze installiert. Aber auch jene Zeichen, die eigentlich auf der anderen Plattform vorhanden sind, werden von deren zwischengeschaltetem Filter oft nicht richtig interpretiert; kein Wunder, da beide Zeichentabellen im Laufe der Jahre auch noch mehrfach geändert worden sind. Darum muss jede Textdatei nach dem Transfer überprüft und gegebenenfalls repariert werden und ein mehrfaches Hin und Her ist mühsam. Erhöhte Aufmerksamkeit ist außer bei Brüchen auch bei dem Promillezeichen (‰) geboten sowie bei, den »typographischen« Anführungsstrichen („*a*“, ‚*a*‘), dem Gedankenstrich (–), sämtlichen Bullets (•), den Gedankenpünktchen (…) – und sämtlichen Schriftzeichen außerhalb des Zeichenumfangs von Latin-1 sowieso. So harmlos solche kleinen Missverständnisse zwischen zwei Computerplattformen auf den ersten Blick scheinen: Es ist schon recht fatal, wenn Promille auf dem Zielcomputer als Prozente ankommen.

Sehr viel radikaler sind die Einschränkungen für den Textversand per E-Mail. Für den Transport von E-Mails durchs Internet gilt das Simple Mail Transfer Protocol SMTP. Es schreibt vor, dass eine E-Mail grundsätzlich nur aus Text bestehen kann (nicht etwa einer Graphik) und der Text nur aus den 94 Schriftzeichen von ASCII; gänzlich sicher sind nur die 61 Zeichen des Ur-ASCII. Verlustfrei lässt sich also eigentlich nur Englisch schreiben. Eine E-Mail passiert auf ihrem Weg, der unberechenbar ist, viele Computer – Mail Server – und wird auf dem einen oder anderen davon zwischengelagert. Den meisten ist inzwischen die Zeichentabelle Latin-1 bekannt. Darum besteht heutzutage einige Aussicht, dass nicht nur US-ASCII, sondern auch die zusätzlichen Zeichen von Latin-1 richtig am Ziel eintreffen. Sicher sein kann man jedoch nie. Immer muss damit gerechnet werden, dass zum Beispiel die Akzentzeichen oder die deutschen Umlaute entweder ganz wegfallen oder durch andere Zeichen ersetzt werden. Darum gilt für E-Mail die allgemeine universale Grundregel: nur ASCII verwenden, Akzente und andere diakritische Zeichen weglassen, die deutschen Umlaute und das *ß* auflösen (*ss*, *aufloesen*).

Ausnahmen sind nur unter bestimmten Voraussetzungen möglich und bei jeder E-Mail sollte vorher geklärt sein, ob sie bestehen.

Im Prinzip lassen sich alle Schriftzeichen der Welt als E-Mail versenden, wenn sie für den Postweg in ASCII verwandelt und beim Empfang wieder decodiert werden. Nur im Header (dem Dateikopf, der Informationen über Adressat, Absender, Datum, Leitweg und Dateistruktur enthält) dürfen nie irgendwelche »Sonderzeichen« vorkommen. Darum müssen E-Mail-Adressen bis heute und auch in aller absehbaren Zukunft aus reinstem Ur-ASCII bestehen – auch wenn in den Mails selbst Sonderzeichen längst selbstverständlich sind, wird ein »Jürgen Häßler« noch mit der E-Mail-Adresse ‹juergen.haessler@mail.net› vorlieb nehmen müssen.

Es gibt zahlreiche Verschlüsselungsverfahren für den Versand von Texten und anderen Daten, die nicht aus reinem ASCII bestehen; weit verbreitet waren und sind BinHex und das von der Unix-Plattform stammende UUencode. Das Problem war dabei jedoch immer, dass der Empfänger beziehungsweise sein Mail-Client wissen oder merken mussten, wie und von welcher Stelle an eine eintreffende Mail codiert ist, um dann das richtige Entschlüsselungsverfahren auf sie anzuwenden. Das Problem der Grenze zwischen nichtcodiertem und codiertem Text lässt sich am elegantesten dadurch umgehen, dass man den verschlüsselten Inhalt einer E-Mail gar nicht als diese selbst, sondern als deren Anhang (*attachment*) versendet. Dann hängt an einer nichtverschlüsselten Mail eine insgesamt so oder so codierte, und manche Codierungen verraten sich selbst, so dass der E-Mail-Client im günstigen Fall das richtige Decodierungsverfahren automatisch wählen kann. Trotzdem ist der E-Mail-Verkehr auf dieser Basis nach wie vor riskant. Man kann nie darauf bauen, dass der Mail-Client des Empfängers den richtigen Schlüssel besitzt. Nicht selten können Mail-Clients verschlüsselte Attachments nicht identifizieren und nicht öffnen oder sie öffnen sie, decodieren sie aber falsch oder zeigen sie undecodiert in ihrer verschlüsselten ASCII-Gestalt an, also als unverständlichen Buchstabensalat.

Die Situation hat sich erst gebessert, seit Anfang 1992 MIME eingeführt wurde, die *Multipurpose Internet Mail Extensions*. MIME ist kein Programm, sondern ein Bündel von Verschlüsselungsverfahren und eine standardisierte Erweiterung des E-Mail-Kopfes um Informationen zum Inhalt und zur Struktur der folgenden Datei. Im Header einer mit MIME-Hilfe versandten Mail steht, welche Datentypen außer ASCII-Text in einer E-Mail enthalten und wie diese codiert sind. Jeder ebenfalls MIME-kundige Mail-Client weiß dann, was da ankommt und wie damit zu verfahren ist. Dank MIME lassen sich nicht nur Texte mit lateinischen »Sonderzeichen«, sondern auch in anderen Schriftsystemen versenden; und nicht nur Texte, sondern auch Grafiken und viele andere Datenobjekte.

Die Voraussetzung ist nur, dass dem E-Mail-Programm des Versenders wie dem des Empfängers die MIME-Unterstützung eingebaut ist. Zwar hat sich MIME seit 1995 stark ausgebreitet und die Chancen, dass eine E-Mail am anderen Ende auf einen MIME-kundigen Mail-Client stößt, stehen inzwischen mindestens im vielsprachigen Europa nicht mehr schlecht und werden weiter wachsen. Nur kann man leider nie sicher sein. Ehe man im Vertrauen auf MIME also erleichtert alle möglichen »Sonderzeichen« in seinen Mails zu verwenden beginnt, muss man sich unbedingt Klarheit verschaffen, dass sowohl man selber als auch der Empfänger über MIME verfügt. Ob das eigene Mailprogramm MIME-tauglich ist, wird man meistens wissen, entweder aus dem Handbuch oder aus der Praxis – wenn man selber Post mit Umlauten und *ß* erhält, wird es über MIME verfügen. Weiß man es noch nicht, so kann man es feststellen, indem man eine E-Mail an sich selber schickt. Wenn die Umlaute richtig ankommen, war wahrscheinlich MIME vorhanden. Letzte Zweifel lassen sich durch einen genauen Blick auf den Header der aus dem eigenen System versandten Mail ausräumen; er muss die Zeile ‹MIME-Version: 1.0› enthalten. Und das Gegenüber? Ehe man sich auf einen längeren E-Mail-Verkehr einlässt, sollte man höflicherweise nachfragen, ob die eigene Post unentstellt angekommen ist. Briefe voller defekter Umlaute irritieren den Empfänger und sprechen gegen ihren Schreiber; zumindest sagen sie, dass er entweder ahnungs- oder rücksichtslos ist. Die schönsten Grüße sind weniger schön, wenn sie auf dem Postweg zu sch=F6nen Gr=FC=DFen oder schonen Grusen werden; selbst die berechtigtste Empörung wird als Emp=F6rung lächerlich. Auch ein französischer Brief, der anfängt »Peut-=EAtre je viendrai au d=E9but de l' =E9t=E9 ...« gewinnt dem Autor keine Freunde. Im Zweifelsfall bleibe man bei reinem ASCII.

Den auf MIME bezogenen Angaben im Kopf einer E-Mail lässt sich mehr entnehmen. Ein typischer Eintrag könnte so aussehen:

```
MIME-Version: 1.0
Content-Type: MULTIPART/ALTERNATIVE;
    BOUNDARY=«----=_NextPart_000_0004_01BF046D.81CB6480«

This message is in MIME format. The first part should
be readable text, while the remaining parts are likely
unreadable without MIME-aware tools. Send mail to
mime@docserver.cac.washington.edu for more info.
```

```
-------=_NextPart_000_0004_01BF046D.81CB6480
Content-Type: TEXT/PLAIN; CHARSET=US-ASCII
Content-Transfer-Encoding: quoted-printable
```

Die erste Zeile besagt, dass in dieser Mail der MIME-Standard gilt, die zweite beschreibt ihren Inhalt (*content*), in diesem Fall, dass es sich um eine zweiteilige Mail handelt. »Boundary« bestimmt die genaue Grenze zwischen beiden Teilen. Dann folgt ein Standardkommentar, der dem Leser erklärt, dass er das Folgende wahrscheinlich nur lesen könne, wenn sein Mail-Client mit MIME ausgerüstet ist. Jetzt ist die oben bezeichnete Grenze erreicht, es beginnt der zweite Teil. Wieder wird für diesen der Datentyp (*content-type*) definiert, jetzt als unformatierter (*plain*) Text, geschrieben aufgrund der Zeichentabelle (*charset*) US-ASCII. Außer *plain* könnte der Text auch *html* sein; es lassen sich mit MIME also auch Webseiten als E-Mails durchs Internet schicken. Als Datentyp könnte auch etwas ganz anderes angegeben sein, nämlich IMAGE (Graphik), AUDIO (Ton), VIDEO (bewegte Bilder) oder APPLICATION (Programmdateien). Die möglichen Graphikformate sind GIF und JPEG. Die letzte Zeile besagt, dass für den Versand (*transfer*) tatsächlich eine Codierung dieses Teils stattgefunden hat und der Mail-Client des Empfängers diesen Teil entsprechend entschlüsseln muss. Auch das Codierverfahren ist genannt: »quoted-printable«. MIME verfügt noch über vier andere Verschlüsselungsarten: »base64«, »7bit«, »8bit« und »binary«. Text wird meist mit »base64« verschlüsselt, Nichttext binär. Mit diesen so knappen wie präzisen Angaben kann der Client des Empfängers die Botschaft hoffentlich richtig entziffern.

Dass Text außer *plain* auch *html* sein kann, eröffnet dem vielsprachigen E-Mail-Verkehr neue Möglichkeiten. Der Web-Sprache HTML ist MIME eingebaut. Der gesamte interne Steuercode einer HTML-Seite besteht aus netztauglichen ASCII-Zeichen, für die Beförderung durchs Internet wird auch ihr gesamter Inhalt automatisch in ASCII verwandelt und bei der Ankunft ebenso automatisch rückverwandelt. Es reißen sich über fünfhundert Internetfirmen auf der ganzen Welt darum, der Menschheit kostenlose Webmail-Konten zur Verfügung zu stellen (und so vielleicht einen Teil der Aufmerksamkeit auf sich selbst zu lenken), darunter *Hotmail* von Microsoft, *Yahoo! Mail*, *Webmail* von Netscape oder Exoten wie *Graffiti* in Hongkong[16]. Sie alle ermöglichen den E-Mail-Verkehr von Web-Browser zu Web-Browser. Aus dem Browser jedes beliebigen Computers der Welt, der online ist, kann man sich in seine eigene Mailbox einloggen und Mails versenden. Vielfach kann man zusätzlich sogar seine anderen Konten einsehen und seine übliche E-Mail darüber abwickeln; die Vorbedingung ist in der Regel, dass es sich um Konten vom Typ POP3 handelt. Das macht Webmail optimal für Leute, die viel unterwegs sind, überall E-Mail empfangen und versenden und ihr heimisches Postfach einsehen möchten.[17] Was auch immer sich in den auf HTML beruhenden Webmail-Editoren schreiben lässt, kommt auch am Ziel an, vorausgesetzt, dort sind ein HTML-fähiger Mail-Client und die nötigen graphischen Fonts vorhanden; Umsetzung und Rückumsetzung geschehen automatisch. Die Möglichkeiten von HTML werden bei dieser kostenlosen Web-Mail in der Regel allerdings nur in bescheidenem Maße ausgenutzt – bei *Hotmail* kann man seine Post auf »Briefpapier« schreiben, also eine Art Schmuckblattformular wählen. Auch einige neuere Mail-Clients unterstützen das HTML-Format und lassen dem Benutzer die Wahl, ob er seine Post als »Text« oder als »HTML« versenden will. Text kommt immer richtig an, HTML nur, wenn der Client des Adressaten ebenfalls HTML unterstützt. Aufs Geratewohl verschickt man also besser keine HTML-Briefe.

---

16 Die URLs dieser fünf Dienste lauten: www.hotmail.com, www.yahoo.com/, http://webmail.netscape.com/, www.graffiti.net/

17 Eine Übersicht über das aktuelle Webmail-Angebot findet sich unter dem URL www.emailaddresses.com/email_web1.htm

Die typographischen Gestaltungsmöglichkeiten in HTML sind größer als bei einfachem Text, auch werden keine Schriftzeichen entstellt oder unterdrückt, sofern sie in den Fonts des Empfängers vorhanden sind, aber der Gestaltung sind auch Grenzen gesetzt, und die sind nicht sehr weit: Man hat keine Kontrolle über die Schriftart und -größe, die der Empfänger selber bestimmt, auch nicht über die Zeilenlänge, die sich aus dem vom Empfänger eingestellten Schriftgrad ergibt. Bisweilen aber will man nicht nur einfachen oder HTML-Text übertragen, sondern zusätzliche typographische Information, die dem Text eine bestimmte feste Gestalt gibt.

Dann bleibt einem zurzeit nur übrig, das Dokument mit einer Textverarbeitung zu schreiben, die einem die verschiedensten Formatiermöglichkeiten an die Hand gibt, und es nicht als E-Mail, sondern als E-Mail-Anhang zu versenden. Eine solche formatierte Datei enthält außer Text auch interne Steuerbefehle, die man normalerweise nie zu sehen bekommt, und da diese (außer in dem Dateiformat RTF) in der Regel überhaupt nicht aus Schriftzeichen bestehen, werden formatierte Dateien von MIME binär codiert, wie Programmdateien. Die Methode funktioniert zuverlässig, aber der Empfänger muss dieselbe Textverarbeitung wie der Absender auf seinem Computer haben, dieselbe aktive Zeichentabelle und möglichst auch die gleichen Fonts – oder zumindest die Filter, die nötig sind, um die Datei auf seinem System wieder zum Leben zu erwecken. Aufs Geratewohl verschickt man auch binäre Anhänge mit formatierten Dokumenten also besser nicht. Ehe man zu dieser Methode greift, sollte man sich bei dem Empfänger erkundigen, ob er die betreffende Art von Dokument auf seinem Computer öffnen kann. Eventuell kann man das eigene Dokument vor dem Versand in ein Format bringen, das den Möglichkeiten des Empfängers entgegenkommt.

Als mehr oder weniger plattformunabhängige Formate für formatierte Textdateien, die sogar zwischen der Windows- und der Mac-Welt vermitteln, haben sich Rich Text Format (RTF) und Word 6.0/95 (DOC) einigermaßen bewährt. Die Wahrscheinlichkeit, dass der Adressat wenigstens eines davon öffnen kann, ist recht groß.

Glücklicherweise findet ein speziell für den elektronischen Dokumentenaustausch entwickeltes Format immer weitere Verbreitung, das auch höheren und höchsten Ansprüchen gewachsen ist und viel mehr Probleme löst als nur das der unschreibbaren und unlesbaren Schriftzeichen: das 1993 von der Firma Adobe vorgestellte Format PDF (Portable File Format). Das Softwarebündel, mit dem es erzeugt und gelesen wird, heißt *Acrobat*. *Acrobat* konvertiert jedes mit der Textverarbeitung *Word*, mit der Tabellenkalkulation *Excel* oder mit Desktop-Publishing-Programmen wie *FreeHand*, *InDesign*, *PageMaker* oder *QuarkXPress* erstellte Dokument in die 1985 von Adobe entwickelte professionelle Seitenbeschreibungssprache PostScript und von dieser weiter in ein netztaugliches komprimiertes PDF. Dabei bewahrt es sämtliche typographischen Informationen einer Seite so genau, dass es sich sogar als Druckvorstufe eignet: Auf dem Umweg über PDF kann jedes Dokument Druckvorlage werden – vom PC direkt in den Digitaldrucker. Eine PDF-Datei enthält die gesamte textliche und graphische Information, die zu der getreuen graphischen Rekonstruktion einer Seite nötig ist, aber sie enthält sie nicht als Image, nicht als Graphik, wie etwa eine Fax-Seite es tut, sondern in einer speziellen Mischform: den komprimierten Text, der sogar durchsuchbar ist, wenn auch nur in gebremster Geschwindigkeit, und sich in engen Grenzen und etwas mühsam sogar zeilenweise redigieren lässt, etwaige Abbildungen in Schwarzweiß wie in Farbe, Tabellen und Diagramme, selbst den kompliziertesten Formelsatz, Angaben über die Anordnung und Positionierung der einzelnen Elemente auf der Seite und sogar die verwendeten Fonts in vektorisierter Form; die Standardfonts Arial (beim Mac Helvetica),

Courier und Times braucht eine PDF-Datei nicht zu enthalten, weil sie überall damit rechnen kann.

Der Vorteil ist groß. Er besteht vor allem darin, dass der Empfänger all die Werkzeuge, mit denen ein Dokument erstellt wurde, nicht auf seinem Computer haben muss, nicht einmal die Fonts. Er muss sich auch nicht auf der gleichen Plattform befinden. Es genügt, dass in seinem Computer, ob Unix, Windows oder MacOS, das Lesemodul von *Acrobat* vorhanden ist, *Acrobat Reader*, das überall als Freeware verteilt wird. Zumindest im Prinzip kann jeder *Acrobat Reader* aus jeder PDF-Datei das ursprüngliche Bild der Seite rekonstruieren. Außerdem lässt sich *Acrobat* so in den Web-Browser einbinden, dass dieser automatisch zum *Acrobat Reader* umschaltet, sobald eine PDF-Datei eintrifft. Und in *Word* und andere Anwendungsprogramme lässt sich *Acrobat* so integrieren, dass das Anklicken des Symbols genügt, um die gerade bearbeitete Datei in eine PDF-Datei zu verwandeln.

So kann man (im Prinzip jedenfalls) alle in der Unicode-Tabelle definierten Schriftzeichen in jeder denkbaren typographischen Gestalt und Anordnung elektronisch übermitteln, und das in einer Qualität, die hoch genug wäre für den Druck. Wer nicht nur einfachen Text verschicken will, sondern typographisch gestaltete Seiten mit mehr als glattem Text, sollte also sein Dokument von *Acrobat* in eine PDF-Datei verwandeln lassen und diese als E-Mail-Attachment versenden.

Wer solche komplexen Dokumente gar nicht versenden will, nur einfach E-Mails, aber die in Sprachen, für die der Zeichenvorrat von ASCII nicht reicht, hat möglicherweise noch eine andere Option. Es gibt einen E-Mail-Client der besonderen Art, *LingoMAIL*. Mit ihm lassen sich, wo nötig über mitgelieferte virtuelle Tastaturen, über dreißig Schriftsprachen schreiben und direkt versenden – die allermeisten west-, mittel- und osteuropäischen, auch Kyrillisch, Griechisch und Esperanto, und dazu die bidirektionalen Schriftsysteme Arabisch, Farsi und Hebräisch. Das

Problem, dass der Adressat womöglich die entsprechenden Fonts gar nicht hat, löst *LingoMAIL* dadurch, dass der Absender dem Empfänger beim ersten Mal als Attachment ein Betrachtungswerkzeug (*MLX Viewer*) mitschickt, der alle LingoMail-Schriftzeichen darstellt. Ob der Empfänger begeistert ist, wenn eine E-Mail ihren eigenen Viewer mitbringt, ohne den sie nicht lesbar wäre, ist eine andere Frage. Aber wer zu einer Lösung wie LingoMAIL greift, wird wissen, warum. Er kennt den Frust, seine eigene Schrift höchstens unter allerlei Vorsichtsmaßregeln elektronisch versenden zu können, und kann darauf vertrauen, dass es seinem Briefpartner ähnlich ergangen sein dürfte und dass der *MLX Viewer* darum nicht ungelegen kommt. *LingoMAIL* gibt es als Shareware im Web[18]. Es hat einen großen Nachteil: Es funktioniert nur unter Windows und nicht plattformübergreifend.

Alle diese Schleichwege mussten ersonnen werden, um die engen Grenzen von ASCII zu überwinden. Sie eröffnen heute eine kleine Palette von Möglichkeiten, auch andere als die eigenen Schriftzeichen elektronisch zu verschicken. Keine von ihnen lässt sich so universal einsetzen wie Text/Plain mit seinem elementaren ASCII, das auf jedem Computer der Welt ohne alle Umstände verstanden wird, alle verlangen vom Briefpartner irgendein Entgegenkommen: einen MIME-tauglichen E-Mail-Client und die nötigen Fonts, ein Web-Mail-Programm mit den richtigen Fonts, den *Acrobat Reader* oder den *MLX Viewer*. Bis alle E-Mail umstandslos in sämtlichen Schriftzeichen von Unicode geschrieben und versandt werden kann und unverstümmelt auf jedem beliebigen Computer jeder Plattform ankommt, wird noch viel Zeit vergehen.

---

18 www.lingomail.com, 35 US-Dollar

Gebrauchsanweisung für OPACs

Die Umwandlung der Zettelkataloge zu Datenbanken bringt nicht nur den Bibliotheken immense Vorteile bei der Verwaltung ihrer Bestände. Auch der Benutzer hat unmittelbare Vorteile – oder könnte sie haben, wenn er mit den OPACs umzugehen weiß.

Moderne Web-OPACs scheinen ein Äußerstes an Komfort zu bieten: Man schreibt das Gesuchte, ob Titel oder Autor, in das einzige Eingabefeld ihrer Benutzeroberfläche, das einem am Bildschirm als Erstes entgegenkommt, und schon werden einem die Nachweise übersichtlich aufgelistet. Aber wenn man sich über einige ihrer Voraussetzungen nicht im Klaren ist, kann jede Suche unbrauchbare Ergebnisse liefern oder ganz ins Leere gehen.

Fast alle OPACs haben eine Zeitgrenze: das Trennjahr, in dem die betreffende Bibliothek die Katalogdaten ihrer Neuerwerbungen digital zu erfassen begann. Jeder OPAC hat darum sein Anfangsdatum, in der Regel irgendwann in den siebziger oder frühen achtziger Jahren. Bestände aus der Zeit davor sind in den OPACs meist gar nicht enthalten. In jedem Fall muss man sich Klarheit verschaffen, von wann an der durchsuchte OPAC vollständige Daten liefert.

Man macht sich auch besser klar, dass ein OPAC eine Datenbank ist, genauer, eine Reihe von aus der Katalogdatenbank erzeugten Indizes. Eine Datenbank ist ein nach einheitlichen Regeln strukturierter Datenbestand aus gleichartigen Datensätzen; jeder Datensatz hat gleichartige Datenfelder. Bei der Suche wird nicht etwa der ganze Inhalt der Datenbank durchsucht, das würde viel zu lange dauern. Durchsucht wird ihr Index: die automatisch erzeugte und ständig aktuell gehaltene Liste der in ihr enthaltenen Wörter. OPACs haben in der Regel mehrere Indizes. Jeder ist identisch mit einer der Suchkategorien, die man neben dem Eingabefeld auswählen kann. Es gibt einen Index der Autorennamen oder aller Personennamen im Katalog, einen aller vorkommenden Titelwörter, einen der wortgenauen Titelanfänge und so weiter.

Was ist für einen Index ein Wort? Der Computer weiß es nicht; er kennt keine Wörter und keine Wortklassen, er kennt nur Strings, Schriftzeichenketten. Alles, was von zwei Leerzeichen umschlossen ist, ist ein String und für ihn damit ein Wort. Da in der wissenschaftlichen Umschrift russischer Namen das Weichheitszeichen ungünstigerweise durch ein ‹'› dargestellt wird, hält der Computer den Namen ‹gor'kii› für zwei Strings, und wenn die Bibliothek dem Problem nicht vorgebaut hat, kann der Benutzer ihn nur unter ‹gor› oder ‹gor kii› finden.

Der Computer hat null Toleranz, falls ihm nicht eigens eine gewisse Unschärfe (*fuzziness*) einprogrammiert wurde. Jeder String, nach dem gesucht wird, muss absolut richtig geschrieben sein. Manche Strings erkennt er dennoch nicht. Es sind die so genannten Stoppwörter – Wörter, die nicht mit indiziert werden: Funktionswörter wie ‹und›, ‹oder›, ‹die›, ‹ein›, ‹in› zum Beispiel. Nach Stoppwörtern kann man in einem Index nicht suchen.

Das hat Konsequenzen. Wem es einfiele, im Index der »Titelstichwörter« nach dem Buch *Die Oder* zu suchen, bekäme entweder die Meldung »Zu viele Treffer« oder eine Liste aller jener vielen Titel, in denen irgendwo die Wörter ‹die› und ‹oder› vorkommen, zum Beispiel *Der Streit der Fakultäten oder die Idee der Universität*. Ob irgendwo an Platz 5938 auch *Die Oder* auftaucht, wird er kaum in Erfahrung bringen wollen. Um an *Die Oder* zu gelangen, müsste er den Index »Genaue Titelanfänge« wählen und das ‹die› weglassen, das wahrscheinlich ein Stoppwort ist und als solches nicht zählt, also einfach ‹oder› eingeben. In einem Index, der auch ‹oder› als Stoppwort behandelt, wird er *Die Oder* nie finden.

Bei der Namenssuche darf der Computer keine Gelegenheit bekommen, Namen und Vornamen zu verwechseln. An ihrer Form lassen sich Vornamen und Nachnamen ja nicht unterscheiden; viele Vornamen können auch Nachnamen sein und umgekehrt. Was Vor- und Nachname ist, erkennt man nur an der Position. Niemand könnte sonst entscheiden, ob der große Maler Max Ernst heißt oder Ernst Max. Auch der Computer muss auf die Reihenfolge bauen. Es gilt die universale Regel, dass bei der Namenssuche der erste String im Eingabefeld der Nachname ist; dann kommt ein Komma, dann der Vorname. Eigennamen werden also immer nur in der Form ‹nachname, vorname› angegeben. Die Suche nach ‹karl may› brächte bei der Autorensuche in der Regel kein einziges Ergebnis; bei der Stichwortsuche verschaffte sie einem alle Fälle, in dem der String ‹karl may› im Titel vorkommt, nicht als Autorenname – also manches Buch über Karl May. Der Steckbrief kann nur ‹may, karl› lauten.

Nach zwei Namen gleichzeitig kann der Computer nicht suchen, es sei denn, sie wären mit einem Operator der Boole'schen Logik (AND, OR, NOT) verknüpft, der den Computer instruiert, wie er mit ihnen verfahren soll. Die erweiterten Suchmasken gestatten meist die Auswahl Boole'scher Operatoren, die einfachen, mit denen man die OPAC-Suche normalerweise beginnt, nicht. Darum gilt die Regel: immer nur einen einzigen Nachnamen eingeben, auch wenn das gesuchte Werk mehrere Autoren oder Herausgeber hat.

Der Vorname lässt sich gewöhnlich abkürzen, mit einem Jokerzeichen (‹?› oder ‹*›) oder einem Punkt oder einfach durch Weglassen (‹may, k?›, ‹may, k.›, ‹may, k›). Wer den Vornamen abkürzt, bekommt aber natürlich sämtliche Fälle aufgelistet, für die dieselbe Abkürzung gilt, also neben den Werken von Karl etwa auch die von allen Kurt Mays.

Wenn man nie nach zwei Namen gleichzeitig suchen kann – wie steht es dann mit Doppelnamen? Natürlich muss man beide Bestandteile eingeben, aber wie? Mit Bindestrich? Mit Leerzeichen? Auf die Idee, sie hintereinander zu schreiben (‹garciamarquez›, ‹schmidtrottluff›, ‹wiesengrundadorno›), wird niemand kommen, zu Recht, denn in dieser Form verstehen OPACs sie meist auch nicht, obwohl sie in ihren Indizes genau in dieser Art alphabetisch einsortiert sind. Hier hilft nur Probieren: Bindestrich oder Leerzeichen. Mal bringt das eine, mal das andere mehr Treffer.

Was macht man, wenn der Name einen »*handle*« hat, wie es im Englischen heißt, ein als eigenes Wort geschriebenes Präfix, zum Beispiel ein Adelsprädikat? Karl von Korff? Das Präfix wird immer geschrieben, als sei es der letzte Vorname: ‹korff, karl von›. Man sucht also nach ‹hoehe, gustav wilhelm von der› oder ‹blatten, ruedi auf den›. Das gilt auch für nichtdeutsche Präfixe: ‹weck, roger de›, ‹lorenzo, giovanni di›, ‹vries, gerard de›. Wenn allerdings Präfix und Name zusammengeschrieben werden, werden sie bei der Suche nicht getrennt: ‹DeVries, Jan›. Das Präfix bleibt auch an seiner Stelle, wenn es im Innern eines mehrgliedrigen Nachnamens steht: ‹fischer von waldheim, alexander›.

Ein anderes Problem ist das aller großen Datenbestände: Bei vielen Suchen ist die Trefferzahl zu groß, als dass man mit dem Ergebnis etwas anfangen könnte. Manchmal verrät das System, wie viele Tausend es sind; manchmal kapituliert es von vornherein mit der Meldung »Zu viele Treffer«. Dann bleibt einem nur übrig, die Suche einzuengen. Meist lässt sich das eine, universale Eingabefeld näher spezifizieren. Dann werden die Suchwörter nicht irgendwo im ganzen Katalog gesucht, sondern nur bei den Autorennamen oder bei den Titeln. Hilft auch das noch nicht, muss man die Seite mit dem bequemen einzigen Eingabefeld verlassen und eine detailliertere Suchmaske aufrufen, manchmal ausgeschildert als »Profi-Suche«. Hier kann man in der Regel mehrere Suchwörter mit den Operatoren der Boole'schen Logik verknüpfen, also etwa den Medientyp wählen (Buch, Periodikum) und dazu Autor und Titel und andere Merkmale eintragen. Je genauere Angaben das Suchformular akzeptiert, umso effektiver wird die Suche eingeengt – vorausgesetzt, man hat diese Angaben bereits und sucht nur noch einen Standort und die Signatur. Hat man sie nicht und muss das Gesuchte erst noch bibliographieren, so muss man in den sauren Apfel beißen und sich unter Umständen durch große Datenmassen kämpfen.

Gibt es keinen Verfasser und nur einen Titel, besteht dieser aus nur einem einzigen Wort, das mit Sicherheit kein Stoppwort ist, und ist dieses gar noch ein Allerweltswort wie bei den Zeitschriften *Nature* oder *Science* oder den Zeitungen *Die Welt* oder *Die Zeit*, so steht einem in jedem Fall allerlei bevor.

Angenommen, man sucht etwa nach der Wochenzeitung *Die Zeit*. Im Web-OPAC der Deutschen Bibliothek führt bei der Standard-«Stichwort«-Suche das Suchwort ‹Die Zeit› zu null Treffern. Lässt man den Artikel weg, so erhält man die Meldung, die Suche hätte »ein zu umfangreiches Zwischenergebnis« – das heißt, der OPAC hat von vornherein kapituliert. Daraus kann man nur entnehmen, dass in diesem OPAC Artikel offenbar weggelassen werden *müssen*. (Die Artikelfrage ist gar nicht so trivial, wie sie zunächst scheint; man suche nur einmal nach einem Werk mit einem Artikel, den man vielleicht gar nicht als solchen erkennt, etwa nach da Cunhas brasilianischem Meisterwerk *Os Sertões*.) Schreibt man also nur ‹Zeit› (beziehungsweise ‹zeit›, denn Großbuchstaben werden in den OPACs grundsätzlich wie Kleinbuchstaben behandelt) und engt die Suche ein, indem man die Eingabezeile von »Stichwörter« auf »Vollständiger Titel« umschaltet, so erhält man 61 Treffer, darunter auch *Die Zeit*, aber kurioserweise zunächst nur die Ausgabe 31 von 1996. Also muss man wohl oder übel die erweiterte Suchmaske aufrufen und dazu am besten auch gleich die umfangreichen Erläuterungen durchlesen.

Dann weiß man, dass Artikel in der Tat wegzulassen sind, dass die Option »Vollständiger Titel« ganz richtig war, dass man aber darüber hinaus auch noch die »Materialart« spezifizieren muss, in diesem Fall mit einem ‹t› (gleich Zeitschriften). Jetzt landet die Suche nach ‹zeit› nur noch vier Treffer, Nummer 2 ist die Wochenzeitung gleichen Namens, man ist am Ziel.

Aber welches Suchgeschick man im Web-OPAC der Deutschen Bibliothek auch erwirbt, anderswo nützt es einem gar nichts. Auch wenn die Deutsche Bibliothek eine Art Nationalbibliothek ist – im Gegensatz etwa zur amerikanischen Library of Congress hat sie kaum Vorbildfunktion. Beim Regionalkatalog Hamburg zum Beispiel führen die »Titelstichwörter« ‹Die Welt› und ‹Welt› zu denselben 9160 Treffern und damit in die Wüste. Schließen lässt sich daraus nur, dass man Artikel hier genauso gut angeben wie weglassen kann. Nimmt man in einer Anwandlung von Schlauheit an, die Umschaltung des Suchfeldes von »Titelstichwörter« auf »Gesamttitel Serie/Zeitschrift« müsste eigentlich ans Ziel führen, so endet man wirklich bei einem einzigen Treffer – der *Reise-Welt* der sechziger Jahre. Warum, wird man nie erfahren, aber in die Nähe führt einen erst der »Kurztitel« ‹Welt›. Er erbringt siebzehn Treffer und Nummer 16 ist die Tageszeitung gleichen Namens, Nummer 17 ihre Mikrofilmausgabe.

Im benachbarten Campus-Katalog der Universität sieht es dann aber wieder ganz anders aus: *Science*, *Nature*, *Die Welt* – mit der Standardoption »Titel, Namen, Themen« erntet man nur die Meldung »Treffermenge zu groß«. ‹die zeit› dagegen landet sonderbarerweise nur 131 Treffer, aber keiner davon ist die Wochenzeitung: Es sind alle Titel, in denen irgendwo die Wörter ‹zeit› und ‹die› vorkommen. Man muss wissen, dass einen hier nur die Option »Titelanfänge« (soll heißen: der genaue Wortlaut des Titelanfangs) zum Ziel führen kann. Aber zu genau darf man das »genau« dabei nicht nehmen: Die Form ‹die zeit›, mit Artikel, trägt einem keinen einzigen Treffer ein, allein das eine Wort ‹zeit› zeigt

Ein Normtitelsatz in zwei digitalen Katalogen

001		72346544 //r904
003		DLC
005		19900618133846.9
008		781030m19721989gw a b 001 0 ger
010	a	72346544 //r904
020	a	351857311X (v. 6)
020	a	3518573233 (v. 6 : pbk.)
040	a	DLC
	c	DLC
	d	DLC
050 00	a	PT2603
	b	E455 1972
100 10	a	Benjamin, Walter,
	d	1892-1940.
240 10	a	Works.
	f	1972
245 10	a	Gesammelte Schriften /
	c	Walter Benjamin ; unter Mitwirkung von Theodor W. Adorno und Gershom Scholem hrsg. von Rolf Tiedemann und Hermann Schweppenhäuser.
250	a	1. Aufl.
260 0	a	Frankfurt am Main :
	b	Suhrkamp,
	c	1972-1989.
300	a	7 v. in 15 :
	b	ill. ;
	c	21 cm.
500	a	Vol. 7 edited with the collaboration of Christoph Gödde, Henri Lonitz and Gary Smith.
500	a	Includes index volume for vols. 1-4.
504	a	Includes bibliographical references and indexes.

0100	029112885
0500	Acuaz0
1100	1972 $ 1972-1999
1500	/1de
1700	/1de
2065	550317627
2095	PICA: 784762384
2190	3L88/43X
2199	340100025986
3000	Walter@Benjamin!133801799!Walter@Benjamin
3010	Rolf@Tiedemann
3011	Hermann@Schweppenhäuser
3012	Theodor W.@Adorno !135597838!Theodor Wiesengrund@Adorno
3013	Gershom@Scholem !035211776!Ger˘s ˆom@˘Solem
3200	Sammlung

4000	Gesammelte Schriften / Walter Benjamin. Unter Mitw. von Theodor W. Adorno und Gershom Scholem hrsg. von Rolf Tiedemann und Hermann Schweppenhäuser
4030	Frankfurt am Main : Suhrkamp
4062	21 cm
4201	Literaturangaben
5050	01 ; 10 ; 51
5050	10 ; 53 ; 59 ; 46
5301	!106405047!18.10 Deutsche Literatur
5550	!104624094!Benjamin, Walter
7001	27-08-97 : xi15607

Das gleiche Werk in zwei Bibliothekssystemen: Es gibt mehrere maschinenlesbare Katalogkartenformate und nicht alle sind miteinander kompatibel. In den Vereinigten Staaten ist seit 1969 der von der Kongressbibliothek entwickelte MARC-Standard in Gebrauch, der *MAchine Readable Cataloging record* (oben); seit 1999 ist er mit dem kanadischen, britischen und australischen Kartenformat vereint. In Deutschland wird seit 1972 meist ein eigener, vom MARC-Record stark abweichender Standard verwendet, das MAB *(Maschinelles Austauschformat für Bibliotheken)*, aber auch das 1969 in den Niederlanden entwickelte Format Pica (unten), vor allem in der nördlichen Hälfte Deutschlands. Das Feld 0100 enthält die Nummer dieses Datensatzes, das Feld 0500 den Status (Monographie, Serienwerk o. ä.), 1100 das Jahr, 1500 und 1700 Land und Sprache, die Felder 2xxx die Quelldatenbanken. Die Felder 5xxx dienen der Sachklassifizierung, die Felder 7xxx geben die Aufnahmedaten und die Standorte an. Man beachte, dass beide Normtitelsätze durchaus uncodierte Umlaute enthalten, sie aber an den Benutzer aufgelöst weitergeben, da dessen Computer sie sonst möglicherweise nicht richtig interpretieren würden. Das @ dient hier als Sortierzeichen und besagt, dass der betreffende Textstring nach dem auf das @ folgenden »Ordnungswort«, hier dem Nachnamen, eingeordnet wird. Hinter jedem solchen Format steht eine bibliothekarische Weltanschauung. Zwar enthalten beide Titelsätze mehr oder weniger die gleiche Information, aber nicht genau die gleiche und nicht in einer Form, die sich vollständig in der anderen abbilden ließe. Schon ein oberflächlicher Vergleich zeigt, warum es schwierig ist, digitale Kataloge miteinander zu vernetzen. Der Benutzer der Hamburger Staats- und Universitätsbibliothek sieht den Pica-Katalogeintrag am Bildschirm in folgender Form:

Mehrbaend.Werk:	**Gesammelte Schriften**/Walter Benjamin. Unter Mitw. von Theodor W. Adorno und Gershom Scholem hrsg. von Rolf Tiedemann und Hermann Schweppenhaeuser
Verfasser:	**Walter Benjamin**
Beteiligt:	**Rolf Tiedemann ; Hermann Schweppenhaeuser; Theodor W. Adorno; Gershom Scholem**
Erschienen:	Frankfurt am Main: Suhrkamp, 1972-1999
Umfang:	21 cm
Anmerkung:	Literaturangaben
Schlagwoerter:	***Benjamin, Walter**
Sachgruppen:	**18.10 Deutsche Literatur**

Wirkung. Mit ihm erzielt man 24 Treffer und die Nummer 5 ist, was man suchte.

Kurz, hier bleibt den Bibliotheken noch vieles an Vereinheitlichung zu leisten. Generelle Verhaltensregeln für die immer wieder unerlässliche Einengung gibt es einstweilen nicht.

Eine andere Frage ohne generelle Antwort ist die nach der Zulässigkeit von Abkürzungen. Muss man ‹The Journal of the American Medical Association› vollständig eingeben? Mit oder ohne ‹The›? Oder genügt die Abkürzung, unter der es allgemein zitiert wird, ‹JAMA›? Oder gibt es ein Eingabefeld, in dem man nur die charakteristischsten Stichwörter des Titels eintippen müsste, etwa ‹journal american medical›? Oder kann man auch diese noch abkürzen, abhacken, »trunkieren«? Etwa zu ‹j am med ass›? Und wenn man sie trunkieren kann, mit welchen Zeichen? ‹?› oder ‹*›, wie so oft? Und welches davon steht für einen Einzelbuchstaben, welches für eine Zeichenfolge? Oder beide für beides? Mit der Zeit lernt ein Wissenschaftler die Eigenheiten des OPACs seiner eigenen Institution recht gut kennen, sonst bliebe jede Katalogrecherche ein mühsames Geschäft. Wer aber öfter fremde Kataloge absuchen muss, dem bleibt nur Geduld beim Probieren und das Studium länglicher lokaler Gebrauchsanweisungen, so diese sich online auffinden lassen.

Ständige Schwierigkeiten bereitet auch die Problematik der »Sonderzeichen« – aller jener Schriftzeichen, die nicht zur elementaren Computerzeichentabelle ASCII gehören. Wie man einem OPAC erklärt, dass man den Schriftsteller Hašek sucht, darüber brauchen sich hierzulande zwar nur wenige den Kopf zu zerbrechen, aber den Namen Müller werden alle schreiben können müssen.

Das Problem hängt damit zusammen, dass die Computer im Verkehr miteinander zuverlässig nur mit den ASCII-Zeichen umgehen können, von denen keines irgendeinen diakritischen Zusatz trägt. In den Normdatensätzen, die zusammen einen digitalen Katalog ausmachen, sind zwar Buchstaben mit diakritischen Zeichen und teilweise auch nichtlateinische Schriftzeichen durchaus miterfasst, aber sie sind nach Methoden codiert, die nur für die jeweilige Bibliothek und dort für eine bestimmte Zeitspanne gelten. Der Benutzer bekommt diese Codierungen in der Regel nicht zu sehen, und wenn er sie sähe, könnte er nichts mit ihnen anfangen. Ehe sie hinausgelassen werden, müssen sie Filter passieren, die sie in eine allgemein transportable und verständliche Form bringen. Die Indizes, die er durchsucht, ignorieren die diakritischen Zeichen vollständig. Wenn sie dem Benutzer sichtbar gemacht würden, nützte ihm das auch nur wenig. Er muss, wenn er danach suchen will, diese Sonderzeichen ja zunächst auf seiner Tastatur selber schreiben können, und wenn sich auf der kein ‹š› findet, kann er auch nicht nach Hašek suchen.

Darum gilt für die Suche nach Wörtern mit lateinischen »Sonderzeichen« die Grundregel: Nacktes ASCII schreiben, alle diakritischen Zeichen wegscheren! Bjørnson muss für die Suche zu ‹bjornson› werden, Fouqué zu ‹fouque›, Gonzáles Tuñon zu ‹gonzales tunon›, Stanisław zu ‹stanislaw›, Þjóðólfr (Islandisten werden wissen, wie man das Thorn-Zeichen auflöst) zu ‹thjodolf›.

Aber nicht Büchner zu ‹buchner›, jedenfalls nicht in Deutschland! Ein ausländischer Benutzer kann zwar die deutschen Umlaute so wenig schreiben wie andere Zeichen, die sich nicht auf seiner Tastatur befinden, wird also notgedrungen statt nach ‹büchner› nach ‹buchner› suchen, und in ausländischen Katalogen hätte er damit auch prompt Erfolg. In deutschen jedoch meistens nicht. Hierzulande werden Umlaute anders behandelt. Sie stellen unter den lateinischen »Sonderzeichen« eine weitere Besonderheit dar: Der Vokal mit den beiden Pünktchen steht eigentlich für eine Buchstabenkombination, den betreffenden Grundvokal mit einem ‹e› dahinter. Dieses ‹e› wanderte in Handschriften und frühen Drucken über den Vokal und wurde schließlich zu einem Trema vereinfacht. Jedes ‹ü› lässt sich auch heute noch ohne weiteres in ‹ue› auflösen, ist nur eine andere Schreibweise für ‹ue› und unterscheidet sich damit etwa von dem türkischen ‹ü›, das sich nicht auflösen lässt. Nach Atatürk kann man also auch in deutschen Katalogen nur in der Form ‹ataturk› suchen. Für Namen wie Büchner aber gilt generell die aufgelöste Schreibweise, also ‹buechner›. Wenn es einem einfiele, nach ‹buchner, georg› zu suchen – die im Ausland obligatorische Form –, bekäme man auch nur Georg Buchners; im Web-OPAC der Deutschen Bibliothek stehen ihrer vier.

Einige moderne deutsche Web-OPACs allerdings sind in der Lage, auch ‹büchner› richtig zu verstehen, geben einem den Namen aber meist aufgelöst als ‹Buechner› zurück. Mutet man dem Katalog der Library of Congress vorwitzigerweise jedoch ein ‹büchner› zu, versteht er gar nichts; das heißt, er versteht ‹b chner›, und so etwas führt er nicht. Manche deutsche Kataloge kommen dem ausländischen Benutzer entgegen, indem sie auch auf die Suchanfrage ‹buchner› alle Einträge liefern, die unter ‹buchner› und ‹büchner› verzeichnet sind. Etwaige Buechners (echte wie falsche) aber fänden sich auf diese Weise nicht. Würde ein Katalog, um dem Dilemma ein Ende zu machen, kurzerhand ‹u› und ‹ü› und ‹ue› gleichsetzen, so ergäben sich zu viele unsinnige Einträge und das Chaos wäre noch größer.

Auch das ‹ß› löst man besser immer zu ‹ss› auf. Viele deutsche OPACs verstehen es zwar richtig, aber manche eben nicht. Der Nordverbundkatalog GVK zum Beispiel interpretiert es als ‹ÄŸ›, sucht also statt nach ‹straße› nach ‹straÄŸe› oder sonstwas. Ein ‹ss› dagegen missversteht keiner.

Kein Katalog, keine Datenbank, kein Computerverzeichnis ohne feste Reihenfolge. Auch für die Reihenfolge in deutschen Namensregistern gilt die Sortierregel ‹ü› gleich ‹ue›, es gibt dafür sogar eine offizielle Norm (DIN 5007); die Müllers sind im Telefonbuch also eingeordnet, als schrieben sie sich alle Mueller. Deutsche Sachverzeichnisse, Lexika zum Beispiel, folgen dagegen der Regel ‹ü› gleich ‹u›, die im Ausland auch für deutsche Namen gilt. Sie führt zu der Reihenfolge Mull, Müll, Muller, Müller.

Eine andere Schwierigkeit ergibt sich durch die Koexistenz verschiedener Namensvarianten. Selbst der Name Goethes kommt in vier verschiedenen Formen daher: ‹Goethe›, ‹Göthe›, ‹Göte› und ‹Goethius›. Ein guter Katalog musste sie schon immer erkennen und sammeln, eine von ihnen zur Hauptform (»Ansetzungsform«) bestimmen und alle übrigen zu »Verweisungsformen« degradieren und auf die Hauptform beziehen, etwaige Pseudonyme desgleichen. Welche Variante auch immer er dann eingibt, der Benutzer findet zur Ansetzungsform. Ob er im OPAC der Deutschen Bibliothek ‹Büchner, Georg›, ‹Buechner, Karl Georg›, ‹Bihner, Georg› oder ‹Bîökner, Gê®örg› schreibt, er findet zu Georg Büchner.

Die verschiedenen Möglichkeiten der Transkription aus nichtlateinischen Schriftsystemen kann zu vielen Namensvarianten führen. Kyrillische Verfassernamen haben nicht nur auf den Titelseiten der deutschen Übersetzungen ihrer Bücher verschiedenste Gestalt angenommen, eine Bibliothek sammelt auch Übersetzungen in andere Sprachen und für jede gibt es eigene Umschriftmethoden. So bringt es Tschechow im Katalog der Deutschen Bibliothek, obwohl dieser erst 1946 einsetzt, allein mit seinem Nachnamen zu sechzehn Formen, von ‹Tchekhov› über ‹éCechov› zu ‹Tschéchow›. Wer schlau zu sein meint, hinter dem ‹éC› zu Recht einen bibliotheksinternen Code für das ‹Č› der wissenschaftlichen Umschrift vermutet und das nächste Mal gleich ‹éC› eintippt, geht indessen leer aus.

Durch die Rücktranskription aus fremden Alphabeten vervielfältigen sich sogar die Schreibweisen deutscher Namen ungemein. Der Katalog der Deutschen Bibliothek kennt zwölf Varianten von ‹goethe›, darunter ‹Giochan Bolphnkannk phon Gkaite› (aus dem Griechischen, wohl mit einem falschen n in

Wolfngang), ‹Gêtê› (hebräisch), ‹G¯ete› (japanisch), ‹Koet'e› (koreanisch) und ‹Gede-zhuan› (chinesisch). Direkt nach diesen suchen kann man aber nicht, alle finden sich nur in der langen Liste der ‹goethe›-Einträge.

Das sei aber alles sehr verwirrend? Ist es. Man halte sich an folgende kurze Grundregeln:

1. Namen in der Form ‹Nachname, (abgekürzter) Vorname› eingeben.
2. Nie Nachnamen zweier Personen eingeben (es sei denn, sie lassen sich mit einem Boole'schen Operator verknüpfen).
3. In deutschen OPACs die deutschen Umlaute immer aufloesen, in auslandischen nur den jeweiligen Grundvokal verwenden.
4. Das ‹ß› immer in ‹ss› auflösen.
5. Alle diakritischen Zeichen (bis auf die deutschen Umlaute) ignorieren.
6. Bei zu großen Treffermengen die größere, felderreichere Suchmaske verwenden, die nähere Spezifikationen und meist auch Boole'sche Operatoren erlaubt.
7. Bei der Titelsuche jene Option wählen, die den genauen Wortlaut des Titels akzeptiert oder wenigstens seinen Anfang.
8. Artikel weglassen.
9. Bei Namen aus fremden Schriftsystemen die gebräuchlichste deutsche Umschrift verwenden, um am sichersten auf die jeweilige »Ansetzungsform« zu stoßen.
10. Gebrauchsanweisungen lesen. Die Lektüre selbst langer Anleitungen bringt einen beim Abfragen von Datenbanken meist schneller ans Ziel als die Methode Versuch und Irrtum.

Weil man erst nie ganz sicher ist, wie man es machen müsste, und auch bei viel Übung nicht sicher sein kann, ob man herausbekommt, was man mit mehr Glück und Geschick herausbekommen könnte, hat die OPAC-Recherche immer etwas von einem Abenteuerspiel.

Register und Index

Ein alphabetisches Personen- oder Sachverzeichnis am Ende eines Buches hieß auf Deutsch normalerweise *Register*, auf Englisch *Index* (ein ursprünglich lateinisches Wort, das so viel wie »Anzeiger«, »Zeigefinger« bedeutete). Langsam kommt heute das *Register* aus der Mode. Im Computerdeutsch scheint es nur noch *Indizes* zu geben und die müssen sich den Plural *Indexe* gefallen lassen.

In diesem Fall kommt der Wortimport jedoch durchaus gelegen. Im Deutschen kann man nun einen Unterschied zwischen einem Register und einem Index machen. Unter einem Index kann und sollte man eine spezielle Art von Register verstehen, nämlich ein automatisch von einem Computer erzeugtes.

Wozu braucht man Register wie Index? Um in einem größeren Textwerk bestimmte Stellen schneller aufzufinden, als man sie bei dessen Satz-für-Satz-Durchsuchung fände. Was ist ein Register oder Index? Eine alphabetisch sortierte Liste von Wörtern, von denen jedes mit einer Adresse (etwa einer Seitenzahl) versehen ist, die angibt, wo der Begriff in dem Werk steht.

Schon eine solche naive Beschreibung des Selbstverständlichen soufﬂiert die Ahnung, dass es erhebliche Unterschiede zwischen einem Register und einem Index geben wird. Ein von Hand oder besser von Kopf erstelltes Register verzeichnet nicht alle Wörter, sondern nur eine sinnvolle Auswahl, eben die Stichwörter. Es führt jedes nur in seiner lexikalischen Grundform auf und alle seine flektierten Formen sind auf diese Grundform bezogen. Vor allem hält es sich überhaupt nicht unbedingt an die Wörter, sondern an deren Bedeutungen: Es ist eine alphabetische Liste von

Begriffen, nicht von Wörtern. In einem guten Register gibt es Verweise vom Stichwort auf Stellen, an denen es selbst gar nicht vorkommt, aber gemeint ist. Verschiedene Wörter können zu einem Stichwort zusammengefasst sein. Die Einträge können in sich strukturiert sein, so dass der Benutzer von einem Hauptstichwort aus zu mehreren Ebenen von Unterstichwörtern hinabsteigen kann. Schließlich ist ein Register nicht einfach die Auswertung eines gegebenen Textes, sondern dessen hypothetische Befragung: Der Autor versucht sich in die Situation der Leser zu versetzen und sich vorzustellen, mit welchen Suchwörtern sie nach welchen seiner Inhalte fahnden würden.

Der Index dagegen ist eine alphabetische Wörterliste, die von jedweder Bedeutung absieht. Eigentlich noch nicht einmal eine Liste von Wörtern, sondern nur von Strings – Schriftzeichenfolgen, die auf jeder Seite von einem Leerzeichen begrenzt sind. »Buch«, »Buche«, »Buches«, »Buchs«, »Bücher«, »Büchern« – alles verschiedene Strings und damit verschiedene Einträge im Index; der Eintrag »Buche« führt nicht nur zu Fundstellen, bei denen im Dativ von einem »Buch« die Rede ist, sondern auch zu dem Baum, »Buchs« auch zu einem Strauch. In einer Passage kann noch so ausführlich vom Buch die Rede sein – wenn der Begriff dort mit anderen Wörtern benannt ist, etwa mit »Büchern« oder »Druckwerk« oder »Band« oder »Monographie«, findet man über den Begriff »Buch« aus einem Index nie dorthin. Auch ist ein Index absolut flach: eine einfache Aneinanderreihung von Wörtern ohne begriffliche Zusammenfassungen oder Auffächerungen. Ein Index ist auch keine sinnorientierte Stichwortauswahl. Er führt sämtliche vorkommenden Strings auf, abgesehen von denen, die bei der Indexerstellung von vornherein ausgeschlossen wurden, weil sie zu zahlreich und zu uninteressant sind. Das sind die sogenannten Stoppwörter. Ihr Ausschluss geschieht ohne Rücksicht auf den jeweiligen Inhalt. Wenn die Artikel zu Stoppwörtern gemacht wurden, findet man in einem nicht nachbehandelten Firmenindex weder das Reisebüro ‹der› noch die Versicherungsgesellschaft ‹das›.

Alles das macht Indizes, wie sie etwa für die Hilfedokumentation vieler Software automatisch generiert werden, für ihre Benutzer überaus frustrierend. Man sieht ihnen nicht an, welche Flexionsformen ihrer Einträge zu den relevanten Stellen führen. Wer Schwierigkeiten mit seinem Drucker hat, soll der nun ‹Druck›, ‹DRUCK› oder ‹Druck-› anklicken? Wer kann etwas mit den vielen Einträgen wie ‹druckende›, ‹druckenden› anfangen? Und nie kann man sicher sein, dass wirklich alle relevanten Stellen im Index verzeichnet sind; manchmal fehlen gerade die wichtigsten Stellen, nur weil der betreffende String dort zufällig nicht auftauchte.

»Die Erstellung eines Registers«, schreibt Hans H. Wellisch in seinem erschöpfenden Buch *Indexing from A to Z*, »ist ein geistiger Prozess der intellektuellen Analyse, der auf einem Verständnis des Textes beruht und das Ziel verfolgt, seine begriffliche Struktur in einem leicht durchsuchbaren Format neu zu arrangieren … Das automatische Indizieren dagegen ist eine Suchstrategie, die die Suchwörter der Benutzer in Volltextdokumenten durch einfaches Vergleichen aufspürt … Man muss sich darüber im Klaren sein, dass der bloße Vergleich von Wörtern (oder Wortteilen) und Wörtergruppen die relevanten Dokumente nicht unbedingt zutage fördert. Es ist darum nicht unvernünftig, ›automatic indexing‹ für ein Oxymoron zu halten.«

Es wäre falsch, den Computer zum Erzfeind des Registers zu erklären. Automatisch kann er es nicht erzeugen, das ist wahr. Aber er hält Werkzeuge bereit, die dem Menschen das mühsame Anlegen von Registern erleichtern.

UND. ODER. NICHT.

Als im Jahre 1847 der englische Mathematiker George Boole (1815–1864) seine Algebra auf die Philosophie anzuwenden begann und damit den Grundstein der mathematischen Logik legte, stand der Computer noch in den Sternen und auch Charles Babbages mechanische »Analytische Maschine« war erst eine bloße Idee. Der Professor an der Universität Cork konnte nicht wissen, wie sich seine zweckfreien Überlegungen eines Tages nützlich machen würden. Ohne Booles philosophische Algebra aber gäbe es die heutigen Computer nicht. Ihre interne Steuerlogik beruht ganz auf ihr. Jedem Computerbenutzer begegnen irgendwann einige ihrer so genannten Operatoren, so wie jedem Taschenrechnerbenutzer die arithmetischen Operatoren × (mal) oder ÷ (durch) begegnen.

Der Grundgedanke von Booles Algebra der Logik bestand darin, die logischen Beziehungen zwischen philosophischen Aussagen dadurch klarer und eindeutiger zu machen, dass sie wie die Zahlen der Arithmetik durch Symbole dargestellt werden (*a*, *b*) – und ihre Verknüpfungen durch logische Funktionen ebenfalls. So wie die Arithmetik etwa die Vergleichsfunktionen durch die Operatoren = (gleich), < (kleiner als), > (größer als), <> (ungleich) ausdrückt, so drückt die Boole'sche Algebra die logischen Beziehungen zwischen zwei Aussagen vor allem durch die drei elementaren Operatoren AND (&), OR (¦) und NOT (¬) aus. Alle Boole'schen logischen Operationen sind von vornherein so ausgelegt, dass das Ergebnis immer entweder wahr (1) oder falsch (0) sein muss, nie etwas dazwischen. Werden zum Beispiel zwei Eingangsaussagen (die eine *a*, die andere *b*) durch die Sowohl-als-auch-

Verknüpfung AND verbunden, so entsteht eine Ausgangsaussage, die wahr (1) nur ist, wenn *a* und *b* beide wahr sind, sonst aber falsch (0). Die Aussage *a* OR *b* jedoch ist wahr schon, wenn entweder *a* oder *b*, und falsch nur, wenn weder *a* noch *b* wahr ist.

Diese Zweiwertigkeit der Boole'schen Logik kam dem binären Wesen des heutigen Computers entgegen, der auf der elementarsten Ebene ebenfalls nur mit den beiden Werten 0 und 1 umgeht. Im Computer werden die elektrischen Signale durch so genannte logische Gatter geschickt, die jeweils einen logischen Operator darauf anwenden und ihm entsprechend aus zwei Eingangssignalen ein Ausgangssignal machen. Ein Gatter, das auf die Funktion AND ausgelegt ist, liefert immer dann ein Signal (1), wenn an beiden Eingängen ein Signal vorhanden ist, stellt also die logische Funktion 1 AND 1 = 1 dar: Wenn 1 wahr ist UND das andere 1 ebenfalls, dann ist auch das Ausgangssignal 1, nämlich wahr. Ein OR-Gatter dagegen liefert schon ein Ausgangssignal, wenn nur an einem der beiden Eingänge ein Signal anliegt (1 OR 0 = 1, 0 OR 1 = 1, 1 OR 1 = 1, aber 0 OR 0 = 0). So nimmt der Computer logische Operationen an den Signalen vor, und zwar auf der untersten Ebene der einzelnen Bits.

Wer Boole'sche Operatoren etwa bei der Suche in einem digitalen Katalog oder einer Suchmaschine verwendet, begreift intuitiv, was es mit ihnen auf sich hat. Was er hier mit Boole'schen Operatoren verknüpft, sind keine philosophischen Aussagen, sondern Strings aus Buchstaben, die computerintern als Zahlenketten behandelt werden. Sucht er nach ‹meier›, so sucht er in Wahrheit nach der Zahlenkette ‹77 69 73 69 114› – den den Buchstaben entsprechenden Nummern in der ASCII-Zeichentabelle. Der Programmierer übersetzt diese dezimalen Zahlen in die hexadezimale Schreibweise, die nicht bis neun, sondern bis fünfzehn zählt, bis sie eine neue Stelle eröffnet, und damit der Einheitslänge der Computer-»Wörter« entgegenkommt, die aus acht Bit (einem Byte) bestehen. So wird der Name ‹meier› zu ‹6D 65 69 65 72›.

Der Computer schließlich übersetzt sich die Zahlen in die einzige Schreibweise, die er beherrscht, die binäre, die jeden Menschen zur Verzweiflung treiben würde. In binärer Schreibweise lautet der Name ‹meier›, in 7-Bit-Gruppen mit einem freien Bit dazwischen ausgedrückt: ‹1011011 1010011 1001011 1010011 0100111›.

Wenn der OPAC-Benutzer nicht sicher ist, ob sich der ‹meier›, den er sucht, mit ‹e› oder ‹a› schreibt, aus der Sicht der Maschine also mit ‹1010011› oder ‹1000011›, so kann er dem System auftragen, in der Datenbank Soundso nach ‹meier› OR ‹maier› zu suchen. Der Computer vergleicht dann die beiden Suchstrings mit allen Strings im Index und listet sämtliche Fälle auf, für die entweder ‹meier› oder ‹maier› den Wahrheitswert 1 liefert und somit ein Signal aus dem logischen OR-Gatter kommt, das heißt, er liefert alle Einträge unter Meier und Maier. Ist die Treffermenge zu groß, so lässt sie sich durch zusätzliche Bedingungen eingrenzen, die erfüllt sein müssen. Dafür bietet sich als erste die Funktion AND an. Name ‹meier› UND Jahr ‹1999› liefert die Bücher aller Meiers aus dem Jahr 1999, also alle Fälle, in denen sowohl ‹meier› als auch ‹1999› wahr sind beziehungsweise den Wert 1 ergeben. Wenn man bei einer zu großen Treffermenge nur eine bestimmte Bedingung ausschließen will, steht gelegentlich die Funktion NOT zur Verfügung: ‹goethe› NOT ‹goethe, joh› führt zu allen Büchern aller Goethes, nur jener nicht, deren Vornamen mit ‹joh› beginnen.

Man muss nichts von der Boole'schen Algebra wissen, um sie richtig anzuwenden, denn Logik leuchtet vielen intuitiv ein. Aber wer etwas von ihr weiß, wird sich ihrer weniger missmutig bedienen. Er wird überraschende Ergebnisse auch eher durchschauen als sein tumber Nebenmann.

Die Erfindung der CD

Als Thomas Edison am 6. Dezember 1877 »Mary had a little lamb« in einen großen Trichter sang und eine Nadel die Schallwellen in eine mit Stanniolpapier bespannte rotierende Walze kratzte, war das eine Bilderbucherfindung. Jemand hatte eine Idee gehabt, hatte gebastelt, und siehe da, es funktionierte – der »Tonschreiber«, der Phonograph war geboren.

Die Compact Disc – die CD – hundert Jahre später: In diesem klassischen Sinne erfunden wurde sie nicht. Wie viele bahnbrechende technische Novitäten wurde sie von mehr oder weniger anonymen Ingenieursteams entwickelt und am Anfang war keineswegs klar, worauf deren Entwicklungsarbeiten zuliefen. Einen bestimmten Ort aber hatte die Erfindung: die Forschungslabors des Philips-Konzerns in Eindhoven. Das Datum ist schon schwerer zu bestimmen. Im März 1981 jedenfalls präsentierte Philips auf dem Pariser Festival du Son die CD erstmals der Öffentlichkeit.

Begonnen hatte es Ende der sechziger Jahre. Damals versprachen sich Pädagogen überall auf der Welt Wunder von neuen »audjo-wie-suellen Mädchen« (beide Wörter waren noch neu) und auch Philips wollte mit einem Beitrag zur erhofften audiovisuellen Revolution in den Schulen aufwarten. So fragte die Lehrmittelgruppe 1969 bei der Gruppe Elektroakustik an, ob sich nicht eine Art Grammophonplatte für Bilder konstruieren ließe. Zunächst dachte man ganz in konventionellen Bahnen: an eine spiralförmige Spur aus winzigen fotografischen Bildern auf einer Scheibe von der Größe einer Langspielplatte. Bald aber stand fest, dass es so nicht ging. Der hochauflösende Fotofilm auf diesen

Scheiben war so empfindlich gegen kleinste Fabrikationsmängel, dass eine Massenfertigung nicht in Frage kam.

»Da haben wir nachgedacht«, sagt Piet Kramer, damals Leiter der Gruppe Optik in den Philips-Laboratorien, später Forschungsdirektor. Richtige Bilder durften die Bilder auf der Platte offenbar nicht sein. Sie mussten codiert werden, und zwar so robust, dass sie den Strapazen der Massenfertigung gewachsen wären. »Eine binäre Signalspur, das war die Idee!« Binär, das hieß: die gesamte Bildinformation durch nicht mehr als zwei Zeichen auszudrücken, nämlich durch verschieden lange *pits* (Gruben) auf einer ebenen Oberfläche und den *lands* dazwischen; die Abfolge von *pits* und *lands* moduliert dann ein FM-Signal. »Dass es Materialien gab, so homogen, dass sich diese winzigen Vertiefungen sauber einpressen ließen – das war das eigentliche Wunder.«

Von vornherein war klar, dass diese nur knapp einen Mikrometer breite und nur unter einem Mikroskop sichtbare binäre Signalspur nicht mechanisch ausgelesen werden könnte, mit einem Abtaststift, wie eine Schallplatte. Sie musste optisch ausgelesen werden. Ein scharfes Lichtbündel wird von den silbern spiegelnden *lands* reflektiert, von den *pits* gebeugt, verschluckt. Es muss also nur noch ein Detektor in Form einer Fotodiode her, der registriert, wann und wie lange der Abtaststrahl nicht zurückkommt. Zunächst dachte man, ein normaler Lichtstrahl würde reichen. Wieder Fehlanzeige: Mehr als Rauschen war nicht zu sehen. Normales Licht, zu einem so feinen Strahl gebündelt, war einfach zu schwach. Da traf es sich gut, dass eine andere Firmenabteilung Erfahrungen mit dem (1958 patentierten) Laser hatte, der das Nötige lieferte: einen gebündelten, intensiven, frequenzscharfen Strahl monochromen Lichts. Nur war der Laser damals noch etwas Feines für Labors der Grundlagenforschung; dass er den Weg in die Haushalte finden könnte, mochte sich noch niemand vorstellen. Also mussten Philips-Ingenieure erst einmal eine Variante für den Hausgebrauch entwickeln, schlicht, narrensicher, billig (heute wird durchweg ein Infrarot-Halbleiterlaser verwendet). Aber als diese dann da war, funktionierte es prompt, und schon 1972 stellte Philips eine binär codierte, mit Laserlicht gelesene Video-Langspielplatte (VLP) vor. Bis zur Marktreife brauchte sie noch sechs Jahre und unter dem Namen LaserVision gab es sie noch lange. Ein Markterfolg war sie nie.

Schon 1972 wurde erwogen, ob sich die neue Laser-Lesetechnik wohl für Tonaufnahmen eigne. Aber damals bestand noch kein Interesse, die Forschung mit Macht voranzutreiben – die Langspielplatte schien gut genug.

Es musste erst noch eine Idee hinzukommen: den Ton nicht analog auf die Platte zu schreiben wie bei der herkömmlichen LP (die die Schwingungen der Klangwellen als Wellungen einer Rille abbildet), sondern digital. Die digitale Aufzeichnungstechnik (bei der die Spannung des Schallereignisses 44 100 mal pro Sekunde gemessen – »gesampelt« – und jede dieser Messzahlen wiederum binär codiert wird) war damals nur in Tonstudios gebräuchlich. Philips gedachte auch sie in die Haushalte zu schaffen. 1978 wurden die Spezifikationen definiert: eine Stunde Stereoklang auf einer bierfilzgroßen Silberscheibe. 1979 einigte man sich mit Sony auf einen gemeinsamen Standard; 1981 trat ihm der japanische Elektronikriese Matsushita bei. Und schon 1983 war die CD mitsamt dem dazugehörigen Abspielgerät auf dem Markt. Die internationale Koordination in dieser Phase, die einem Debakel wie bei den Bildspeichermedien mit ihren sechs sich gegenseitig behindernden Standards vorbeugte, war wohl der prekärste Teil der Entwicklung.

Die Vorteile ließen sich auf der Stelle hören: Die CD ist relativ unempfindlich gegen Kratzer und Schmutz, der Laserstrahl verschleißt die Signalspur nicht wie ein Abtaststift die Schallplatte, die digitale Aufzeichnung unterdrückt alles Rauschen, die Dynamik (der Abstand zwischen Laut und Leise) ist größer, die Plastikscheibe ist billig und leicht zu pressen. Den jähen Totalsieg über die gute und noch gar nicht so alte LP hätte damals dennoch niemand vorhergesagt. Den anderen großen Vorteil benennt schon der Name: die Kompaktheit. Die (von innen nach außen gelesene) Spiralspur auf der Unterseite der oben verspiegelten Scheibe ist so fein, dass sechshundert von ihnen auf einen Millimeter kommen; die ganze Spur ist etwa fünf Kilometer lang und darauf passen etwa 630 Millionen Bytes. Dieser Kompaktheit verdankt die Audio-CD die Mutation zum konkurrenzlos billigen Datencontainer des Computers, der CD-ROM.

Nachdem 1990 mit dem Orange Book ein entsprechender Standard verabredet war, kamen bald die ersten »Brenner« auf den Markt, mit dem sich jeder seine eigenen CDs »brennen« konnte, die – anfangs golden verspiegelten – CD-Rs. In der zweiten Hälfte der neunziger Jahre sank ihr Preis so sehr, dass das CD-R-Laufwerk zu einem Massenprodukt werden konnte und aus der CD nunmehr auch ein Backup-Medium für Computerdaten. Mit der mehrmals beschreibbaren CD-RW wurde schließlich auch der Nachteil aufgehoben, dass sich jeder »Rohling« nur einmal verwenden ließ.

Seit 1996 hätte der Nachkomme der CD, die DVD (Digital Versatile Disc) dem enormen Speicherbedarf audiovisueller Inhalte genügen können. Sie ist nicht größer als eine CD und sieht äußerlich kaum anders aus, aber fasst, da bei ihr zwei Datenschichten sandwichartig übereinander liegen, 4,7 plus 3,8 gleich 8,5 Gigabyte, fast vierzehn Mal so viel wie eine CD – und bei beidseitiger Ausnutzung (mit vier Datenschichten) sogar das Doppelte. Eine einzige DVD kann einem ganzen Spielfilm in besserer als Fernsehqualität als Speicher dienen – und genau dieser Umstand und die mit ihm verbundenen Rechte- und Normenstreitereien haben ihren Siegeszug jahrelang aufgehalten.

Die Digitale Bibliothek

Ein annotierter Linkkatalog

Eine erste Fassung dieses Katalogs mit 66 kommentierten Links erschien im September 1997 auf dem Server der Wochenzeitung *Die Zeit*, Hamburg. Er wurde in der Folgezeit mehrfach ergänzt und dreimal generalüberholt, im Oktober 1998, im April 2000 und im April 2001. In dieser Zeit hat sich im Web viel getan. Nicht wenige Adressen fielen ganz weg, weil die Sites verschwunden oder verwahrlost waren oder überlegene Konkurrenz bekommen hatten, mehr kamen hinzu, so dass der Katalog erst auf 110 und dann auf 150 Links in fünf Abteilungen wuchs. Umfangreicher sollte er um der Übersichtlichkeit willen nicht sein. Online findet sich die aktuellste Fassung noch immer auf dem Server der *Zeit* (www.zeit.de/digbib/).

Eine Linkliste, die hinausweist ins World Wide Web, gedruckt, und dann noch in einem Buch? Das ist weniger paradox, als es auf den ersten Blick scheint. Die Vorteile des Internets kommen dort am besten zum Zuge, wo man an der schieren unsortierten Masse interessiert ist oder möglichst direkt auf eine bestimmte Information zusteuert. Zum unscharf gezielten Suchen aber, zum Herumstöbern, eignet sich die gedruckte Form besser – nicht nur, weil sie angenehmer zu lesen ist, sondern weil sich in ihr auch besser Übersicht gewinnen und behalten lässt als am Bildschirm.

Das World Wide Web ist ständig in Bewegung. Nichts garantiert, dass man eine einmal gefundene Seite im gleichen Zustand und unter der gleichen Adresse jemals wiederfindet. Obwohl von vornherein nur relativ stabil und dauerhaft wirkende Web-Adressen aufgenommen wurden, wird auch dieser Katalog, wie jedes Adressbuch zum Internet, im gleichen Tempo weiter verfallen.

Nichts hat sich seit 1997 an der Tatsache geändert, dass Englisch können sollte, wer die Möglichkeiten des World Wide Web wirklich wahrnehmen will.

Dieter E. Zimmer

Letzte Aktualisierung: 3. Juni 2001

Empfehlungen

Zu mustergültig digitalisierten Texten?
- **Electronic Text Center!** http://etext.lib.virginia.edu
- **Oxford Text Archive!** http://ota.ahds.ac.uk/
- **Project Bartleby!** www.bartleby.com/

Zu den schönsten Bildschirmtexten?
- **Bibliotheca Augustana!** www.fh-augsburg.de/~harsch/augusta.html

Zu einer mustergültigen Autorenseite?
- **The Walt Whitman Hypertext Archive!** http://jefferson.village.virginia.edu/whitman/

Zur sinnreichsten Anwendung des Hypertextprinzips?
- **Perseus Digital Library!** http://perseus.mpiwg-berlin.mpg.de

Zur deutschen Literaturszene?
- **libri.de – Links!** www.libri.de – Links

Zur angloamerikanischen Literaturszene?
- **Yahoo!** http://dir.yahoo.com/Arts/Humanities/Literature/Authors/

Zur Katalogrecherche in deutschen Verbundkatalogen?
- **Karlsruher Virtueller Katalog!** www.ubka.uni-karlsruhe.de/kvk.html

Zum Zugang zu wissenschaftlichen Datenbanken?
- **FIZ Karlsruhe!** (kostenpflichtig) www.fiz-karlsruhe.de/

Zu Homepages von deutschen Bibliotheken?
- **HBZ-NRW**! www.hbz-nrw.de/bibliothek/set.html

Zu Informationen über Nationalbibliotheken?
- **Gabriel!** www.ddb.de/gabriel/de/welcome.html

Zu den Homepages von Bibliotheken weltweit?
- **Libweb!** http://sunSITE.berkeley.edu/Libweb/

Zu den Homepages von (nicht nur deutschen) Buchverlagen?
- **BooksPro!** www.BooksPro.de

Zu elektronischen Fachzeitschriften?
- **CoOL!** www.biblio.tu-bs.de/CoOL/list/sub/zfach-XX.htm
- **EZB Regensburg!** www.bibliothek.uni-regensburg.de/ezeit/

Zur Bestellung von Zeitschriftenaufsätzen?
- **subito!** www.subito-doc.de/

Zu E-Texten der deutschsprachigen Literatur?
- **Litlinks!** www.clickfish.com/clickfish/guidearea/kulturgesellschaft/literatur/literaturautoren.html

Zu E-Texten der englischsprachigen Literatur?
- **The On-Line Books Page!** http://digital.library.upenn.edu/books/

Zu E-Texten der französischen Literatur?
- **Gallica!** http://gallica.bnf.fr/

Zu E-Texten der italienischen Literatur?
- **Progetto Manuzio!** www.liberliber.it

Zu E-Texten der skandinavischen Literatur?
- **Project Runeberg!** www.lysator.liu.se/runeberg/

Zu E-Texten der antiken Literatur?
- **Perseus Digital Library!** http://perseus.mpiwg-berlin.mpg.de

Zu E-Texten in vielen, teils sehr fremden Sprachen?
- **Wordtheque!** www.logos.it/literature/literature.html

Zum besten universalen Nachschlagewerk im Web?
- **Britannica Online!** www.britannica.com/

Zu Online-Wörterbüchern im Web?
- **A Web of On-line Dictionaries!** www.facstaff.bucknell.edu/rbeard/diction.html

Bayerische Staatsbibliothek (BSB), München

www.bsb.badw-muenchen.de

Die BSB ist die zweitgrößte deutsche Universalbibliothek (die größte ist die Staatsbibliothek zu Berlin), und da sie über hundert Jahre früher gegründet wurde (1558), liegen ihre besonderen Stärken bei ihren Altbeständen und ihrer Handschriftensammlung. Insgesamt verwahrt sie 7,5 Millionen Bücher, 42 100 laufende Periodika, 79 300 Handschriften, 373 000 Kartenblätter, 251 000 Musikdrucke, 1 Million Mikroformen sowie Fotos, Tonträger und manches andere. Ihre Webseiten geben u. a. unentbehrliche Auskünfte über die Benutzung, vor allem auch über die nicht mehr verfahrene, aber immer noch schwierige Katalogsituation. Ihr Web-OPAC verzeichnet die Bestände von 1501 bis 1840 und ab 1953 – das heißt, der nur sehr mühsam zu benutzende gescannte Kartenkatalog wurde 2000 voll in den OPAC integriert. Zwischen 1841 und 1952 klafft jedoch nach wie vor eine große Lücke: Die Bestände aus diesen neunzig Jahren sind in handschriftlichen Katalogen verzeichnet, die nur den Bibliothekaren der BSB zugänglich sind; in einigen Jahren soll diese Lücke geschlossen sein. Den Katalog 1501-1840 (und dazu u. a. den der Universitätsbibliothek München) gibt es jedoch auch als CD-ROM (Saur Verlag, München; 2 980 DM), einige andere Spezialkataloge (Inkunabeln, Musikdrucke, Osteuropa, Zeitschriften u. a.) ebenfalls.

Bibliographischer Werkzeugkasten

www.hbz-nrw.de/hbz/set.html

Ein vor Kompetenz strotzender, vorbildlich aktuell gehaltener Linkkatalog von Hans-Dieter Hartges am Hochschulbibliothekszentrum Nordrhein-Westfalen, eigentlich für Bibliothekare gedacht, aber auch für Bibliotheksbenutzer von Interesse und Nutzen. Die Themen reichen von Adressbüchern über Bibliographien zu Zeitschriftendatenbanken.

Bibliothèque nationale de France (BnF), Paris

www.bnf.fr/default_ex.htm

Elegant und dabei doch praktisch gestalteter Website der aus der Fusion von Bibliothèque Nationale und Bibliothèque de France hervorgegangenen Nationalbibliothek Frankreichs, deren Hauptsitz seit 1996 Paris François-Mitterand/Tolbiac ist, mit Zugang zu ihren Online-Katalogen

und virtuellen Ausstellungen zur Kultur- und Mediengeschichte.Das Haupthaus rue Tolbiac verwahrt 10 Mio. Bücher, 350 000 Zeitschriftentitel, 32 000 laufende Zeitschriften, 76 000 Mikroformen, 100 000 digitale und 1,3 Millionen audiovisuelle Dokumente, der frühere Sitz rue Richelieu 17 Mio. Karten, Musikalien, Kunstdrucke, Fotos und Manuskripte. Mit ihren weiteren Spezialsammlungen in anderen Häusern befinden sich etwa 32 Millionen »Bestandseinheiten« im Besitz der BnF. Die Katalogsituation in einer Bibliothek dieses Umfangs und dieses Alters (die Sammlungen wurden 1368 von Karl V. begonnen) ist notwendigerweise außerordentlich kompliziert.
Web-OPAC http://catalogue.bnf.fr/
Die beiden umständlichen Telnet-Kataloge der BnF (BN-OPALE und BN-OPALINE) wurden zu dem im Mai 1999 freigeschalteten Web-OPAC BN-OPALE-PLUS zusammengefasst, der etwa 7 Millionen Nachweise zu 8 Mio. Bestandseinheiten enthält, vorwiegend die Bücher ab 1970, die Zeitschriften seit 1960 und die digitalen Dokumente seit 1994.

berliner allegroCatalog (baC)
www.biblio.tu-bs.de/acwww25u/bac/bac.htm
Ein Lichtblick in der so reichen wie konfusen und online bisher nur dürftig erschlossenen Berliner Bibliothekslandschaft: der Web-OPAC der Öffentlichen Bibliotheken, dessen 1,9 Mio. Datensätze 5,7 Mio. Bücher und andere Medieneinheiten in der Zentral- und Landesbibliothek (Stadtbibliothek und Amerika-Gedenkbibliothek) und in den Bezirksbibliotheken verzeichnen.

Biblioteca Nacional, Madrid
www.bne.es/
Die 1712 von Phillip V. gegründete spanische Nationalbibliothek am Boulevard Recoletos hat 11,1 Mio. Bestandseinheiten, davon 4 Mio. Bücher.
Web-OPAC www.bne.es/esp/cat-fra.htm
Ihr Online-Katalog namens ARIADNA verzeichnete im Frühjahr 2001 1,7 Mio. Bücher ab 1831, 23 000 vor 1831 und 94 000 Periodika.

British Library, London
www.bl.uk/
Die 1973 durch den Zusammenschluss der zentralen britischen Bibliotheken gebildete und seit November 1997 in ihrem neuen Hauptgebäude

in St. Pancras ansässige British Library – den Kern bildet die 1753 gegründete Bibliothek des Britischen Museums – ist mit 150 Mio. Bestandseinheiten eine der größten Bibliotheken der Welt. Sie hat 407 000 leibhaftige Besucher im Jahr, ihr Website 9,4 Mio.

Blaise www.bl.uk/services/bsds/nbs/blaise/

Jenseits der Homepage ist der Web-Auftritt der British Library recht verwirrend. Insbesondere ist nicht leicht zu erkennen, welche Kataloge hier welche Bestände erschließen. Seit 1995 ist ein Katalog namens Blaise mit 18 Millionen Titelsätzen aus 21 Datenbanken im Internet zu finden (Telnet und WWW), aber nur für registrierte und zahlende Benutzer mit Passwort.

BLPC http://blpc.bl.uk

Freien Zugang für jedermann bietet dagegen der im Mai 1997 unter dem Namen OPAC 97 eingerichtete und von der Internetbuchhandlung amazon.com gesponserte British Library Public Catalogue (BLPC), in dem 10 Mio. Bücher und andere Medieneinheiten vorwiegend neueren Datums zu finden sind.

NLC http://prodigi.bl.uk/nlcat/

Auch der Newspaper Library Catalogue (NLC) mit 52 000 Zeitungsnachweisen ist frei zugänglich, ebenso der noch in Entstehung begriffene Manuscripts Online Catalogue und der National Sound Archive Catalogue.

Die Deutsche Bibliothek (DDB)

www.ddb.de

Eine Art deutsche Nationalbibliothek, 1946 als westdeutsches Pendant zur Deutschen Bücherei Leipzig gegründet, die seitdem sämtliche deutschsprachigen Veröffentlichungen bibliographiert und archiviert. 1990 wurde sie institutionell mit der Deutschen Bücherei Leipzig zusammengelegt. Heute besteht sie aus drei Teilen, der Deutschen Bibliothek Frankfurt (DBF), der Deutschen Bücherei Leipzig (DBL) und dem Deutschen Musikarchiv Berlin (das seit 1970 650 000 Tonträger und 340 000 Notendrucke gesammelt hat). Die Deutsche Bibliothek hat seit 1995 eine einnehmende Homepage im Web, über die man auch zu ihren diversen Dienstleistungen gelangt.

Web-OPAC http://dbf-opac.ddb.de/

Am 1. Oktober 1998 hat die DBF ihren Web-OPAC für die Öffentlichkeit freigeschaltet, der einen komfortablen Zugriff auf zurzeit knapp 5 Mio. Titelsätze erlaubt und direkt angesteuert werden kann.

Deutsche Bücherei Leipzig (DBL)
http://dbl-opac.ddb.de/
Seit 1913 die deutsche Pflichtbibliothek, mit unvollständigen Beständen nur aus der Zeit der deutschen Spaltung, seit 1990 institutionell mit der Deutschen Bibliothek in Frankfurt vereint. Von den 8,5 Mio. Titeln ihres Katalogs sind 2,9 Millionen Titelsätze (ab 1974) in einem Web-OPAC enthalten, der den altertümlichen Telnet-Katalog abgelöst hat. Die Bestände von 1913 bis 1973 sollen in einigen Jahren eingearbeitet sein.

D-*Lib* Forum
www.dlib.org/
Dieser Website der amerikanischen Digital Libraries Initiative (unter Federführung der DARPA, der Defense Advanced Research Projects Initiative) wendet sich an Wissenschaftler, die sich mit der Schaffung digitaler Bibliotheken befassen (und in minderem Maß auch an deren Benutzer). Er bietet u. a. internationale Web-Adressen zum Thema und vor allem das *D-Lib Magazine*, eine monatlich erscheinende Fachzeitschrift; zurückliegende Ausgaben liegen in einem Archiv.

eLib Electronic Libraries Programme
www.ariadne.ac.uk/about/intro.html
Das 1995 aufgrund des Follett-Berichts (1993) ins Leben gerufene staatlich finanzierte britische Programm, das im Vereinigten Königreich den Weg zur vollelektronischen Bibliothek der Zukunft bahnen soll. Im Netz steht vor allem die seit 1996 erscheinende Zweimonatsschrift *Ariadne*, eine frei zugängliche Zeitschrift zu allen Fragen rund um die digitale Bibliothek.

FIZ Fachinformationszentrum Karlsruhe
www.fiz-karlsruhe.de/
Eine gemeinnützige Einrichtung zur Beförderung des internationalen Informationsflusses in Forschung & Entwicklung, getragen u. a. vom Bund, den meisten Bundesländern, der Max-Planck-Gesellschaft und der Fraunhofer-Gesellschaft. Vor allem verschafft das FIZ Zugang zu über 200 wissenschaftlichen, technischen, wirtschaftlichen und patentrechtlichen Datenbanken auf der ganzen Welt, und zwar über das Informationsnetzwerk STN International (The Scientific and Technical Information Network), das gemeinsam vom FIZ Karlsruhe selbst, der

American Chemical Society (ACS) in Columbus, Ohio, und der Japan Science and Technology Corporation (JST) in Tokyo unterhalten wird. Ein Benutzerkonto kostet 50 DM, die Datenbankrecherche pro Suchwort pauschal 100 DM oder pro Stunde 450 DM, die Dokumentenlieferung per E-Mail 20,88 DM und per Post 23,20 DM zuzüglich 10 DM »Verlegertantieme«.

GABRIEL GAteway and BRidge to Europe's National Libraries

www.ddb.de/gabriel/de/welcome.html

Ein von der Konferenz europäischer Nationalbibliothekare (CENL) ins Leben gerufener und in Deutschland von der Deutschen Bibliothek Frankfurt getragener Informationsdienst, in dem man zurzeit Informationen über etwa 40 europäische Nationalbibliotheken findet, darunter denen von Liechtenstein, Malta und San Marino. Links zu den Bibliotheken fehlen immer noch.

HBZ Hochschulbibliothekszentrum des Landes Nordrhein-Westfalen

www.HBZ-nrw.de

Neben einem Online-Gesamtkatalog der wissenschaftlichen Bibliotheken Nordrhein-Westfalens (7,2 Millionen Titel mit doppelt so vielen Standortnachweisen) und anderen auf Nordrhein-Westfalen bezogenen bibliothekarischen Hilfsmitteln findet sich auf diesem übersichtlichen Website auch eine Linkliste zu den Internet-Diensten und Online-Katalogen sämtlicher deutscher Bibliotheken, in der man sich davon überzeugen kann, dass diese inzwischen gar nicht mehr so wenig zu bieten haben.

www.hbz-nrw.de/bibliothek/set.html

Ein gelinktes Verzeichnis zu den Online-Ressourcen deutscher wissenschaftlicher Bibliotheken.

Ibero-Amerikanisches Institut Preußischer Kulturbesitz (IAI), Berlin

www.iai.spk-berlin.de/webpac/

Der »Webpac« des Ibero-Amerikanischen Instituts verzeichnet die Neuzugänge seit 1994, dazu die der Kunstbibliothek Preußischer Kulturbesitz. Außerdem enthält er auch Nachweise für die älteren Bestände, insgesamt 1,2 Millionen, aber nur in Form gescannter Katalogkarten und entsprechend mühsam zu benutzen.

Karlsruher Virtueller Katalog (KVK)
www.ubka.uni-karlsruhe.de/kvk.html
Die Universitätsbibliothek Karlsruhe hat sich unsterbliche Verdienste erworben durch ihren im Sommer 1996 für die Öffentlichkeit freigegebenen KVK, ein »Meta-Suchinterface für WWW-OPACs«. Über ihn hat jedermann über eine einzige Suchmaske leichten Zugriff auf die im Web vertretenen deutschsprachigen Verbundkataloge (auch der Schweiz und Österreichs), auf den Web-OPAC der Deutschen Bibliothek (Frankfurt und Leipzig) und dazu auf den britischen Verbundkatalog COPAC, die Online-Kataloge der französischen und der spanischen Nationalbibliothek sowie der Library of Congress, auf den Buchhandelskatalog VLB, den des Buchgrossisten Koch, Neff & Oetinger und der amerikanischen Webbuchhandlung amazon.com. Zusammen weisen diese Kataloge die Standorte von rund 60 Millionen Büchern und Zeitschriften nach (das Gros natürlich mehrfach). Der KVK hat monatlich etwa eine halbe Million Suchanfragen zu bewältigen. Die deutschen Verbundkataloge, die sich über den KVK abfragen lassen, sind: der Bayerische Bibliotheksverbund BVB (8,5 Mio. Titel), der Gemeinsame Bibliotheksverbund GBV der Länder Niedersachsen (federführend), Bremen, Hamburg, Mecklenburg-Vorpommern, Sachsen-Anhalt, Schleswig-Holstein, Thüringen und künftig Berlin (7,5+ Mio. Titel), das Hochschulbibliothekszentrum HBZ des Landes Nordrhein-Westfalen (7,2 Mio. Titel), das Hessische Bibliotheks-Informationssystem Hebis (1,9 Mio. Titel), der Südwestdeutsche Bibliotheksverbund SWB der Länder Baden-Württemberg, Rheinland-Pfalz und Sachsen (21 Mio. Standortnachweise) und der Kooperative Bibliotheksverbund Berlin-Brandenburg KOBV. Ein direkter Zugriff auf die Zeitschriftendatenbank (s. dort) ist erfreulicherweise wieder möglich.

KNO/K&V
www.buchkatalog.de
Der Online-Katalog der Grossohäuser Koch, Neff & Oetinger (Stuttgart) und Koehler & Volckmar (Köln), der 450 000 lieferbare deutschsprachige Bücher verzeichnet; nachweisbar und bestellbar sind auch 550 000 lieferbare französische Titel, 400 000 amerikanische und 130 000 spanische.

Kooperativer Bibliotheksverbund Berlin-Brandenburg (KOBV)
www.kobv.de/suche/
Sehr spät wurde dieser Verbundkatalog in Angriff genommen, erst 1997, aber die mit seiner Entwicklung beauftragte Projektgruppe des Konrad-Zuse-Instituts in Berlin hat schnelle Arbeit geleistet: Im November 1999 wurde der KOBV eröffnet, Ende 2000 konnte sich die Projektgruppe planmäßig auflösen. Die Grundidee des Projekts war Dezentralität, das Kernstück ist eine Suchmaschine für die Katalogdaten der angeschlossenen Hochschulbibliotheken. Es sind zurzeit die FU, HU, TU und HdK in Berlin und die Universität Potsdam. Suchen lässt sich auch in den Katalogdaten von etwa zwölf Brandenburger Fachhochschul- und Institutsbibliotheken.

Library of Congress, Washington
http://lcweb.loc.gov/
Mit etwa 120 Mio. Bestandseinheiten in 450 Sprachen ist die 1800 gegründete Kongressbibliothek die größte Bibliothek der Welt (die zweitgrößte ist die Russische Staatsbibliothek in Moskau, s. dort), maßgebend auch bei der Weichenstellung hin zur digitalen Bibliothek der Zukunft und bei der Entwicklung von Standards für den Austausch digitaler bibliothekarischer Daten. Die LoC besitzt etwa 17 Mio. Bücher, 50 Mio. Manuskripte, 12 Mio. Fotos, 4 Mio. Karten, 2 Mio. Tonträger und eine halbe Million Filme. Ihre Sammlungen wachsen um mehr als 10 000 Titel täglich. Seit Anfang 1995 ist sie mit einem angemessen inhaltsreichen Site im Web vertreten.
http://catalog.loc.gov/
Im August 1999 wurde der 1997 eingeweihte experimentelle Web-OPAC ESS durch den endgültigen Online Catalog ersetzt. Im Frühjahr 2001 enthielt er etwa 12 Mio. Titelsätze.

Libri
www.libri.de
Der Online-Katalog des großen norddeutschen Grossohauses Lingenbrink in Hamburg enthält »1 Million Bücher, CD-ROMs und Videos«. Außerdem bietet Lingenbrink einen Books on Demand-Service: Jeder kann hier, nach digitalen Vorlagen, eigene Bücher (Paperbacks) herstellen und vertreiben lassen.

Libweb
http://sunSITE.berkeley.edu/Libweb/
An der University of California Berkeley (Berkeley Digital Library SunSITE) erarbeitetes und aktuell gehaltenes gelinktes Verzeichnis tendenziell aller Bibliotheken und bibliothekarischer Institutionen von wissenschaftlicher Bedeutung weltweit, die im Web vertreten sind, zurzeit etwa 6 000 in 100 Ländern, das Gros natürlich in den USA, fast 800 in Europa, davon 110 in Deutschland. Allerdings sind nicht alle OPACs der Bibliotheken, zu denen die Links führen, für Außenstehende frei zugänglich.

Medline
http://www4.ncbi.nlm.nih.gov/PubMed/
Die unermessliche biomedizinische Datenbank mit globalen Literaturnachweisen seit 1966 (großteils mit Abstracts und auf Englisch), derzeit zu über 11 Mio. Aufsätzen aus 4 000 biomedizinischen Fachzeitschriften und Sammelwerken, wird im Web u. a. von einem ihrer Urheber selbst, der U.S. National Library of Medicine in Bethesda, Maryland, im Rahmen ihres PubMed-Projekts frei zugänglich und bequem abfragbar angeboten.

MELVYL(r) Union Catalog
www.melvyl.ucop.edu/
Der seit April 1997 bestehende Online-Gesamtkatalog aller ca. 100 Bibliotheken der University of California an allen ihren neun Standorten (allein Berkeley zählt mit über 9 Mio. Büchern zu den größten Bibliothekssystemen der Welt) und einiger anderer großer wissenschaftlicher Bibliotheken in Kalifornien, mit zusammen über 29 Mio. Bänden und 1 Mio. Zeitschriftennachweisen – schnell, praktisch und für jedermann frei zugänglich. Seit 1996 ist MELVYL der Hauptdienst der California Digital Library (CDL), die den über 300 000 Angehörigen der Universität Kaliforniens digitale Dokumente zugänglich macht. MELVYL ist auch für Benutzer interessant, die nie eine dieser Bibliotheken betreten haben und betreten werden; er verzeichnet nämlich die vollständigen Bestände, auch ältere und älteste, so dass man hier gar nicht selten auch Titel bibliographieren kann, die in anderen OPACs noch nicht vertreten sind.

New York Public Library
www.nypl.org/
Die 1895 gegründete, 1911 eröffnete Bibliothek der Stadt New York ist eigentlich ein ganzes Bibliothekssystem, bestehend aus vier Forschungsbibliotheken und 85 Stadtteilbüchereien mit zusammen 52 Mio. Bestandseinheiten.
http://catnyp.nypl.org/
Allein die vier Forschungsbibliotheken der New York Public Library besitzen etwa 41 Millionen Bestandseinheiten, darunter 13 Millionen Bücher; ihr gedruckter Katalog umfasst 800 Bände. In ihrem Web-OPAC (CATNYP) sind alle Neuzugänge seit 1972 und einiges retrokatalogisierte Material verzeichnet; er ist frei zugänglich und erlaubt eine bequeme Suche. Die älteren Bestände werden nach und nach eingearbeitet.

OCLC Online Computer Library Center
www.oclc.org//home/
Europäische Dependance (Birmingham) www.oclc.org/oclc/europe/
Das OCLC ist eine nichtkommerzielle bibliothekarische Dienstleistungsorganisation, beheimatet in Dublin, Ohio. Es ging 1977 aus dem zehn Jahre vorher gegründeten Ohio College Library Center hervor, das die Computerisierung der Bibliotheken in Ohio vorangetrieben hatte. Heute zählt das OCLC an die 40 000 Mitgliedsbibliotheken in den USA und 76 anderen Ländern. Unter seinem Gründer und ersten Vorsitzenden Frederick G. Kilgour hat es wesentlich zur Entwicklung von Standards für das elektronische Bibliographieren beigetragen. Seine Hauptaufgabe war die Retrokonversion von Zettelkatalogen; später kam die Online-Abwicklung der inneramerikanischen Fernleihe dazu. Die kumulierten Titelsätze gehen mit Standortnachweisen in den OCLC Online Union Catalog ein (im Web als WorldCat bezeichnet), die mit Abstand größte bibliographische Datenbasis der Welt. Die systematische Ausmerzung von Dubletten hatte den WorldCat zur Mitte der neunziger Jahre um mehrere Millionen schrumpfen lassen; da er aber um über zwei Millionen Neuzugänge pro Jahr wächst, erreichte er im Frühjahr 2001 den Rekordstand von 46 Millionen Titelsätzen mit 792 Millionen Standortnachweisen. Die Abfrage des WorldCat und der anderen Datenbanken des OCLC erfolgt über die Benutzeroberfläche FirstSearch. Zugriff haben nur die Mitgliedsbibliotheken; in Deutschland sind etwa 25 Hoch-

schulbibliotheken auf FirstSearch subskribiert. In FirstSearch wurden auch 2200 elektronische Zeitschriften im Volltext eingebunden; Zugriff haben nur die Mitgliedsbibliotheken, die sie direkt abonniert haben.

Österreichische NationalBibliothek, Wien

www.onb.ac.at

Der ansprechende, weder zu frugale noch zu verspielte Site der österreichischen Nationalbibliothek (über 6 Mio. Bestandseinheiten, davon 3 Mio. Bücher und Reihenwerke) ist vor allem wegen seiner Kataloge und ihrer klaren Benutzeroberflächen zu empfehlen. Die Bibliothek hat eifrig retrokatalogisiert und bietet, neben ihrem aktuellen Bestand ab 1992, ihren gesamten Altbestand von 1501 bis 1929 in einem OPAC an. Die Zeitlücke (1930 bis 1991) füllen zwei gescannte Zettelkataloge (ein Nominal- und ein Sachkatalog), für die sich die Bibliothek eine originelle Suchoberfläche hat einfallen lassen, die die Online-Suche weniger mühsam macht, als sie in Image-Katalogen sonst ist, fast so bequem und schnell wie in einem nichtvirtuellen Zettelkasten.

Österreichischer Bibliotheksverbund

http://www.bibvb.ac.at/verbund-opac.htm

Der Österreichische Bibliotheksverbund bietet eine Homepage mit Links zu den Online-Katalogen von 49 wissenschaftlichen Bibliotheken des Landes, darunter dem Web-OPAC der Österreichischen Nationalbibliothek Wien mit den Beständen ab 1992.

Russische Nationalbibliothek, St. Petersburg

www.nlr.ru/

1795 gegründet, ist die Russische Nationalbibliothek (früher Saltykow-Schtschedrin-Bibliothek) in St. Petersburg mit 32 Mio. Bestandseinheiten, davon 28 Mio. Büchern und Periodika, die zweitgrößte der Russischen Föderation. Sie hat einen Web-OPAC begonnen. Er verzeichnet bisher Karten ab 1994, Dissertationen ab 1996 und Bücher ab 1998. Über die Homepage findet man auch zu den Ansätzen von Verbundkatalogen im Bereich der ehemaligen Sowjetunion.

Russische Staatsbibliothek, Moskau

www.rsl.ru/

Die 1862 gegründete Rossiiskaja Gossudarstwennaja Biblioteka (von

1925 bis 1992 Lenin-Bibliothek) ist nach eigener Aussage die größte Bibliothek Europas und die zweitgrößte Bibliothek der Welt (nach der Library of Congress in Washington), mit 175 Mio. Einzelobjekten, darunter 16,5 Mio. Büchern und 540 000 Manuskripten, in 42 Mio. Bestandseinheiten. Sie hat auch russisch- und englischsprachige Webseiten, aber keinerlei Online-Katalog.

***Scholarly Electronic Publishing Bibliography*, von Charles W. Bailey, Jr.**
http://info.lib.uh.edu/sepb/sepb.html
Eine 1996 an der Universität Houston, Texas, entstandene und seitdem ständig aktualisierte Bibliographie, die ausgewählte Bücher und Aufsätze aus den Jahren 1990 bis 2001 zu Fragen des wissenschaftlichen elektronischen Publizierens auflistet.

Staatsbibliothek zu Berlin Preußischer Kulturbesitz (SBB/PK)
http://www.sbb.spk-berlin.de/
StaBiKat http://stabikat.staatsbibliothek-berlin.de/
Die 1661 vom Großen Kurfürsten gegründete, im Zweiten Weltkrieg teilweise ausgelagerte, nach 1945 geteilte und nach 1990 wieder zusammengefügte ehemalige preußische Staatsbibliothek ist mit etwa 11 Mio. Medieneinheiten, darunter etwa 9 Mio. Büchern und Zeitschriftenbänden, Deutschlands größte universelle Forschungsbibliothek. Ihr Bestand verteilt sich über drei Häuser: Unter den Linden (die ehemalige Ostberliner Staatsbibliothek – hier sind auch die Karten- und Musikaliensammlungen), Potsdamer Straße (einst ihr Westberliner Pendant – hier ist auch die Osteuropa-Abteilung) und Westhafen (Zeitungen). Seit 1998 ist die SBB im Internet endlich mit einem eigenen ansprechenden Website vertreten und seit März 2001 hat sie einen eigenen Web-OPAC mit Bestellmöglichkeit (StaBiKat). Er enthielt beim Start etwa 6,5 Mio. Titelsätze. Die Literatur ab 1985 verzeichnet er vollständig, die frühere zu etwa 70 Prozent. Die Nachweislücken betreffen vor allem die Zeit vor 1909 und rühren daher, dass der alte alphabetische Katalog I mit seinen etwa 1,2 Mio. Nachweisen noch nicht konvertiert ist; die Konvertierung beginnt 2001. Handschriften, Musikalien, Karten, Kinder- und Jugendbücher sowie Titel in osteuropäischen, orientalischen und ostasiatischen Sprachen fehlen im OPAC bisher ebenfalls. Bei vielen Büchern und

Zeitschriften geht aus den Katalogen noch nicht hervor, in welchem Haus sie zu finden sind; auch sind noch nicht alle Kriegsverluste gekennzeichnet.

Staats- und Universitätsbibliothek (SUB) Hamburg
www.sub.uni-hamburg.de/
Die Hamburger SUB war eine der ersten in Deutschland, die ihre 1973 einsetzende Katalogdatenbank auch online anbot und so zu einem echten OPAC machte. Wie die der meisten anderen Hochschulbibliotheken bieten ihre Webseiten viel mehr als ein Online-Verzeichnis der eigenen Bücher und Periodika, nämlich u.a. Zugang zum Regionalkatalog Hamburg, zum Gemeinsamen Bibliotheksverbund GBV, der ganz Norddeutschland und dazu Sachsen-Anhalt, Thüringen und die Staatsbibliothek zu Berlin umfasst, für Universitätsangehörige zu über 120 bibliographischen Datenbanken des OCLC, die Volltextrecherche in über 800 lizenzierten und etwa 1700 frei im Netz verfügbaren wissenschaftlichen Zeitschriften und den elektronischen Dissertationen der Universität Hamburg sowie Links zu Bibliothekskatalogen europa- und weltweit.

Verzeichnis Lieferbarer Bücher (VLB)
www.buchhandel.de/
Die Buchhändler-Vereinigung in Frankfurt am Main hat es für richtig befunden, ihren Website, der früher eine Reihe von Datenbanken und Verzeichnissen enthielt, zu einem bunten Einkaufsportal für den Buchkäufer umzubauen. Immerhin enthält er das Kernstück immer noch, das Verzeichnis Lieferbarer Bücher (VLB) mit tendenziell sämtlichen im Buchhandel erhältlichen deutschsprachigen Büchern aus 14000 Verlagen, mit Preisangabe und Bestellmöglichkeit – etwa eine Million Titel.

WEBIS Sammelschwerpunkte an deutschen Bibliotheken
http://webis.sub.uni-hamburg.de/
Um sicherzustellen, dass jedes Fachgebiet an wenigstens einer deutschen Hochschulbibliothek annähernd vollständig gesammelt wird, hat die Deutsche Forschungsgemeinschaft (DFG) über 40 Bibliotheken 121 »Sondersammelgebiete« zugewiesen und unterstützt sie finanziell bei der Akquisition der jeweiligen Fachliteratur. Wo findet sich was? Wer wis-

senschaftlich arbeitet, tut gut daran zu wissen, wo sein spezielles Fach gesammelt wird – es kann ihm lange Suchereien ersparen. WEBIS verrät es ihm. Es wird ebenfalls von der DFG gefördert und an der Staats- und Universitätsbibliothek Hamburg koordiniert und redigiert. Unter anderem enthält es Links zu den online abfragbaren Katalogen der einzelnen Sondersammelgebiete.

WorldCat
www.oclc.org
Der Web-Name für den Online Union Catalog des OCLC (s. dort).

Elektronische Fachzeitschriften (E-Journals)

arXiv.org E-Print archive
http://arxiv.org/ – Deutscher Mirror http://de.arxiv.org/
Ursprünglich (1991) eine Privatinitiative des Physikers Paul Ginsparg an den Los Alamos National Laboratories, um Preprints ihn erreichender Forschungsberichte elektronisch und damit schnell an Kollegen zu verteilen, weitete es sich seither aus, vor allem nachdem es 1994 auch die ideelle und finanzielle Unterstützung der American Physical Society erhielt, und ist heute eine unverzichtbare zentrale Datenbank für die gesamte Forschungsliteratur der Physik, mit fast 3000 neuen Beiträgen im Monat und bis zu 184000 Zugriffen pro Werktag.

CoOL Catalog of Object Links
www.biblio.tu-bs.de/CoOL/list/sub/zfach-XX.htm
Seit 1998 an der Bibliothek der Technischen Universität Braunschweig unter Federführung von Bernhard Eversberg aufgebaut, hat sich CoOL zu dem mit Abstand umfangreichsten Verzeichnis elektronisch verfügbarer Fachzeitschriften mindestens in Deutschland, vielleicht in der Welt ausgewachsen. Im Frühjahr 2001 zählte er etwa 15000 Titel, jeder mit einem Link zu dem betreffenden OnlinE-Journal. Die Datenbank ist für jedermann frei zugänglich und nach Fachgebieten geordnet. Der einzige Wermutstropfen: Es ist nur bei einem Teil der Links vermerkt, was einen erwartet: Bezugsnachweise, Inhaltsverzeichnisse, Abstracts, der Volltext oder alles zusammen. Trotzdem: echt cool.

ECO Electronic Collections Online
www.oclc.org/oclc/menu/eco.htm
Ein 1996 eingerichteter Service des Online Computer Library Center OCLC (s. im Abschnitt »Die computerisierte Bibliothek«) für seine 40 000 Mitgliedsbibliotheken in den USA und 76 Ländern der Welt: ein Archiv von über 3 000 elektronischen Fachzeitschriften im Volltext, einzeln oder in ihrer Gesamtheit automatisch durchsuchbar.

The Electronic Library of Mathematics
www.emis.de/journals/index.html
Der elektronische Informationsstand der Europäischen Mathematischen Gesellschaft, der im Frühjahr 2001 46 mathematische Fachzeitschriften im Volltext vorhielt.

Elektronische Zeitschriftenbibliothek (EZB)
www.bibliothek.uni-regensburg.de/ezeit/
Die Universitätsbibliothek Regensburg ist in eine Bresche gesprungen und hat, erst mit Unterstützung des bayerischen Kultusministeriums, jetzt der Deutschen Forschungsgemeinschaft, ein Archiv elektronischer Volltextzeitschriften eingerichtet, das sie unter einer einheitlichen, absolut schmucklosen, aber außerordentlich leicht zu bedienenden Benutzeroberfläche anbietet. Die Zeitschriften werden von den teilnehmenden Bibliotheken (derzeit etwa 140) kooperativ gesammelt und in eine zentrale Regensburger Datenbank eingebracht, aus der jede Bibliotheksdomäne dann jene bezieht, auf die sie abonniert ist – so sparen sich die Bibliotheken den Aufwand für die Verwaltung, Erschließung und Pflege eigener elektronischer Bestände. Nebenbei ist so das nach CoOL (s. dort) zweitvollständigste Verzeichnis von E-Journals entstanden, das sich heute irgendwo im Web finden lässt. Anfang 2001 standen 9 133 E-Journals in der EZB, davon 931 rein elektronische. Zu jedem Zeitschriftentitel gibt es frei zugänglich bibliographische Daten, oft auch Inhaltsverzeichnisse (TOCs, Table of Contents) und Abstracts. Fast 2 000 der E-Journals sind im Volltext für jedermann frei zugänglich.

Hyperjournal
http://wuecon.wustl.edu/hyperjrn/contents.htm
»Diskussionsliste« zur Theorie und Praxis von E-Journals, mit Aufsätzen und Verzeichnissen, u. a. zu den *Directories of Electronic Journals*, über die

man u. a. zu John Labovitz' seit 1993 geführtem E-zine-Verzeichnis findet. Insgesamt erweisen sich diese Verzeichnisse allerdings als ziemlich mager. Über die beiden Links unter dem pompösen Namen *The World Wide-Web Virtual Library: Electronic Journals* findet man zu keiner einzigen Zeitschrift, sondern bestenfalls zu vier Bagels-Cafés in Arizona. Von der Wirtschaftswissenschaftlichen Abteilung der Washington University in St. Louis, Missouri.

JEP The Journal of Electronic Publishing
www.press.umich.edu/jep/
Das Thema dieses seit Anfang 1995 von der University of Michigan Press herausgegebenen, sehr ansprechenden E-Journals ist das elektronische Publizieren selbst, und zwar seine allgemeineren Aspekte. Es versteht sich als eine Kreuzung zwischen Fachzeitschrift und Magazin, wendet sich also nicht nur an die Kollegen vom Fach.

JSTOR Journal Storage
www.jstor.org/
In allen Bibliotheken wird es immer enger und bis zu 25 Prozent des Magazinplatzes nehmen alte Zeitschriftenjahrgänge ein. Um das Magazinierungsproblem zu mildern, wurden in den Vereinigten Staaten auf Initiative von William G. Bowen, dem Präsidenten der Andrew-W.-Mellon-Stiftung, seit 1997 vorerst 153 (mindestens zwei bis fünf Jahre zurückliegende) Jahrgänge viel frequentierter Fachzeitschriften vollständig digitalisiert, und zwar als Image-Seiten, und automatisch in Text konvertiert, so dass sie – ein begrüßenswerter Nebeneffekt – erstmals im Volltext durchsuchbar gemacht wurden. Sie werden in einem zentralen New Yorker Archiv zur Verfügung gehalten und zahlende Teilnahmebibliotheken (in den USA Anfang 2001: 746) haben freien Zugang zu dem gesamten Bestand. 245 ausländische Bibliotheken nehmen ebenfalls an JSTOR teil, in Deutschland außer der Bayerischen Staatsbibliothek und der Max-Planck-Gesellschaft die Universitätsbibliotheken Erfurt, Frankfurt, Göttingen und Mannheim. Hierzulande gibt es bisher nichts dergleichen, wird es aber eines Tages geben müssen.

NewJour
http://gort.ucsd.edu/newjour/
Eine sehr umfangreiche gelinkte Liste elektronischer Zeitschriften und

Newsletters in englischer Sprache, von der Universität Kalifornien in San Diego. Im Frühjahr 2001 enthielt sie weit über 10 000 Titel.

Postmodern Culture
http://jefferson.village.virginia.edu/pmc/
Frei zugängliche, rein elektronische Zeitschrift, 1990 gegründet, seit Anfang 1997 von der Johns Hopkins University Press verlegt, für postmoderne kulturtheoretische Quasi-Texte.

PSYCOLOQUY
www.cogsci.soton.ac.uk/cgi/psyc/newpsy
1990 von Psychologieprofessor und Zeitschriftenherausgeber Steven Harnad (damals an der Universität Princeton, heute in Southampton) gegründetes und von der American Psychological Association experimenthalber gesponsertes, »referiertes« und frei zugängliches E-Journal für Psychologie und Neurowissenschaften. Die WWW-Version entsteht im Multimedia Lab der Universität Southampton.

subito
www.subito-doc.de/
So heißt der vom Bundesministerium für Bildung und Forschung initiierte, im Oktober 1997 ans Netz gegangene Dokumentlieferdienst deutscher wissenschaftlicher Bibliotheken, über den jedermann online Kopien von Fachzeitschriftenaufsätzen aus derzeit 28 großen und sehr großen Bibliotheken bestellen kann; Bücher online entleihen kann man zurzeit aus 15 von ihnen. Zu den teilnehmenden Bibliotheken gehören die Technische Informationsbibliothek in Hannover, die Deutsche Zentralbibliothek für Medizin in Köln, die Deutsche Zentralbibliothek für Wirtschaftswissenschaften in Kiel und die Staatsbibliothek zu Berlin. Die Federführung lag anfangs beim Deutschen Bibliotheksinstitut Berlin (DBI); seit dessen Abwicklung wird der Dienst von der subito-Arbeitsgemeinschaft der teilnehmenden Bibliotheken fortgeführt. Er war erfolgreich: 1998 erledigte subito 102 000 Bestellungen, 1999 215 000. Die Preise sind nicht mehr einheitlich, sondern werden von den Lieferbibliotheken selbst festgesetzt. Schüler, Studenten, Hochschulangehörige und Privatpersonen zahlen bei der Lieferung per Post innerhalb von drei Tagen für die ersten 20 Seiten meist 10 DM und für jede weitere Seite 0,20 DM, »kommerzielle« Besteller 25 DM beziehungsweise 0,50 DM.

Für die Lieferung innerhalb von 24 Stunden oder ins Ausland werden Aufschläge berechnet. Die elektronische Zustellung ist etwas billiger, die per Fax teurer.

Zeitschriftendatenbank (ZDB)
http://zdb-opac.de/
Wer wissen will, welche Zeitschrift wo in Deutschland zu finden ist, braucht die Zeitschriftendatenbank, die nach der Liquidierung des Deutschen Bibliotheksinstituts an der Staatsbibliothek zu Berlin (SBB) fortgeführt wird und seit November 2000 über einen eigenen OPAC direkt zu erreichen ist. Eins der ganz unentbehrlichen Werkzeuge der Bibliotheksrecherche, enthält sie über 5 Millionen Besitznachweise für über eine Million Zeitschriftentitel seit 1500 an etwa 4000 deutschen Bibliotheken. Sie lässt sich auch über die Domäne der Staatsbibliothek und den Karlsruher Virtuellen Katalog (KVK, s. dort) abfragen. Ein Tipp: Zeitschriftentitel lassen sich bei der Suche trunkieren. Hat man zum Beispiel in einer Bibliographie »Advanc. Gen.« gefunden und weiß den genauen Titel nicht auswendig, so führt einen die Eingabe ‹advanc? gen?› oder ‹advanc* gen*› richtig zu den *Advances in Genetics* und weiter zu den Bibliotheken, an denen diese vorhanden sind.

Literatur im Web (E-Text)

Alex
www.infomotions.com/alex/
Diese Sammlung englischsprachiger elektronischer Texte aus Literatur, Geschichte und Philosophie wurde 1994 an der Universität Oxford von Hunter Monroe begonnen und wird heute von Eric Lease Morgan, einem Bibliothekar an der Staatsuniversität North Carolina, fortgeführt. In ihrer erneuerten Form umfasst sie etwa 650 Werke von 130 Autoren, von Gedichten über Dokumente und Erzählungen zu Romanen, alles in englischer Sprache. Sie bietet etwas, das so keine der anderen E-Text-Sammlungen bietet: Jeden Text kann man sich nicht nur in schlichtem ASCII/HTML anzeigen, man kann ihn auch nach eigenen Wünschen formatieren und als PDF-Datei ausgeben lassen. Und man kann nicht nur die gesamte Sammlung durchsuchen, sondern sich zu jedem Werk eine Konkordanz anzeigen oder erstellen lassen.

American Memory

http://lcweb2.loc.gov/ammem/amhome.html

Mit diesem Projekt zur Digitalisierung von Sammlungsbeständen erfüllt die Library of Congress (LoC) in Washington ihre Pilotfunktion im National Digital Library Program. Bisher enthalten die unter dem Namen *American Memory* zusammengefassten, inhaltlich sehr heterogenen 90 Sammlungen zur amerikanischen Geschichte etwa 5 Mio. Objekte: Dokumente, Handschriften (u. a. von George Washington, Abraham Lincoln und Walt Whitman), Filme, Tonaufnahmen, Karten, Bücher, Pamphlete, Parlamentsprotokolle, von einer Sammlung von Flugschriften zum Leben der Afroamerikaner im 19. Jahrhundert bis W. J. Jacksons Fotos von Transportmitteln in aller Welt von 1894/96. Alle Dokumente werden als Image-Scans digitalisiert, nicht als Text, erlauben also kein Volltext-Retrieval. *American Memory* ist hauptsächlich den Schülern und Studenten der Vereinigten Staaten zugedacht.

Athena

http://un2sg1.unige.ch/athena/html/athome.html

Eine an der Universität Genf beheimatete private Digitalisierungsinitiative, die sich auf Texte der Schweizer Literatur und der französischen Literatur konzentriert; selbst hat sie bisher etwa 130 Bücher von über 30 französischsprachigen Autoren in elektronische Form überführt, die meisten als formatierten Text (RTF) und HTML.

http://un2sg1.unige.ch/athena/html/athtexts.html

Ihre vorbildlich aufgeräumten Webseiten bieten Links zu über 2 000 französischsprachigen E-Texten von über 300 Autoren aus den Gebieten Belletristik, Geschichte, Philosophie und Wissenschaft.

http://un2sg1.unige.ch/athena/html/swis_txt.html

Unter dieser Adresse findet man über 120 Titel von Schweizer Autoren, vorwiegend auf Französisch, einige auf Deutsch; den Schwerpunkt bildet Jean-Jacques Rousseau.

http://un2sg1.unige.ch/athena/html/sc_txt.html

Dieser URL führt zu Volltexten von mehreren Hundert historischen wissenschaftlichen und philosophischen Werken, viele davon auf Englisch.

Bibel

http://bible.gospelcom.net

Der Bibeltext in 12 Sprachen (Englisch in 10 verschiedenen Überset-

zungen), darunter Arabisch und Tagalog und der deutsche Text der Elberfelder Bibel, vom Bible Gateway des Gospel Communications Network in Muskegon, Michigan. Der Site hat eine effiziente Suchmaschine und es sind Vergleiche zwischen den verschiedenen Sprachfassungen möglich.
http://bibel.cid.net
Luthers Bibelübersetzung in der revidierten Fassung von 1984, dargeboten vom christlichen internet dienst (cid) in Berlin, der damit den »Evangelien selber zur Internetpräsenz verhelfen« will. Es handelt sich um den offiziellen Text der Deutschen Bibelgesellschaft, Stuttgart; er ist vollständig durchsuchbar und mit gelinkten Querverweisen versehen. Als Zugabe gibt es ein Trakat mit dem Titel »Wie wird man Christ?«.

bibliomania
www.bibliomania.com/
800 »klassische« – das heißt auch: gemeinfreie – englischsprachige Texte, darunter der komplette Lewis Carroll, Shakespeares Gesamtwerk sowie Gedichte (unter anderem William Blake, Rupert Brooke und Walt Whitman), mehrere Nachschlagewerke und einige andere Bücher (so Adam Smith's *Wealth of Nations*), alles in HTML eigens für diese Ausgabe ediert, sozusagen ein digitaler Buchclub als Aushängeschild einer britischen Firma für elektronische Publikation, Maytech Publishing Ltd. in East Sussex, die indessen völlig auf jede Eigenwerbung verzichtet – der Site identifiziert sich inzwischen überhaupt nicht mehr.

Bibliomaniac List
www.carpe.com/links/
1999 ist die Bibliomaniac List (BL) wieder auferstanden, die 1998 sang- und klanglos verschollen war: eine reichhaltige deutsche Sammlung von Web-Links rund um Bücher und Literatur. Angelegt wurde sie von Markus Kolbeck, einem gelernten Koch und Krankenpfleger, der seine Literaturbegeisterung für andere nutzbar machen wollte. Im Sammelprinzip unterscheidet sich die Bibliomaniac List von der Konkurrenz OLLi (s. dort) und BBB (s. dort): möglichst viel, was irgend mit Literatur zu tun hat, möglichst alles, aber keine Kommentare, keine Bewertungen.

Bibliotheca Augustana
www.fh-augsburg.de/~harsch/augusta.html
Ausgewählte lateinische, griechische, deutsche, englische, französische,

italienische und spanische Texte, die altsprachlichen vorwiegend aus dem Perseus Project (s. dort), graphisch ganz exquisit dargeboten von Microsoft-Hasser Ulrich Harsch, Professor für Kommunikationsdesign und elektronisches Publizieren an der Fachhochschule Augsburg. Besonders kommunikativ gibt sich dieser Site leider nicht: Wie so mancher *situs retis* identifiziert er sich nur vage, erklärt er sich nicht, sagt er nicht, woher er was hat und was er damit will, sondern ist einfach da, von irgendwoher kommend und zu irgendwelchen unerkennbaren Zwecken zusammengestellt. Der Witz dieser *bibliotheca* besteht darin, dass sie und auch ihr schmaler erklärender Rahmen vollständig in Latein daherkommen, eingeschlossen gute Ratschläge wie *AppleMac et Netscape his paginis optimum visum dant – cave Gatem et Exploratorem!* Wer *Billem Gatem* weniger *cavet* als der Internet-Anthologist dieses Site, hat übrigens nicht weniger davon. Die Texte sehen in Harschs Präsentation so schön aus, dass man fast denkt, der Bildschirm könnte dem gedruckten Buch vielleicht doch das Wasser abgraben.

Bibliotheken, Bücher und Berichte (BBB)
www.grass-gis.de/bibliotheken/
Ein übersichtlicher, allerdings nicht eben üppiger Linkkatalog von Markus Neteler, einem Diplom-Geographen bei der Gesellschaft für Datenanalyse und Fernerkundung in Hannover, der nicht nur den Weg zu universitären Online-Katalogen (seinem Schwerpunkt) sowie zu Wörterbüchern und Lexika weist, sondern auch zu Zeitungsarchiven, Bundesämtern und Bundesanstalten, also weit über den Literaturbereich hinaus. Insgesamt wendet sich BBB hauptsächlich an Studierende. Seine Hauptstärke spielt es bei der Suche nach einzelnen deutschen Bibliotheken aus.

Bodleian Library
www.rsl.ox.ac.uk/
Die 1602 gegründete Hauptbibliothek der Universität Oxford, nach der British Library (s. dort) die zweitgrößte in England, bietet als Vorgeschmack aufs digitale Zeitalter im Web vor allem eine Sammlung lateinischer Papyri, keltischer und anderer mittelalterlicher Handschriften, sechs englische Zeitschriften des 18. und 19. Jahrhunderts im Volltext, von jeder mindestens zwanzig Jahrgänge, alte Karten und Atlanten, Tausende von Bildern von Autos und anderen Verkehrsmitteln aus der Sammlung

John Johnson und, als laufendes Projekt, die *Broadside Ballads*, volkstümliche englische Balladen als Image-Scans aus alten Büchern.

BooksPro
www.BooksPro.de
Eine Anfang 2000 von Martin Kremp, Frankfurt, eingerichtete Domäne mit einem gelinkten systematischen Verzeichnis von Verlags-Homepages (der deutsche Teil tendenziell vollständig), digitalen Textarchiven, Online-Bibliotheks- und Buchhandelskatalogen, Antiquariatsringen, bibliothekarischen und buchhändlerischen Organisationen und Verbänden, das Ganze übersichtlich gegliedert in die drei Abteilungen »Informieren«, »Suchen« und »Beschaffen«.

Chadwyck-Healey, Cambridge
www.chadwyck.co.uk/
Dieser 1973 gegründete, seit 1999 zu Bell & Howell gehörende britische Verlag spezialisiert sich seit Jahren auf die höchsten Zuverlässigkeitsansprüchen genügende Digitalisierung von klassischer Literatur und sozialwissenschaftlichen Referenzwerken, mit Vorliebe auf Großprojekte. 1998 erschien zum Beispiel sein offizielles Register zu *The Times 1906–1980*. Der *Periodicals Contents Index* (PCI) umfasst mehr als zwei Millionen gescannte Seiten. Die digitalen Publikationen, parallel auf CD-ROM und im WWW, sind von vornherein nicht für Einzelnutzer bestimmt, sondern für Bibliotheken und Forschungsinstitute. Das Erfassungsverfahren ist in der Regel das aufwendige *double keying*: Der Text wird von der Druckvorlage in Fernost zweimal manuell abgeschrieben, dann werden die Abweichungen verglichen. Die Sprachen, in denen sich Chadwyck-Healey betätigt, sind außer Englisch Französisch, Spanisch und Deutsch. In der Sparte Deutsche Literatur Online liegen vor: *Goethes Werke* (alle 143 Bände der Weimarer Ausgabe), *Schillers Werke* (die Nationalausgabe), *Luthers Werke* (die Weimarer Ausgabe), die auf hundert Dichter angelegte *Deutsche Lyrik aus dreihundert Jahren* sowie die gesammelten Werke von Kafka und Brecht. Die Editionen sind im Volltext durchsuchbar und werden miteinander verlinkt. Die Preise zeigen, was Digitalisierung in hoher Qualität wert ist und dass schon darum niemand hoffen oder befürchten kann, ganze Bibliotheken würden demnächst digitalisiert vorliegen: Goethe ca. 13 000 DM, Schiller ca. 16 600 DM, Lyrik ca. 20 000 DM, dazu eine

jährliche WWW-Nutzungsgebühr von einigen hundert Mark; Kafka und Brecht sind aber für unter 1 000 Mark zu haben. Die Webseiten des Verlags sind leider sehr unübersichtlich.

The British Library Digital Library
www.bl.uk/ – Digital Library
Die Nationalbibliothek Großbritanniens hat begonnen, einige Schätze ihrer Sammlungen zu digitalisieren und sorgfältig kommentiert der Allgemeinheit im Web zugänglich zu machen: die (einzige erhaltene) Handschrift des *Beowulf* und sechs andere kostbare Manuskripte (darunter die *Magna Carta*, ein Skizzenbuch Leonardos, Tyndales Wormser *Neues Testament* und das Stundenbuch der Sforza), ihre Gutenberg-Bibel, als Anfang einer Universalbibliothek Material über die erste britische Gesandtschaft in China 1814 und das Dunhuang-Projekt, 20 000 zentralasiatische Manuskripte und Drucke, viele aus der Manuskripthöhle von Dunhuang am Rand der Wüste Gobu, darunter das älteste Buch der Welt, die *Diamond Sutra* aus dem Jahre 868.

Colorado Digitization Project
http://coloradodigital.coalliance.org/
Das Projekt soll zu einer digitalen Sammlung mit dem Titel *Heritage* führen; bisher findet sich unter der Adresse eine nützliche Übersicht über den Stand der Dinge in Sachen Retrodigitalisierung von Bibliotheksbüchern: über das Scannen, die sich entwickelnden Metadatennormen und die urheberrechtlichen Aspekte, mit Links zu den jeweils maßgebenden Quellen.

Digitale Bibliothek – »Deutsche Literatur von Lessing bis Kafka«
www.digitale-bibliothek.de
56 000 Buchseiten Text enthält diese CD-ROM, mit dem der Berliner Verlag Directmedia Publishing Ende 1997 seine »Digitale Bibliothek« eröffnete: das Äquivalent von gut 200 Büchern, den Lesekanon für mehr als ein halbes Germanistikstudium, alle Werke nach gemeinfreien Ausgaben in HTML übersetzt (seit Ende 2000 auch als erweiterte, korrigierte und mit einer moderneren Benutzeroberfläche versehene Studienausgabe erhältlich). Die schlichte Erfassungsmethode (Scannen und automatische Konversion), die den niedrigen Preis (99 DM) ermöglicht, bringt eine Fehlerquote von etwa einem Fehler alle drei Bildschirmseiten mit sich.

Realistischerweise nimmt der Verlag nicht an, dass elektronische Texte primär zum Lesen benutzt werden. Darum hat er seine Digitale Bibliothek mit einer zur Textarbeit einladenden Benutzeroberfläche, einem laufenden Seitenverweis auf die entsprechende gedruckte Ausgabe und einer Suchmaschine ausgestattet, mit der sich der Inhalt der gesamten CD blitzschnell nach jedem Wort durchsuchen lässt. Stellte diese eine CD für sich genommen schon eine kleine Bibliothek dar, so war die Digitale Bibliothek im Frühjahr 2001 auf 54 CDs mit annähernd einer Million Buchseiten und damit zu einer wirklichen Grundbibliothek für Lehrer, Studenten, Schüler und Literaturfreunde angewachsen: u. a. zwei philosophische Textsammlungen (je 99 DM), sieben Werkausgaben (Fontane, Goethe, Heine, Hoffmann, Lessing), jede mit der entsprechenden Rowohlt-Monographie samt deren Bildmaterial sowie einem Hörtext (49,90 DM), Marx/Engels und Tucholsky (je 99 DM), der *Adelung* (249 DM) und, in Lizenzen der Originalverlage, eine ganze Reihe von Standardnachschlagewerken, so *Killys Literatur Lexikon* (198 DM), die *Propyläen-Weltgeschichte* (99 DM), das *Lexikon der Antike* (49,90 DM), ein historisches *Bilderlexikon der Erotik* (99 DM), Dokumente zur *Deutschen Einheit* (49,90 DM), *Kindlers Malereilexikon* (99 DM), eine *Enzyklopädie des Nationalsozialismus* (49,90 DM), *Religion in Geschichte und Gegenwart* (249 DM), *Reclams Opernlexikon* (59,90 DM). In drei Jahren hat directmedia damit eine veritable digitale Bibliothek zu erschwinglichen Preisen auf die Beine gestellt. Dank seiner Initiative stellt das Jahr 1997 eine Wegmarke der Verlagsgeschichte dar, wie 1950, als Rowohlt das moderne Taschenbuch einführte: die Erfindung der ersten wirklichen deutschen Taschenbibliothek. Über die Homepage des Verlages kommt man nicht an den Inhalt der CDs, aber an nähere Informationen darüber, auch über Bezugsmöglichkeiten. (Übrigens: Die CDs gibt es bisher nur für Windows; eine Portierung auf den Mac ist geplant. Und: *Kindlers Neues Literaturlexikon* gibt es digital bei dem Verlag Systhema, München; Preis: 498 DM.)

E-BookNet

www.eBookNet.de

Eine Anfang 2000 von Martin Kremp, Frankfurt, in Erwartung der E-Book-Ära eingerichtete Domäne mit Links zum Thema E-Book: zu Studien, Standards, Hardwareherstellern, Inhaltsprovidern und manchem hoffnungsvollen Plan.

Electronic Text Center (ETC)
http://etext.lib.virginia.edu
Die Alderman-Bibliothek der Universität Virginia in Charlottesville hat Maßstäbe für die Digitalisierung (belletristischer) Bücher gesetzt und setzt sie weiter. Ihr 1992 begonnenes Electronic Text Center ist eine Sammlung von mittlerweile 51 000 vorwiegend englischsprachigen E-Texten mit 350 000 Illustrationen. Da viele dieser Texte urheberrechtlich geschützt sind, sind sie nur für Universitätsangehörige zugänglich; aber auch der frei zugängliche Teil des Archivs (etwa 5 000 E-Texte) kann sich sehen lassen. Das ETC verzeichnet über 130 000 Zugriffe pro Tag.
www.lib.virginia.edu/wess/etexts.html
Wer auf möglichst direktem Weg in Erfahrung bringen will, welche Texte welcher Autoren in 17 westeuropäischen Sprachen (außer Englisch) in elektronischer Form verfügbar sind, tut gut daran, die Suche bei der an der Universität Virginia beheimateten und von den Profis der Association of College and Research Libraries zusammengestellten Link-Liste WESS Web (Western European Specialists Section) zu beginnen. Unter den Sprachen sind auch Galizisch, Katalanisch und Provenzalisch.

Erlanger Liste
www.phil.uni-erlangen.de/~p2gerlw/ressourc/eltext.html
Eine etwa 12 Schreibmaschinenseite lange, übersichtliche Liste von Links zu literarischen Web-Ressourcen, von Germanisten für Germanisten, aber nicht nur; es finden sich auch Links zu einer Zitatendatenbank und zu einer Sammlung von Fußballersprüchen. Eine zweite Textrolle führt zu etwa 75 Online-Wörterbüchern und Übersetzer-Sites; die entsprechenden Suchmasken sind gleich eingebaut.

Frantext
www.inalf.fr/cgi-bin/ilf.exe
Als 1957 der Grundstein eines Thesaurus der französischen Sprache gelegt wurde, brauchte man ein großes Textkorpus, und sehr früh wurde beschlossen, dieses digital zu erstellen. Mitte der achtziger Jahre ging aus dieser Textsammlung die Datenbasis Frantext des Institut National de la Langue Française (INaLF) in Saint-Cloud hervor. Sie umfasst derzeit rund 3 000 Texteinheiten vom 16. bis zum 20. Jahrhundert, zu 80 Prozent Belletristik, aber auch aus Philosophie, Kunst und den Naturwissenschaften. Zugänglich ist sie nur für Hochschulen und Forschungs-

institute, zu einer Abonnementgebühr von 2 000 Francs pro Jahr. Weltweit hat sie heute knapp hundert Subskribenten, in Deutschland die TU Berlin und die Universitäten Erlangen-Nürnberg, Gießen, Heidelberg, Köln, Konstanz, Mainz, Potsdam, Regensburg, Stuttgart und Trier. Ein Teil der digitalisierten Werke steht frei zugänglich in der Domäne Gallica (s. dort) der Bibliothèque nationale.

Gallica
http://gallica.bnf.fr/ und http://gallica.bnf.fr/Classique/
Die Nationalbibliothek Frankreichs (BnF) hat 86 000 ihrer Bücher (30 Mio. Textseiten) und 300 000 Abbildungen als Image-Scans digitalisiert, ein Drittel davon aus dem 19. Jahrhundert. Einen Teil dieser Sammlung macht sie seit 1997 unter dem Namen »Gallica« sukzessive für jedermann frei zugänglich; derzeit sind es 80 000 Dokumente. Eine klassische Grundbibliothek der französischen Literatur von den Anfängen bis 1914 – etwa 1 000 Werke –, die meisten als Textdigitalisierungen aus dem großen Korpus Frantext von INaLF (s.dort) und einiger Buchverlage standen im Frühjahr 2001 auf dem Gallica-Server.

Germanistische Fachinformationen im Internet
www.ub.fu-berlin.de/internetquellen/ – Fachinformationen zur Germanistik
Ein reichhaltiger kommentierter Linkkatalog auf dem Server der Universitätsbibliothek der Freien Universität Berlin, der genau zu dem führt, was sein Titel verspricht: zu online verfügbaren Fachinformationen in der Germanistik, skandinavische Sprachen eingeschlossen, von Doris Eh, Barbara König und Ulrich Goerdten. Wer zwischen den Nachschlagewerken, Biographien, Bibliographien, Zeitschriftenartikeln und Projektankündigungen etwas Amüsement braucht, kann mehrere automatische Generatoren anklicken. Einer fabriziert Anagramme, einer Schüttelreime, einer Lyrik und einer (englischsprachige) absolut sinnfreie postmodernistische Essayistik. Außerdem gibt es einen parodistischen Beweis, dass die Stücke von Shake-speare tatsächlich von Bacon sind.

Gutenberg Digital
www.gutenbergdigital.de/gudi/start.htm
Die Göttinger 42-zeilige zweibändige Gutenberg-Bibel aus dem Jahr 1454 – alle 1 282 Seiten wurde vom Göttinger Digitalisierungs Zentrum

1999/2000 aufwendig und schonend gescannt und kompetent kommentiert. Eine pixelmäßig auf etwa 460 KB pro Seite ausgedünnte Fassung gibt es seit Juni 2000 auf CD-ROM (98 DM) und online (kostenlos) zu bewundern und zu studieren. Als Zugaben wurden das von Gutenbergs Buchkünstlern benutzte Musterbuch und Ulrich Helmaspergers Dokument über den Rechtsstreit zwischen Gutenberg und seinem Geldgeber Johannes Fust digitalisiert.

The Internet Public Library (IPL)
www.ipl.org/
1995 aus einem bibliothekswissenschaftlichen Seminar an der Universität Michigan hervorgegangen, inzwischen aber solide etabliert und mit einem festen Mitarbeiterstab versehen, enthält diese erste öffentliche Bücherei des Internet selbst keine E-Texte, weist aber vorbildlich übersichtlich den Weg zu frei zugänglichen E-Texten im Web: Anfang 2000 zu 3 200 Online-Nachschlagewerken, 2 300 Zeitungen in aller Welt, 3 100 Zeitschriften und über 9 000 Büchern. Ständig finden mehrere Buchausstellungen statt. Inzwischen wird die IPL im Jahr etwa sieben Millionen mal frequentiert.

libri.de – Linkkatalog
www.libri.de – Links
Das Hamburger Grossohaus Lingenbrink (»Libri«) hat eine gute Tat vollbracht und in Zusammenarbeit mit dem Kölner Verlag Arcum Medien Anfang 2001 seine Webseiten um einen Linkkatalog zur Literatur ergänzt, der auf Anhieb der vollständigste und übersichtlichste in Deutschland wurde. Er enthält etwa 6 800 kommentierte Links, die nach Themen wie Autoren, Bibliotheken, Verlage, Gattungen, Literaturpreise, Literatur in den Medien, Netzliteratur, Literaturgeschichte, Deutsche Sprache, Verbände und Institutionen sortiert sind. Die Kommentare sind weder flapsig noch anreißerisch, sondern sachlich und unverkrampft. Wenn dieser Linkkatalog es schafft, auf aktuellem Stand zu bleiben, wird er seine Konkurrenten um Längen schlagen.

Litlinks
www.clickfish.com/clickfish/guidearea/kulturgesellschaft/literatur/literaturautoren
Ein außerordentlich reichhaltiges, wahrscheinlich nahezu vollständiges

Verzeichnis, das zu fast 27 000 deutschsprachigen E-Texten von etwa 1 800 Autoren führt (etwa 2 000 davon ins Deutsche übersetzt), begonnen und unterhalten von Helmut Schulze, einem bei Rom lebenden Übersetzer und Internet-Enthusiasten. Allerdings führt nicht jeder Link direkt zu dem gewünschten Text; auf dem Weg zu manchem kann man sich über die Fallgruben des Internet wundern.

LOGOS Dictionary
www.logos.it/dictionary/
Ein Dienst der italienischen Übersetzungsagentur Logos, die ihre eigene terminologische Datenbank benutzerfreundlich aufbereitet kostenfrei ins Netz gestellt hat. Sie enthält über 7,6 Mio. Einträge aus 31 Sprachen. Wer ein Wort in einer Sprache eingibt, bekommt einen ganzen Satz in mehreren Sprachen angezeigt, in dem dieses Wort vorkommt.

Making of America (MOA)
http://moa.umdl.umich.edu/
Eine überaus reichhaltige Sammlung von digitalisierten Zeugnissen zur amerikanischen Sozial- und Kulturgeschichte mit dem Schwerpunkt auf Pädagogik, Psychologie, Soziologie, Geschichte, Religion, Wissenschaft und Technik um die Mitte des 19. Jahrhunderts, zunächst ein Gemeinschaftswerk der Universitäten Michigan und Cornell, jetzt von der University of Michigan mit Stiftungsmitteln allein weitergeführt. Im Frühjahr 2001 enthielt die Sammlung 3,2 Mio. Seiten aus fast 11 000 Büchern und 50 000 Zeitschriftenartikel aus dem 19. Jahrhundert. Die Texte werden gescannt und als Seiten-Images angeboten; um sie durchsuchbar zu machen, haben die Images jedes einen per OCR erstellten Textsatelliten; in einigen Fällen wurden die Texte im Web-Format HTML aufbereitet.

MATEO – Editio Theodoro-Palatina
www.uni-mannheim.de/mateo/epo.html
Als erste deutsche Bibliothek hat die Universitätsbibliothek Mannheim 1995 begonnen, einige besonders wertvolle Stücke aus ihren Sammlungen im Web auszustellen. In ihrem Projekt MATEO (Alte Drucke aus der Universitätsbibliothek Mannheim) fanden sich im Frühjahr 2001 gut 5 000 Buchseiten-Images im Format GIF und JPEG; sie sind auch als CD-ROM erhältlich.

A Brief Collection of Middle High German Poetry
http://sps.k12.mo.us/khs/gmcling/medpoet.htm
20 mittelhochdeutsche Gedichte auf Pergamenthintergrund und mit einigen Miniaturen aus der Manessischen Handschrift, dargeboten (so geht's im Web) vom öffentlichen Schulsystem der Stadt Springfield in Missouri. In fünf Jahren fanden sich hier 1 000 Besucher ein.

OLLi – Olivers Links zur Literatur
www.carpe.com/links/
Eine Sammelarbeit von Oliver Gassner in Vaihingen/Enz, dem Herausgeber der Literaturzeitschrift *Wandler*, die einen Haufen kommentierte und benotete literarische Links ins Web bietet, zu Autoren, Bibliotheken, Verlagen, Buchhandlungen und vor allem zu den Netz-Foren der laufenden Literaturdiskussion. Eine verwirrende Anlage und zuweilen flapsige Kommentare im Chat-Gruppen-Ton (»muss ich noch nachsehen«, »muss noch eine Hand voll Links reinfummeln«) sowie zahlreiche Tippfehler deuten auf postgutenbergische Hektik.

The On-Line Books Page
http://digital.library.upenn.edu/books/
Ein schon 1993 von John Mark Ockerbloom von der für ihre computerwissenschaftliche Abteilung berühmten Carnegie-Mellon-Universität (Pittsburgh) eingerichtetes, heute an der University of Pennsylvania beheimatetes, ständig aktuell gehaltenes, sehr reichhaltiges und übersichtliches Verzeichnis, dessen Links den Weg zu über 13 000 frei zugänglichen, ausschließlich englischsprachigen E-Texten (Büchern, Dokumenten, 90 Zeitschriften und Zeitungen) weisen.

Oxford Text Archive (OTA)
http://ota.ahds.ac.uk/
Eine der ältesten und auch der ersten Adressen für E-Texte. Das OTA wurde bereits 1976 von Lou Burnard begründet, wird an der Universität Oxford betreut und enthält inzwischen über 2 500 E-Texte, die meisten auf Englisch: literarische Werke, Nachschlagewerke und Korpora. Sein Kennzeichen: Digitalisate höchster und beispielhafter Qualität, vor allem für Forschungs- und Unterrichtszwecke. Die meisten Texte kann man sich in verschiedenen Formaten ausgeben lassen, auch in SGML/TEI. Gleichzeitig wirbt das OTA mit Informationen für das anspruchsvolle

Digitalisieren von Literatur. Die Benutzung ist kostenfrei. Vor jedem Download muss der Nutzer jedoch eine Verpflichtungserklärung abgeben und seine E-Mail-Adresse beifügen; viele Texte erhält er nur auf einen brieflich gestellten Antrag.

Perseus Digital Library

www.perseus.tufts.edu/ – Deutscher Mirror beim Max-Planck-Institut für Wissenschaftsgeschichte, Berlin http://perseus.mpiwg-berlin.mpg.de
Ein schon 1985 begonnenes und entsprechend weit vorangekommenes Projekt an der Tufts University in Somerville, Massachusetts, unter der Leitung von Gregory Crane, das Materialien zum Studium der Antike online zur Verfügung stellt: Texte, Abbildungen, Karten, Nachschlagewerke. Es ist also nicht nur eine Textsammlung, sondern ein vielseitiges Studienwerkzeug, und zwar ein ganz hervorragendes, das nicht nur ahnen lässt, sondern exemplarisch vorführt, was Hypertext zu leisten vermag. Zu bieten hat die Perseus Digital Library vor allem 110 Werke von 32 griechischen Autoren, von Aeschines bis Xenophon, und 49 Werke von 14 lateinischen Autoren, von Caesar bis Vergil, jedes im Originaltext und in englischer Übersetzung. Damit steht in *Perseus* ein großer Teil der antiken Literatur als E-Text zur Verfügung. Von praktisch jedem Wort aus gibt es Links zu Wörterbucheinträgen, Grammatikerläuterungen und Wörterstatistiken. Außer Texten enthält das Archiv Zehntausende von Abbildungen von archäologischen Fundorten, Architektur, Skulpturen, Vasen und Münzen, alles übersichtlich angeordnet und sinnvoll kreuz und quer verlinkt. Über die Yale University Press gibt es große Teile des Archivs – das inzwischen mehr als 225 Gigabyte umfasst – auch auf vier CD-ROMs (350 USD). Eine Abteilung »Englische Renaissance« (Shakespeare und Marlowe) befindet sich im Aufbau; hier kann man die erste Folio-Ausgabe von Shakespeares Dramen als Image-Scans in Augenschein nehmen.

Progetto Manuzio

www.liberliber.it – Mirror: http://culturitalia.uibk.ac.at/liberliber/
Das 1995 gegründete Manuzio-Projekt (benannt nach dem berühmten venezianischen Drucker Aldus Manutius, um 1500) ist das italienische Gegenstück zum amerikanischen Project Gutenberg (s. dort), eine lockere und wachsende Sammlung digitalisierter klassischer italienischsprachiger Werke. Im Web bietet es der gemeinnützige römische Verein

Liber Liber auf einem Server der Universität Mailand an. Es umfasst zurzeit Texte von etwa 220 gemeinfreien Autoren, die meisten als FTP- oder als formatierte Textdateien (RTF), aber einige auch in HTML: unter anderem von Dante, Galilei, Goldoni, Macchiavelli, Petrarca, Pirandello, Marco Polo, Italo Svevo und Torquato Tasso. Der Zugriff ist kostenlos.

Project Bartleby

www.bartleby.com/

Das im Januar 1993 an der Columbia-Universität, New York, von Steven H. van Leeuwen mit Walt Whitmans *Leaves of Grass* begonnene Project Bartleby unterscheidet sich vorteilhaft von jenen frühen Initiativen, die mehr oder weniger aufs Geratewohl möglichst viele E-Texte in nacktem ASCII bereitgestellt haben. Es versteht sich als ein regelrechter Verlag, allerdings ein elektronischer. Die Bücher der fast 200 hier versammelten klassischen (meist englischsprachigen) Autoren wurden mit professioneller Sorgfalt ausgewählt, lektoriert, Korrektur gelesen; teilweise sind sie illustriert oder mit Tondokumenten versehen; und sie lassen sich in ihrer Gesamtheit automatisch nach einzelnen Wörtern durchsuchen. Dazu gibt es 70 Bände der Serie Harvard Classics, den Oxford Shakespeare und etwa 25 allgemeine Nachschlagewerke. Acht Millionen Leser im Jahr beweisen, dass sich die Mühe gelohnt hat.

Project Gutenberg (PG)

www.gutenberg.net – Deutscher Mirror: ftp://ftp.tu-ilmenau.de/project_gutenberg

Die erste und bisher größte Digitalisierungsinitiative für gemeinfreie englischsprachige Literatur, sollte das schon 1971 von Michael Hart in Urbana, Illinois, mit dem Text der amerikanischen Unabhängigkeitserklärung begonnene Archiv bis zur Jahrhundertwende 10 000 Texte umfassen. Auch wenn es bis zum Frühjahr 2001 nur 2 650 geworden sind: Auch das ist eine Menge und 250 000 Nutzer pro Monat beweisen, dass Harts Hobby immer noch seinen Nutzen hat, auch wenn der seinerzeit unumgängliche Grundsatz, alle Text in reinem spartanischem ASCII anzubieten, dem Ganzen langsam etwas Fossilartiges gibt. Hart hat inzwischen eine eigene Domäne mit Spiegeln in vielen Ländern; auch dort ist zu lesen, dass er immer noch Finanzsorgen hat und händeringend nach Sponsoren sucht.

Project Runeberg
www.lysator.liu.se/runeberg/
1992 als skandinavische Antwort auf das amerikanische Project Gutenberg (s. dort) gestartet und beheimatet an der Universitätsbibliothek Linköping in Schweden, bietet das Project Runeberg inzwischen freien Zugang zu etwa 300 gemeinfreien E-Texten von mehr als 160 schwedischen, dänischen und norwegischen Autoren, darunter dem Gesamtwerk von Selma Lagerlöf, alles in HTML.

Projekt Gutenberg-DE
http://gutenberg.aol.de/gutenb.htm
Als Pendant zu Michael Harts Project Gutenberg (s. dort) begann Gunter Hille (Hamburg) 1994 eine Digitalisierungsinitiative für deutschsprachige Literatur. Alle Texte wurden von Freiwilligen in ihre Computer getippt. Im Lauf der Jahre aber kam allerlei zusammen: 250 000 Buchseiten in 45 000 Dateien mit Texten von 350 gemeinfreien Autoren: 1 100 Romane und Erzählungen, 4 500 Gedichte und – einmalig – 4 000 Märchen, Fabeln und Sagen. Eine Heimstätte hat die Sammlung bei AOL Deutschland gefunden, das ihr auch eine Suchmaschine für die Volltextsuche spendierte, so dass das aus vielen einzelnen kleinen Dateien bestehende Korpus jetzt auf einen Streich durchsucht werden kann. In wissenschaftlichen Arbeiten zitierbar ist die Sammlung nicht. Sie ist jedoch frei zugänglich und mit drei Millionen Zugriffen pro Monat ein großer Erfolg. Das Projekt Gutenberg-DE existiert auch auf einer CD-ROM (»Gutenberg-DE 2001«, abc.de Internet-Dienste, Hamburg, 49,80 DM).

The Collected Works of Shakespeare
www.psrg.cs.usyd.edu.au/~matty/Shakespeare/
Da *The Complete Works of William Shakespeare* von Amerikas angesehenster Technischer Universität, dem MIT in Cambridge, Massachusetts (http://tech-two.mit.edu/Shakespeare/works.html), peinlicherweise wegen eines Festplattencrashs jahrelang nicht oder nur teilweise erreichbar war, empfiehlt sich Matty Farrows Shakespeare-Site an der Universität Sydney, Australien, als erste Adresse für Shakespeare-Texte, auch wegen einer überlegenen Suchmaschine. Es ist der älteste Shakespeare-Site im Web; seit 1993 hat er 8 Millionen Zugriffe verzeichnet.

Verteilte Digitale Forschungsbibliothek
www.bsb.badw-muenchen.de/mdz/proj2.htm
Ein listenförmiger Überblick über 53 laufende, von der Deutschen Forschungsmeinschaft geförderte deutsche Digitalisierungsvorhaben (»Retrospektive Digitalisierung von Bibliotheksbeständen«) vom Münchener Digitalisierungszentrum.

Wordtheque
www.logos.it/literature/literature.html
Eine vielsprachige Sammlung von frei zugänglichen E-Texten, zusammengetragen von der 1979 gegründeten internationalen Übersetzungsagentur Logos mit dem Hauptsitz in Modena, Italien. Im Frühjahr 2001 umfasste sie knapp 22 000 E-Texte in 114 Sprachen, von kleinen Gedichten über Gesetzestexte zu langen Romanen. Jede Sprache ist im Volltext durchsuchbar. Gedacht ist sie für Nutzer, die mehr an Sprachbeispielen als an bestimmten Texten oder Autoren interessiert sind. Wer E-Texte in ausgefallenen Sprachen wie Baskisch, Guaraní, Quechua oder Tagalog sucht, ist hier genau am richtigen Ort.

Yahoo!
http://dir.yahoo.com/Arts/Humanities/Literature/Authors/
Das 1994 von Stanford-Studenten gegründete, aber längst voll professionalisierte (und kommerzialisierte, mit Werbung vollgepflasterte) *Yahoo!* ist nur nebenbei eine Suchmaschine fürs Web. Hauptsächlich ist es ein energisch sortiertes, selektiertes und organisiertes und ständig aktuell gehaltenes Web-Verzeichnis, eine Art Hotelführer für gute Adressen im Internet. Neben vielen anderen hat es eine Rubrik *Arts*, eine Unterrubrik *Humanities*, eine Unterunterrubrik *Literature*; und diese enthält, übersichtlich in 30 Sparten (wie Romane, Lyrik, Dramatiker, Horror, Science-Fiction und Fantasy, Krimis) gegliedert, weit über 10 000 Links zu vielen Hunderten von Autoren, sowohl zu ihren Werken wie zu (englischsprachigen) Webseiten über sie – das vollständigste Verzeichnis seiner Art und ein Muss für jeden, der erfahren will, was das Internet zu einem bestimmten Schriftsteller zu bieten hat.
http://de.dir.yahoo.com/Kunst_und_Kultur/
Die deutsche Version bietet in der entsprechenden Rubrik etwa 2 400 Links zur Literatur allgemein, davon 1 400 zu Autorenseiten.

Jane Austen Information Page

www.pemberley.com/janeinfo/janeinfo.html

Henry Churchyards mit vielen Preisen bedachte Informationsseiten zu Jane Austen (»Alles von und über Jane«) sind von der Universität Texas zu einem Fan-Club in Boston (The Republic of Pemberley) umgezogen. Neben vielen Infos findet sich hier Jane Austens berühmtester Roman (*Pride and Prejudice*), von den Pemberley-Girls kreuz und quer und drunter und drüber verlinkt und so zu einem Hypertext dekonstruiert.

Borges Studies on Line

www.hum.au.dk/romansk/borges/borges.htm

Eine mächtig seriöse, ganz Borges gewidmete elektronische Zeitschrift in Englisch, Französisch und Spanisch, vom Jorge Luis Borges Center for Studies & Documentation an der Universität Aarhus in Dänemark.

Wilhelm-Busch-Seiten

www.wilhelm-busch-seiten.de

Ein kleiner, sauber und übersichtlich gestalteter Website zu Wilhelm Busch, mit einigen seiner Bildverse, von Jochen Schöpflin, einem Fan, der als Organisationsprogrammierer in Minden lebt.

LEWIS CARROLL Home Page

www.lewiscarroll.org/carroll.html

Dieser von Joel M. Birenbaum redigierte Site ist im Web die beste Anlaufstelle für jeden, dem es ernst ist mit seiner Zuneigung zu dem Autor von *Alice im Wunderland*. Er enthält so gut wie alle seine Werke (*Alice* in sechs verschiedenen Ausgaben), Essays, Parodien und anderen fun stuff, Fotos, Graphiken, Rätsel, ein Bulletin-Board, Links zu Carroll-Gesellschaften, deren es in der Welt acht gibt, und Links über Links, auch eine Liste mit 14 ausdrücklich schwachen.

The Academy of American Poets: E. E. Cummings

www.poets.org/poets/poets.cfm?prmlD=157

Unter den Lyrikern englischer Zunge ist Edward Estlin Cummings (1894–1962) – der, wie im Web auch zu erfahren ist, auf keinen Fall »e. e. cummings« geschrieben werden soll – im Web der beliebteste, gemessen an der Zahl der ihm gewidmeten Websites (26 im *Yahoo!*-Katalog) und die bei der American Academy of Poets sind die besten Seiten über ihn: die Gedichte in Auswahl, Biographisches, Diskussionsforen, Links.

richard dehmel website

www.richard-dehmel.de/default.shtml

Seit Dezember 1999 im Netz, ist dieser Site die Frucht eines Deutsch-Leistungskurses am Hamburger Gymnasium Christianeum. Er verdankt sich weniger einer überbordenden Begeisterung für den Dichter Richard Dehmel (1863-1920) als einem lokalen Bezug: In Hamburg-Blankenese verbrachte Dehmel die letzten 18 Lebensjahre, hier steht das Dehmel-Haus, hier befindet sich auch das Christianeum. Es finden sich: Texte, Fotos und Infos über Zeitgenossen von Dehmel und Veranstaltungen über ihn. Die Ägide hatte der Deutschlehrer, Jochen Stüsser-Simpson. Wer interessiert sich noch für Dehmel? In einem Jahr fanden sich auf diesem Website fast 15 000 Besucher ein.

Goethe-bytes

www.goethe-bytes.de/

Von der Deutschen Welle zu Goethes 250. Geburtstag am 28. August 1999 eingerichtet, enthält dieser Site mehr als die von Prominenten gelesenen 250 Goethe-Gedichte und -Zitate, die der Sender vor den Feiern um die Welt geschickt hat. Die Audiodateien sind drapiert mit einer Goethe-Biographie in Stichworten, mit Kurzbiographien von 50 Personen, die in Goethes Leben eine Rolle gespielt haben, mit knappen Charakterisierungen der Hauptwerke des Jubilars und mit einer Linksammlung zu den Vorposten seiner noch nicht allzu üppigen Web-Präsenz. Unter suboptimalen – also den normalen – Leitungsbedingungen führen die Audio-Clips leider nur zu dem Erlebnis Goethe, gestottert.

Der Dichter Friedrich Hölderlin (1770–1843)

www.hoelderlin-gesellschaft.de/

Der Tübinger Germanist Sven Kalbhenn hat mit seinem 1996 begonnenen Hölderlin-Site allein auf weiter Flur bewiesen, dass auch in Deutschland informative und im wahrsten Sinn des Wortes gewinnende Webseiten zu einzelnen Autoren gemacht werden können, wenn sich Begeisterung für einen Autor und für das neue Medium mit Wissen und technischem

Know-how paart. Neben vielem anderem finden sich hier auch viele Hölderlin-Texte, in ihrer Gesamtheit durchsuchbar.

Pages of Prophecy (Robert Jordan)
www.wheeloftime.org/
Robert Jordan, geboren 1948, der Autor der (bisher elfbändigen) Fantasy-Serie *Das Rad der Zeit*, ist im Web angeblich der meistdiskutierte lebende Schriftsteller und hat eine Menge Fan-Seiten; diese ist eine der besseren.

In Bloom: A James Joyce Homepage
www.joycean.com/
Ein reichhaltiger Website zu Werk, Leben und Studium von James Joyce, mit Essays, Fotos, einem Bulletin Board und vor allem Texten: Hier finden sich *Dubliners*, *A Portrait*, *Ulysses* und sogar (wenn auch bisher nur in Teilen) *Finnegans Wake* als E-Texte!

Kafka-Verbindungen
www.uwasa.fi/~dw/Kafka-Verbindungen.html
Ein von Detlef Wilske, Deutschdozent an der Universität Vaasa in Finnland, zusammengestellter und seit 1996 betreuter Katalog, der Links zu mehreren hundert Web-Adressen enthält, welche etwas mit Person und Werk von Franz Kafka zu tun haben, natürlich vor allem zu Kafkas Texten in verschiedenen Sprachen. Leider ist der Site in Verfall begriffen.

The Kafka Project
www.kafka.org
Mauro Nervi hat sich vorgenommen, alle Kafka-Texte in ihrer (unedierten) Manuskript-Version ins Netz zu stellen. Das erzählerische Werk ist mehr oder weniger vollständig; auch gescannte Manuskriptseiten gibt es.

Kleist-Archiv Sembdner in Heilbronn (KLAS)
www.kleist.org
Die Stadt Heilbronn hat 1991 das Arbeitsarchiv des Germanisten und Kleist-Herausgebers Helmut Sembdner (1914–1997) übernommen und es an ihrer Stadtbibliothek zu einer internationalen Kleist-Forschungsstätte ausgebaut. Auf ihren sympathischen Webseiten gibt es eine Reihe

von Kleist-Werken, Grafiken, Nachrichten, eine Diskussionsliste, einiges an biographischem Material und im Volltext alle Veröffentlichungen des Archivs.

The Modern Word
www.themodernword.com/
Bis 1999 *The Libyrinth* genannt, ist *The Modern Word* eine Sammlung ganz hervorragender Webseiten über einige große Autoren der einmal avantgardistischen und heute klassischen Moderne, die meisten zusammengestellt und geschrieben von Allen B. Ruch, ehemals Highschool-Lehrer, jetzt Webdesigner. Auf den mindestens zwanzig Mal preisgekrönten Seiten finden sich kaum Werke (da dem das Urheberrecht entgegensteht), dafür umso reichlicher bio- und bibliographische Informationen, Sekundärliteratur und Rezensionen, Nachrichten über Neuigkeiten (Neuausgaben, Verfilmungen, Veroperungen, Ausstellungen, Kunst, Hörbücher, Tagungen) und vielerlei anderes Material, alles vornehm, vielleicht einen Tick zu manieriert dargeboten. Wer mit den Seiten noch nicht zufrieden ist, findet auch mehr oder weniger vollständige Linklisten zu anderen Websites über die betreffenden Autoren vor. Die Seiten stehen inzwischen auf Ruchs eigenem Server.

Apmonia (Samuel Beckett)
www.themodernword.com/beckett/

The Garden of Forking Paths (Jorge Luis Borges)
www.themodernword.com/borges/

Porta Ludovica (Umberto Eco)
www.themodernword.com/eco/

Macondo (Gabriel García Marquez)
www.themodernword.com/gabo/

The Brazen Head (James Joyce)
www.themodernword.com/joyce/

Spermatikus Logos (Thomas Pynchon)
www.themodernword.com/pynchon/

The Lighthouse (Virginia Woolf)
www.themodernword.com/woolf/

Karl May
www.karl-may-gesellschaft.de
Die offizielle Website der Karl-May-Gesellschaft, 1995 begonnen, heute von Ralf Schönbach und Frank Starrost redigiert und auf einem Server der Universität Bielefeld zu Hause, unverschmockt, professionell gemacht, wartet, neben vielem anderen, mit 40 Romanen, 20 Erzählungen und mehreren autobiographischen Schriften in ansprechendem HTML auf. Die Einführung gibt es in neun Sprachen, drei Romane auch in Englisch, darunter *Winnetou, the Apache Knight*.

Winnie the Pooh Bear Club (A. A. Milne)
http://members.tripod.com/~nielsc/
Als Teil eines niederländischen Website über Teddybären (Teddybear NL) finden sich einige der besseren, wenn auch naiven Webseiten über Pu den Bären, das klassische Kinderbuch von A. A. Milne.
www.yoarra.com
Der vollständige (englische) Text von *Winnie the Pooh* und dazu die farbigen Illustrationen finden sich in dem gleichfalls etwas naiven *Winnie the Pooh's Corner.*

Zembla: The Nabokov Butterfly Net (Vladimir Nabokov)
www.libraries.psu.edu/iasweb/nabokov/nsintro.htm
Der beste Website zu dem russisch-amerikanischen Schriftsteller, redigiert von Jeff Edmunds und auf einem Server der Staatsuniversität von Pennsylvanien zu Hause; keine Texte (die urheberrechtlich geschützt sind), kaum Links, sondern eigene Inhalte: biographische, bibliographische, essayistische Materialien, von denen ein großer Teil nirgendwo sonst veröffentlicht oder zugänglich ist.

Mr. William Shakespeare
http://shakespeare.palomar.edu/
Ein vorzüglicher Startpunkt für die Online-Beschäftigung mit dem Autor aller Autoren, von dem kleinen Palomar College in Südkalifornien: eine Chronologie, Bibliographien, Studienmaterial zu Werk, Person, Zeit und Wirkung – und Links über Links, Tausende, viele empfohlen, ebenso

viele verrissen. Allein die Links zu den verschiedenen E-Texten – zu den gesammelten wie einzelnen Werken – zählen nach Hunderten. Der Site hat mindestens 47 Trophäen gewonnen.

JRR Tolkien Information Page

www.csclub.uwaterloo.ca/u/relipper/tolkien/rootpage.html

Eric Lipperts schon 1993 begonnene Informationsseiten bieten keine Inhalte, sondern nur Links zu Tolkien-Seiten im Web, und zwar nicht 93 wie *Yahoo!*, sondern 237: zu Texten, Spielen, Filmen, Musik, Schriften, Gesellschaften, Tagungen, Zeitschriften – der ganzen Tolkien-Welt.

About Mark Twain

www.geocities.com/swaisman/

Scott Waismans Seiten sind zwar ziemlich brav gestrickt, aber bieten doch einen guten Einstieg in den virtuellen Mark Twain: E-Texte, Buchresümees, Biographisches, Links.

The Walt Whitman Hypertext Archive

http://jefferson.village.virginia.edu/whitman

Einer der gelungensten Autoren-Sites im Web, von Kenneth M. Price (University of Nebraska) und Ed Folsom (University of Iowa), auf einem Server der University of Virginia und unterstützt von deren hoch kompetentem Electronic Text Center (s. dort): besonders sorgfältig und ansprechend digitalisierte Texte, biographisches und anderes Informationsmaterial, Links und eine integrierte Volltextsuchmaschine, alles klar und elegant, aber nicht superedel dargeboten.

Netzliteratur (Hypertext)

Alt-X

www.altx.com/index2.html

Virtueller Verlag des Autors Mark Amerika (*The Kafka Chronicles*, *Sexual Blood*), des Erfinders und Wortführers der post-postmodernen Schreibbewegung Avant-Pop, die nach eigenem Verständnis der Postmoderne voraus hat, dass sich ihre Adepten bewusst als Kinder der Massenmedien verstehen (»in einer mediagenen Realität aufwuchsen«). Motto: »Where the digerati meet the literati.« In Alt-X finden sich vor allem Artikel von Mark Amerika selbst, dazu eine Reihe »virtueller Drucke«, darunter Ronald Sukenicks Roman *Out* und Raymond Federmans *voice in the closet*.

Vannevar Bush: *As We May Think*

www.theatlantic.com/unbound/flashbks/computer/bushf.htm

Der Originaltext des Aufsatzes, in dem Vannevar Bush, Direktor des Büros für wissenschaftliche Forschung und Entwicklung der Vereinigten Staaten, weit vorausdachte, bis zu Hypertext, aus dem *Atlantic Monthly*, Juli 1945.

The Landow Literature and Digital Culture Webs

http://landow.stg.brown.edu/cpace/cspaceov.html

Ein Website einer Hypertexthochburg, der Englisch-Abteilung an der Brown-Universität in Providence, Rhode Island, wo einer der Cheftheoretiker des Hypertext forscht und lehrt, George P. Landow, Professor für Englisch und Digitalkultur. Zu seinen Seiten gehört eine mit dem Namen *cyberspace, hypertext & critical theory*, auf der sich vorwiegend Arbeiten seiner Studenten finden, 70 000 Dokumente und Bilder. Der Inhalt scheint seit 1999 mehr oder weniger »eingefroren«.

Eastgate Systems, Inc.

www.eastgate.com

Eine in Watertown, Massachusetts, beheimatete Firma, die sich »ernsten Hypertext« zur Aufgabe gemacht hat. Mit ihrem von Michael Joyce mitentwickelten Programm *Storyspace* bietet sie Autoren ein Schreibwerkzeug »für großen, komplexen, anspruchsvollen Hypertext«. Das Programm *Web Squirrel* dient der Verwaltung von Web- und E-Mail-Adressen und baut aus allen eine Karte zur Visualisierung des eigenen Hyperspace. Eastgate verlegt und verkauft auch Hypertext-Literatur (auf CDs) und Bücher über Hypertext.

EPC Electronic Poetry Center
http://wings.buffalo.edu/epc/
Von der Staatsuniversität von New York in Buffalo zusammengestellt und weiterentwickelt, bietet EPC ein alphabetisch geordnetes, mit zahlreichen Links versehenes Verzeichnis von etwa 150 englischsprachigen Lyrikern – nicht nur Web-Dichtern, sondern auch anderen, »die für Web-Nutzer von besonderem Interesse sind«, dazu ein Textarchiv mit elektronischer Poesie, vor allem aus der hauseigenen elektronischen Literaturzeitschrift RIF/T.

HTC hypertextual consciousness
http://landow.stg.brown.edu/111/htc/a-p.html
Rund 75 Gedankensplitter des Avant-Pop-Autors Mark Amerika, in denen er über den neuen »narrativen Raum« reflektiert. Die Gedanken zielen in Richtung »postliterarische Schriftstellerei« und Verschmelzung von Literatur und Design. Beispiel: »Der Cyborg-Erzähler verarbeitet und generiert rekombinante textuelle Stränge mit Hilfe mehrwertschaffender Link-Gesten und pseudobiographischer Schicklichkeiten.« Gerichtet ist das »hypertextuelle Bewusstsein« gegen »die rigidere, autoritäre Linearität von konventionellem buchgebundenem Text«. Textprobe: »Avant-Pop-Künstler scheißen auch auf eure gezinkte soziale Wirklichkeit. ›Es war einmal‹ interessiert uns nicht, ob es nun in der Vergangenheit spielt (historische Romane), der Gegenwart (zeitgenössische Klassiker) oder der Zukunft (Cyberschwindel). Wir verlieren uns lieber in den erlesenen Räumen von weitläufigem Sex und zeitlosen narrativen Katastrophen, der spannenden Zerstörung der Syntax und der Deregulierung des Schreibumfelds, so dass ihr euch nicht länger an das Bett kommerzieller Standardisierung gefesselt fühlen müsst.« Dargeboten wird HTC von der Scholarly Technology Group der Brown-Universität in Providence, Rhode Island.

Hypertext Places
http://cheiron.humanities.mcmaster.ca/~htp/
Etwas Nützliches für jeden, der sich mit Hypertext zu befassen beginnt:

eine sehr übersichtliche Liste von Web-Adressen, die von Hypertext, Hyperfiction und Hypermedien handeln, etwa zu dem Pionieraufsatz von Vannevar Bush (s. dort), zu Ted Nelsons *Xanadu*-Projekt, das erstmal Bushs Idee auf den Computer übertrug (aber weitgehend Idee blieb), zu Verlagen wie Eastgate (s. dort) oder Voyager, die auf CD oder online Hyperfiction publizieren, zu Büchern und Aufsätzen über die Theorie und vor allem auch die Praxis von Hypertext, zu einigen richtungweisenden Beispielen für Hypertext und zu Sites über das World Wide Web und seine Sprache HTML selbst, natürlich alles auf Englisch. Zusammengestellt und aktuell gehalten wird das Verzeichnis vom Humanities Computing Center der Humanities-Fakultät an der McMaster-Universität in Hamilton, Ontario, Kanada.

Heiko Idensen

www.uni-kassel.de/interfiction/projekte/pp/utopie.htm

Drei manifestartige Texte (oder Textcollagen) eines deutschen Hypertext-Vordenkers, alle aus dem Jahre 1995 und konserviert und »eingefroren« auf einem Server der Universität Kassel: »Hypertext als Utopie – Entwürfe postmoderner Schreibweisen und Kulturtechniken«, »Die Poesie soll von allen gemacht werden« und »Schreiben/Lesen als Netzwerk-Aktivität«.

Internet-Literaturwettbewerbe

www.textgalerie.de/pegasus.htm

Wer die Tiefen und Untiefen deutscher Versuche in Netzliteratur durchmessen möchte, sollte einige der insgesamt 607 Kurzbeiträge ansehen beziehungsweise durchlesen beziehungsweise anklicken, die zu den von der *Zeit* und IBM zusammen mit anderen Partnern veranstalteten drei Wettbewerben (1996, 1997, 1998) eingereicht wurden. Leider kann er es nicht mehr ohne weiteres – ein anschauliches Beispiel für die Unbeständigkeit und Kurzlebigkeit digitaler Inhalte: Die von Herrmann Rotermund bei Radio Bremen auf einem von IBM zur Verfügung gestellten Server eingerichtete Domäne »Pegasus98« wurde geschlossen, als IBM den Server Anfang 2000 abholen ließ, und die Beiträge auf dem Server der *Zeit* fielen einer Renovierung ihres Online-Auftritts zum Opfer. Wäre nicht 1998 eine CD mit allen Beiträgen hergestellt worden, wären sie schon ein Jahr später ein für allemal verloren gewesen. Unbefugter-, aber dankenswerterweise hat Oliver Gassner den Inhalt dieser CD auf eine Webseite gestellt, von der man sie abrufen kann.

Michael Joyce: ***Twelve Blue***
www.eastgate.com/TwelveBlue/Twelve_Blue.html
So jung, nämlich 1996 entstanden, und schon sozusagen das klassische Werk der Netzliteratur, ist *Twelve Blue* dichte poetische Prosa *(»web fiction«)*, trotz der radikalen theoretischen Verlautbarungen seines Autors wenig radikal und konventioneller Literatur nicht fern: Es gibt längere (»lineare«) Abschnitte zu lesen als meist im Internet und sie sind maßvoll und rein intern gelinkt, so dass sich das Ganze auf mehreren (zwölf) Routen (»*threads*«) durchqueren lässt. Leseprobe: »Alles kann gelesen werden, jede Oberfläche und jede Stille, ... jeder der zwölf blauen Ozeane und der Mond, jedes nirgendwo hinführende Link, jede Hoffnung und jedes Ende, jedes zufällige Zusammentreffen, der ferne Ruf des Seetauchers, vom Licht getroffen durch die hohen Zweige der blauen Kiefern ...« Michael Joyce, 1945 geboren, ist Englisch-Professor am Vassar College und schrieb 1987 mit *afternoon: a story* das erste ernstzunehmende Hypertext-Werk. Seine theoretischen Überlegungen zum Hypertext hat er zusammengefasst in dem Buch *Of two minds: hypertext pedagogy and poetics* (Ann Arbor [University of Michigan Press] 1995). *Twelve Blue* ist seine einzige frei zugängliche Hyperfiction. *Afternoon: a story* und Joyces neuesten Hypertext, *Twilight, a symphony*, gibt es auf CD von seinem Verlag Eastgate Systems (s. dort), nicht im Web.

David Kolb: ***Socrates in the Labyrinth***
www.eastgate.com/catalog/Socrates.html
Reflexionen eines New Yorker Philosophen über lineares und nichtlineares Denken und Argumentieren, also über die Implikationen von Hypertext, als ein Hypertext. Verlegt bei Eastgate (s. dort) und nur auf CD erhältlich.

Die Säulen von Llacaan
www.textbox.de
Der »Netzroman« *Die Säulen von Llacaan*, gestartet und gemanagt von Roger Nelke, ist das bekannteste und wohl auch langlebigste Beispiel für Kollektivliteratur im Internet: Zwischen 1997 und 2000 hat ein Schock Autoren an einer Fantasy-Welt gebastelt. »Erlaubt ist alles.« Jeder durfte an jeder Stelle nach Belieben weiterschreiben. Es entstand ein nichtlinearer Cluster von 164 Kurztexten.

Tank 20

www.tank20.com

Tank 20 in Chicago ist das »Literaturstudio« von Rob Wittig, eines Vertreters der neuen E-Lit, der seine Schwäche für konventionelle geschriebene Literatur eingesteht, nicht viel von Hypertext hält, aber meint, die Entwicklung gehe weg von »großen, nahtlosen Werken« hin zu »offenen, aus kleinen Brocken gemachten« – und die Literatur werde als lockeres, luftiges, offenes »Kommunikationsdesign« weiterleben. Mit Beispielen.

Xanadu

http://xanadu.net/ – Xanadu-Code http://udanax.com

Nelsons Homepage www.sfc.keio.ac.jp/~ted/

Ted Nelson (geboren 1937, heute Dozent an der Keio-Universität in Japan), der als seinen Beruf selber »Designer, Generalist, Querdenker« angibt, griff um 1960 die Memex-Idee von Vannevar Bush (s. dort) auf und übertrug sie auf den Computer. Für durch Links verbundene E-Texte prägte er 1965 den Begriff ›Hypertext‹. Seit den siebziger Jahren arbeitet er an der konzeptuellen und praktischen Umsetzung der Hypertext- und Hypermedien-Idee, beschrieben in seinem Buch *Dream Machines* (1974). Sein großes Software-Projekt – inzwischen mehr ein Traum – heißt Xanadu (benannt nach einem mythischen Ort der Kreativität in einem berühmten Gedicht von Coleridge). Xanadu sollte Hypermedien zu einem weltweiten »Dokuversum« verschmelzen. Als 1988 die Firma Autodesk Xanadu übernahm, schien es seiner Realisierung näher gekommen. 1991 jedoch ließ sie es wieder fallen, denn da kam gerade etwas anderes Nelsons Traum zuvor: das World Wide Web. Seitdem versucht Nelson das WWW zu verkraften: »Das Web (noch so ein Papierimitat) trivialisiert unser ursprüngliches Hypertextmodell mit instabilen Einbahnlinks und keinerlei Inhaltsmanagement.« Langsam gewinnt Xanadu musealen Charakter. Im August 1999 hat Nelson seinen Source-Code ins Web gestellt.

Bibliographie

Die computerisierte Bibliothek

Baker, Nicholson: »Discards«. *The New Yorker* (New York), April 4, 1994, S. 64–86

Berry, John W.: »Digital Libraries: New Initiatives with Worldwide Implications«. *IFLA Journal*, München (International Federation of Library Associations and Institutions), 22 (1), February 1996, S. 9–17

Bierman, Kenneth John: »Costs of Electronic Information«. In: Allen Kent (Hg.): *Encyclopedia of Library and Information Science*. New York (Dekker) 1994, Band 54, Supplement 17, S. 122–143

Birkerts, Sven: *The Gutenberg Elegies: The Fate of Reading in an Electronic Age*. New York (Fawcett Columbine) 1995. Deutsch: *Die Gutenbergelegien*. Frankfurt/M. (S. Fischer) 1997

Brazda, Monika: »Retrokonversion des Zentralkataloges NRW« (1997). Im Web: www.hbz-nrw.de/hbz/proj/retrozk.htm

Eversberg, Bernhard: »Zur Ordnung und Codierung der Umlautbuchstaben«. *Bibliotheksdienst*, 4, 1998, S. 724–735

Eversberg, Bernhard: »Was sind und was sollen Bibliothekarische Datenformate?« *Veröffentlichungen der Universitätsbibliothek Braunschweig*, Heft 9, 1999 (3. Auflage). Im Web: www.biblio-tu-bs.de/allegro/formate/

Heinisch, Christian: »Visionen: CyberLib – die Bibliothek der virtuellen Realität«. *cogito* (Darmstadt), 4, Juli-August 1993, S. 44–48

Helstien, Brian A.: »Libraries: once and future«. *The Electronic Library* (Oxford), 13 (3), June 1995, S. 203–207

Information als Rohstoff für Innovation: Programm der Bundesregierung 1996–2000. Drucksache der Bundesregierung, Bonn 1996

Jochum, Uwe/Gerhard Wagner: »Cyberscience oder vom Nutzen und Nachteil der neuen Informationstechnologie für die Wissenschaft«. *Zeitschrift für Bibliothekswesen und Bibliographie* (Frankfurt/M.), 43 (6), November-Dezember 1996, S. 579–593. Auch in: *Am Ende das Buch – Semiotische und soziale Aspekte des Internet*, Konstanz (UVK) 1998,

S. 139–159. Im Web: home.T-Online.de/home/Vittorio.Klostermann/jochu_02.htm

Kuhlen, Rainer: »Wie real sind virtuelle Bibliotheken und virtuelle Bücher?« In: Josef Herget (Hg.): *Neue Dimensionen in der Informationsverarbeitung – Proceedings des 1. Konstanzer Informationswissenschaftlichen Kolloquiums*. Konstanz (Universitätsverlag) 1993, S. 41–57

Noam, Eli M.: »Visions of the Media Age: Taming the Information Monster«. Paper presented at the Third Annual Colloquium, Alfred Herrhausen Society for International Dialogue, June 16/17, 1995, Frankfurt/M., Typoskript

Olsen, Lance: »Freelance & Reverend Amerika Splice the Avant-Pop Gene« (1995). Im Web: www.uidaho.edu/~lolsen/AP.html

Oßwald, Achim: »Die virtuelle Bibliothek: Konzeptionelle Grundlagen und praktischer Nutzen«. In: Martina Reich (Hg.): *Spezialbibliotheken auf dem Weg zur virtuellen Bibliothek?* Karlsruhe (ASpB) 1995, S. 105–119

Rusch-Feja, Diann: »Informationsvermittlung, Informationsretrieval und Informationsqualität im Internet«. *Zeitschrift für Bibliothekswesen und Bibliographie* (Frankfurt/M.), 43 (4), Juli–August 1996, S. 329–360

Schlitt, Gerhard: »Veränderungen im Publikationswesen und ihre Auswirkungen auf die wissenschaftlichen Bibliotheken«. In: Peter Vodosek/Askan Blum/Wolfram Henning/Hellmut Vogler (Hg.): *Bibliothek – Kultur – Information*. München (Saur) 1993, S. 151–160

Steele, Colin: »The digital library: dos, don'ts and developments«. *The Electronic Library* (Oxford), 13 (5), 1995, S. 435–437

Information als Landplage

Carey, Jane M. / Charles J. Kacmar: »The impact of communication mode on ... member satisfaction«. *Computers in Human Behavior* (New York), 13 (1), January 1997, S. 23–49

Enzensberger, Hans Magnus: »Das digitale Evangelium«. *Der Spiegel* (Hamburg), 2, 10. Januar 2000, S. 92–101

Kraut, Robert E./Michael Patterson/Vicki Lundmark/Sara Kiesler/Tridas Mukopadhyay/William Scherlis: »Internet Paradox: A Social Technology that Reduces Social Involvement and Psychological Well-Being?«. *American Psychologist* (Washington, DC), 53 (9), September 1998, S. 1017–1031

Kraut, Robert E.: »Social impact of the Internet: What Does It Mean?« *Communications of the ACM* (Association for Computing Machinery, New York), 41 (12), 1998, S. 21–22

Kroker, Arthur / Michael A. Weinstein: *Datenmüll: die Theorie der virtuellen Klasse.* Wien (Passagen) 1997

Lewis, David: »Dying for Information?«. London (Reuters Business Information) 1996. Im Web: www.bizinfo.reuters.com/overload.html

Lyman, Peter/Hal R. Varian: *How Much Information?* Berkeley, California (University of California) 2000. Im Web: www.sims.berkeley.edu/how-much-info/index.html

McLuhan, Marshall: *The Medium is the Message.* New York (Bantam) 1967. Deutsch: *Das Medium ist Massage.* Frankfurt/Main (Ullstein) 1969

Noam, Eli M.: »Visions of the Media Age: Taming the Information Monster«. Paper presented at the Third Annual Colloquium, Alfred Herrhausen Society for International Dialogue, June 16/17, 1995, Frankfurt/M. Typoskript

Weil, Michelle M. / Larry D. Rosen: *TechnoStress: Coping With Technology @work @home @play.* New York (Wiley) 1997. Deutsch: *Verflixte Technik!? – So* überwinden *Sie den täglichen Stress mit Computer, Videorecorder & Co.* Landsberg (mvg) 1998

Shenk, David: *Data Smog: Surviving the Information Glut.* San Francisco, CA (HarperEdge) 1997. Deutsch: *Datenmüll und Infosmog – Wege aus der Informationsflut.* München (Lichtenberg) 1998

UNDP Entwicklungsprogramm der Vereinten Nationen: *Bericht über die menschliche Entwicklung 1999.* Bonn (Deutsche Gesellschaft für die Vereinten Nationen) 1999

E-Books

Bill's Vision: Microsoft Researcher Bill Hill explains how electronic books can radically transform society by making books available anytime, anywhere. Microsoft Corporation (Redmond, WA), July 7, 1999. Im Web: www.microsoft.com/typography/links/News.asp?NID=816

E Ink – Website: www.eink.com/index.htm

Fidler, Roger F.: »Newspapers in 2020: Paper vs. Digital Delivery and Display Media«. *Future of Print Media Journal* (Kent, Ohio), January 21, 2000. Im Web: www.futureprint.kent.edu/articles/fidler04.htm

Gibbs, Wayt W.: »The Reinvention of Paper«. *Scientific American* (New

York), September 1999. Im Web: http://orion.deusto.es/~abaitua/konzeptu/nlp/gyrcon1.htm

Gyricon Electronic Paper – Webseite: www.parc.xerox.com/dhl/projects/epaper/

Howard, M. E./E. A. Richley/R. Sprague/N[icholas] K. Sheridon: »Gyricon Electric Paper«, Xerox PARC (Palo Alto, CA) 1998. Im Web: www.sid.org/sid98/data/37_02.pdf

Jacobson, J./B. Comiskey/C. Turner/J. Albert/P. Tsao: »The last book«. *IBM Systems Journal* (Yorktown Heights, NY), 36 (3), 1997. Im Web: www.research.ibm.com/journal/sj/363/jacobson.html

Lapuente, Chema: »Empieza la fabricación de papel electrónico en serie«. *El País* (Madrid), 17 de junio, 1999. Im Web: http://orion.deusto.es/~abaitua/konzeptu/nlp/gyrcon9.htm

Leseverhalten in Deutschland im neuen Jahrtausend. Mainz (Stiftung Lesen) 2001

Open eBook Initiative – Website: www.openebook.org/

Ring, Klaus: in *Wissenschaftspublikation im digitalen Zeitalter*. Wiesbaden (Harassowitz) 2001

Williams, David J. (Kodak, Rochester, New York): »Organic Light Emitting Diodes (OLEDs): The Display Technology of the Future?« *Electronic Engineering.com*, February 2, 2000. Im Web: www.electronicengineering.com/content/homepage/

E-Text

Bonn, Maria S.: »Building A Digital Library: The Stories of the Making of America« (1999). Im Web: www.umdl.umich.edu/mbonn-saunders.html

colorado digitization project: guidelines and standards (1999) Website: coloradodigital.coalliance.org/

Curtin, Dennis: *A Short Course in Digital Photography*. Im Web: www.shortcourses.com/book01/contents.htm

A Gentle Introduction to SGML – Website: http://etext.virginia.edu/bin/tei-docs?DIV1&id=SG

Kaiser, Reinhard: *Mein elektronischer Schreibtisch – Ein Lockbuch für alle, die aus ihrem Computer mehr machen wollen, als die Schreibmaschine immer schon war*. Frankfurt/M. (Eichborn.Berlin) 1999

Schönherr, Hartmut/Paul Tiedemann: *Internet für Germanisten – Eine praxisorientierte Einführung*. Darmstadt (primus) 1999

Simon-Ritz, Frank (Hg.): *Germanistik im Internet: Eine Orientierungshilfe.* Berlin (Deutsches Bibliotheksinstitut) 1998

TEI (Text Encoding Initiative) – Website: www.tei-c.org

Hypertext oder Absage ans Lineare

Aarseth, Espen J.: *Cybertext: Perspectives on Ergodic Literature*. Baltimore, MD (Johns Hopkins University Press) 1997

Barth, John: »The State of the Art«. *WQ The Wilson Quarterly* (Washington, DC), 20 (2), Spring 1996, S. 36, 45

Bush, Vannevar: »As We May Think«. *The Atlantic Monthly* (Boston, MA), July 1945. Im Web: www.theatlantic.com/unbound/flashbks/computer/bushf.htm

Coover, Robert: »Hyperfiction: Novels for the Computer«. *New York Times Book Review*, August 29, 1993, S. 1, 2, 5

Idensen, Heiko: »Hypertext als Utopie – Entwürfe postmoderner Schreibweisen und Kulturtechniken«. 1995. Im Web: www.uni-kassel.de/interfiction/projekte/pp/utopie.htm

Landow, George P.: *Hypertext 2.0: The Convergence of Contemporary Critical Theory and Technology*. Baltimore, MD (Johns Hopkins University Press) 1993, 1997

Negroponte, Nicholas: *being digital*. New York (Vintage Books) 1995. Deutsch: *Total digital*. München (Bertelsmann) 1995

Nelson, Ted (Theodor H.): *Computer Lib / Dream Machines*. Selbstverlag 1974, Redmond, WA (Microsoft Press) 1987. Auch: »Hypertext Paradigm«. Im Web: http://hoshi.cic.sfu.ca/~guay/Paradigm/Hypertext.html

Nielsen, Jakob: *Hypertext and Hypermedia*. Boston (Academic Press) 1990, 21993

Nielsen//NetRatings – Website: www.nielsen-netratings.com

Olsen, Lance: »Deathmetal Technomutant Morphing« (1994). Im Web: www.altx.com/interzones2/tonguing/morphing.html

Olsen, Lance: »Freelance & Reverend Amerika Splice the Avant-Pop Gene« (1995). Im Web: www.uidaho.edu/~lolsen/AP.html

eNzyklopädien

Bradbury, Malcolm: »No more shelf life? Can the Encyclopedia Britannica survive in the computer age?« *Sunday Times* (London), May 25, 1995, S. C12

Britannica CD 2000 Standard (englisch), ca. 46 USD (Encyclopædia Britannica)

Britannica DVD 2000 (englisch), ca. 64 USD (Encyclopædia Britannica)

Britannica Online – Website: www.britannica.com/

Der Brockhaus multimedial 2000 (deutsch), 1 CD, 99 DM (BI/Brockhaus)

Der Brockhaus multimedial 2000 premium (deutsch), 3 CDs, 179 DM (BI/Brockhaus)

Compton's Encyclopedia 2000 Standard (englisch), 1 CD, ca. 20 USD (Compton's)

Encarta 2000 (deutsch), 1 CD, 110 DM (Microsoft)

Encarta 2000 (englisch), 1 CD, ca. 25 USD (Microsoft)

Encarta 2000 Deluxe (englisch), 3 CDs oder DVD, ca. 57 USD (Microsoft)

Encarta 2000 Plus (deutsch), 3 CDs, 180 DM (Microsoft)

Farrell, Stephen: »Encyclopaedias online spell death of the salesman«. *The Times* (London), January 13, 1998, S. 10

Gaw, Jonathan: »In Web Gamble, Venerable Britannica Gives It Away«. *International Herald Tribune* (Paris), 20. 10. 1999, S. 1

Grolier Year 2000 Deluxe (englisch), 2 CDs (Grolier), ca. 50 USD

Melcher, Richard A.: »Dusting Off the *Britannica*«. *Business Week* (London), October 27, 1997, S. 80EU2

Samuels, Gary: »CD-ROM's first big victim«. *Forbes* (New York), 153 (5), February 28, 1994, S. 42–44

Wald, Matthew L.: »Library/CD-ROM Encyclopedias«. *New York Times*, February 26, 1998, S. G12

World Book Millenium 2000 (englisch), 3 CDs, ca. 100 USD (World Book/IBM)

Zeitschriften unterwegs von P nach E

Deutsche Forschungsgemeinschaft: »Neue Informations-Infrastrukturen für Forschung und Lehre«. *Zeitschrift für Bibliothekswesen und Bibliographie* (Frankfurt/M.), 43 (2), März–April 1996, S. 133–155

Die unendliche Bibliothek – Digitale Information in Wissenschaft, Verlag und Bibliothek/Börsenverein des Deutschen Buchhandels e. V., Die Deutsche

Bibliothek, Bundesvereinigung Deutscher Bibliotheksverbände. Wiesbaden (Harrassowitz) 1996

Ginsparg, Paul: Vortrag auf UNESCO-Konferenz über »Scientists' View of Electronic Publishing and Issues Raised«, February 21, 1999. Im Web: http://arxiv.org/blurb/pg96unesco.html

Götze, Dietrich: »Die Rolle des Verlags«. In: *Die unendliche Bibliothek* ... 1996, S. 68–72. Im Web: ftp://ftp.ddb.de/pub/unendbib/goetze.txt

Grötschel, Martin/Joachim Lügger: »Wissenschaftliche Information und Kommunikation im Umbruch – Über das Internet zu neuen wissenschaftlichen Informationsstrukturen«. *Forschung & Lehre* (Bonn), 1, 1996, S. 194–1988

Harnad, Steven: »Implementing peer review on the net: Scientific quality control in scholarly electronic journals«. In: R. P. Peek/G. B. Newby (Hg.): *The Electronic Frontier.* Cambridge, MA (MIT Press) 1996, S. 103–118. Auch in: Okerson/O'Donnell (Hg.): *Scholarly Journals at the Crossroads* ... 1995 [mit Diskussion]

Harnad, Steven: »On-line journals and financial fire walls«. *Nature* (London), 395, September 10, 1998, S. 127–128

Hitchcock, Steve/Leslie Carr/Wendy Hall: »A survey of STM online journals 1990–1995: the calm before the storm«. In: *Hyperjournal*, Washington University, St. Louis, MO, February 14, 1996. Im Web: http://wuecon.wustl.edu/hyperjrn/contents.htm

Kurzweil, Raymond: »The Future of Libraries«. *Library Journal* (New York), »Part 1: The Technology of the Book«, 117 (1), January 1992, S. 80, 82; »Part 2: The End of Books«, 117 (3), February 15, 1992, S. 140–141; »Part 3: The Virtual Library«, March 15, 1992, S. 63–64

Okerson, Ann/James O'Donnell (Hg.): *Scholarly Journals at the Crossroads: A Subversive Proposal for Electronic Publishing, An Internet Diskussion about Scientific and Scholarly Journals and Their Future.* Washington, DC (Office of Scientific & Academic Publishing Association of Research Libraries) 1995

Romano, Frank J. *Digital Media: Publishing Technologies for the 21st Century.* Torrance, CA (Micro Publishing Press) 1996

Rusch-Feja, Diann/Uta Siebeky: »Evaluation of Usage and Acceptance of Electronic Journals«. *D-Lib Magazine*, 5 (10), Octobre 1999. Im Web: dlib.org./dlib/october99/rusch-feja/10rusch-feja-full-report.html

Saur, Klaus G.: »Die Kosten der elektronischen Information«. In: *Die unendliche Bibliothek* ... 1996, S. 92–101

Software-Lokalisierung

Abramson, Dean: »Globalization of Windows«. *BYTE Magazine*, November 1994

Bowne Global Solutions – Website: www.bowneglobal.com

Haddon, Bruce K: »Software Internationalization Engineering: A presentation made to the Computer Science Colloquium, University Colorado at Boulder, on 1st May, 1997«. Im Web: http://redcape.com/i18n/htm

Kano, Nadine: *Developing International Software*. Redmond, WA (Microsoft Press) 1995

Translingua Language & Technology (Mendez) – Website: www.mendez.de.main_ger.htm

Uren, Emmanuel/Robert Howard/Tiziana Perinotti: *Software Internationalization and Localization: An Introduction*. New York (Van Nostrand Reinhold) 1993

Zeichensätze und Schriftsysteme

Babel – Zur Internationalisierung des Internets (ISOC Internet Society) – Website: www.isoc.org:8080/

Baukhage, Manon: »Jetzt fängt ganz China zu computern an!«. *P.M.* (München), 9, 1988, S. 42–49

Bemer, R. W.: »Letters: The ›Father of ASCII‹ Speaks«. *BYTE Magazine*, June 1990

Bemer, R. W.: »The American Standard Code for Information Interchange«. *Datamation* (New York), Part 1: 9 (8), August 1963, S. 32–36, Part 2: 9 (9), September 1963, S. 39–44

Campbell, Todd: »The F1rst E-Mail Message«. *preText magazine* (Seattle, Washington), March 1998. Im Web: www.pretext.com/mar98/features/story2.htm

Coulmas, Florian: *Writing Systems of the World*. Oxford (Blackwell) 1989

Coulmas, Florian: *The Blackwell Encyclopedia of Writing Systems*. Oxford (Blackwell) 1996

Czyborra, Roman: *The ISO 8859 Alphabet Soup* – Website: http://czyborra.com/charsets/iso8859.html

Huan, Jack K.T./Timothy D. Huang: *An Introduction to Chinese, Japanese and Korean Computing*. Singapore (World Scientific) 1989

The Human Languages Page – Website: www.june29.com/HLP/

Kostis, Kosta: *ISO 8859-1 (Latin Alphabet No. 1)* – Website: www.kostis.net/charsets/iso8859.1.html

The Languages of the World by Computers and the Internet – Website: www.threeweb.ad.jp/logos

Mendelson, Sumner E.: »ASCII Code«. In: *Encyclopedia of Computer Science and Technology*. New York (Dekker) 1975, Vol. 2, S. 272–278

The Multilingual PC Directory – Website: www.knowledge.co.uk/xxx/mpcdir/book.htm

Pratley, Chris: »Taking Advantage of Office 2000«. *Multilingual Computing & Technology* (Sandpoint, Idaho), #26, Vol.10, Issue 4, 1999. Im Web: www.multilingual.com

Starr, Irene: »Typing Multilingual and Special Characters«. *Office of Information Technologies, University of Massachusetts Amherst*, Spring 1999. Im Web: http://www2.oit.umass.edu/publications/at_oit/spring99/starr.html

Sweeney, Douglas: *The Jargon Lexicon*. Im Web: www.wins.uva.nl/~mes/jarg320.old/a/ASCII.html

Taddonio, Lee C.: »ASCII Code«. In: Allen Kent/James G. Williams/Rosalind Kent (Hg.): *Encyclopedia of Microcomputers*. New York (Dekker) 1988, Bd. 1, S. 369–375

The Unicode Consortium: *The Unicode Standard Version 2.0*. Reading, MA (Addison-Wesley) 1996. Website: www.unicode.org

Weiss, Richard: »Dragon Bones to Data Bases: The Digitization of the Chinese Language«. *POINT Whole Earth Review*, December 22, 1987

Woesler, Martin: »Programmierte Zeichen – Der Computer rettet die chinesische Schrift«. *Neue Zürcher Zeitung*, 3. Februar 1996, S. 70

@, der Klammeraffe

Adler, Michael H.: *The Writing Machine*. London (Allen & Unwin) 1973

Adler, Michael H.: *Antique Typewriters: From Creed to QWERTY*. Atglen, Pennsylvania (Schiffer) 1997

Adobe Systems: »The Ampersand«. Im Web: www.adobe.com/type/topics/theampersand/.html

Etheridge, H./Maxwell Crooks/Frederick Dawson: *The Dictionary of Typewriting*. London (Pitman) 1932

Herron, Scott: »A Natural History of the @ Sign«, 1997. Im Web: www.herodios.com/herron_tc/atsign.html

Kühnert, Hanno: »Woher kommt der Klammeraffe?«. *Die Zeit* (Hamburg), 11, 1997. Im Web: www.zeit.de/ .../zeit-archiv/1997/11/klammera.txt.19970307.html; Aktualisierte Fassung vom 8.4.1999: www.pas-skreuz.de/klammeraffe.htm

Kunzmann, Robert Walter: *Hundert Jahre Schreibmaschinen im Büro – Geschichte des maschinellen Schreibens*. Rinteln (Merkur) 1979

Martin, Ernst: *Die Schreibmaschine und ihre Entwicklungsgeschichte*. Pappenheim (Meyer) 1923, 1949

Opaschowski, Horst W.: »Von der Generation X zur Generation @«. *Aus Politik und Zeitgeschichte* (Bonn), B 41/99, S. 10–16

Ullman, Berthold Louis: *Ancient Writing and Its Influence*. London (Longmans, Green) 1932, Nachdruck Cambridge, Massachusetts (MIT-Press) 1969

Urheberrecht

Breede, Werner E.: »Copyright + Telematik – Zum Grünbuch der Europäischen Gemeinschaften«. *cogito* (Darmstadt), 5, 1996, S. 5–8

»The Digital Millennium Copyright Act of 1998«. Copyright Office, The Library of Congress, Washington, DC, Pub. L. No. 105–304, 112 Stat. 2860 (October 28, 1998)

Dreier, Thomas: »International Protection of Copyright and Neighboring Rights«. Gutachten für die Friedrich-Ebert-Stiftung, ca. 1997/98. Im Web: www.ipa-uie.org/copyright/copyright_pub/dreier.html

Grötschel, Martin / Joachim Lügger: »Wissenschaftliche Information und Kommunikation im Umbruch – Über das Internet zu neuen wissenschaftlichen Informationsstrukturen«. *Forschung & Lehre* (Bonn), 1, 1996, S. 194–1988

Heker, Harald: »Rechtsfragen des Elektronischen Publizierens«. Vortrag Universitätsbibliothek Bielefeld, 32.1.1996. Im Web: www.ub.uni-bielefeld.de/aktuell/kongress/vortraeg/heker.htm

Juristisches Internetprojekt Saarbrücken – Website: www.jura.uni-sb.de/urheberrecht

Koeve, Dieter: »Urheberrecht im Internet«. Vortrag *Internet World* München, 6. Mai 1997. Im Web: www.raekoeve.de/Urheb.htm

Müller, Harald: »Europäische Entwicklung im Urheberrecht für digitale Medien«. *mb Mitteilungsblatt der Bibliotheken in Niedersachsen und Sachsen-Anhalt*, 111/112, Mai 1999, S. 5–17

Negroponte, Nicholas: *being digital*. New York (Vintage Books) 1995. Deutsch: *Total digital*. München (Bertelsmann) 1995

Netlaw Library (Institut für Informations-, Telekommunikations- und Medienrecht – Zivilrechtliche Abteilung, Universität Münster) – Website: www.jura.uni-muenster.de/netlaw/

O'Mahoney, Benedict (San Mateo, California): *The Copyright Website*: www.benedict.com

Peters, Klaus: »Rechtsfragen der Bestandserhaltung durch Digitalisierung«. *Bibliotheksdienst* (Berlin), 32 (11), 1998, S. 1949–1955

Rifkin, Jeremy: »Hat man da noch Töne? Napster komponiert die neue Ökonomie«. *Frankfurter Allgemeine Zeitung*, 16.8.2000, S. 45

Strong, William A.: »Copyright in a Time of Change«. JEP the Journal of Electronic Publishing, 4 (3), March 1999. Im Web: www.press.umich.edu/jep/04-03/strong.html

Wendel, A. Dominik: »Urheberrechte im Internet«, 18. Dezember 1998. Im Web: www.ra-dr-d-wendel.de/parts/download/inturh.txt

WIPO World Intellectual Property Organization (Genf) – Website: www.wipo.org

Informationstod

Behrens, Ulrich: »Das neue Battelle-Verfahren zur Buchkonservierung«. *Spektrum der Wissenschaft* (Heidelberg), September 1995, S. 103–105

Brederick, Karl: »Gefährdung, Restaurierung und Konservierung von Schriftgut«. *Spektrum der Wissenschaft* (Heidelberg), September 1995, S. 96–103

Bund-Länder-Arbeitsgruppe: *Papierzerfall – Bericht über Ursachen, Ausmaß, Wirkungen und Folgen des Papierzerfalls im Bibliotheks-, Archiv- und Verwaltungsbereich sowie Gegenmaßnahmen und Empfehlungen.* Berlin (Deutsches Bibliotheksinstitut) 1992

Cerutti, Herbert: »Von sterbenden Büchern und digitalen Verlockungen«. *unizürich Magazin*, 3, 1995. Im Web: www.unizh.ch/upd/magazin/3-95/magazin3-95-19.html

Commission on Preservation and Access (CPA)/Research Libraries Group (RLG): »Preserving Digital Information: Final Report and Recommendations« (1996). Im Web: www.rlg.org/ArchTF/

Ein Bild sagt mehr als tausend Bits. Rundbrief Fotografie (Göppingen), 11–13, 1997 (Homepage Stefan Wülfert, Bern; Rudolf Gschwind, Basel)

Fenn, Julia: »The Cellulose Nitrate Time Bomb: Using Sulphonephthalein Indicators to Evaluate Storage Strategies«. In: *From Marble to Chocolate: The Conservation of Modern Sculpture* (Tate Gallery Conference, 18–20 September 1995, Hg. Jackie Heuman). London (Archetype) 1995, S. 87–92

Gilheany, Stephen J.: »Defining a Permanent TransFormat Records Management System, A Hierarchy of Record Storage Formats, Five PDF Formats, and Document Copying/Migration«. October 24, 2000. Im Web: www.ArchiveBuilders.com

Keimer, Barbara: *Mikroverfilmung von Büchern als bestandserhaltende Maßnahme*. Berlin (Deutsches Bibliotheksinstitut) 1997

Liers, Joachim: »Die Erhaltung der Bestände ganzer Archive und Bibliotheken – Illusion oder Realität?«. *Dialog mit Bibliotheken* (Frankfurt/M.), 10 (2), 1998, S. 5–8

Pandaro Project Website: http://pandora.nla.gov.au/pandora/bpm.html

Permanence, Care, and Handling of CDs. Kodak digital science. Im Web: www.kodak.com/US/digital/techInfo/permanence1.shtml

Pollmeier, Klaus: »Alles oder nichts: Haltbarkeit und Informationsgehalt analoger und digitaler Bilder«. *Rundbrief Fotografie*, Sonderheft 3, 1998, S. 21–26. Im Web: www.foto.unibas.ch/~rundbrief/les35.htm

Rothenberg, Jeff: »Die Konservierung digitaler Dokumente«. *Spektrum der Wissenschaft* (Heidelberg), September 1995, S. 66–71

Schüller, Dietrich: »Behandlung, Lagerung und Konservierung von Audio- und Videoträgern«. *Das audiovisuelle Archiv* (Wien), 31–32, 1992 (September 1993), S. 21–62

Stille, Alexander: »Overload: There's just no way to save all the information of the information age«. *The New Yorker*, March 8, 1999, S. 38–44

Unesco-Programm *Memory of the World* – Website: www.unesco.org/webworld/mdm/index.html

Wächter, Wolfgang: »Strategien für die Konservierung und Restaurierung von Schriftgut«. *Spektrum der Wissenschaft* (Heidelberg), September 1995, S. 105–107

Wächter, Wolfgang/Joachim Liers/Ernst Becker: »Der Einsatz von Maschinen zur Papierspaltung – Ein traditionell handwerklicher Prozeß wird industrialisiert«. *Restauro* (München), 7, 1996, S. 464–467

Wilhelm, Henry: »With New Pigmented Inks, Dye-Based Inks, and Inkjet Papers, An Unprecedented New Era Has Begun in Color Photography«. Im Web: www.wilhelm-research.com/.../wir_permanence_06_20_00.pdf

Register

Acrobat 33, 266 f., 299 ff.
Alex 75, 345
Alineazeichen 175
Alphabetschriften 145, 152 f., 160, 288
American Memory 76, 196, 346
Amerika, Mark 367 f.
analog (definiert) 243
Andreessen, Marc 233
ANSI (American National Standards Institute) 140, 145, 149, 249
Arabisch (Schrift) 155 f., 163, 283, 300, 347
Archivierung des Internets 228 f.
Arpanet 167 f., 233
Arroba 169 f., 173
arXiv E-Print archive 111, 113, 341
ASA (American Standards Association) 140, 143, 145
ASCII 9, 74, 137, 140–150, 152, 157, 167–170, 184, 223, 236, 250, 252 f., 265 f., 285, 292–296, 300 f., 310, 320, 345, 358 f.
Athena 74, 346
at-Zeichen 167–176
Auflösung 15, 28, 35, 60, 244, 267, 270–273, 275 f.
Ausdruck (Hardcopy) 72, 161, 189, 195, 225, 276, 279, 290
Austen, Jane 70, (Website) 361
Autor 9, 17–20, 60, 72, 80–82, 84–86, 100, 106, 109, 127, 186, 224, 258, 260, 295, 302, 306, 317, 361–366
Baker, Nicholson 46
Barth, John 83
Baudot-Code 141
Bäume 58, 88, 104
Bayerische Staatsbibliothek (BSB) 329
BBB (Bibliotheken, Bücher und Berichte) 69, 347 f.
Becker, Joseph D. 155
Beckett, Samuel (Website) 364
Bericht über die menschliche Entwicklung (UNDP) 65
berliner allegroCatalog (baC) 330
Berner Konvention 181
Berners-Lee, Tim 233
Berry, John W. 67
Bibel 26, 71, 275 ff., 346 f.
Bible Gateway 347
Bibliographischer Werkzeugkasten 329
bibliomania 197, 347
Bibliomaniac List 68, 347 f.
Biblioteca Nacional, Madrid 330
Bibliotheca Augustana 327, 347 f.
Bibliothekarsberuf 15
Bibliotheken 10, 12–16, 33,

42–46, 50, 58, 67, 69, 70 ff., 76, 103 ff., 112, 115 ff., 119–122, 125, 190–193, 196, 199, 205, 207, 211, 244, 329–345, 348–357, 359 f.
Bibliothekskataloge 8, 47, 120–128, 329–341
Bibliothèque nationale de France (BnF) 123, 216, 239, 329 f., 353
bidirektionale Schrift 154, 283 f.
Bildschirm als Lesegerät 9, 13, 26, 28 f., 104
binär (definiert) 244, 246 ff.
BLPC (British Library Public Catalogue) 331
Bob, Alexander 94
Bodleian Library 75, 349
BooksPro 328, 349
Boole, George 319
Boole'sche Operatoren 256, 304, 314, 319 ff.
Bopomofo 159 f., 162
Borges, Jorge Luis (Websites) 361, 364
Brazda, Monika 128
Britannica Online 90, 328
British Library 72, 123, 126, 330 f., 348
British Library Public Catalogue siehe BLPC
Brockhaus 90, 94, 96–99
Buch 17–41, 56, 58 f.
–, Zukunft 41
Bürodokumente 56, 58
Busch, Wilhelm (Website) 361
Bush, Vannevar 79, 367, 369
Carroll, Lewis 347, (Website) 361
CD 30, 56, 58, 76 f., 87, 89, 95–98, 101, 115, 186 f., 200, 220, 226 ff., 247, 275, 277, 322–325, 329, 335, 349–351, 354 f., 359, 368–370
Chadwyck-Healey 76, 349
Chemical Abstracts 47
Chinesisch (Sprache und Schrift) 132, 159, 162, 235, 283
Churchyard, Henry 361
Citation Index 108
CJK (Chinesisch-Japanisch-Koreanisch) 154, 156–160, 284
ClearType 28, 32
Codepage 146
Colorado Digitization Project 350
Compton's Encyclopedia 87
CoOL (Catalog of Object Links) 328, 341
CR (Carriage Return, Wagenrücklauf) 143 f., 149 f.
Cummings, E. E. (Website) 362
Cybergemeinschaften 65 f.
Cyberspace 22, 65, 82, 247, (definiert) 244, 247
Datumsformat 135
Densmore, James 171
Deutsche Bibliothek (DDB) 76, 121, 209, 307, 331 f.
Deutsche Bücherei Leipzig (DBL) 121, 332
Deutsche Forschungsgemeinschaft (DFG) 71, 340 f., 360
Diamond Sutra 350
Diderot, Denis 92
digital (definiert) 244, 248
Digital Millenium Copyright Act 193
Digitaldrucker 213, 299

Digitale Bibliothek 76 f., 182, 244, 350 f.
digitale Information, Unbeständigkeit 219–233, 228 ff.
digitaler Text siehe E-Text
Digitalisierung 42–47, 262–278
– von Images 270–278
– von Text 42–47, 262–269
Digitalkamera 270, 272, 274
directmedia 76, 351
Displaytechnik 34, 38
D-Lib 332
DNS (Domain Name Service) 238
Domäne 69, 76, 115, 119, 193, 195 ff., 237–240, 258, 345, 349, 353, 358, 369
Double Key 220, 263
Dreier, Thomas 194
DTD (Document Type Definition) 251, 253
Dublin Core (DC) 259 f., Zusatz: Metadaten 261
Dunhuang-Projekt 350
DVD 31, 56 f., 94, 99, 226, 325
Dvorak, August 171
EBCDIC (Extended Binary Coded Decimal Interchange Code) 141
E-Book (elektronisches Buch) 9, 14, 17, 18, 30–34, 37 f., 174, 244, 249, 351
eBookNet 352
ECMA (European Computer Manufacturers' Association) 145, 150
Eco, Umberto (Website) 364
ECO (Electronic Collections Online) 342
Edison, Thomas 322
Edmunds, Jeff 365
E-Ink 34 ff.
E-Journals 14, 68, 106 f., 109 f., 112–115, 117, 341–345
Electric Library 98
Electronic Text Center (University of Virginia) 76, 217 f., 244, 247, 327, 352, 366
Elektronische Zeitschriftenbibliothek Regensburg (EZB) 328, 342
elektronisches Buch siehe E-Book
elektronisches Publizieren 185
eLib (Electronic Libraries Programme) 332
E-Literatur siehe Netzliteratur
E-Mail 23, 104, 147 f., 162 f., 166–169, 235, 240, 249, 292–295, 297, 301
Emulation 222
Encarta 87 ff., 94, 96–99
Encyclopaedia Britannica 27, 87, 89 f., 93–96, 98 f. (siehe auch *Britannica Online*)
Encyclopedia Americana 87
Englisch (Sprache und Schrift) 66, 76, 129 f., 133, 137, 139, 146, 152, 164, 235, 286, 292, 316, 326
Enzensberger, Hans Magnus 63
Enzyklopädien 64, 87–102
E-Paper 34–36
EPC (Electronic Poetry Center) 368
E-Publikation 110
Erlanger Liste 352

EROMM 216
ESC (Escape) 143 f., 150, 249
E-Text (digitaler Text, siehe auch Digitalisierung, Enzyklopädien, Fachzeitschriften, Netzliteratur) 14, 30 f., 47, 67–78, 248, 253, 265 f., 328, 345, 354, 356, 358, 366
Etzeichen 175
Eversberg, Bernhard 341
Fachzeitschriften, wissenschaftliche 103–119, 179
fair use 202
Fanning, Shawn 200
Farbausdruck 214
Farbtiefe 60, 272–275
Fax 52 ff., 123, 167, 299
Federman, Raymond 367
Fehler beim digitalen Kopieren 246 f.
Fehler »HTTP 404« 228
Film 68, 190 f., 205, 217 f., 220
FIZ (Fachinformationszentrum Karlsruhe) 327, 332f.
Folsom, Ed 366
Font 279–282, 284, 287–291, 297 f., 300 f.
Fotofilm 56, 59, 215, 217, 273, 322
Fotokopie 213
Fotoqualität 274
Frakturschrift 25, 265, 268
Frantext 352 f.
FTP (File Transfer Protocol) 236 f., 252, 265 f., 268
Funk and Wagnalls New Encyclopedia 97
GABRIEL (GAteway and BRidge to Europe's National Libraries) 333
Gallica 76, 196, 328, 353
García Marquez, Gabriel (Website) 364
Gassner, Oliver 69, 356, 369
gemeinfrei 76 ff., 182, 197
Gibson, William 247
Ginsparg, Paul 111, 150, 171
globales Dorf 64
Glyphe 164, 289
Goethe, Johann Wolfgang von 68, 70, 76, 199, 212, 313, 321, 349–351, (Website) 362
Gopher 236
Götze, Dietrich 110
Grolier Encyclopedia 87, 95, 99
Grötschel, Martin 103, 114, 178
Grossistenkataloge 69, 334
Gutenberg, Johannes 9, 11, 17, 24–26, 38 f., 78, 182, 275, 353 f.
Gutenberg-Bibel 71, 197, 262, 350, 358 f.
Gyricon 34
Hangul 156, 161, 163
Hanzi 153, 155, 158, 160
Hardcopy siehe Ausdruck
Harnad, Steven 111, 113, 344
Harsch, Ulrich 347 f.
Hart, Michael 73, 358 f.
Hartges, Hans-Dieter 329
HBZ (Hochschulbibliothekszentrum Nordrhein-Westfalen) 333
Hebräisch 163, 283 f., 300
HighColor 272
Hille, Gunter 74, 359
Hiragana 156, 160

Hölderlin, Friedrich (Website) 362 f.
Hollerith, Hermann 140, 170
Homepage 19 f., 90, 123, 198, 238 ff., 242 f., 258, 261
Host (Hostmaster, Hoster) 237
Hotline 53
HTC (hypertextual consciousness) 368
HTML (Hypertext Markup Language) 9, 29, 32, 86, 149, 184, 225, 233, 239, 241, 243, 250–253, 260 f., 266, 277, 290, 296–299, 345 ff., 350, 355, 358 f., 365, 369
HTTP (Hypertext Transfer Protocol) 228, 233, 236, 240
Hübner, Johannes 91
Hyperjournal 343
Hypertext 78–82, 84–87, 233, 357, 361, 367–371
Hypertext Places 368
IANA (Internet Assigned Numbers Authority) 236
Ibero-Amerikanisches Institut Preußischer Kulturbesitz (IAI) 333
ICANN (Internet Corporation for Assigned Names and Numbers) 236 ff.
Idensen, Heiko 81 f., 369
ideographische Schrift 153 f.
IKZ (Informations- und Kommunikationszentrum) 15
Image-Scan 59, 212, 220, 263 f., 346
impact 108
Index 254 f., 257, 302 f., 316 ff., 321
Information und Informiertheit 51
Informationsgehalt des Web 57
Informationsstress 230
Informationsverlust und -tod 208
Informationsvermehrung 207
Interaktivität 80
Internationalisierung von Software (I18N) 131
Internet Archive 228 f.
Internet-Literaturwettbewerbe 369
Internetliteratur siehe Netzliteratur
Internet Public Library 68, 76, 354
Internet und Kontaktfähigkeit 61
Internetnutzung 62
Internet, Statistik 233 ff.
IP-Nummer 195, 202, 237 f., 240
ISO (International Standards Organization) 145, 149, 156, 251, 282
Jacobson, Joseph 35
Japanisch (Schrift) 97, 132 f., 153 f., 156, 162, 235, 283 f., 286
JEP (The Journal of Electronic Publishing) 343
Jiddisch 163
Jochum, Uwe 49
Jordan, Robert 70, (Website) 363
Joyce, James 70, (Websites) 363 f.
Joyce, Michael 367, 370
JSTOR (Journal Storage) 343
Kafka, Franz 70, 76, 350, (Website) 363
Kahle, Brewster 228

Kalbhenn, Sven 362
Kanja 164
Kanji 147, 150
Kanon 64, 92
Karlsruher Virtueller Katalog (KVK) 327, 334
Katakana 156, 161
Kataloge 26, 36, 69, 120 f., 123 f., 126 ff., 249, 310 ff., 329–341
Katalogrecherche 120, 122, 128, 310, 327
Keilschrift 153, 156
King, Stephen 17–22, 70, 84, 202
Kister, Kenneth F. 89
Klammeraffe 150, 166, 174 f.
Kleist, Heinrich von (Website) 363
KOBV (Kooperativer Bibliotheksverbund Berlin-Brandenburg) 335
Kolb, David 370
Kolbeck, Markus 69, 347
kommerzielles à 151, 166, 173
kommerzielles Und 150, 175
Konkordanz 75, 345
Konrad-Zuse-Institut 103, 335
Konsortiallizenz 116
Konversationslexikon 91, 93
Konversion 43, 220, 264, 267, 350
Koreanisch (Schrift) 98, 154, 156, 163, 283 f., 287
Kramer, Piet 323
Kraut, Robert E. 62
Kremp, Martin 349, 351
Kühnert, Hanno 166
Kurzweil, Raymond 115
Laminierung 310
Landow, George P. 367
Langzeitkonservierung 12, 117, 219
Latin-1 146–149, 265 f., 282, 284, 289–293
Laufrichtung der Schrift 154
Lebensdauer von Medien 12, 29, 204–208, 217–223, 227
Lebensdauer von Webseiten 13, 212, 228
Lesegeräte 14, 29–32, 34, 68, 265
Lesen am Bildschirm siehe Bildschirm
Leseverhalten 40
Lewis, David 54
Lexie 83
Library of Congress (LoC) 75, 123, 125, 207, 307, 312, 335, 339, 346
Libri 335, 354
Libweb 327, 336
Linearität 78, 83, 370
LingoMail 300 f.
Link (definiert) 80
Lippert, Eric 366
Literatur im Internet siehe E-Text
Litlinks 328, 354 f.
Lochkarte 140, 142 f., 170
logographische Schrift 153, 288
Lokalisierung von Software (L10N) 129–136
Lügger, Joachim 103, 178
Luther-Bibel 347
Lyman, Peter 55–58
MAB (Maschinelles Austauschformat für Bibliotheken) 309
McLuhan, Marshall 64
Mac-Windows-Übertragungsprobleme 291

Magnetband 219 f.
Making of America (MOA) 76, 355
Mandarin 139, 158 f.
MARC (MAchine Readable Cataloging record) 309
MATEO Editio Theodora-Palatina 355
Max-Planck-Gesellschaft (MPG) 110, 332, 343
May, Karl (Website) 365
Medline 336
MELVYL 336
Memex (Memory Extender) 79
Metadaten 44, 259 ff.
Metasuchmaschine 122, 254
Meta-Tag 256 f., 259
Microsoft 28, 36, 87 ff., 97, 99, 129–134, 280 f., 284, 297, 348
Microsoft Reader 32
Migration 219, 221
Mikrofiche 121, 216
Mikrofilm 79, 112, 207, 216
Milne, A. A. 70, (Website) 365
MIME (Multipurpose Internet Mail Extensions) 147 f., 157, 294 ff., 298
Modern Word 364
Morse, Samuel 246
Morsealphabet 246
MP3 200
Müller, Günter 210
Müller, Harald 191
Multimedia 43, 78, 80
Nabokov, Vladimir (Website) 365
Nachdruck 182, 211 f., 220
Napster 200 f.
National Union Catalog 128
Nationalbibliotheken 123, 327, 333
Negroponte, Nicolas 182
Nelke, Roger 370
Nelson, Ted 79, 369, 371
Nervi, Mauro 363
Neteler, Markus 69, 348
Network Solutions 238, 240
Netzliteratur (E-Literatur, siehe auch Hypertext) 78–86, 354, 367–371
New Horizons in Adult Education 112
New York Public Library 337
Noam, Eli M. 47, 52, 54
Nutzungsrecht 11 f., 115–119, 181 ff., 186–194
OCLC (Online Computer Library Center) 44, 126, 128, 259, 337 f., 340 ff.
OCR (Optical Character Recognition) siehe Schriftzeichenerkennung
»öffentliche Wiedergabe« 187, 190 f.
Österreichischer Bibliotheksverbund 338
OLED (Organic Light Emitting Diode) 36
OLLi (Olivers Links zur Literatur) 69, 347, 356
Olsen, Lance 23, 84
On-Line Books Page 76, 328
Online Union Catalog (World Cat) 126, 128, 338, 341
OPAC (Online Public Access Catalog) 50, 120–125, 128, 302–306, 310, 312–315, 321, 329–341
Opaschowski, Horst W 166

Open eBook (OeB) 31 ff.
OTA (Oxford Text Archive) 203, 256 f.
Pandora Project 229
Papier 7–9, 11, 13 f., 17, 22–29, 34 ff., 38, 41 f., 56, 58 f., 72, 76, 88, 104, 110, 112, 114, 117, 205 f., 208–214, 217, 222, 281
–, saures 206–208, 214, 219
Papierausdruck siehe Ausdruck
Papierentsäuerung 208 f.
papierloses Büro 24
Papierspaltung 210
Papyrus 205
Pay-per-View 118 f.
PDF (Portable Document Format) 32 f., 112, 225, 266 f., 299 f.
peer review 104
Pergament 205, 220, 275
Periodika, Digitalisierung von 186
Perseus Digital Library 75, 327, 357
Physics archive (*arXiv*) 111, 113, 259
Pica 231, 260
Pinyin 158 ff., 162
Pixel 17, 263, 270–278, 280
Postel, Jon 236
Postmodern Culture 113, 344
PostScript 112, 280, 299
Price, Kenneth 366
Printerausdruck 213
Printmedien 26, 58 f.
Print-on-Demand 212 f.
Progetto Manuzio 197, 328, 357 f.
Project Bartleby 75, 327, 358
Project Gutenberg 73 f., 197, 262, 258 f.
Project Runeberg 74, 197, 328, 359
Projekt Gutenberg-DE 74, 76, 197, 359
Psycoloquy 111, 113, 197
public domain 182
Putonghua 158
Pynchon, Thomas (Website) 364
QWERTY-Tastatur 170 ff.
QWERTZ-Tastatur 171
Raubkopien 33, 198
RDF (Resource Description Framework) 259 ff.
Register 117, 135, 216 ff., 316 ff.
Remington 170 ff.
Reprint 77, 212, 219 f.
Retrodigitalisierung 43, 45, 71, 350
Retrokonversion von Bibliothekskatalogen 124 f., 127 f., 337
RFC (Request for Comments) 233
Rifkin, Jeremy 178, 201
Ring, Klaus 41
Romaji 160 f.
Rongo-rongo 154
RTF (Rich Text Format) 223, 266, 298 f., 346, 358
Ruch, Allen B. 364
Russische Nationalbibliothek 123, 338
Russische Staatsbibliothek 123, 335, 338 f.
Safra, Jacob 90
Sampling-Rate 244 f.
Säulen von Llacaan 370

Schallplatte 79, 200, 221, 323 f.
Schönbach, Ralf 365
Schreibmaschine 26, 139 f., 142, 144, 154, 159, 170, 173, 285
– chinesische 158
Schrift, Erfindung 11, 25
Schriftfont 288–291, 298–301
Schriftzeichenerkennung (OCR – Optical Character Recognition) 43, 220, 264 f., 267 f., 355
Schutzfrist 182, 185
Script 252, 288
Seitenbeschreibungssprache 9, 29, 32, 225, 241, 280, 299
SGML (Standard Generalized Markup Language) 225, 251 ff., 356
Shakespeare, William 56, 68, 70, 347, 357–359, (Website) 365 f.
Shenk, David 64
Sheridon, Nicholas 34
Sholes, Christopher 170 f.
Shrayer, Michael 142
Silbenschrift 153 f., 157, 159–162
Site im WWW (definiert) 241 ff.
SMTP (Simple Mail Transfer Protocol) 292
Sortieren 135, 160, 249
Sozialkontakte und Internet 62
SP (Spatium, Leerzeichen) 144, 149 f.
Spam 235
squish quad 146
Staats- und Universitätsbibliothek Hamburg (SUB) 124, 309, 340
Staatsbibliothek zu Berlin Preußischer Kulturbesitz (SBB/PK) 123, 206, 208, 339 f., 344 f.
Stiftung Lesen 40 f.
Stoppwort 303 f., 306
Storyspace 367
subito 122, 328, 344 f.
Suchmaschine 20, 50, 68, 138, 234, 254–260, 320, 360
tag 242, 250 f.
Tastatur 154, 157, 165, 171 f., 284–287, 311
TEI (Text Encoding Initiative) 253, 266, 356
Telegraphenalphabet 141
Telnet 236, 331
Terabyte 56–59, 229
Terminologie 134 f.
Text, digitaler, siehe E-Text
Thermopapier 213
Tintenfraß 44, 124, 206, 260
Titelsatz 44, 129, 260
Tolkien, J. R. R. 70, (Website) 366
Tomlinson, Ray 162 f., 166 ff.
Tonwertsprache 159, 162
Top Level Domain (TLD) 238 ff.
TrueColor 272
True Type 279 f.
Übersetzung, maschinelle 138 f.
Übertragungsrecht 188
Ullmann, Berthold Luis 168
Umlaute 74, 145, 147, 293, 295, 309, 311, 314
Underwood 172
Unicode 152, 155 ff., 164 f., 279, 281, 284, 288 ff., 300 f.
Universaltastatur 171 f.
Urheberrecht 177, 180–188, 190, 193 f., 200, 202 f., 364

URL (Uniform Resource Locator) 236, 240, 250, 258
US-ASCII 74, 146, 149, 265, 289, 293, 296
UTF (Unicode Transformation Format) 157
Twain, Mark 70, (Website) 366
Varian, Hal R. 55–58
Vektorfont 280 f.
Verbundkataloge 120, 125 f., 327, 334 f., 338
Verzeichnis Lieferbarer Bücher (VLB) 340
Viagra 138
virtuell (definiert) 244, 247 f.
Volltextsuche 77, 360
Wächter, Wolfgang 210 f.
Wagner, Franz 172
Waisman, Scott 366
Warnock, John 280
Wasserzeichen, digitales 185
webis (Sammelschwerpunkte an deutschen Bibliotheken) 340 f.
Webmail 297, 301
Webseite 20, 29, 39, 57, 59, 70, 83, 109, 138, 166, 183 f., 187, 224, 228, 234 ff., 239 f., (definiert) 241 ff., 250 f., 254, 256, 260 f., 296
Website (definiert) vgl. Site im WWW
Wellisch, Hans H. 318
Whitman, Walt (Website) 346 f., 358, 366
Wilske, Detlef 363
Windows-Mac-Übertragungsprobleme 291, 299
WIPO (World Intellectual Property Organization) 181, 188, 190
Woolf, Virginia (Website) 365
Wordtheque 328, 360
World Book Encyclopedia 97, 99, 377
WorldCat siehe Online Union Catalog
Wort (definiert) 303
WWW (World Wide Web) 233, 235 f., 238 f.
Xipolis 98
Xanadu 369, 371
XML (Extensible Markup Language) 32, 225, 251 ff., 261, 266
Yahoo! 70 f., 235, 255, 258, 297, 327, 360, 362, 366
Yost, George W. N. 172
Z39.40 250
Zeichensatz 148, 170, 289
Zeichentabelle 141, 143–146, 148 f., 155, 161, 266, 279, 282, 289–293, 296, 298
Zeitschriftendatenbank (ZDB) 122, 334, 345
Zeitungen 66
Zeitschriften 10, 13 f., 26, 38, 48, 56–59, 75, 98, 103–106, 110–114, 119, 124, 177, 186, 193, 211, 306 f., 329–345, 353–356
Zembla 365
Zentrum für Bucherhaltung (ZFB) 211
Zitatrecht 188 f.

Das Internet ist längst nicht mehr nur eine Spielwiese für Computerfreaks und Techno-Kids. Sein professioneller Gebrauch ist für Unternehmen mittlerweile schlicht und einfach eine Frage des Überlebens. Der Internet-Experte Tim Cole beschreibt die Vorteile des »direkten Drahtes« zu Lieferanten, Vertriebspartnern, Beratern und vor allem zum Kunden. Überzeugend legt er dar, wie Vernetzung die Wettbewerbsfähigkeit sichert, die Kultur des Unternehmens ändert und die Beziehungen nach außen revolutioniert.

Ein strategisches Meisterwerk für den Erfolg im Internet!

Tim Cole

Erfolgsfaktor Internet
Warum kein Unternehmen ohne Vernetzung überleben kann

Econ | Ullstein | List

Den Beruf des Spekulanten bezeichnete Kostolany als den schönsten Beruf der Welt. Mehr als 70 Jahre lang übte er ihn aus – und das mit allergrößtem Erfolg. Denn von Anfang an war ihm klar: Wer an der Börse gewinnen will, muß immer genau das Gegenteil von dem tun, was alle machen. In seinen Büchern erzählt Kostolany Lehrreiches über Gewinn und Verlust und erläutert mit Witz und Scharfsinn alles, was man über die Börse und ihre gnadenlosen, aber logischen Gesetze wissen muß.

Kostolanys drei erfolgreichste Bücher als Sammelband

Der große Kostolany
mit zahlreichen Abbildungen

Econ | Ullstein | List

S35

Satirisch und ironisch, gleichwohl mit vollem Ernst, läßt Horst-Eberhard Richter die Meisterdenker Konfuzius, Platon, Buddha, Augustinus, Descartes, Marx, Freud und Einstein ein himmlisches Wortgefecht führen. So streiten sie, ob der globalisierte Ultrakapitalismus in weltweitem Chaos enden, ob die technologische Revolution eine schönere neue Welt bescheren oder ob ein gründlicher Sinneswandel die Menschen zur Gesundung ihrer Verhältnisse führen wird.

»Unter seiner Regie gelingt dem Club der toten Denker ein höchst lebendiger und spannender Dialog, der mitten hineinzielt in die ambivalenten Befindlichkeiten der Gegenwart.«

Die Zeit

Horst Eberhard Richter

Als Einstein nicht mehr weiterwußte

Ein himmlischer Krisengipfel

Econ | Ullstein | List

S03

Die neuen Medien sind ein lukrativer Arbeitsmarkt für die verschiedensten Talente. Jeder, der neugierig ist und Spaß am vernetzten Denken und Arbeiten hat, kann sich gute Karrierechancen ausrechnen.

Praxisnah und anschaulich führt Inge Behrens durch die neuen Berufe und Ausbildungsgänge. Vom ScreenDesigner über den Web-Master, Info-Broker und Online-Redakteur zum Storyboarder: die Journalistin Inge Behrens wirft einen Blick hinter die Kulissen und zeigt, wo's lang geht.

»Viele wissenswerte Anregungen und eine sehr detaillierte, nützliche Adressenliste«
Süddeutsche Zeitung

»Ein wichtiges Handbuch«
Elle

Inge Behrens

Neue Berufe in den neuen Medien

Econ | ULLSTEIN | List

P10

Hans Graßmann

Das Denken und seine Zukunft

Von der Eigenart des Menschen

Ist der Mensch ersetzbar? Welchen Weg gehen die Wortführer der modernen Wissenschaften? Hans Graßmann erzählt allgemeinverständlich und mit kritischem Blick, was die Physik zur Beantwortung dieser Frage beizutragen hat, aber auch, wo sie an ihre Grenzen stößt. Und er kombiniert dieses Wissen mit den Aussagen führender Forscher vieler anderer Disziplinen, so dass der Leser am Ende einen überraschend klaren Blick auf den Stand und den Zustand der Wissenschaften erhält. Ein Buch, das an ihren Ausgangspunkt erinnert: den Menschen.

240 Seiten, gebunden

HOFFMANN UND CAMPE
www.hoffmann-und-campe.de